高等学校国家级特色专业——车辆工程专业系列教材

# 汽车电气与电子设备

主　编◎李智超
副主编◎张炳力
参　编◎王　辉　王继先　黄莉莉
陈卫平　曾汉平
主　审◎王启瑞

合肥工业大学出版社

# 内容提要

本书介绍了汽车用蓄电池、汽车用发电机与调节器、汽车启动系统、汽车点火系统、汽车照明与信号装置、汽车仪表、汽车辅助电器、汽车电子控制装置、汽车电气设备线路等汽车主要电气设备的结构、工作原理、使用与维护、故障诊断与检测方法等。

本书既可作为高等院校汽车工程类专业教材，也可供汽车制造、汽车修理、汽车运输部门的工程技术人员和工人参考。

**图书在版编目(CIP)数据**

汽车电气与电子设备/李智超主编．—合肥：合肥工业大学出版社，2011.4(2017.8重印)
ISBN 978-7-5650-0472-8

Ⅰ.①汽…　Ⅱ.①李…　Ⅲ.①汽车—电气设备②汽车—电子设备　Ⅳ.①U463.6

中国版本图书馆CIP数据核字(2011)第045040号

**汽车电气与电子设备**

主编　李智超　　　责任编辑　汤礼广

| | | | |
|---|---|---|---|
| 出　版 | 合肥工业大学出版社 | 版　次 | 2011年4月第1版 |
| 地　址 | 合肥市屯溪路193号 | 印　次 | 2017年8月第2次印刷 |
| 邮　编 | 230009 | 开　本 | 787毫米×1092毫米　1/16 |
| 电　话 | 理工编辑部：0551-62903087 | 印　张 | 18.75 |
| | 市场营销部：0551-62903198 | 字　数 | 456千字 |
| 网　址 | www.hfutpress.com.cn | 印　刷 | 合肥现代印务有限公司 |
| E-mail | hfutpress@163.com | 发　行 | 全国新华书店 |

ISBN 978-7-5650-0472-8　　　定价：36.00元

## 《高等学校国家级特色专业——车辆工程专业系列教材》
## 审读委员会



## 《高等学校国家级特色专业——车辆工程专业系列教材》
## 编 委 会

本系列教材在编写过程中，曾得到以下学校和企业给予各种形式的支持及无私的帮助，在此对它们谨致以真诚的谢意！

清华大学　　北京理工大学
湖南大学　　武汉理工大学
北京工业大学　　吉林大学
西南交通大学　　华东交通大学
同济大学　　重庆理工大学
山东理工大学　　兰州交通大学
辽宁工业大学　　大连交通大学
福州大学　　河南科技大学
厦门理工学院　　江苏大学
长安大学　　西华大学
湖北汽车工业学院　　合肥工业大学
安徽工业大学　　安徽理工大学
安徽工程大学　　安徽江淮汽车集团有限公司
奇瑞汽车股份有限公司

《高等学校国家级特色专业——车辆工程专业系列教材》编委会

# 序

在我国经济发展转型升级与全面提高国际竞争力的关键时期，培养和造就一大批创新能力强，适应我国经济和社会发展需要的工程技术型人才是增强我国核心竞争力、建设创新型国家、走新型工业化道路的必要条件。“高等工科教育回归工程”和“强化能力导向原则”等基于按社会需求培养人才和教学需要改革的教育理念，是《中华人民共和国高等教育法》提出的“高等教育教学改革务必根据不同类型、不同层次高等学校自身实际”要求和《高等学校本科教学质量与教学改革工程项目管理暂行办法》所坚持的“分类指导、注重特色”原则的创新成果和实践载体。

高等学校应按照“质量工程”的要求对人才培养目标进行合理定位，对教学过程进行科学创新，发挥自身优势，形成各自特色，从而满足社会对多样化的人才需求。人才培养目标的差异性，要求教学内容、教学方法和教材建设具有针对性。《中华人民共和国高等教育法》明确规定：“高等学校根据教学需要，自主制订教学计划、选编教材、组织实施教学活动。”教育部实施本科教育、教学“质量工程”，鼓励和支持高等学校在教学理念等方面进行创新，以形成有利于多样化人才成长的培养体系，满足国家和社会对紧缺人才的需要。

合肥工业大学车辆工程专业于2007年经教育部审批被列为国家级特色专业建设点。也就在同一时间，合肥工业大学成立了《高等学校国家级特色专业——车辆工程专业系列教材》编审委员会，以“打造特色精品教材，促进专业教育发展”的理念规划出版“高等学校汽车类特色专业规划教材”，抓紧对“质量工程”中所要求的“重点规划、建设多样基础教程和专业课程教材，促进高等学校教学内容更新、教材建设多样化”工作的落实。

在教材选题开始设计时，编审委员会便贯彻教育部关于人才培养适应行业经济和社会发展需要的精神，要求突出教材建设与办学定位、教学目标的一致性和适应性。最终确立了教材编写的指导思想：加强工程意识的培养、加强理论与实践的结合、加强实践教学和工程训练，培养在汽车行业第一线从事车辆研发、试验、营销及管理等实际工作和能解决实际问题的高等应用型人才。

本系列教材在编写过程中，既严格遵守学科体系的知识构成和教材编写的一般规律，又针对本科人才培养目标和与之相适应的教学特点，科学安排知识内容，注重解决现行教材中部分内容陈旧、特色不明显和学生自主学习无趣等问题，充分体现了“工程基础厚、工作作风实、创业能力强”的合肥工业大学人才培养特色及对国家级特色专业教材的内涵和尺度的准确把握。

本系列教材的出版是所有参与该项工作的人们集体智慧的结晶，也是高等学校进行教学改革、落实“质量工程”要求的成果，相信随着教学改革的深入推进，该系列教材会不断得到丰富和完善。

中国高等学校教学指导委员会委员
中国机械工业教育协会高校教学委员会车辆专业组副组长　陈朝阳

# 前　言

进入21世纪以来，我国的汽车工业和交通运输业迅猛发展，汽车保有量大幅增加，轿车正快速地步入平常百姓家庭，成为人们生产和生活中的重要工具。汽车在国民经济的各个领域和社会生活中正发挥着越来越重要的作用。汽车电子化已是当今汽车工业发展的必然趋势。为了适应汽车电气与电子技术日新月异的发展形势和提高教学质量的需要，我们特编写本书。

本书共分为十章，系统讲述了汽车电气与电子设备的特点、基本原理与故障诊断等内容，其中包括电源系统、充电系统、启动系统、点火系统、照明与信号系统、汽车仪表和报警信息系统、辅助电气系统、各种电子控制装置和全车电路图与分析等。

本书由李智超担任主编。参编人员及其具体分工如下：李智超（绪论、第一章、第六章），王辉（第四章、第五章），张炳力、曾汉平（第十章），王继先（第二章、第七章），黄莉莉（第九章），陈卫平（第三章、第八章）。

本书由合肥工业大学王启瑞教授担任主审。王启瑞教授对本书进行了全面、细致的审阅，并提出了许多宝贵意见，在此表示衷心的感谢。

本书在编写过程中还参考了国内外大量的相关技术资料，并得到了合肥工业大学车辆工程专业教研室各位老师的大力支持，在此，谨向所有提供参考资料的作者及关心支持本书编写的老师们表示深深的谢意。

由于编者水平有限，经验不足，书中难免有疏漏和不足之处，恳请广大读者批评和指正。

编　者

# 目 录

# 绪 论

汽车电气与电子设备是以汽车构造、电工学、电子学、计算机及控制工程基础等学科为基础，面向车辆工程本科专业开设的一门专业必修课程。该课程主要介绍了汽车电气与电子设备的结构、工作原理、应用特性、使用维护等方面的内容。它既有一定的理论性，又有较强的实用性。在教学过程中，必须把课堂教学、生产实践和实验三者有机地结合起来，融会贯通，才能切实理解所学知识，真正达到学以致用的目的。

随着汽车结构的改进与性能的不断提高，汽车上装用的传统电气设备正面临着巨大的冲击。近年来，伴随电子工业的发展，电子技术在汽车上的应用越来越广，车用电子装置的新产品不断涌现，特别是大规模集成电路及微型处理机的应用，大大推动了汽车工业的发展，同时亦给汽车的控制装置带来了巨大的变革。当前，电子技术在解决汽车所面临的油耗、安全、排放等问题方面正起着重要的作用，如电子控制汽油喷射装置和电子点火装置的应用不但可使汽车在泥泞路面上高速行驶，而且紧急制动时可防止侧滑，保证汽车安全制动；此外，在实现操纵自动化和提高舒适性等方面也离不开电气与电子设备的应用。

虽然现代汽车电气与电子设备的数量很多，但按其用途可大致分为五部分：

(1)电源。包括蓄电池、交流发电机及调节器。

(2)点火装置。包括传统点火系统、电子点火系统。

(3)用电设备。包括启动机、照明与信号装置、仪表及报警装置、汽车的辅助电气设备。

(4)电子控制装置。包括电子控制燃油喷射装置、电子控制防抱死制动装置、电子控制自动变速装置。

(5)配电设备。包括电源开关、保险装置、导线等。

汽车种类繁多，但其电气设备都有着共同特点：

(1)低压。为了简化汽车电气结构和保证人身安全，汽车电气设备均采用低压电路。汽车电气的额定电压有12V和24V两种，目前汽油车普遍采用12V电压，而重型柴油车则多采用24V电压。

(2)直流。汽车采用直流系统的原因是汽车发动机要靠电力启动机启动，它是直流串激电动机，必须由蓄电池供电，而蓄电池的电能消耗后又必须用直流电充电，所以汽车电气为直流系统。

(3)单线及搭铁。单线制是指从电源到用电设备只用一根导线连接，而用汽车底盘、发动机等金属机体作为另一公用导线。采用单线制时，蓄电池的一个电极须接至车架上，称为搭铁。根据ZBT35001－87《汽车电气设备基本技术条件》规定，汽车电气系统均采用电源负极搭铁。

(4)并联。所谓用电设备并联，就是指汽车上的各种用电设备都采用并联方式与电源连接，每个用电设备都由各自串联在其支路中的专用开关控制，互不产生干扰。

随着汽车工业和电子工业的高速发展，汽车上所装用的电气与电子设备的数量将会与日剧增，所起的作用也将越来越重要。

# 第一章 蓄电池

**内容提要**：本章分析了蓄电池的功用与分类、结构与型号、工作原理与特性，讲述了蓄电池的充放电特性、使用与维护、故障与检测，还介绍了新型蓄电池。

## 第一节 概 述

### 一、蓄电池的分类

蓄电池是一种化学电源。它能把电能转变为化学能储存起来，即充电；又能把化学能转变为电能，向用电设备供电，即放电。

蓄电池的种类很多，按电解液的不同，可分为酸性蓄电池和碱性蓄电池。碱性蓄电池的电解液是化学纯净的苛性钾溶液。酸性蓄电池的电解液为纯净的硫酸溶液。按用途的不同，铅性蓄电池可分为汽车用启动型铅酸蓄电池、汽车用牵引型铅酸蓄电池、电讯用铅酸蓄电池、固定用途铅酸蓄电池等；按加工工艺不同，汽车用启动型铅酸蓄电池还可以分为普通型、干荷电型、湿荷电型、免维护型等。

普通铅酸蓄电池（俗称开口蓄电池）的主要特点：新蓄电池极板不带电，使用前按规定加注电解液并进行初充电，初充电的时间较长，使用中需要定期维护。

干荷电型铅酸蓄电池的主要特点：新蓄电池的极板处于干燥的已充电状态，电池内部无电解液。在规定的保存期内，如果需使用，只需按规定加入电解液，静置20～30min即可使用，使用中需要定期维护。

湿荷电型铅酸蓄电池的主要特点：新蓄电池的极板处于充电状态，蓄电池内部带有少量电解液。在规定的保存期内，如果需使用，只需按规定加入电解液，静置20～30min即可使用，使用中需要定期维护。

免维护蓄电池的主要特点：使用中不需维护，可用3～4年不需补加蒸馏水，极桩腐蚀极少，自放电少。

### 二、蓄电池的用途

在汽车上，蓄电池与发电机并联，共同向用电设备供电。发电机正常工作时，用电设备所需电能主要由发电机供给。蓄电池的功用为：

(1)发电机启动时，向启动机和点火系统供电。

(2)发电机不发电或电压较低时,向供电设备供电。

(3)当用电设备较多、发电机超载时,协助发电机供电。

(4)发电机端电压高于蓄电池电动势时,将发电机的电能转变为化学能储存起来(即充电)。

此外,蓄电池还相当于一个容量很大的电容器,在发电机转速和用电负载发生较大变化时,可保持汽车电网电压相对稳定。同时,还可吸收电网中出现的瞬间过电压,以保护用电设备,尤其是电子元器件不被损坏,这一点对装有大量电子系统的现代新型汽车是非常重要的。因此,发电机决不允许脱开蓄电池运转。

### 三、蓄电池在汽车电路中的连接

蓄电池是可逆低压直流化学电源。它可将电能转变为化学能储存起来;需要时,又将化学能转换为电能向外供电。故又称电瓶。

汽车电器中的两个电源蓄电池和发电机并联,它们与其他电器的连接如图 1-1 所示。蓄电池的一个电桩接铁,另一个电桩用电瓶线接启动机开关线柱,再接至电流表。通过电流表后,接用电设备。发电机的一个电极在机壳内部接铁(内搭铁),另一个电极接到电流表的负载接线柱一侧。发电机的磁场接线柱,接调节器的“磁场”或“F”接线柱。调节器的另一接线柱,接点火开关,以便在启动时,由蓄电池向低压线圈和发电机激磁绕组供电。调节器调节后的电压,经电流表与蓄电池并联,以显示充电状态。

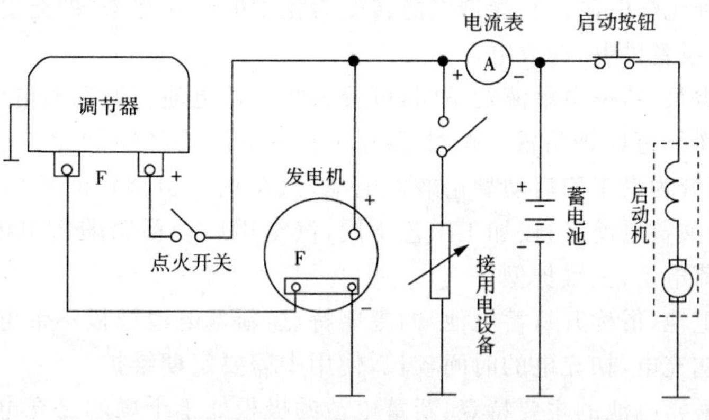


图 1-1　汽车电源与负载的连接

## 第二节　蓄电池的构造和型号

### 一、蓄电池的构造

国产铅酸蓄电池主要由极板、隔板、壳体、电解液、铅连接条、极柱等部分组成。蓄电池的构造如图 1-2 所示。壳体一般分隔为三个或六个单格,每个单格盛装有电解液,插入正负极板组变成电压为 2V 的单格电池,再串联成 6V 或 12V 以供汽车选用。

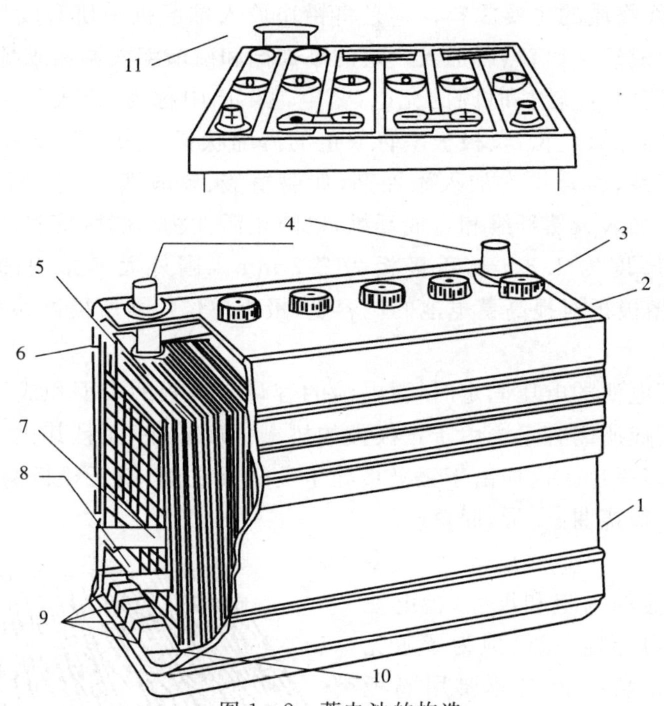


图 1-2 蓄电池的构造

1—蓄电池的外壳 2—密封膏 3—加液孔塞 4—接线柱

5—负极板 6—同极连接片 7—隔板 8—正极板 9—极板支架 10—沉淀池 11—连条

1. 极板

极板为蓄电池的核心构件。蓄电池的充电、放电过程就是通过极板上的活性物质与电解液发生化学反应来实现的。极板分为正极板和负极板(如图 1-3 所示),都是由栅架(如图 1-4 所示)和活性物质组成的。电能和化学能的相互转换就是依靠极板上的活性物质和电解液中的硫酸的化学反应来实现的。

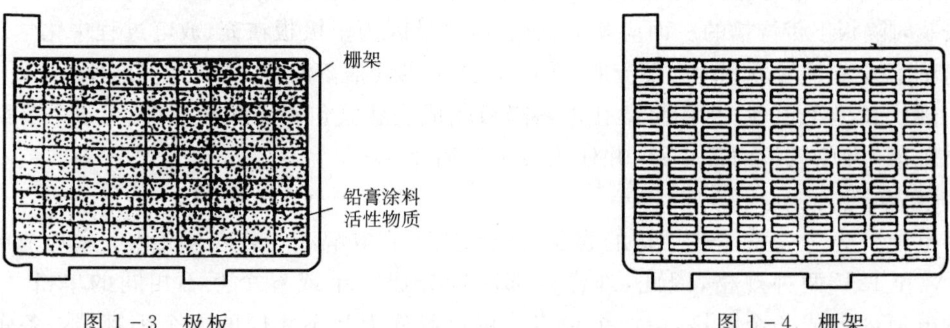


图 1-3 极板　　图 1-4 栅架

栅架的作用是容纳活性物质并使极板成型,一般有铅锑合金浇铸而成。铅锑合金中,含锑约 6%。加入锑是为了提高栅架的机械强度并改善浇铸流动性能,但铅锑合金耐电化学腐蚀性能比纯铅差。锑易从正极板栅架中解析出来引起蓄电池的自放电和栅架的膨胀、溃烂。因此,未来栅架的生产材料将向低锑(含锑量约 2%)、甚至不含锑的铅钙合金方向发展。栅架的制造成形除了浇铸外,还采用滚压扩展成形的新工艺方法制作。

铅粉是极板活性物质的主要原料。它是将铅块放入球磨机中研磨成粉，在研磨中铅粉与空气接触，被氧化成氧化铅，然后加入一定的添加剂和硫酸溶液调和成膏状，涂在栅架上，干燥后放入硫酸溶液中，经较长时间的充电（蓄电池生产中称为“化成”，一般在 18～20h），使正极板变成棕色的二氧化铅，负极板呈青灰色的海绵状铅。为了防止负极板上活性物质的收缩，增加其多孔性，铅膏里常加入添加剂，如腐植酸、硫酸钡、木素硫酸钠、炭黑等。同时，还在活性物质中加入天然纤维和合成纤维，以防止活性物质的脱落和产生裂纹。

国产负极板的厚度为 1.8mm，正极板为 2.2 mm。国外大多采用薄型极板，厚度为 1.1～1.5 mm。薄型极板对提高蓄电池的比容量（极板单位尺寸所提供的容量）和改善启动性能都是很有利的。

一般来说，当蓄电池的电压固定时，蓄电池的容量与极板的表面积成正比。为此，将多片极板焊装成组，配成所需容量。由于正极板的机械强度较差，而且其化学反应激烈，故负极板组比正极板组多一片。这样由于正极板处于负极板之间，使正极板两边的化学反应比较均匀，从而防止极板挠曲、变形、脱落。

2. 隔板

为了减少蓄电池的内阻和尺寸，蓄电池内部正负极板应尽可能地靠近，但为了避免彼此接触而短路，正负极板之间要用隔板（如图 1－5 所示）隔开。隔板材料应该具有多孔性，以便电解液渗透，且化学性能要稳定，即具有良好的耐酸性和抗氧化性。

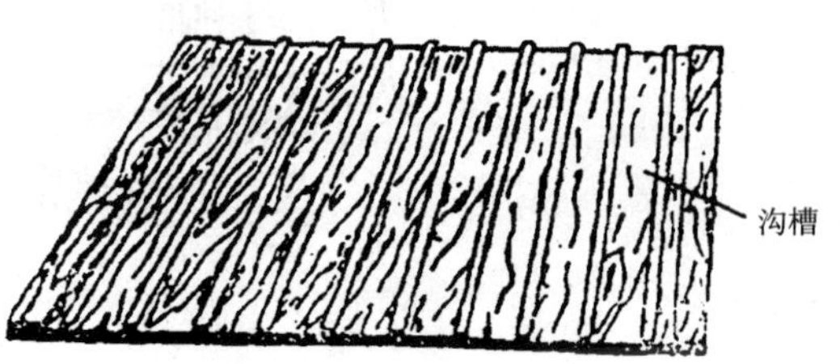

图 1－5　隔板的形状

隔板的材料有木质、微孔橡胶、微孔塑料、玻璃纤维和纸板等。

木质隔板价格低，但耐酸性能差，在硫酸和高温作用下易炭化发黑变脆。微孔塑料（聚氧乙烯、酚醛树脂）、微孔橡胶隔板耐酸、耐高温性好，价格日渐便宜，因而使用渐多。玻璃纤维隔板常和木质、微孔塑料等隔板组合使用，使用时应将玻璃纤维隔板靠近正极板以防止活性物质脱落，提高蓄电池的使用寿命，但由于操作工作复杂，不易机械化而渐被淘汰。

安装时隔板上带沟槽的一面应朝向正极板，这是因为正极板在充、放电过程中化学反应激烈，沟槽能使电解液较顺利地上下流通。同时，使正极板上脱落的活性物质顺利地掉入壳底槽中。

在现代新型蓄电池中，还将微孔塑料隔板制成袋状紧包在正极板外部，可进一步防止活性物质脱落，避免极板内部短路，并使组装工艺简化。

3. 壳体

蓄电池外壳为一整体式结构的容器，极板、隔板和电解液均装入外壳内。蓄电池电压一般有 6V 和 12V 两种规格，因此，外壳内部间壁分成 3 个或 6 个互不相同的单格。例如，12V 蓄电池内分成 6 个单格，由 5 个单格壁将容器分为互不相同的 6 个小容器。各个单格底部做有垫角，其突起的肋条用以搁置极板组，使其下方有足够的空间作为沉淀槽，容纳脱落的活性物质，以免堆积起来使正负极板相接触而造成短路。外壳应耐酸、耐寒、抗震动，并具有足够的机械强度。壳体的材料多采用硬质橡胶、聚丙烯塑料制成，为整体式结构。由于蓄电池各单格为串联连接，因此不同极性的极桩用铅连接条连接起来，采用穿壁对焊式连接，如图 1－6 所示。

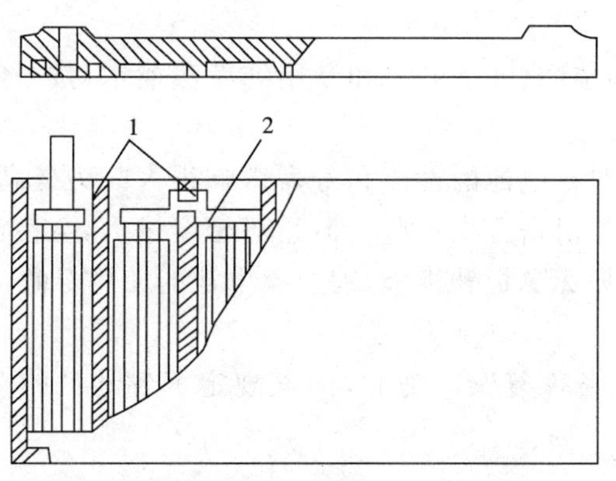


图 1-6 单格电池之间的穿壁焊示意图
1—间壁 2—连接条

加注孔盖用橡胶或塑料制成，旋在蓄电池盖的加注孔内。加注孔盖上有通气孔，下端有特制的隔板，其作用是将通气孔与单格上面的空间部分地隔开，以防汽车颠簸时，电解液从通气孔溅出。

加注孔盖上的通气孔应经常保持畅通，使蓄电池内部的 $H_2$ 和 $O_2$ 逸出，以防蓄电池过早损坏或爆炸。若在孔盖上安装一个过滤器，还可以避免水蒸气逸出，减少水的消耗。

4. 连条

蓄电池一般由 3 个或 6 个单格电池串联而成，不同极性的极柱用铅条连接起来。铅连接条由铅锑合金铸成，单格电池串联方式一般有传统外露式、穿壁式和跨越式三种。

早期的蓄电池大多采用传统外露式铅连接条连接方式，如图 1-7a 所示。这种连接方式工艺简单，但耗铅量大，连接电阻大，因而启动时电压降低，功率损耗也大，且易造成短路。新型蓄电池则采用先进的穿壁式或跨越式连接方式。穿壁式连接方式如图 1-7b 所示。跨越式连接如图 1-7c 所示，在相邻单格电池之间的间壁上边留有豁口，连接条通过豁口跨越间壁将两个单格电池的极板组极柱相连接，所有连接条均布置在整体盖的下面。穿壁式和跨越式相对传统外露式铅连接条连接方式，具有连接距离短、节省材料、电阻小、启动性好等优点，因而得到广泛的应用。

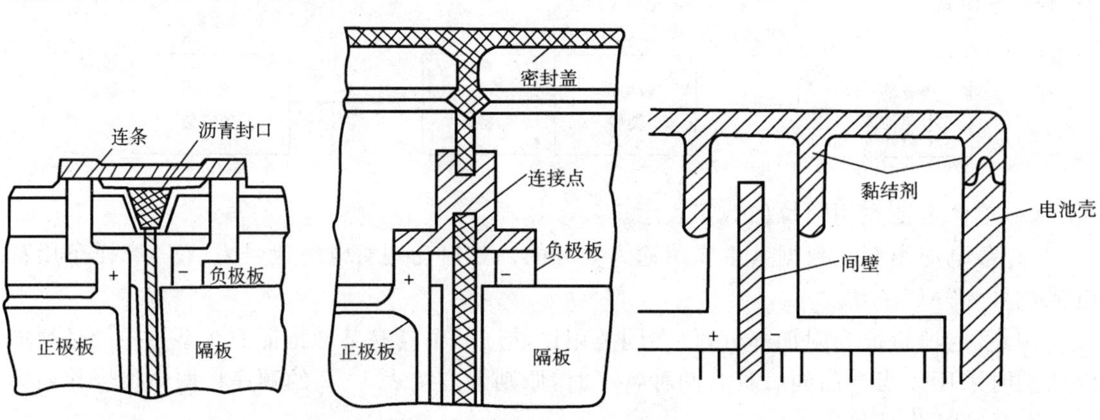

a)传统外露式铅连条连接　b)内部穿壁式连接　c)跨越式连接

图 1-7 单体电池的连接方式

5. 电解液

电解液是用化学纯净硫酸(99.99%)和专用纯净蒸馏水,按一定比例配制而成的溶液,俗称电水。

电解液的相对密度,对蓄电池的性能和寿命影响很大。为提高蓄电池容量和降低电解液的冰点,希望电解液的相对密度大一些。但相对密度过大,会使流动性变差,反而会降低蓄电池的容量,而且还会损坏隔板和极板,缩短蓄电池的使用寿命。电解液的相对密度随地区和气候条件而定。

我国幅员辽阔,气候条件复杂。为此,国家规定了各地区的电解液相对密度值,见表1-1,供选用时参考。

**表1-1 不同地区和气候条件下的电解液相对密度**

| 气候条件 | 全充电 15℃时的密度 g/cm$^{-3}$ | |
|---|---|---|
| | 冬季 | 夏季 |
| 冬季气温低于−40℃地区 | 1.310 | 1.250 |
| 冬季气温高于−40℃地区 | 1.290 | 1.250 |
| 冬季气温高于−30℃地区 | 1.280 | 1.250 |
| 冬季气温高于−20℃地区 | 1.270 | 1.240 |
| 冬季气温高于0℃地区 | 1.240 | 1.240 |

注:电解液相对密度值随温度变化而变化。一般温度每变化1℃,相对密度变化值为0.0007,我国规定的电解液温度为25℃。

## 二、蓄电池的型号

蓄电池的型号按我国机械工业部JB 2599—85《启动型铅蓄电池标准》规定,其产品型号的编制和含义如下:

串联的单体电池数 — 蓄电池类型 — 蓄电池特征 — 额定容量

(1)单体电池数用阿拉伯数字表示。

(2)蓄电池类型是根据其主要用途来划分的。如启动用蓄电池代号为"Q",摩托车用蓄电池代号为"M"。

(3)蓄电池特征为附加部分,仅在同类用途的产品中具有某种特征而在型号中又必须加以区别时采用。当产品同时具有两种特征时,原则上应按表1-2的顺序将两个代号并列标志。产品特征代号见表1-2所示。

表 1-2 产品特征代号

| 序号 | 产品特征 | 代号 | 序号 | 产品特征 | 代号 | 序号 | 产品特征 | 代号 | 序号 | 产品特征 | 代号 |
|---|---|---|---|---|---|---|---|---|---|---|---|
| 1 | 干荷电 | A | 4 | 少维护 | S | 7 | 半密闭式 | B | 10 | 激活式 | I |
| 2 | 湿荷电 | H | 5 | 防酸式 | F | 8 | 液密式 | Y | 11 | 带液式 | D |
| 3 | 免维护 | W | 6 | 密闭式 | M | 9 | 气密式 | Q | 12 | 胶质电解液 | J |

(4)额定容量是指 20h 率额定容量,单位为 A·h,用阿拉伯数字表示。

(5)在产品具有某些特殊性能时,可用相应的代号加在产品型号的末尾。如"G"表示薄型极板的高启动率电池,"S"表示采用工程塑料外壳、电池盖及热封工艺的蓄电池。

例如:

(1)3—Q—90。由 3 个单体电池组成,额定电压为 6V,额定容量为 90A·h的启动用蓄电池。

(2)6—QA—105G。由 6 个单体电池组成,额定电压 12V,额定容量为 105Ah 的启动用干荷电高启动率蓄电池。

(3)6—QAW—100。由 6 个单体电池组成,额定电压 12V,额定容量为 100Ah 的启动用干荷电免维护蓄电池。

国产橡胶槽上固定式启动用铅蓄电池的产品规格见表 1-3。

表 1-3 国产橡胶槽上固定式启动用铅蓄电池的产品规格

| 序号 | 额定电压 /V | 20h 率额定容量 /A·h | 储备容量 /min | 启动电流 $I_s$ /A | 最大外形尺寸/mm | | |
|---|---|---|---|---|---|---|---|
| | | | | | $L$ | $b$ | $h$ |
| 1 | 6 | 75 | 123 | 300 | 197 | 178 | 250 |
| 2 | 6 | 90 | 154 | 315 | 224 | 178 | 250 |
| 3 | 6 | 105 | 187 | 368 | 251 | 178 | 250 |
| 4 | 6 | 120 | 227 | 420 | 278 | 178 | 250 |
| 5 | 6 | 135 | 260 | 435 | 305 | 178 | 250 |
| 6 | 6 | 150 | 300 | 450 | 332 | 178 | 250 |
| 7 | 6 | 165 | 342 | 495 | 339 | 178 | 250 |
| 8 | 6 | 180 | 386 | 540 | 369 | 178 | 228 |
| 9 | 6 | 195 | 432 | 585 | 413 | 178 | 250 |
| 10 | 12 | 60 | 94 | 240 | 319 | 178 | 250 |
| 11 | 12 | 75 | 123 | 300 | 373 | 178 | 250 |
| 12 | 12 | 90 | 154 | 315 | 427 | 178 | 250 |
| 13 | 12 | 105 | 187 | 368 | 485 | 178 | 250 |

（续表）

| 序号 | 额定电压 /V | 20h 率额定容量 /A·h | 储备容量 /min | 启动电流 $I_s$ /A | 最大外形尺寸/mm | | |
|---|---|---|---|---|---|---|---|
| | | | | | $L$ | $b$ | $h$ |
| 14 | 12 | 120 | 223 | 423 | 517 | 198 | 250 |
| 15 | 12 | 135 | 260 | 435 | 517 | 216 | 250 |
| 16 | 12 | 150 | 300 | 450 | 517 | 234 | 250 |
| 17 | 12 | 165 | 342 | 495 | 517 | 252 | 250 |
| 18 | 12 | 180 | 386 | 540 | 517 | 270 | 250 |
| 19 | 12 | 195 | 432 | 585 | 517 | 288 | 250 |

国产塑料槽上固定式和下固定式启动用铅蓄电池的产品规格分别见表 1－4 和表 1－5。

**表 1－4　国产塑料槽上固定式启动用铅蓄电池的产品规格**

| 序号 | 额定电压 /V | 20h 率额定容量 /A·h | 储备容量 /min | 启动电流 $I_s$ /A | 最大外形尺寸/mm | | |
|---|---|---|---|---|---|---|---|
| | | | | | $L$ | $b$ | $h$ |
| 1 | 6 | 75 | 123 | 300 | 190 | 170 | 245 |
| 2 | 6 | 90 | 154 | 315 | 190 | 170 | 245 |
| 3 | 6 | 105 | 187 | 368 | 240 | 170 | 245 |
| 4 | 6 | 120 | 223 | 420 | 250 | 175 | 245 |
| 5 | 6 | 150 | 300 | 450 | 305 | 175 | 245 |
| 6 | 12 | 30 | 43 | 120 | 187 | 127 | 227 |
| 7 | 12 | 35(36) | 52 | 144 | 197 | 129 | 227 |
| 8 | 12 | 40 | 59 | 160 | 238 | 138 | 235 |
| 9 | 12 | 45 | 67 | 180 | 180 | 129 | 227 |
| 10 | 12 | 50 | 76 | 200 | 200 | 173 | 235 |
| 11 | 12 | 60 | 94 | 240 | 240 | 173 | 235 |
| 12 | 12 | 70 | 113 | 280 | 280 | 173 | 235 |
| 13 | 12 | 75 | 123 | 300 | 300 | 173 | 235 |
| 14 | 12 | 80 | 133 | 320 | 320 | 173 | 235 |
| 15 | 12 | 90 | 154 | 315 | 315 | 177 | 235 |
| 16 | 12 | 100 | 176 | 350 | 350 | 177 | 250 |
| 17 | 12 | 105 | 187 | 368 | 368 | 177 | 260 |

（续表）

| 序号 | 额定电压/V | 20h率额定容量/A·h | 储备容量/min | 启动电流 $I_s$/A | 最大外形尺寸/mm | | |
|---|---|---|---|---|---|---|---|
| | | | | | $L$ | $b$ | $h$ |
| 18 | 12 | 120 | 223 | 420 | 420 | 189 | 260 |
| 19 | 12 | 135 | 260 | 405 | 405 | 189 | 260 |
| 20 | 12 | 150 | 300 | 450 | 450 | 223 | 260 |
| 21 | 12 | 165 | 342 | 495 | 495 | 223 | 260 |
| 22 | 12 | 180 | 386 | 540 | 540 | 223 | 260 |
| 23 | 12 | 195 | 432 | 585 | 585 | 272 | 260 |
| 24 | 12 | 200 | 441 | 600 | 600 | 278 | 270 |
| 25 | 12 | 210 | 450 | 630 | 630 | 278 | 270 |
| 26 | 12 | 220 | 460 | 630 | 660 | 278 | 270 |

表 1-5　国产塑料槽下固定式启动用铅蓄电池的产品规格

| 序号 | 额定电压/V | 20h率额定容量/A·h | 储备容量/min | 启动电流 $I_s$/A | 最大外形尺寸/mm | | |
|---|---|---|---|---|---|---|---|
| | | | | | $L$ | $b$ | $h$ |
| 1 | 12 | 36 | 52 | 144 | 218 | 175 | 175 |
| 2 | 12 | 45 | 67 | 180 | 218 | 175 | 190 |
| 3 | 12 | 50 | 76 | 200 | 290 | 175 | 190 |
| 4 | 12 | 54 | 83 | 216 | 294 | 175 | 175 |
| 5 | 12 | 55 | 85 | 220 | 246 | 175 | 190 |
| 6 | 12 | 60 | 94 | 240 | 293 | 175 | 190 |
| 7 | 12 | 63 | 100 | 252 | 297 | 175 | 175 |
| 8 | 12 | 66 | 105 | 264 | 306 | 175 | 190 |
| 9 | 12 | 88 | 150 | 352 | 381 | 175 | 190 |
| 10 | 12 | 100 | 176 | 350 | 374 | 175 | 235 |
| 11 | 12 | 135 | 260 | 405 | 513 | 189 | 223 |
| 12 | 12 | 165 | 342 | 495 | 513 | 223 | 223 |

### 三、蓄电池的选用

和选用其他汽车外部构件一样，先选“型”，再选“号”。选用汽车蓄电池，首先要选启动型，再选电压和容量，主要根据启动机要求的电压和容量选择。一般应满足连续启动三次以上的要求。每车尽量选用一个蓄电池，如果不行，才选用两个蓄电池。若电压不符，则两个电池串联，每个蓄电池的电压为总电压的 1/2；若容量不符，则选用两个电池并联，每个蓄电池的容量为总容量的 1/2。

## 第三节　蓄电池的工作原理

蓄电池的工作过程就是化学能与电能的相互转换过程。放电时将化学能转换为电能供用电设备使用；充电时将电能转换为化学能储存起来。在充足电状态下，蓄电池的正极是二氧化铅($PbO_2$)，负极是海绵状铅(Pb)。电解液是化学纯净的硫酸($H_2SO_4$)的水溶液。完全放电后，两个极板上都变为硫酸铅($PbSO_4$)。蓄电池在充、放电过程中的化学反应是可逆的。

### 一、电解液中的电离过程和电离平衡

蓄电池用电解液就是硫酸($H_2SO_4$)的水溶液，靠离子导电。$H_2O$ 是极性分子，显示一定的电性，可与其他极性分子相互作用。$H_2SO_4$ 是一种具有极性键的分子，和水分子的作用最为显著。硫酸在水分子的作用下，会被离解为酸式硫酸根离子和氢离子。而酸式硫酸根离子还可能再被水分子离解为正氢离子和负二价硫酸根离子。电离是放热过程。

硫酸在水中被离解为负酸式硫酸根离子和正氢离子的过程，叫做电离过程。然而这种电离过程是可逆的，一部分负、正离子又可重新结合成分子。

$$H_2SO_4 \longrightarrow HSO_4^- + H^+ \qquad (1-1)$$

当电离过程的速度等于离子结合为分子的速度时，电解液中正、负离子和分子浓度就不再改变，即达到平衡状态。

### 二、电势的建立

当极板浸入电解液时，由于少量的活性物质溶解于电解液，产生了电极电位，并且由于正负极板电极电位的不同而形成了蓄电池的电动势。

负极板上的铅溶于电解液中，失去电子生成 $Pb^{2+}$，电子留在负极板上，$Pb^{2+}$ 溶于电解液中，从而使极板与电解液之间建立起电极电位。负极板相对于电解液是负电位，约为 −0.1V。

反应式如下：

$$Pb \longrightarrow Pb^{2+} + 2e \qquad (1-2)$$

$$Pb^{2+} + SO_4^{2-} \longrightarrow PbSO_4 \qquad (1-3)$$

正极板上的 $PbO_2$ 溶解于电解液，与水作用生成 $Pb(OH)_4$，再分离为四价铅离子和氢氧根离子，即

$$PbO_2(\text{少量}) + 2H_2O \longrightarrow Pb(OH)_4 \qquad (1-4)$$

$$Pb(OH)_4 \longrightarrow Pb^{4+} + 4OH^- \qquad (1-5)$$

四价的铅离子 $Pb^{4+}$ 附着在正极板上，使极板呈正电位，相对于电解液为 2.0 V。两极之间的电位差

$$E_0 \approx 2.0-(-0.1)=2.1\ \text{V} \qquad (1-6)$$

这就是蓄电池的静止电动势，实际测量的结果是 $E_0=2.044$ V。

### 三、放电过程

将蓄电池的化学能转化成电能的过程称为放电过程。

当放电尚未开始时，正极板上的活性物质是二氧化铅，负极板上的活性物质是纯铅，电解液是硫酸溶液。由于正、负两极不同物质与电解液发生化学反应，使正极板具有正电位，约 2.0V；使负极板具有负电位，约为 −0.1V。正、负极间形成约为 2.1V 的电动势。

当放电电路接通时，在电动势的作用下，电流从正极经过负载流向负极(即电子从负极到正极)，使正极电位降低，负极电位升高，破坏了原有的平衡。蓄电池放电时的化学反应过程如图 1-8 所示。在放电过程中，由于正、负极板上的活性物质不断与电解液发生化学反应，因此二氧化铅和纯铅逐渐转变成硫酸铅，内阻增大，正极电位逐渐降低，负极电位逐渐升高，使正负极间的电位差逐渐降低，电解液中硫酸成分逐渐减少、水分逐渐增多，密度逐渐减小。

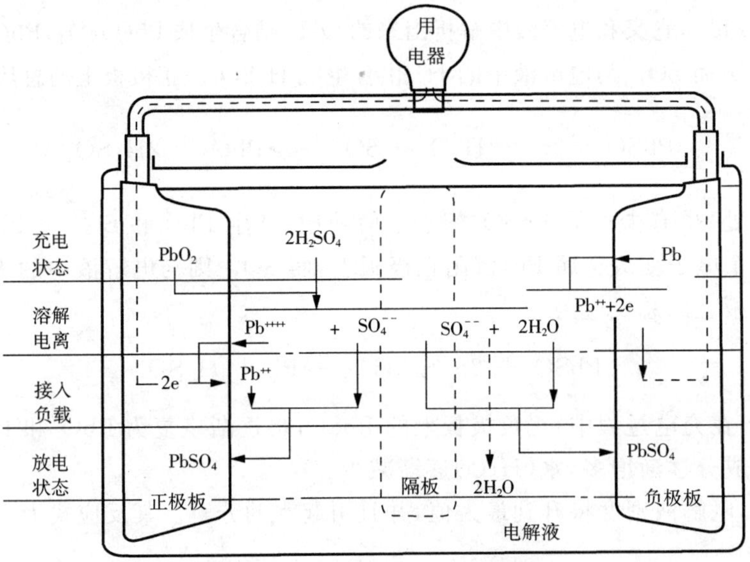

图 1-8 铅蓄电池的放电过程

在正极板处，$Pb^{4+}$ 和电子结合，变成二价铅离子 $Pb^{2+}$。$Pb^{2+}$ 与电解液中的 $SO_4^{2-}$ 结合生成的 $PbSO_4$ 沉附于极板上。

### 四、充电过程

充电时蓄电池的正、负两极接通直流电源，当电源电压高于蓄电池的电动势时，在电源力的作用下，电流将以相反的方向通过蓄电池，即由蓄电池的正极流入，从蓄电池的负极流出，也就是电子由正极板经外电路流往负极板。这时正、负极板发生的化学反应正好与放电过程相反，其化学反应过程见图 1-9。

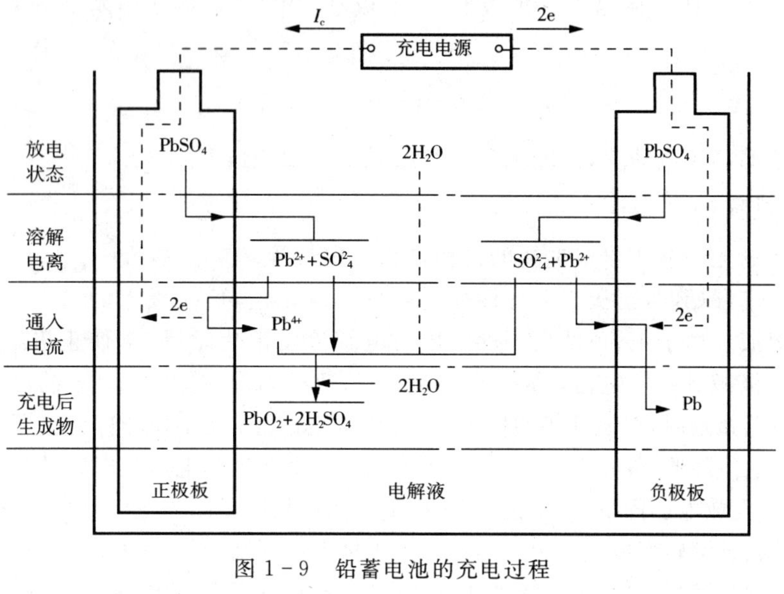


图 1-9　铅蓄电池的充电过程

在正极板处有少量的 $PbSO_4$ 溶于电解液中，产生 $Pb^{2+}$ 和 $SO_4^{2-}$，$Pb^{2+}$ 在电源力作用下失去两个电子变成 $Pb^{4+}$，它又和电解液中解析出来的 $OH^-$ 结合生成 $Pb(OH)_4$，$Pb(OH)_4$ 再分解成为 $PbO_2$ 和 $H_2O$，而 $SO_4^{2-}$ 与电解液中的 $H^+$ 化合生成 $H_2SO_4$。正极板上的总反应为

$$PbSO_4 - 2e + 2H_2O + SO_4^{2-} \longrightarrow PbO_2 + 2H_2SO_4 \tag{1-7}$$

在负极板处，也有少量的 $PbSO_4$ 溶于电解液中，产生 $Pb^{2+}$ 和 $SO_4^{2-}$。$Pb^{2+}$ 在电源力的作用下获得两个电子变成金属 Pb，沉附在极板上，而 $SO_4^{2-}$ 则与电解液中的 $H^+$ 化合生成的 $H_2SO_4$。负极板上的总反应为

$$PbSO_4 + 2e + 2H^+ \longrightarrow Pb + H_2SO_4 \tag{1-8}$$

由此可见，在充电过程中，正负极板上的 $PbSO_4$ 将逐渐恢复为 $PbO_2$ 和 Pb，电解液中的硫酸（$H_2SO_4$）成分逐渐增多，水（$H_2O$）逐渐减少。

充电期间，电解液密度将升到最大值，并且引起水的分解。其反应式为

$$2H_2SO_4 \longleftrightarrow 4H^+ + 2SO_4^{2-} \tag{1-9}$$

负极上的反应为

$$64H^+ + 4e \longrightarrow 2H_2 \uparrow$$

正极上的反应为

$$2SO_4^{2-} - 4e + 2H_2O \longrightarrow 2H_2SO_4 + O_2 \uparrow \tag{1-10}$$

蓄电池的总反应为

$$H_2SO_4 + 2H_2O \longrightarrow H_2SO_4 + 2H_2 \uparrow + O_2 \uparrow \tag{1-11}$$

因此，实际上分解的是 $H_2O$，即

$$2H_2O \longrightarrow 2H_2\uparrow + O_2\uparrow \tag{1-12}$$

由蓄电池充放电时的化学反应过程，可得到如下几点结论：

（1）蓄电池放电时，电解液中的硫酸将逐渐减少，而水将逐渐增多，电解液密度减小；蓄电池在充电时，电解液中的硫酸将逐渐增多，而水将逐渐减少，电解液密度增大。因此，可通过测量电解液密度的方法来判断蓄电池的充放电程度。在蓄电池的充放电过程中，极板的活性物质是处在化合和分解的运动之中，略去中间的化学反应，这一运动的过程可以表示为

$$PbO_2 + Pb + 2H_2SO_4 \rightleftharpoons 2PbSO_4 + 2H_2O \tag{1-13}$$

（2）在充电、放电时，电解液密度发生变化，主要是由于正极板的活性物质发生化学反应的结果，因此要求正极板处的电解液流动性要好。所以在装配蓄电池时，应将隔板有沟槽的一面对着正极板，以利电解液流通。

（3）蓄电池放电终了时，极板上尚余有70%～80%的活性物质没有起到作用。因此，要减轻蓄电池的质量，提高供电能力，就应该充分提高极板活性物质的利用率，在结构上提高极板的多孔性，减少极板的厚度。

**五、极化理论**

极化是蓄电池在充电、放电过程中的一种现象，指极板电极电位的变化。变化前后的电位差称为过电位，其正负与大小，随充电、放电程度和极板的不同而变化。极化现象有三种：

1. 电化学极化

电化学极化现象是由电化学元素反应的迟缓性引起的，多发生在充电终了。这时，产生大量正一价氢离子 $H^+$，它迅速移向负极。但 $H^+$ 吸收电子结合为氢分子的过程较慢，大量 $H^+$ 聚集在极板周围，产生 0.33V 的过电位，即电化学极化。

2. 浓差极化

电化学极化是由电解液中离子迁移的速度较慢而引起的，即由浓度差引起。这在启动时最为严重。充电、放电过程中，电化学反应在极板表面进行，同时溶液中伴有离子传递。负一价酸式硫酸根离子 $HSO_4^-$ 传递运动最慢，从而产生了浓度梯度，即浓差极化，它使充电、放电过程延长。电流越大，极化越严重。

3. 欧姆极化

欧姆极化是指蓄电池内阻所产生的电压降落，当然也是电流越大，极化越严重。

充电时，极化现象使蓄电池端电压上升；放电时，极化现象使端电压下降。这对蓄电池的使用极其不利。同充电电流相比，放电电流更大，特别是启动时。因此，这时极化现象最为严重。

4. 快速充电

为消除极化，在对蓄电池充电时使用快速充电机。它是一种程控模式充电方法，配合适当的正负脉冲和间歇，消除了极化，同时大大地提高了充电电流强度，缩短了充电时间。

# 第四节　蓄电池的工作特性

蓄电池的工作特性主要包括蓄电池的电动势、内阻以及充、放电特性。

## 一、电动势、内阻的建立

### 1. 静止电动势

静止电动势指蓄电池于静止状态下(不充电也不放电),正负极板间的电位差(即开路电压),用$E_j$表示,其值取决于电解液的密度和温度。

$$E_j=0.85+\rho_{(25℃)} \quad (注:静止电动势不等于电池的电动势) \tag{1-14}$$

式中:$\rho_{(25℃)}$——25℃时的电解液密度。

实测所得电解液相对密度应按下式换算成25℃时的相对密度

$$\rho_{(25℃)}=\rho_{(t)}+\beta(t-25) \tag{1-15}$$

式中:$\rho_{(t)}$——实际测得的电解液密度;

$t$——实际测得的电解液温度;

$\beta$——密度温度系数,$\beta=0.00075$。即温度每升高1℃,相对密度将下降0.00075。

汽车用蓄电池的电解液相对密度在充电时增高,放电时下降,一般在1.12～1.30之间波动,因此蓄电池的静止电动势也相应地在1.97～2.15V之间变化。

### 2. 内阻

蓄电池的内阻大体反映了蓄电池的带负载能力。在相同条件下,内阻越小,输出电流越大,带负载能力越强,越能满足启动的需要。它包括极板内阻、隔板内阻、电解液电阻、连条和极柱电阻。电解液电阻与电解液密度和温度有关。

极板电阻在完全充电状态下是很小的,但随着蓄电池放电程度的增加,覆盖在极板表面的$PbSO_4$增多,极板电阻会随之增大。

隔板电阻主要取决于隔板的材料、厚度及多孔性。在常用的隔板中,微孔塑料隔板的电阻较小。

电解液的电阻与电解液的温度和密度有关。温度降低时会因电解液的黏度增大、渗透能力下降而引起电阻增加。而电解液的密度过高或过低时,均会导致电阻增大:密度过高时,由于黏度增加,致使渗透能力下降,引起电阻增加;密度过低时,又会引起电解液中的$H^+$和$SO_4^{2-}$数下降,致使扩散能力下降,引起电阻增加。当密度为1.208g/cm³(25℃)时,电阻值相对较小。

蓄电池的内阻是很小的,如美国标准的SAEJ546明确规定:12V蓄电池在标准负荷时的内阻为0.014Ω。因此,蓄电池可以获得较大的输出电流,以适应启动需要。

## 二、蓄电池的放电特性

蓄电池的放电特性是指恒流放电时,蓄电池端电压$U_f$、电动势$E$和电解液密度$\rho_{(25℃)}$随放电时间变化的规律。完全充足电的蓄电池以20h放电率恒流放电的特性曲线见图1-10。

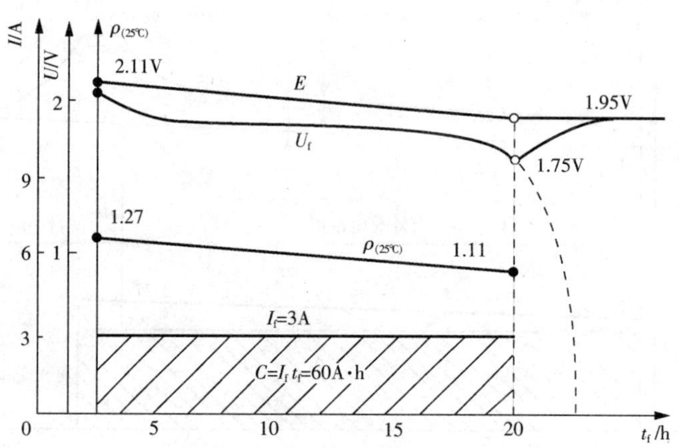


图 1-10 20h 放电率的放电特性曲线

放电时，由于蓄电池内阻 $R_0$ 的影响，蓄电池端电压 $U_f$ 低于其电动势 $E$，即

$$U_f = E - I_f R_0 \tag{1-16}$$

式中：$I_f$——放电电流。

放电开始时，蓄电池端电压 $U_f$ 从 2.1V 迅速下降，这是放电之初极板孔隙内的 $H_2SO_4$ 迅速消耗、密度迅速下降的结果。随着极板孔隙外的电解液向极板孔隙内渗透速率加快，当其渗透速度与化学反应速度达到相对平衡时，极板孔隙内的电解液密度的变化速率趋向一致，端电压将随整个容器内的电解液密度降低而缓慢下降到 1.85V。随后端电压又迅速降低到 1.75V，此时应立即停止放电，并称此电压值为单格电池的终止电压。若继续放电，端电压会急剧下降，这是因为放电终了时，化学反应深入到极板的内层，并且放电过程中生成的 $PbSO_4$ 较原来的活性物质的体积大，且积聚在孔隙内，使得孔隙变小，电解液渗透困难，由此造成极板孔隙内电解液密度迅速下降，端电压随之急剧下降。因此继续放电则为过放电。过度放电对蓄电池是极为有害的。此时极板孔隙中生成粗结晶硫酸铅，充电时不易还原，即造成极板硫化，严重影响蓄电池的寿命，并导致蓄电池的容量下降。

放电停止后，由于电解液渗透的结果，使孔隙内外的电解液密度趋于一致，蓄电池单格电池电动势会回升至 1.95V。

由于恒流放电，故单位时间内所消耗的 $H_2SO_4$ 的数量保持一致，因此，电解液的密度 $\rho_{(25℃)}$ 呈线性变化。一般来说，电解液密度每下降 0.04g/cm$^3$，蓄电池放电量大约为额定容量的 25%。由此可见，蓄电池放电终了的特性如下：

(1)单格电池电压下降至放电终止电压。以 20h 放电率放电，单格电池电压降至 1.75V。

(2)电解液密度下降至最小的许可值，大约为 1.11 g/cm$^3$。

此外，放电所允许的终止电压与放电电流的大小有关，放电电流越大，放电的时间越短，允许的放电终止电压也就越低。

**三、蓄电池的充电特性**

蓄电池的充电特性是指以恒流充电时，蓄电池充电电压 $U_c$、电动势 $E$ 及电解液密度

$\rho_{(25℃)}$等随充电时间变化的规律。蓄电池以20h充电率恒流充电的特性曲线见图1-11。

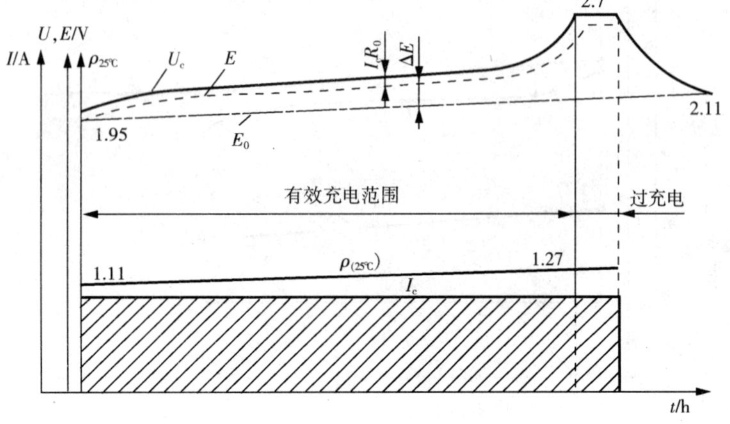

图1-11　蓄电池充电特性曲线

由于充电电源必须克服蓄电池内阻$R_0$的电压降,因此,充电电压$U_C$要高于蓄电池的电动势$E$,即

$$U=E+I_CR_0 \tag{1-17}$$

式中:$I_C$——充电电流。

充电开始时,蓄电池电压迅速上升,这是在极板孔隙内发生化学反应所致,生成的$H_2SO_4$使得极板孔隙内的电解液的密度迅速上升,故端电压随之迅速上升。随着极板孔隙内的电解液向外扩散的速度加快,当孔隙内$H_2SO_4$产生速度与扩散速度相对平衡时,蓄电池的端电压不再迅速上升,而随整个容器内电解液密度缓慢上升而逐步提高。当蓄电池单格电池电压达到2.3~2.4V时,极板上$PbSO_4$已基本全部被还原成活性物质,这时充电接近完成。继续通电,电解液中的水开始分解产生氢气和氧气,并以气泡的形式释放出来,电解液呈"沸腾"状态。由于氢气产生的速度较水解速度慢,故在负极板处积聚了较多的氢离子$H^+$,使极板相对电解液产生了附加电位(约0.33V),导致单格电池的充电电压高达2.7V左右。

从理论上讲,当单格电池电压升至2.7V时,应终止充电,否则将造成过充电。过充电将产生若干气体并在极板孔隙内造成压力,会加速极板物质脱落,所以应避免长时间过充电。但是在实际使用过程中,往往在达到最高电压后仍继续充电2~3h,以保证蓄电池完全充电。

充电停止后,附加电位消失,孔隙内电解液密度迅速下降,且与整个容器内电解液密度趋于一致,因而单格电池电压又迅速降至2.1V左右。

由于恒流充电,电解液的密度$\rho_{(25℃)}$随充电时间变化线性上升,当单格电池电压达到2.4V时,其值达到最大。

可见,蓄电池充电终了的特征有以下几点:

(1)蓄电池的端电压上升至最大值(单个电池电压为2.7V),且2h内不再变化。

(2)电解液的密度上升至最大值,且2h内基本不变。

(3)蓄电池剧烈地放出大量气泡,电解液沸腾。

# 第五节　蓄电池的容量及其影响因素

## 一、蓄电池的容量

蓄电池的容量标志着蓄电池对外供电的能力，是蓄电池的主要性能参数。在规定的放电条件下，完全充足的蓄电池，在允许的放电范围内所输出的电量称为蓄电池的容量，用 $C$ 表示，即

$$C=I_f t_f \tag{1-18}$$

式中：$C$——蓄电池的容量，A·h；

$I_f$——放电电流，A；

$t_f$——放电时间，h。

蓄电池的容量与放电电流的大小以及电解液的温度有关。蓄电池出厂时规定的额定容量是在一定的放电电流、一定的终止电压和一定的电解液温度下测得的。

1. 额定容量

额定容量是检验蓄电池质量的重要指标之一。GB/T 5008.1—1991 规定，以 20h 放电率的放电电流在电解液初始温度为(25±5)℃、密度为(1.28±0.01)g/cm$^3$(25℃)的条件下，连续放电到规定的单格电池终止电压 1.75V 时，蓄电池所输出的电量，称为蓄电池的额定容量，记为 $C_{20}$。例如，6—QA—105 型蓄电池，在电解液初始温度为 25℃时，以 5.25A 的放电电流持续放电 20h，单格电压降到 1.75V，其额定容量 $C_{20}$=5.25×20 A·h=105 A·h。

2. 额定储备容量

额定储备容量是国际上通用的另一种蓄电池容量表示方法。它是指充足电的蓄电池在电解液温度为 25℃条件下，以 25A 电流放电到单格终止电压 1.75V 时所能维持的时间。符号为 $C_m$，单位为 min。

3. 启动容量

启动容量表示蓄电池在发动机电力启动时的供电能力，用倍率和持续时间表示。启动容量有两种规定：常温启动容量和低温启动容量。

(1)常温启动容量

常温启动容量为电解液初始温度为 25℃时，以 5min 放电率的电流放电，放电 5min 至单格电池电压降至 1.5V 时所输出的电量。5min 放电率的电流在数值上约为其额定容量的 3 倍。例如，对于 6—Q—100 型蓄电池，$C_{20}$=100 A·h。在电解液初始温度为 25℃时，以 3 $C_{20}$=3×100A=300A 的电流放电 5min，单格电池电压降至 1.5V，蓄电池端电压降至 1.5V×6=9V，其启动容量为(300×5÷60)A·h=25 A·h。

(2)低温启动容量

低温启动容量为电解液初始温度为－18℃时，以 5min 放电率的电流放电，放电 2.5min 至单格电池电压降至 1V 时所输出的电量。

## 二、影响蓄电池容量的主要因素

蓄电池的容量不是一个固定不变的常数，而是与很多因素有关，归结起来可以分为两

类：一类是与生产工艺及产品结构有关的因素，如活性物质的数量、极板的厚薄、活性物质的孔率等；另一类是使用条件，如放电电流、电解液温度和电解液相对密度等。

1. 产品结构因素

(1)极板上活性物质的数量

从理论上讲，活性物质越多，则容量应越大。要得到1A·h的电量，负极上要有3.866g铅，正极板上要有4.463g二氧化铅，电解液中要有3.66g硫酸。实际上，正负极板上只有大约55%～60%的活性物质参加反应。当活性物质的数量确定后，其他因素对容量的影响就是对活性物质的利用率的影响了。极板面积越大，片数越多，则同时和硫酸起化学反应的活性物质就越多，容量就越大，国产蓄电池面积已统一，每对极板面的容量为7.5A·h。所以，极板数量与容量的关系可用下面的式子来进行计算：

$$C_{20}=7.5(N-1) \tag{1-19}$$

式中：$C_{20}$——额定容量，A·h；

$N$——正负极板的总片数。

(2)极板的厚度

极板越厚，电解液向极板深处的扩散越困难，活性物质越不容易参与反应。因此，减小极板厚度可以提高活性物质的利用率。例如，采用厚度为1.7 mm的薄型极板，则蓄电池在相同体积的情况下，容量可提高40%左右。

(3)活性物质的孔率

孔率即活性物质的孔隙有多大。孔率越大，硫酸溶液扩散渗透越容易，则容量可相应提高。但如果孔率过大，则活性物质的数量要减少，容量却反而会下降。

(4)活性物质的真实表面积

活性物质的真实表面积包括活性物质与电解液直接接触的表面积和细孔内的表面积。极板的真实表面积要比极板的几何尺寸计算面积大得多(几百倍)。真实表面积大，扩散面积和反应面积都增加，容量可相应提高。

(5)极板中心距

极板中心距小，可以减小蓄电池的内电阻。所以，在保证有足够的硫酸量的前提下，缩小极板中心距可以提高蓄电池的容量。

2. 使用条件对蓄电池容量的影响

(1)放电电流的影响

根据实验，放电电流越大，则电压下降越快，至终止电压的时间就越短，因而容量越小。图1-12所示是6—Q—135型蓄电池在不同放电电流情况下的放电特性。当大电流放电时，极板表面活性物质的孔隙会很快被生成的硫酸铅所堵塞，使极板内层的活性物质不能参与化学反应，因此放电电流增大，蓄电池的容量减小。图1-13所示是3—Q—75型蓄电池在电解液温度为30℃时，其容量与放电电流的关系。

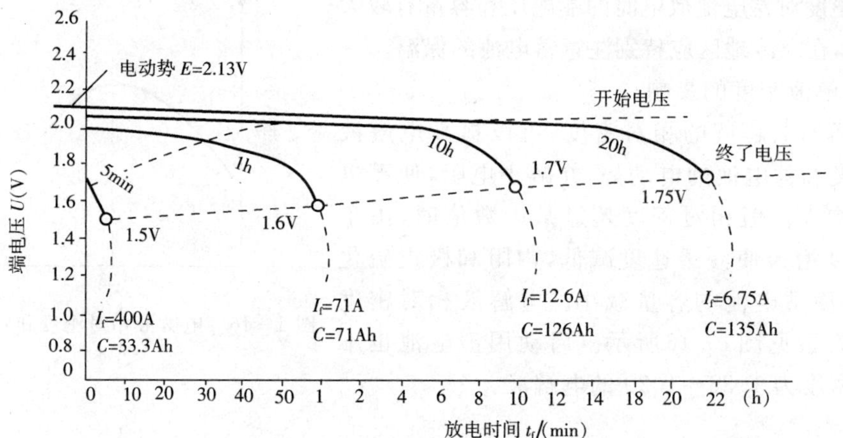


图 1 - 12　6—Q—135 型蓄电池在不同放电电流情况下的放电特性

(2)温度的影响

温度降低则容量减小。这是由于温度降低时，电解液的黏度增加，渗入极板内部困难；同时电解液电阻也增大，使蓄电池内阻增加，电动势消耗在内阻上的压降增大，蓄电池端电压降低，容量因此减小。图 1 - 14 所示是 3—Q—75 型蓄电池以 225A 的电流放电，当电解液温度为＋30℃和－18℃时，蓄电池端电压与放电时间的关系。图 1 - 15 所示为 3—Q—75 型蓄电池以 225A 的电流放电，在不同温度下所输出的容量。

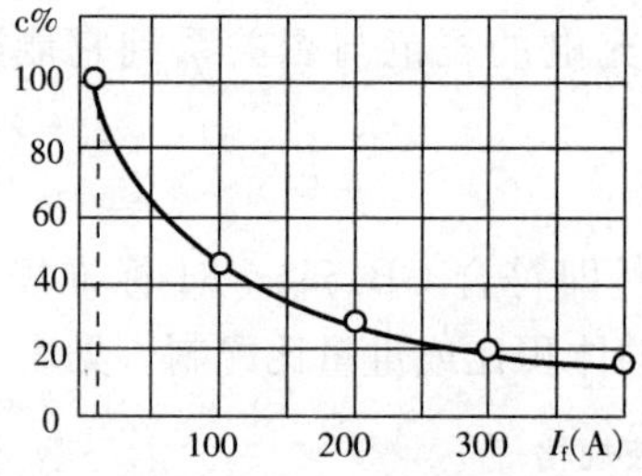

图 1 - 13　蓄电池容量与放电电流的关系

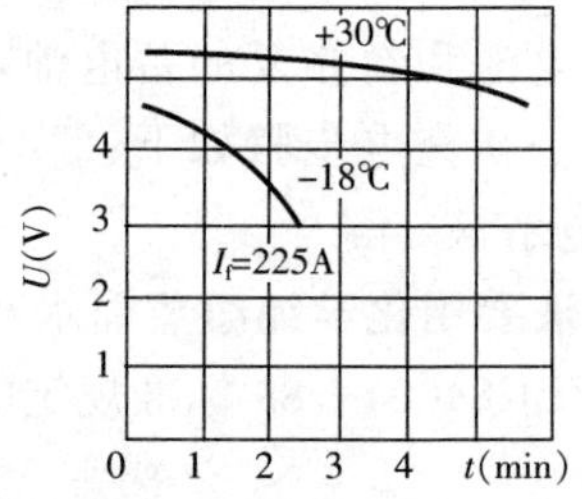


图 1 - 14　温度对放电特性的影响

根据 GB5008.1—91 标准，蓄电池额定容量是指电解液温度为 25℃时的 20h 率容量。温度每下降 1℃，蓄电池缓慢放电时的容量约减少 1%，迅速放电时约减少 2%。不同温度下的容量可以用下式换算为 25℃时的容量。

$$C_{25℃} = C_t[1-0.01(t-25)] \qquad (1-20)$$

式中：$C_{25℃}$——换算为 25℃时的容量，A・h；

$C_t$——电解液平均温度为 $t$℃时的实际容量，A・h；

$t$——放电终止时中间单体的电池电解液温度，℃；

0.01——温度系数。

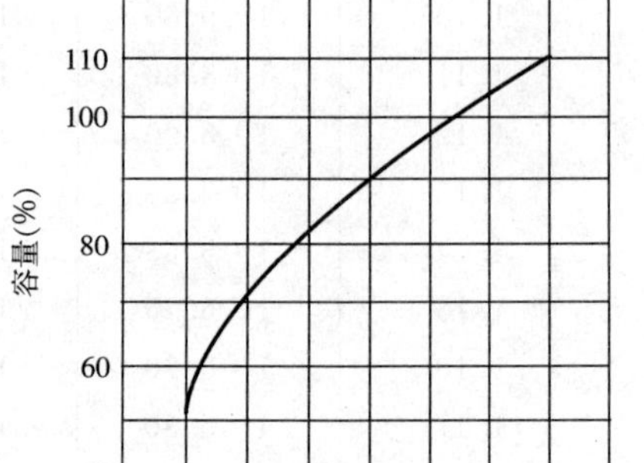


图 1 - 15　电解液温度与容量的关系

由于温度对蓄电池放电时的端电压和容量有较大影响，因此，在寒冷地区应特别注意蓄电池的保温。

(3)电解液密度的影响

适当增加电解液的相对密度，可以提高电解液的渗透速度和蓄电池的电动势，并减小电阻，使蓄电池的容量增大。但相对密度超过某一数值时，由于电解液黏度增大使渗透速度减低，内阻和极板硫化增加，又会使蓄电池的容量减小。电解液相对密度和容量的关系见图1-16所示。启动用蓄电池也不使用相对密度为 1.26～1.29 的电解液。

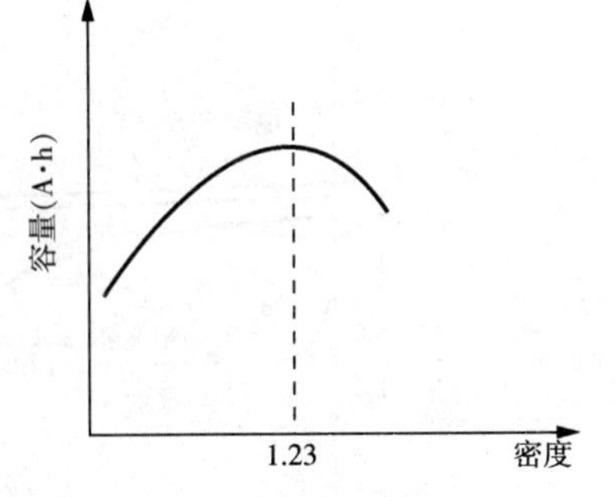

图 1-16　电解液相对密度和容量的关系

# 第六节　蓄电池的充电

在使用过程中，蓄电池充电是一项经常而又重要的工作。新蓄电池和新修复的蓄电池，需进行初充电；使用中的蓄电池，也要进行补充充电。为保持蓄电池具有一定的容量，延长蓄电池的使用寿命，还要定期进行过充电、均衡充电和锻炼充电等。

**一、充电**

1. 初充电

新蓄电池和新修复的蓄电池，要进行初充电。初充电的规范与否关系到它能否输出额定的容量。初充电步骤如下：

(1)电解液

电解液要用化学纯净蒸馏水和化学纯净硫酸配制，即符合 GB4554—84 标准规定的浓硫酸、符合 ZBK84004—89 标准规定的蒸馏水，按照一定的体积比或重量比配制。见表 1-6。

**表 1-6　蓄电池电解液规格**

| 电解液相对密度(25℃) | 硫酸与蒸馏水体积 比 | 硫酸与蒸馏水重量比 | 电解液相对密度(25℃) | 硫酸与蒸馏水体积 比 | 硫酸与蒸馏水重量比 |
|---|---|---|---|---|---|
| 1.10 | 1∶9.80 | 1∶6.82 | 1.21 | 1∶4.07 | 1∶2.22 |
| 1.11 | 1∶8.80 | 1∶5.84 | 1.22 | 1∶3.84 | 1∶2.09 |
| 1.12 | 1∶8.00 | 1∶5.40 | 1.23 | 1∶3.60 | 1∶1.97 |
| 1.13 | 1∶7.28 | 1∶4.40 | 1.24 | 1∶3.40 | 1∶1.86 |
| 1.14 | 1∶6.68 | 1∶3.90 | 1.25 | 1∶3.22 | 1∶1.76 |
| 1.15 | 1∶6.15 | 1∶3.63 | 1.26 | 1∶3.05 | 1∶1.60 |
| 1.16 | 1∶5.70 | 1∶3.35 | 1.27 | 1∶2.80 | 1∶1.57 |
| 1.17 | 1∶5.30 | 1∶3.11 | 1.28 | 1∶2.75 | 1∶1.49 |
| 1.18 | 1∶4.95 | 1∶2.90 | 1.29 | 1∶2.60 | 1∶1.41 |
| 1.19 | 1∶4.63 | 1∶2.52 | 1.30 | 1∶2.47 | 1∶1.34 |
| 1.20 | 1∶4.33 | 1∶2.36 | 1.40 | 1∶1.60 | 1∶1.02 |

电解液的密度用吸入式密度计测定，测得的数值，换算成25℃时的密度。

电解液加入蓄电池之前，温度不得超过30℃。加液之前，应该把蓄电池清洗干净，检查气孔是否通畅。灌入电解液后，液面高度要超过极板15mm。

加足电解液的蓄电池，静置4～8h，待温度低于30℃时，方可充电。经静置冷却后，若电解液面低落，应补加电解液至要求高度。

(2)初充电过程

初充电分为两个阶段进行。第一阶段用初充电电流充到电解液中放出较多气泡，端电压上升到2.3～2.4V为止。初充电电流见表1-7。然后将电流降为第二阶段充电电流，继续充到电解液剧烈放出气泡即“沸腾”，相对密度和电压连续2h稳定不变为止。全部充电时间为40～60h。

**表1-7 蓄电池充电规范**

| 蓄电池型号 | 初次充电 | | | | 补充充电 | | | |
|---|---|---|---|---|---|---|---|---|
| | 第一阶段 | | 第二阶段 | | 第一阶段 | | 第二阶段 | |
| | 电流(A) | 时间(h) | 电流(A) | 时间(h) | 电流(A) | 时间(h) | 电流(A) | 时间(h) |
| 3—Q—75 | 5 | 25～35 | 3 | 20～30 | 7.5 | 10～11 | 4 | 3～5 |
| 3—Q—90 | 6 | | 3 | | 9 | | 5 | |
| 3—Q—105 | 7 | | 4 | | 10.5 | | 5 | |
| 3—Q—120 | 8 | | 4 | | 12.0 | | 6 | |
| 3—Q—135 | 9 | | 5 | | 13.5 | | 7 | |
| 3—Q—150 | 10 | | 5 | | 15.0 | | 7 | |
| 3—Q—195 | 13 | | 7 | | 19.5 | | 10 | |
| 6—Q—60 | 4 | 25～35 | 2 | 20～30 | 6 | 10～11 | 3 | 3～5 |
| 6—Q—75 | 5 | | 3 | | 7.5 | | 4 | |
| 6—Q—90 | 6 | | 3 | | 9 | | 4 | |
| 6—Q—105 | 7 | | 4 | | 10.5 | | 5 | |
| 6—Q—120 | 8 | | 4 | | 12.0 | | 6 | |

在充电过程中，应经常测量电解液温度。如上升到40℃，应将电流减半。如果继续上升，必须立即停止充电，待冷却到30℃以下时，再继续充电。

充足电后，应测量电解液密度，如果达不到规定数值，应添加蒸馏水或硫酸进行调整。调整后继续充电两小时，再次测量、调整，直至密度符合要求为止。最后，将电解液液面高度调整至规定值。

新电池充电完毕过后，应以20h放电率放电，再用补充充电电流充足电。以后，即可交付使用。

如果因为电池存放时间过长，经过一次充放电循环，容量仍小于标称容量的90%，应再进行一次充放电循环，使极板在储存中生成的硫酸铅，全部变为活性物质，以增加其容量。

2. 补充充电

蓄电池在使用中，如果因充电电压偏低或充电机会较少，使蓄电池容量小于标称容量的75%时，则视为容量不足，应进行补充充电。蓄电池容量不足有以下现象：

(1)电解液密度下降到1.20以下。

(2)冬季放电超过25%。

(3)单格电池电压接近1.75V。

(4)灯光比平时暗淡。

(5)启动无力。

补充充电也分为两个阶段。第一阶段以$C_{20}/10$的电流值充电，至电压为2.3～2.4V。再将电流减半，充至电压为2.5～2.7V，电解液密度恢复到规定值，且2h保持不变，电池内产生大量气泡，表明电已充足。整个补充充电时间为13～17h。充电完毕，应进行电解液密度和液面高度调整，方法如初充电。

3. 去硫充电

当蓄电池长期放置，致使极板硫化时，可用小电流充电加以消除。首先，倒出蓄电池内的电解液，用蒸馏水反复冲洗两三次，再加足蒸馏水，用初充电电流充电。当密度上升到1.15左右时，倒出电解液，再换加蒸馏水继续充电，直到电解液密度不再上升。接着进行充放电循环，一直到容量基本恢复，并调整电解液密度至规定值。

4. 预防硫化充电

蓄电池在使用过程中，常因充电不足而造成硫化，为预防起见，可每隔3个月，进行一次预防硫化充电。它比平常充电时间更长、更完善。用补充充电电流，将蓄电池充到“沸腾”，中断1h，再用1/2补充充电电流充电到“沸腾”。如此反复充电，直至一充电就立即“沸腾”为止。

5. 锻炼循环充电

蓄电池在使用中，常处于部分放电状态，参加化学反应的活性物质有限。为迫使相当于额定容量的活性物质都能参加工作，以避免部分活性物质因长期不参加化学反应而收缩，可每隔3个月进行一次锻炼循环充电。即在充足电后，以20h放电率放完电，再充足电，而后交付使用。

6. 均衡充电

蓄电池在使用过程中，由于制造和使用等因素，造成各单格电池在电压、容量、电解液密度等方面会有所不同，这对于蓄电池的使用很不利。为此需要进行均衡充电。即用正常充电方法，充至蓄电池端电压稳定，中断1h，再用20h率电流充电，充2h，停1h。反复三次，直至各单格均“沸腾”。最后，调整各单格电池电解液密度和液面高度。

## 二、充电设备

蓄电池充电需用直流电源，一般都由交流电经变换而得。常用的有电动机—发电机组和各种整流器。

电动机—发电机组，用交流电动机带动直流发电机。这种电源有较强的适应性，易于调节，但其体积大，噪声大，笨重。适合于大型充电场所。

整流器用半导体整流元件，将交流电变为直流电。常用的有硅整流充电机和可控硅整流充电机。这种充电设备体积小，重量轻，噪声低，效率高，寿命长，操作简单，使用维修方便，工作稳定可靠，因而得到广泛应用。

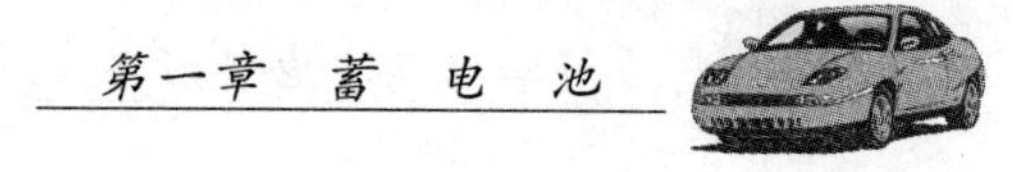

## 三、充电方法

对蓄电池充电时，须根据不同情况，选用适当方法，合理使用充电设备。这对提高工作效率、延长蓄电池和充电设备的使用寿命十分重要。

蓄电池的充电方法，主要有定流充电、定压充电和快速充电三种。

1. 定流充电

在整个充电过程中，充电电流基本恒定，叫定流充电。如图 1－17 所示。它是蓄电池充电的主要方法。初充电、补充充电和去硫化充电等，都用定流充电。

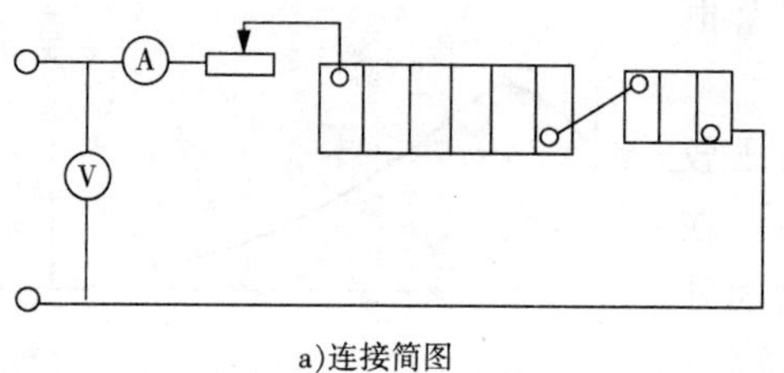


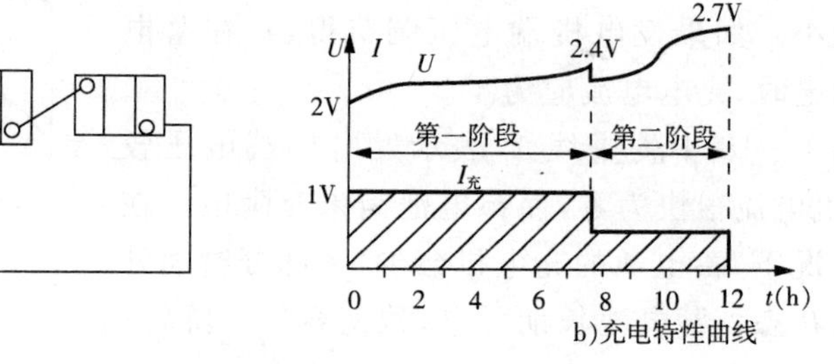


图 1－17　定流充电

定流充电，需将各待充蓄电池串联，故又称串联充电。所串联的蓄电池，端电压可各不相同，但容量最好能相同。若容量不同，须按容量最小的蓄电池设定电流，充足电后先摘下，再按剩余其中最小者设定电流。如此反复，直到全部蓄电池充足电。定流充电设备可串充蓄电池数，应按下式计算：

$$N = U_{ce}/2.75 \tag{1-21}$$

式中：$N$ ——可串充蓄电池单格个数；

$U_{ce}$——定流充电设备额定电压。

由蓄电池的充电特性可知，随着蓄电池逐渐被充足电，其电动势不断上升。为保持电流不变，充电电压也必须提高。但在充电最后阶段，大电流只能产生更多的气泡和过激的化学反应，不利于深层活性物质的还原，且降低了充电效率。为矫正定流充电的这一缺点，常采用分段定流充电。一般分为两个阶段：第一阶段用大电流充电至出现大量气泡，第二阶段改用小电流充电至结束，小电流约为大电流的一半。图 1－17a 和 1－17b 分别为定流充电的连接简图和充电特性。

定流充电可任意调整电流，可对不同情况的蓄电池充电。但其充电时间长，需经常调节电流。

2. 定压充电

充电电压始终保持不变叫定压充电。在汽车上蓄电池是采用定压充电的，因为汽车发电机的电压是不变的，而充电电流难于调节。

在定压充电过程中，蓄电池的电动势、充电电流的变化曲线，如图 1－18 所示。充电电流取决于发电机的端电压与蓄电池电动势之差，而与电路电阻成反比，计算公式为

$$I_c = (U_c - E_0) / R \tag{1-22}$$

式中：$I_c$——充电电流；

$U_c$——充电电压；

$E_0$——蓄电池电动势；

$R$——充电电路电阻。

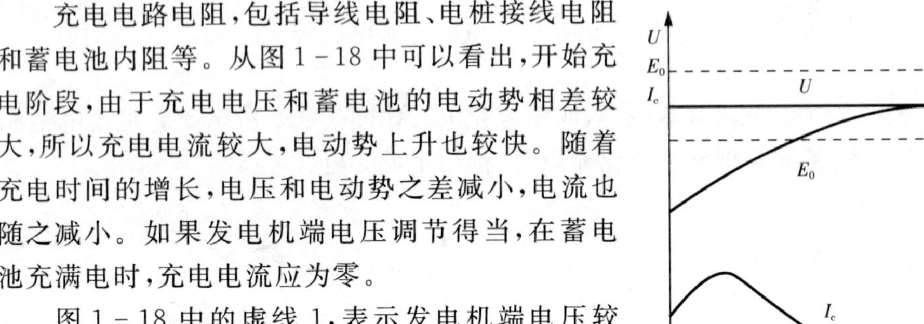

充电电路电阻，包括导线电阻、电桩接线电阻和蓄电池内阻等。从图 1－18 中可以看出，开始充电阶段，由于充电电压和蓄电池的电动势相差较大，所以充电电流较大，电动势上升也较快。随着充电时间的增长，电压和电动势之差减小，电流也随之减小。如果发电机端电压调节得当，在蓄电池充满电时，充电电流应为零。

图 1－18 中的虚线 1，表示发电机端电压较低，充电电流很快为零，而蓄电池尚未充满电。在这种情况下，蓄电池的充电机会少，大部分时间处于放电状态。蓄电池长期亏电，致使容量下降，寿命缩短。

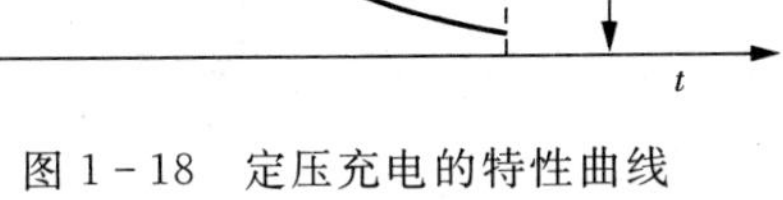


图 1－18　定压充电的特性曲线

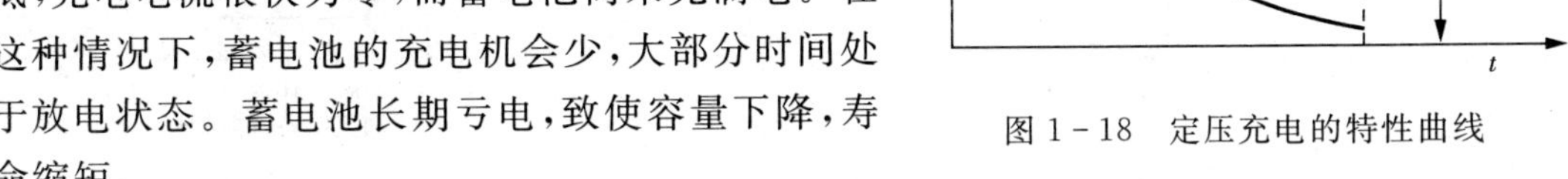

如果把发电机的端电压提高到虚线 2，则充电电流显著增大，即使蓄电池充满电，仍有一定的充电电流，这会使蓄电池过充电。过充电会损坏极板和缩短蓄电池的使用寿命。

3. 快速充电

快速充电是充电技术的重大突破。它先用约为蓄电池额定容量的大电流，对蓄电池进行充电，能很快充至蓄电池额定容量的一半以上。单格电压上升到 2.4V，并开始冒气泡。此时，控制电路转而用脉冲电流对蓄电池进行充电。

合理的脉冲结构，是该充电方法的关键。现多用连续的充—停—放—停—充波形。如图 1－19 所示。即先用正脉冲充电后停充 25～40ms，放电，放电脉冲深度为充电电流的 1.5～2 倍，宽度为 150～1000$\mu$s，再停充 25ms，再正脉冲充电。如此循环，直到充满电。

快速充电的特点：

(1)时间短。初充电 5h，补充充电 1h。相比一般充电，初充电 70～90h，补充充电13～16h。

(2)可充至蓄电池额定容量。间歇和负脉冲能消除极化，使深层活性物质参加反应，有利于冷启动。

(3)去硫化。不需任何处理，直接充电只需 4 个多小时。一般去硫化充电，添来倒去，费时费事，还有可能损伤活性物质。

快速充电的电流大，出气猛，因此对极板的冲刷力强，易使活性物质脱落，对极板寿命有一定影响。

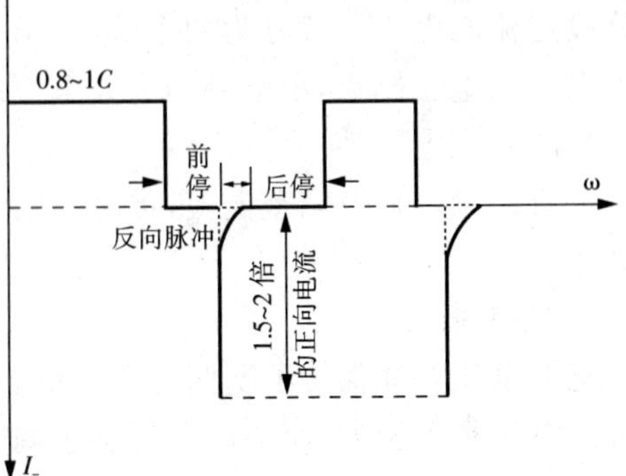


图 1－19　脉冲快速充电的电流波形

# 第七节 蓄电池的故障及其排除

蓄电池常见的故障可分为外部故障和内部故障。蓄电池的外部故障有外壳裂纹、封口胶开裂、极板腐蚀或松动等。蓄电池的内部故障主要有极板硫化、活性物质脱落、极板栅架腐蚀、极板短路、自放电、单格电池极性颠倒等。各种内部故障的特征、产生原因和排除方法如下。

## 一、极板硫化

故障特征：蓄电池极板上生成一层白色粗晶粒的 $PbSO_4$，在正常充电时不能转化为 $PbO_2$ 和 Pb，这种现象称为“硫酸铅硬化”，简称“硫化”。

(1)硫化的电池放电时，电压急剧降低，会过早降至终止电压，使电池容量减小。

(2)硫化的电池充电时单格电压上升过快，电解液温度迅速升高，但密度增加缓慢，并过早产生气泡，甚至一充电就有气泡。

故障原因：

(1)蓄电池长期充电不足或放电后没有及时充电，导致极板上的 $PbSO_4$ 有一部分溶解于电解液中，环境温度越高，溶解度越大。当环境温度降低时，溶解度减小，溶解的 $PbSO_4$ 就会重新析出，在极板上再次结晶，形成硫化。

(2)蓄电池电解液液面过低，使极板上部与空气接触而被氧化。在汽车行驶过程中，电解液上下波动，与极板的氧化部分接触，会生成大晶粒 $PbSO_4$ 硬化层，使极板上部硫化。

(3)长期过量放电或小电流深度放电，使极板深处活性物质的孔隙内生成 $PbSO_4$，平时正常充电不易恢复。

(4)新蓄电池初充电不彻底，活性物质未得到充分还原。

(5)电解液密度过高，成分不纯，外部气温变化剧烈。

排除方法：轻度硫化的蓄电池可用小电流长时间充电的方法予以排除；硫化较严重者采用去硫化充电方法消除硫化；硫化特别严重的蓄电池应报废。

## 二、活性物质脱落

故障特征：主要指正极板上的活性物质 $PbO_2$ 的脱落。同时蓄电池容量减小，充电时从加液孔中可看到有褐色物质，电解液浑浊。

故障原因：

(1)蓄电池充电电流过大，电解液温度过高，使活性物质膨胀、松软而易于脱落。

(2)蓄电池经常过充电，极板孔隙中逸出大量气体，在极板孔隙中造成压力，而使活性物质脱落。

(3)经常低温大电流放电使极板弯曲变形，导致活性物质脱落。

(4)汽车行驶中的颠簸震动。

排除方法：对于活性物质脱落的铅蓄电池，若沉积物较少时，可清除后继续使用；若沉积物较多时，应更换新极板和电解液。

### 三、极板栅架腐蚀

故障特征：主要是正极板栅架腐蚀，极板呈腐烂状态，活性物质以块状堆积在隔板之间，蓄电池输出容量降低。

故障原因：

(1)蓄电池经常过充电，正极板处产生的$O_2$使栅架氧化。

(2)电解液密度过大，温度过高，充电时间过长，均会加速极板腐蚀。

(3)电解液不纯。

排除方法：腐蚀较轻的蓄电池，电解液中如果有杂质，应倒出电解液，并反复用蒸馏水清洗，然后加入新的电解液，充电后即可使用；腐蚀较严重的蓄电池，如果是电解液密度过高，可将其调整到规定值，在不充电的情况下继续使用；腐蚀严重的蓄电池，如栅架断裂、活性物质成块脱落等，则需更换极板。

### 四、极板短路

故障特征：蓄电池正负极板直接接触或者有其他导电物质搭接称为极板短路。极板短路的蓄电池充电时充电电压很低或为零，电解液温度迅速升高，密度上升很慢，充电末期气泡很少。

故障原因：

(1)隔板损坏使正、负极板直接接触。

(2)活性物质大量脱落，沉积后将正、负极板连通。

(3)极板组弯曲。

(4)导电物体落入池内。

排除方法：出现极板短路时，必须将蓄电池拆开检查，更换破损的隔板，消除沉积的活性物质，校正或更换弯曲的极板组等。

### 五、自放电

故障特征：蓄电池在无负载的状态下，电量自动消失的现象称为自放电。如果充足电的蓄电池在 30 天之内每昼夜容量降低超过 2%，则称为故障性自放电。

故障原因：

(1)电解液不纯，杂质与极板之间及沉附于极板上的不同杂质之间形成电位差，通过电解液产生局部放电。

(2)蓄电池长期存放，硫酸下沉，使极板上、下部产生电位差引起自放电。

(3)蓄电池溢出的电解液堆积在电池盖的表面，使正、负极柱形成通路。

(4)极板活性物质脱落，下部沉积物过多使极板短路。

排除方法：自放电较轻的蓄电池，可将其正常放完电后倒出电解液，用蒸馏水反复清洗干净，再加入新电解液，充足电后即可使用；自放电较为严重时，应将电池完全放电，倒出电解液，取出极板组，抽出隔板，用蒸馏水冲洗之后重新组装，加入新的电解液重新充电后使用。

### 六、单格电池极性颠倒

故障特征：单格电池原来的正极板变成负极板，负极板变成正极板。此时，蓄电池电压迅速下降，不能继续使用。

故障原因：没有及时发现有故障的单格电池（如极板短路、活性物质脱落等），当蓄电池放电时，该单格电池由于容量小，首先放电至零，再继续放电时，其他单格电池的放电电流对它进行充电，使其极性颠倒。

排除方法：对极性颠倒的单格电池应更换新极板。

除上述几种常见故障外，还有负极板硬化、钝化和收缩，正极板栅架腐蚀、内阻增长，电解液非正常减少等故障，这样一些故障也将使蓄电池无法正常工作甚至损坏。蓄电池的故障除少数因质量低而造成外，大多数系使用、维护不当所致。因此，为避免蓄电池过早损坏，应严格按规定正确使用和维护好蓄电池。

## 第八节　蓄电池的使用与维护

实践证明，蓄电池的电气性能和使用寿命不仅取决于其产品本身的结构和质量，而且很大程度上更取决于对蓄电池的使用情况和在使用过程中是否对其进行了认真、细致的维护。因此，必须正确使用并做好使用中的维护工作，才能保证蓄电池特性的正常发挥，延长其使用寿命。

### 一、蓄电池的维护

为了使蓄电池经常处于完好状态，延长其使用寿命，对使用中的蓄电池需进行下列维护工作：

(1)观察蓄电池外壳表面有无电解液漏出。

(2)检查蓄电池在车上安装是否牢靠，导线接头与电桩的连接是否紧固。

(3)经常清除蓄电池盖上的灰尘泥土，擦去电池顶上的电液，通透加液孔盖上的气孔，清除电桩和导线接头上的氧化物。

(4)定期检查和调整电解液的相对密度及液面高度。

(5)经常检查蓄电池放电程度，超过规定时，立即充电。

### 二、蓄电池使用中技术状况的检查

为了及时发现蓄电池使用中的各种内在故障，汽车每行驶 1000 km，或冬季行驶 10～15 天，夏季行驶 5 天～6 天，需对蓄电池进行下列检查：

1. 电解液液面高度的检查

液面高度可用玻璃管测量，如图 1－20 所示。电解液液面应高出极板 10～15 mm，电解液不足时应加注蒸馏水。注意：除非确知液面降低是由于电解液溅出所致，否则一般不允许加入硫酸溶液。

2. 蓄电池放电程序的检验

(1)用密度计测量电解液相对密度

电解液的相对密度用吸式密度计测定，如图1－21所示。先吸入电解液，使密度计浮子浮起，电解液液面所在的刻度即为相对密度值。注意在测量密度时，应同时测量电解液温度，并将测得的电解液相对密度值按表 1－8 转换到 25℃进行修正，也可按式(1－15)换算为 25℃时的相对密度值。

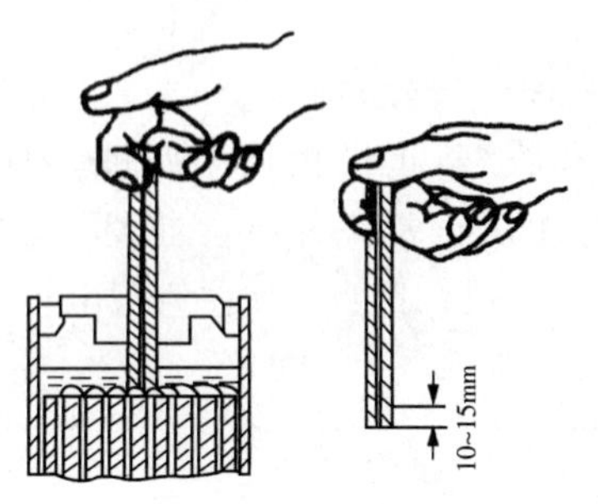


图 1-20　用玻璃管测量电解液液面高度

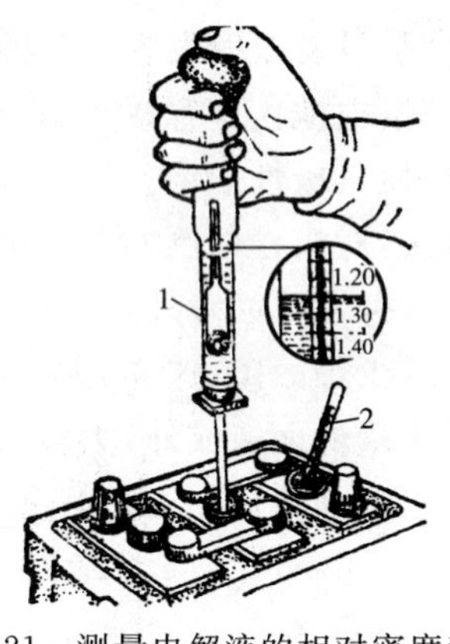


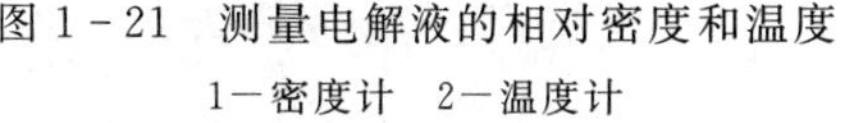

图 1-21　测量电解液的相对密度和温度

1—密度计　2—温度计

**表 1-8　不同温度下密度计读数的修正数值**

| 电解液温度/℃ | 相对密度修正数值 | 电解液温度/℃ | 相对密度修正数值 |
| --- | --- | --- | --- |
| +45 | +0.014 0 | 0 | −0.017 5 |
| +40 | +0.010 5 | −5 | −0.021 0 |
| +35 | +0.007 0 | −10 | −0.024 5 |
| +30 | +0.003 5 | −15 | −0.028 0 |
| +25 | 0 | −20 | −0.031 5 |
| +20 | −0.003 5 | −25 | −0.035 0 |
| +15 | −0.007 0 | −30 | −0.038 5 |
| +10 | −0.010 5 | −35 | −0.042 0 |
| +5 | −0.014 0 | −40 | −0.045 5 |
|  |  | −45 | −0.049 0 |

根据实际经验，相对密度每减小 0.01，相当于蓄电池放电 6%，所以从测得的电解液相对密度就可以粗略估算出蓄电池的放电程度。需要注意的是，在强电流放电和加注蒸馏水后，由于电解液混合不匀，不应立即测量电解液相对密度。

(2)用高率放电计测量放电电压

高率放电计是模拟接入启动机负荷，测量蓄电池在大电流(接近启动机启动电流)放电时的端电压。如图 1-22所示，用以判断蓄电池的放电程度和启动能力。

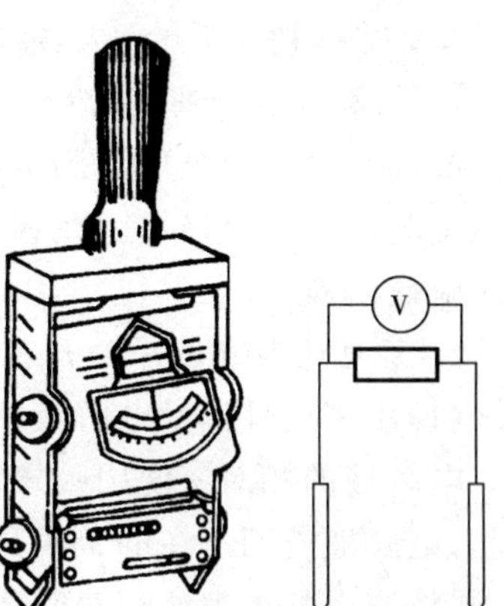


图 1-22　高率放电计和原理图

高率放电计由一个 3V 电压表和一个定值负载电阻组成。测量时应将两叉尖紧压在单体电池的正、负极柱上，历时 5s 左右，观察大负荷放电情况下蓄电池所能保持的端电压。不同厂牌的放电计，负荷电阻值不同，放电电流和电压表读数也就不同。使用

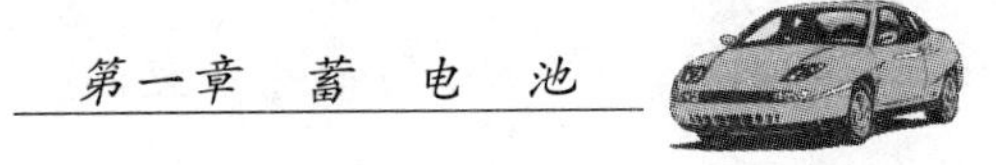

时应参照原厂说明书规定。表 1－9 是高率放电计测得的单体电池电压与放电程度对照表。

**表 1－9　用高率放电计测定放电程度**

| 高率放电计测得的单体电池的端电压/V | 放电程度(%) | 高率放电计测得的单体电池的端电压/V | 放电程度(%) |
|---|---|---|---|
| 1.7～1.8 | 0 | 1.4～1.5 | 75 |
| 1.6～1.7 | 25 | | |
| 1.5～1.6 | 40 | 1.2～1.4 | 100 |

一般技术状况良好的蓄电池，用高率放电计测量时，单体蓄电池电压应在 1.5V 以上，并在 5s 内保持稳定；如果 5s 内电压迅速下降，或某一单体蓄电池的电压比其他单体电池低 0.1V 以上时，则表示该单体电池有故障，应进行修理。

(3)用镉电极判断蓄电池正负极板的状况

用镉电极作为辅助电极测量在充、放电过程中正负极板组的电位，从其电位的变化，可以判断极板组的质量状况，从而进一步分析容量减少和故障发生的原因。

镉电极由纯镉制成，上端接一铜接线柱，下端装在硬橡胶套内，以防测量时与电池的正负极相磁，但电解液能自由地接触镉电极。

测量镉电极所使用的电压表必须是高电阻的(大于 1000Ω/V)，这样可以避免因极化作用而产生较大的误差，一般采用数字式电压表或数字万用表即可。电压表的刻度为－3V～0～3V 或 0～3V。

测量中，测蓄电池正极时镉电极为负，测负极时镉电极为正。连接好后，将镉电极由加液孔伸入蓄电池内的电解液中，便可读出镉电极与正负极板组之间的电位差，如图 1－23 所示。

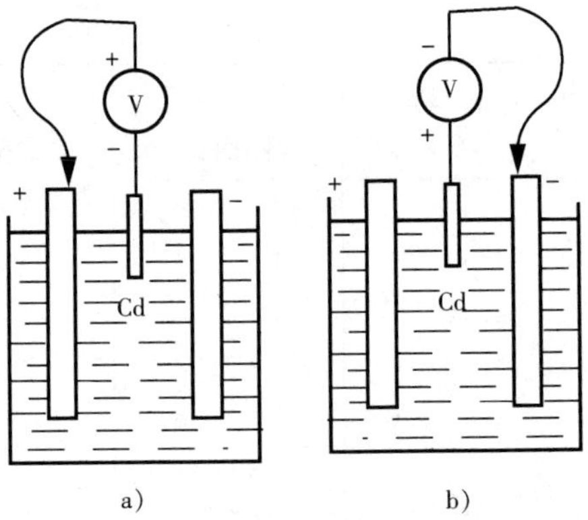

a)　　b)

图 1－23　用隔电极测量蓄电池极板组

正常蓄电池在充电状态下，正极镉电压为 2.4V，负极镉电压为－0.25V，其代数差为 2.65V；放电状态时，正极镉电压为 2.00V，负极镉电压为－0.20V，其代数和为 1.80V。如一只蓄电池放电到末期，正极镉电压小于 1.96V，可判定为正极不良；放电末期负极大于－0.20V 时，可判定为负极不良。

### 三、电解液相对密度的选择和配制

1. 电解液相对密度的选择

电解液的相对密度对蓄电池的工作有很大的影响，相对密度增大，电解液冰点降低，冰冻的危险减少，并可提高蓄电池的容量。但相对密度过大时，由于电解液黏度增大，渗透困难，蓄电池容量反而降低。应根据不同的使用条件，选择不同的电解液相对密度。寒冷地区应使用相对密度较高的电解液。同一地区使用的蓄电池中，冬季的电解液相对密度应较夏季大 0.02～0.04。不同地区和气温条件下，电解液相对密度的选择可参考表 1－10。

**表 1-10　不同地区和气温条件下的电解液相对密度**

| 气候条件 | 完全充足电的蓄电池在 25℃时的电解液相对密度 | |
|---|---|---|
| | 冬　季 | 夏　季 |
| 冬季低于－40℃的地区 | 1.30 | 1.26 |
| 冬季高于－40℃的地区 | 1.28 | 1.24 |
| 冬季高于－30℃的地区 | 1.27 | 1.24 |
| 冬季高于－20℃的地区 | 1.26 | 1.23 |
| 冬季高于 0℃的地区 | 1.23 | 1.23 |

新蓄电池一般应按制造厂规定，加注相对密度为 1.25～1.285 的电解液。

2. 电解液的配制

配制电解液时，应使用符合 GB4554—84《蓄电池用硫酸》标准规定的浓硫酸和 ZBK 84004—89 标准规定的用水，按一定的体积比或重量比配制，如表 1-11 所示。

**表 1-11　蓄电池电解液规格**

| 电解液相对密度(25℃) | 硫酸与蒸馏水体积比 | 硫酸与蒸馏水重量比 | 电解液相对密度(25℃) | 硫酸与蒸馏水体积比 | 硫酸与蒸馏水重量比 |
|---|---|---|---|---|---|
| 1.10 | 1∶9.80 | 1∶6.82 | 1.21 | 1∶4.07 | 1∶2.22 |
| 1.11 | 1∶8.80 | 1∶5.84 | 1.22 | 1∶3.84 | 1∶2.09 |
| 1.12 | 1∶8.00 | 1∶5.40 | 1.23 | 1∶3.60 | 1∶1.97 |
| 1.13 | 1∶7.28 | 1∶4.40 | 1.24 | 1∶3.40 | 1∶1.86 |
| 1.14 | 1∶6.68 | 1∶3.90 | 1.25 | 1∶3.22 | 1∶1.76 |
| 1.15 | 1∶6.15 | 1∶3.63 | 1.26 | 1∶3.05 | 1∶1.60 |
| 1.16 | 1∶5.70 | 1∶3.35 | 1.27 | 1∶2.80 | 1∶1.57 |
| 1.17 | 1∶5.30 | 1∶3.11 | 1.28 | 1∶2.75 | 1∶1.49 |
| 1.18 | 1∶4.95 | 1∶2.90 | 1.29 | 1∶2.60 | 1∶1.41 |
| 1.19 | 1∶4.63 | 1∶2.52 | 1.30 | 1∶2.47 | 1∶1.34 |
| 1.20 | 1∶4.33 | 1∶2.36 | 1.40 | 1∶1.60 | 1∶1.02 |

由于电解液相对密度随温度变化而变化，故应换算成 25℃标准温度时的相对密度。配制电解液的注意事项：

(1)配制电解液应用耐酸的玻璃、陶瓷、硬橡胶或铅质容器。

(2)配制时先将水放入窗口，然后将硫酸徐徐加入水中，并不断地用玻璃棒或塑料棒搅拌。绝对禁止将蒸馏水倒入浓硫酸中，以免发生爆溅，伤害人体和设备。

(3)配制电解液时，操作人员必须配戴或穿着防护眼镜、橡皮手套、塑料围裙、高筒胶鞋，以防烧伤。

配制电解液时，因硫酸稀释发热，使电解液温度升高，因此配制好的电解液需待冷却至 35℃以下，才能注入蓄电池内。

### 四、冬季使用特点

冬季使用蓄电池，应特别注意经常保持蓄电池处于充足电状态，以防电解液相对密度降低而结冰，甚至容器破裂，或出现极板弯曲和活性物质脱落等故障。表1-12所示为电解液相对密度和冻结温度的关系。

表1-12 电解液相对密度和冻结温度的关系

| 电解液相对密度 | 冻结温度/℃ | 电解液相对密度 | 冻结温度/℃ |
|---|---|---|---|
| 1.10 | −7 | 1.25 | −50 |
| 1.15 | −14 | 1.30 | −66 |
| 1.20 | −25 | 1.31 | −70 |

在冬季应按规定加入相对密度为1.4的电解液进行调整。进入冬季前应吸出少许电解液加入蒸馏水进行调整。

注意冬季加水时，只能在发动机运转、发电机向蓄电池充电时进行。这样可使水较快地和电解液混合，减少电解液结冰的危险性。

由于冬季电池容易降低电量，因此冷发动机启动时应进行预热。每次接通启动机的时间不得超过3～5s，再次启动时，应在休息5～6s以后进行。

### 五、蓄电池的贮存

暂不使用的蓄电池，进行贮存的方法是先将电池充足电，使相对密度达1.285，液面至正常高度，然后密封加液塞的通气孔后放置于室内暗处。贮存的时间不宜超过6个月，其间应定期检查电解液相对密度和用高率放电计检查容量，如低于25%应即刻充电。交付使用前也要先充足电。

存放期长的蓄电池，最好以干贮法贮存。先将电池以20h放电率完全放电，倾出电解液，用蒸馏水多次冲洗至水中无酸性，倒尽水滴，晾干后旋进加液塞盖后密封贮存。使用前的准备和新电池相同。

## 第九节 新型蓄电池

### 一、胶体电解质蓄电池

胶体电解质蓄电池，简称胶质蓄电池。其内部结构与普通蓄电池完全相同，区别在于其电解质不是液体，而是采用纯净的硅酸钠与一定相对密度的硫酸溶液混合后所形成软而黏的胶状体。这种蓄电池与普通蓄电池相比有如下优缺点：

(1)由于电解质呈凝胶状，不会流动、无溅出，因此，维护、使用、保管和运输极为方便。

(2)使用中只需添加少量的蒸馏水而无需测量和调整相对密度，并且胶状电解质本身失水量也少。

(3)凝胶状的电解质会像保护套一样把极板紧紧裹起来，极板活性物质不易脱落，耐震动，因此使用寿命可适当延长。

(4)由于放电产生的硫酸铅很难溶解到硫液胶状体中去，同时又阻止了沉于硫酸中的硫酸铅再次回到电极板上形成再结晶，因而在一定程度上可防止极板的硫化。

(5)胶体电解质的电阻比硫酸溶液大，因而使蓄电池内阻有所增加，大电流放电时容量会有所降低。

(6)胶体电解质与极板的接触不易均匀，使极板各部分形成电位差，自放电较大，且易造成极板腐蚀。

## 二、干荷电蓄电池

在极板完全干燥状态下，能够长期(一般为两年)保存其在化学反应过程中所得到的电量的蓄电池叫做干荷电铅蓄电池。这类电池在注入符合规定的电解液之后，静置20～30min即可投入使用，不需进行初充电，使用方便，是应急的理想电源。例如，6—QA—60型干荷电铅蓄电池，只需注入密度为1.250 $g/cm^3$(30℃)的电解液即可使用。

干荷电铅蓄电池之所以具有干荷电性能，主要在于负极板的制造工艺与普通铅蓄电池不同。在负极板上的活性物质是海绵状铅，由于表面积大，化学活性高，容易氧化，所以要在负极板的铅膏中加入某种抗氧化剂，如松香、油酸、硬脂酸、有机聚合物等。加入抗氧化剂后，可在干燥的过程中，形成一种保护膜盖在海绵状铅的表面，以免其与空气接触而氧化。在极板化成过程中要有一次深放电或反复充、放电循环，使极板的深层也形成海绵状铅。

正极板上活性物质二氧化铅，在空气中很稳定。但对储存期超过两年的干荷电铅蓄电池，因极板上有部分氧化，使用前应进行补充充电，充电时间为5～10h。由于这种电池使用方便，是理想的应急电源，目前已得到广泛使用。

目前，干荷电蓄电池均采用穿壁跨接式联系、整体塑料容器结构。干荷电蓄电池初次使用时，需将蓄电池加液盖拧开，疏通通气孔(有些采用蜡封口，有些采用封条贴封口)，加入标准相对密度1.26 $g/cm^3$(15℃)电解液到规定高度。记下相对密度和温度，将蓄电池静放20min，然后再测量电解液相对密度和温度。当相对密度下降不到0.1 $g/cm^3$，且温度上升不到6℃，蓄电池即可使用。若超过以上规定值，应照正常充电率对蓄电池再充电。

在下列情况下，需对干荷电蓄电池补充充电，并达到充足电的状态。

(1)电解液注入后，超过48h没使用。

(2)由于发电机工作不良或车辆停放时间长或行驶里程过短等原因，造成蓄电池容量损失或充电不足(电解液相对密度低于1.17$g/cm^3$)。

(3)蓄电池干态储存超过有效期一年。

## 三、免维护蓄电池

免维护蓄电池是现代汽车上广泛使用的一种新型蓄电池，或称为MF蓄电池。这种新型蓄电池于20世纪70年代后期进入国际市场，并得到迅速发展。

免维护蓄电池的含义是在汽车合理使用过程中无需加水，只要把电池装好就可以了，实现名副其实的免维护。其优点是无论任何高温或低温天气都有足够的电力启动汽车，结构坚固耐用，保护装置多，而且市内短途车可行驶8万千米，长途货车可行驶40～48万千米，不需进行维护，可用3.5～4年不必加水，极柱基本没有腐蚀，自放电少，在车上或储存时不需要进行补充充电，因此是一种先进的新型汽车电源。

### 1. 免维护蓄电池的结构及特点

免维护蓄电池是通过降低或消除栅架中锑的含量来达到免维护的目的。与普通铅蓄电池相比，它主要在极板栅架材料上作了重大改进，采用低锑合金（含锑量低于2%～3%）或无锑合金栅架。普通铅蓄电池的极板在浇铸过程中加入了6%～8%的锑，可提高铸造性能，极板机械强度高且焊接性能好。但由于极板栅架中含有较多的锑，在电化学反应中，锑会不断地从正极板析出，并移动到负极板表面沉积下来，与负极板上的活性物质形成局部小电池而导致自放电。

根据极板栅架所用合金材料的不同，免维护蓄电池一般分为两种类型：一种是采用低锑多地铺合金（含锑量在1%～3%）的低锑栅架，称为少维护蓄电池；另一种为采用铅钙合金或铅钙锡合金的无锑栅架，是真正的免维护蓄电池。

以铅钙合金作为极板栅架的免维护蓄电池，结构如图1－24所示。其外壳做成全密封式，只有排气装置而没有加水口。隔板采用袋式微孔聚氯乙烯隔板，将正极板包住，可保护正极板上的活性物质不致脱落，防止极板短路，如图1－25所示。这样可取消壳体内底部的凸筋，使极板上部容积增大，并且增加了电解液的储存量进而增加了蓄电池的容量。

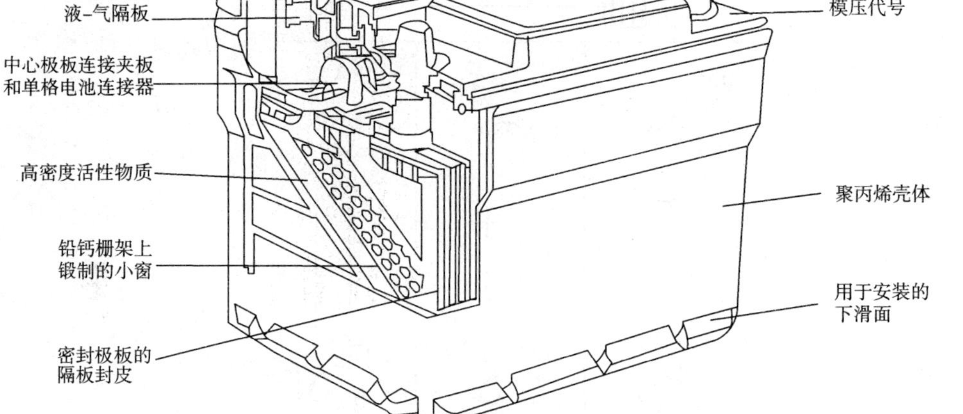


图1－24　免维护蓄电池的结构

通气孔采用新型安全的通气装置和气体收集器，可避免聚集在蓄电池顶部的酸气析出与外部火花接触产生爆炸，如图1－26所示。有的免维护蓄电池的通气塞中还装有催化剂钯，它能将析出的绝大部分氢气和氧气再结合生成水蒸气，冷凝后返回蓄电池内部，从而进一步减少了水的消耗。目前，国内生产的免维护蓄电池，其加液孔盖上的通气孔多采用迷宫排气结构，在很大程度上也能减少电解液的蒸发。

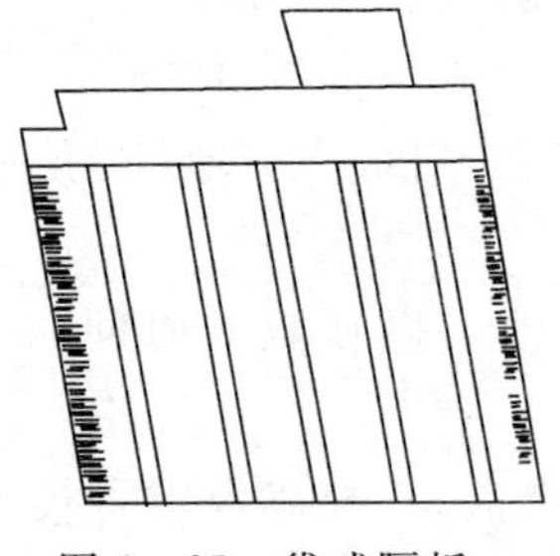

图1－25　袋式隔板

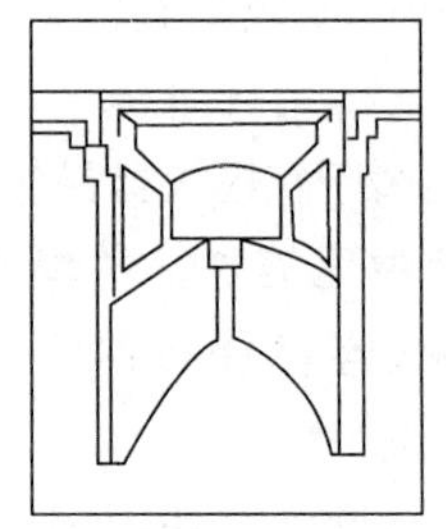

图1－26　通气装置

单格电池间的连接采用穿壁式贯通连接，使内阻减小，输出电流增大。同时采用聚丙烯塑料热压外壳和整体式电池盖，壳体内壁薄，储液多，重量轻，体积小。

对于无加液孔的全密封型免维护蓄电池，由于不能采用传统的密度计来测量，而采用内装小型密度计以检查蓄电池状态的技术，其工作示意图如图 1－27 所示。

在内装式密度计中有一玻璃棒，伸入电解液中，下端连接一个笼子，其中有一个绿色小球。随着蓄电池充电程度的变化，绿色小球在笼子中上下移动。当相对密度达到 1.220 或更高时（充电程度在 65%以上），绿色小球升至笼子的顶部并与玻璃棒的下端接触，在其顶端监视窗口就会看到一个绿点，这表示蓄电池的工作情况良好，如图 1－27a 所示。若看不到绿点而显示为淡绿色小球在笼子中上下移动，如图 1－27b，说明电解液相对密度低，蓄电池充电不足，应及时进行充电；若电解液液面已下降到低于内装小型密度计，则监视窗显示浅黄色或无色，如图 1－27c，说明蓄电池已无法正常工作，必须予以更换。

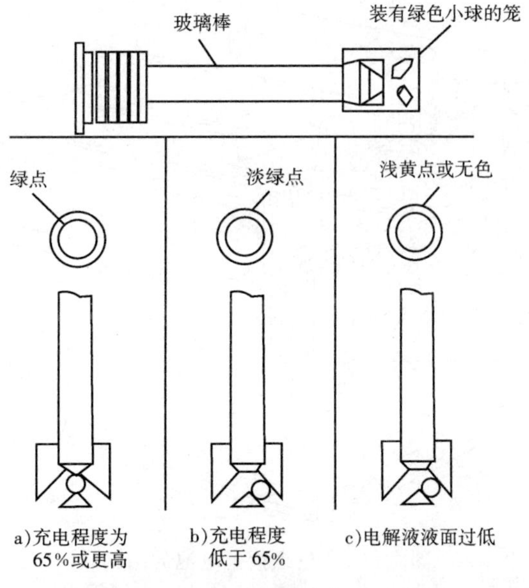


图 1－27　内装式密度计工作示意图

这种蓄电池由于完全消除了锑的副作用，其耐过充电能力强，自放电少，出气量和耗水量也非常小，因此在整个使用过程中无需加水，可以实现真正的免维护。但是这种蓄电池的铸造性能和熔接性能较差，且钙在高温下易氧化损耗，因而制造工艺复杂，成本较高。近年来，一些新型免维护蓄电池采用铅钙合金网状栅架，以取代铸造方式，不仅栅架耐腐蚀，机械强度高，而且可使极板栅架的厚度减少到铸造栅架的 60%，生产效率也有所提高，很有发展前途。

*2. 免维护蓄电池的优缺点*

免维护蓄电池由于在极板材料和结构上作了很大改进，因此，与普通蓄电池相比有如下优点：

（1）使用过程中无需加注蒸馏水。

（2）自放电少，容量保持时间长。免维护蓄电池可以在较长时间（一般为两年）内湿储存。

（3）耐过充电性能好。免维护蓄电池的过充电电流，在充满电时可接近零，减少了电和水的损耗。

(4)接线柱腐蚀小,内阻小,启动性能好。

(5)使用寿命长,免维护蓄电池的使用寿命一般都在四年左右,为普通蓄电池使用寿命2～3倍。

免维护蓄电池的主要缺点是极板制造工艺复杂,价格比较高。

## 第十节 碱性蓄电池

铅酸蓄电池,虽然具有良好的启动特性,但使用寿命短。有些汽车上,采用碱性蓄电池,其优点为:寿命长,容器和极板的机械强度高,无硫化现象,工作可靠,耐强电流放电;其缺点是:内阻大,价格较高。碱性蓄电池有铁镍、镉镍和银锌三种。

### 一、铁镍蓄电池

铁镍蓄电池,外壳由钢板制成。极板是钢制骨架,架中嵌入钢管,管臂有细孔,管内装活性物质。正极板的活性物质是氢氧化镍,有时混入片状纯镍,以增加其导电能力。负极板为化学纯净的苛性钾或苛性钠溶液,密度为1.20～1.27。铁镍蓄电池充电和放电的化学反应如下:

$$2Ni(OH)_3+KOH+Fe \rightleftharpoons 2Ni(OH)_2+KOH+Fe(OH)_2 \qquad (1-23)$$

### 二、镉镍蓄电池

镉镍蓄电池正极为氢氧化镍,负极为镉。电解液为氢氧化钾或氢氧化钠溶液,隔板为橡胶或塑料。外壳用优质钢板压制、焊接后镀镍而成,或用ABS树脂制成。

在制造过程中,正极板用氢氧化亚镍粉、石墨粉和其他添加剂,包在穿孔的钢带中压制而成。极板再焊接成极板组。添加石墨粉,是为了增加极板的导电性。负极板由氧化镉和氧化铁粉及其他添加剂,包在空孔带中压制成极板,再焊接成极板组。掺加氧化铁粉是为了提高氧化镉粉的扩散性,防止其结块,增加极板的容量。电解液是相对密度为1.1～1.27的氢氧化钾溶液。

充电后,正极板的活性物质为氢氧化亚镍,负极板为金属镉。放电终了时,正极板转化为氢氧化亚镍,负极板转化为氢氧化镉。两极板发生的化学变化是可逆的,其化学反应式为

$$2Ni(OH)_3+2KOH+Cd \rightleftharpoons 2Ni(OH)_2+2KOH+Cd(OH)_2 \qquad (1-24)$$

电解液只作为电流的导体,不参加化学反应,故其浓度不变,或变化甚微。因而不能根据其浓度高低来判断蓄电池的放电程度。

为了降低碱性蓄电池的电阻,常采用大面积的极板组,并用烧结的办法制造多孔骨架,而后填入活性物质。

镉镍蓄电池的单格电压为1.2V,组成6V蓄电池,需要5个单格;组成12V蓄电池,需要9个单格。

与相同电压和容量的铅蓄电池比较,这种蓄电池的重量要轻35%,体积小30%,输出几百安培的电流,对蓄电池毫无损伤。试验证明,铁镍蓄电池的启动性能差,价格比同容量的镉镍蓄电池贵3～4倍,但使用期长4～6倍。

### 三、银锌蓄电池

银锌蓄电池正极板上的活性物质为氧化银，负极板为锌。用银丝导线制成的银丝导电骨架，起传导电流和支撑活性物质的作用。电解液为氢氧化钾溶液。外壳用不锈钢或塑料制成。充放电时化学反应为

$$AgO+Zn+KOH+H_2O \rightleftharpoons Ag+Zn(OH)_2+KOH \quad (1-25)$$

## 第十一节　电动汽车电池

由于人们对燃油汽车排放要求的提高、石油资源短缺、石油价格暴涨的冲击，世界各国都正在不断探索和研制电动汽车。电动汽车不但可以节约石油，而且可以减少废气与噪声污染，是一种理想的短途交通运输工具。但目前汽车所用的铅蓄电池由于比容量小，需要经常充电，不宜作为电动汽车的动力源。电动汽车上使用的蓄电池应当符合以下要求：使用寿命长，比容量高，使用持续里程长，质量小，充放电性能好。

目前正在研制的新型高能电池很多，如燃料电池、钠硫电池、锌-空气电池、锂合金电池、氢镍电池等。

### 一、燃料电池

燃料电池由燃料（氢、煤气、天然气等）、氧化剂（氧气、空气、氯气）、电极（多孔烧结镍电极、多孔银电极等）和电解质 KOH 溶液组成，是利用燃料的氧化反应，使化学能直接转变为电能。因此，与普通蓄电池不同，只要不断地加入燃料和氧化剂，它就会不断地产生电能，故称燃料电池。

燃料电池的种类很多，有氢氧、碳化氢、联氨等，现以氢氧燃料电池为例加以介绍。

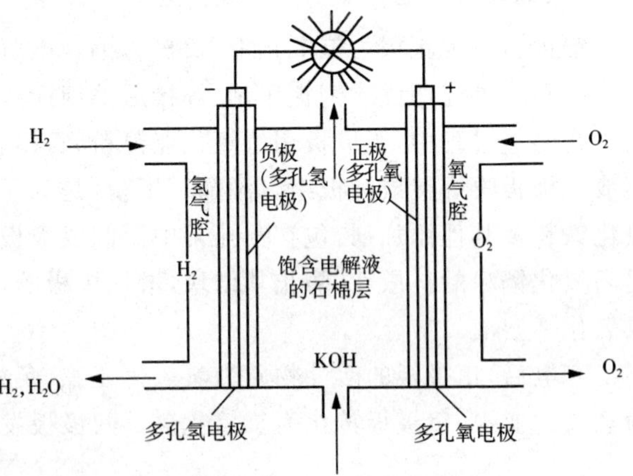


图 1-28　氢氧燃料电池结构示意图

氢氧燃料电池的燃料为氢气，用氧气作氧化剂，其结构如图 1-28 所示。

氧气腔中的氧气由高压氧气筒供给，工作压力为 666～1333Pa；氢气腔中的氢气由高压氢气筒供给。正极是多孔性的氧电极，用钴和铝作催化剂；负极是多孔氢电极，用钯作催化剂；饱含电解液的石棉填充物中的电解液是 30％的 KOH 溶液，由液泵使之循环。其化学反应为电解液中 KOH 不断电离和化合，形成相对平衡状态，即

$$KOH \rightleftharpoons K^+ + OH^- \quad (1-26)$$

放电时，在负极（氢电极）处，氢与氢氧根离子化合生成水，并放出电子。电子通过外电路送到正极。

$$2H_2+4OH^- \rightarrow 4H_2O+4e^- \quad (1-27)$$

在正极(氧电极)处,氧与水及外电路流来的电子起作用,生成氢氧根离子,进入电解液。

$$O_2+2H_2O+4e^- \rightarrow 4OH^- \quad (1-28)$$

电池总反应为

$$2H_2+O_2 \rightarrow 2H_2O \quad (1-29)$$

在反应过程中,氢气和氧气不断地消耗生成水,所以只要不断地供给氢气和氧气,反应就能继续进行,不断地产生电能,向外供电。

燃料电池由于比能量已达200～350W·h/kg,为铅蓄电池的4～7倍,且无需充电,只要不断供应燃料就可继续使用,因此适合作为汽车的动力源。但它需要贵重金属作催化剂,成本高,且燃料的贮藏和运输都有一定困难,因此还需进一步解决存在的问题。

## 二、钠硫电池

钠硫电池的结构原理如图1-29所示。钠硫电池中,负极的反应物质是熔融的钠,正极反应物质是带有一定导电物质的硫,电解质为β一氧化铝矾土的陶瓷管($NaA1_{11}O_{17}$),它既是绝缘体又能自由传导钠离子。其作用原理是:当外电路接通时,负极处不断产生钠离子并放出电子,即

$$Na \rightleftharpoons Na^+ + e^- \quad (1-30)$$

电子通过外电路移向正极,而钠离子$Na^+$通过β一氧化铝矾土电解质和正极的反应物质硫起作用,生成钠的硫化物。即

$$2Na+S_x \rightleftharpoons Na_2S_x \quad (1-31)$$

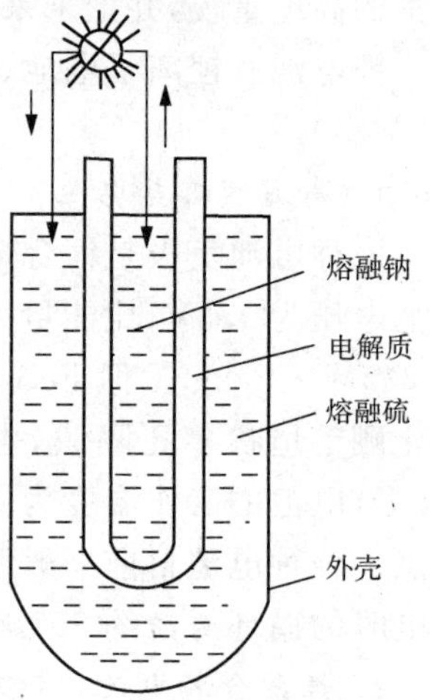

图1-29 钠硫电池原理图

$Na_2S_x$可以是$Na_2S_2$、$Na_2S_4$、$Na_2S_6$等。

上述反应不断进行,电路中便获得了电流。理论上,这种电池比能量可达664W·h/kg,效率可达100%。它充电时间短,无污染,原材料丰富,因而各国都很重视对这种电池的研制。一个钠硫电池相当于10多个铅蓄电池。但钠硫电池也有缺点,就是$Na_2S_x$易燃烧,工作温度高达250℃～300℃,且寿命短,所以应用起来还有一定困难。

## 三、锌-空气电池

锌-空气电池的比能量可达150W·h/kg,正极板(由金属网集电器、活性层等组成)是一个薄空气电极,负极板是纯锌,电解液为氢氧化钾水溶液。其工作电压为1.0～1.2V。

放电时正极板上的反应为

$$O_2+2H_2O+4e^- \longrightarrow 4OH^- \quad (1-32)$$

理论上空气的水泵量大约$1m^3/(kA·h)$。

负极板锌的氧化过程可用下面的方程式表示:

$$Zn+2OH^- \longrightarrow ZnO+H_2O+2e^- \quad (1-33)$$

充电时则按上述过程反向进行。

蓄电池的总反应为

$$2Zn + O_2 \rightleftharpoons 2ZnO \tag{1-34}$$

锌-空气电池具有放电电压稳定、无污染等优点，但工作时要消耗一定的能量，用于清除空气中的二氧化碳，还要限制放电电流，因此需进一步改善性能。

另外，一种采用复合硅酸盐胶体代替硫酸作为电解质的新型蓄电池已投产。这种产品具有放电时间长、放电倍率高、无需加水维护、使用寿命长、无污染等特点，兼具能源和环保两种功能。这种新一代蓄电池可应用于汽车动力系统，并可在－40℃～＋60℃之间保持良好运行状态。

### 四、锂电池

锂电池（这里主要指二次锂电池）具有比能量高等一系列优点，受到了美国、欧洲各国和日本的高度重视，并把未来电动汽车与燃油汽车全面竞争的希望寄托于它的成功。

锂电池有锂离子电池、高温锂熔盐电池、锂聚合物电池（常温）及锂聚合物固体电解质电池（常温）。

1. 高温锂熔盐电池

该种电池负极是锂合金，正极是硫化铁。硫化铁有两种，即 FeS 和 $FeS_2$。前者每单体电池电压为 1.3V，比能量大约为 100W·h/kg；后者每单体电池电压为 1.7V，比能量可达到 225W·h/kg 。但 $FeS_2$ 腐蚀性大，现在还在研究解决这一问题的方法。正、负极板间是氮化硼毛毡状多孔隔膜，电解质为 LiBr、LiCl、LiF 等盐的混合物，电解质的熔点大约为 445℃，电池的工作温度为 450℃～500℃。这种温度会使电解质熔化，但低于负极锂合金的熔点。该种电池目前一般性能水平为：比能量 100W·h/kg，比功率 100～120W/kg，100%放电时的循环寿命约 350 次。

2. 锂聚合物电池（常温）

该电池用锂合金作阳极，高分子导电材料作阴极，有机熔剂作电解质。导电材料的种类很多，有聚乙炔、聚苯胺、聚苯酚等，聚苯胺电池比能量有望达到 350W·h/kg，但比功率目前只有 50～60 W/kg，寿命也只有 300 次左右，过充电、快充电、价格高等问题还有待进一步解决。

## 思考与练习

1-1 如何正确使用和维护蓄电池？

1-2 蓄电池的主要用途有哪些？

1-3 简述蓄电池的工作原理。

1-4 充电终了的标志是什么？

1-5 蓄电池容量的主要影响因素有哪些？

1-6 汽车用干荷电蓄电池的极板有何特点？

1-7 蓄电池的常见故障有哪些？如何排除？

1-8 怎样测量电解液的液面高度？

1-9 什么叫蓄电池的初充电？有何意义？

1-10 蓄电池出现硫化故障时有何外在表现？如何消除？

# 第二章　交流发电机及调节器

**内容提要**：本章主要介绍了汽车交流发电机主要部件的构造与功用，交流发电机的工作原理与电特性，发电机电压调节器的基本原理，电子电压调节器的工作原理，交流发电机充电指示灯控制电路与过电压保护以及交流发电机的检查与测试等。

## 第一节　交流发电机的构造与类型

现代汽车普遍采用交流发电机。汽车交流发电机系统一般由三相同步交流发电机、三相桥式整流电路和电压调节器组成。三相同步交流发电机的功用是将发动机的部分机械能转变为三相正弦交流电；三相桥式整流电路的功用是将发电机定子绕组所感应的三相正弦交流电变为直流电输出。因此，汽车交流发电机也被称之为硅整流发电机。将在本章第四节专门讲述电压调节器。

### 一、三相同步交流发电机的结构

汽车用的普通交流发电机的组成部件与结构如图 2-1 和图 2-2 所示。交流发电机一般由定子总成、转子总成、整流器、电刷与电刷架、前后端盖、风扇和皮带轮等组成。

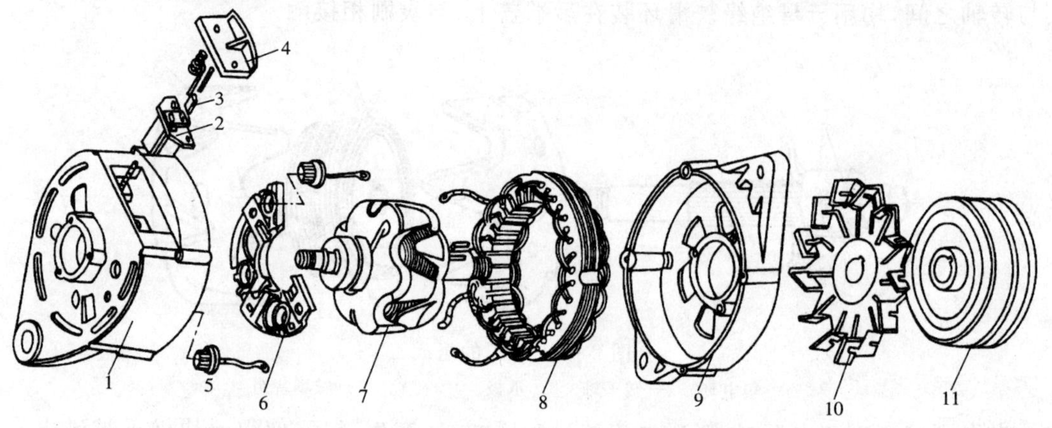


图 2-1　JF132 型交流发电机的组成部件

1—后端盖　2—电刷架　3—电刷　4—电刷弹簧压盖　5—硅二极管
6—元件板(散热板)　7—转子　8—定子总成　9—前端盖　10—风扇　11—带轮

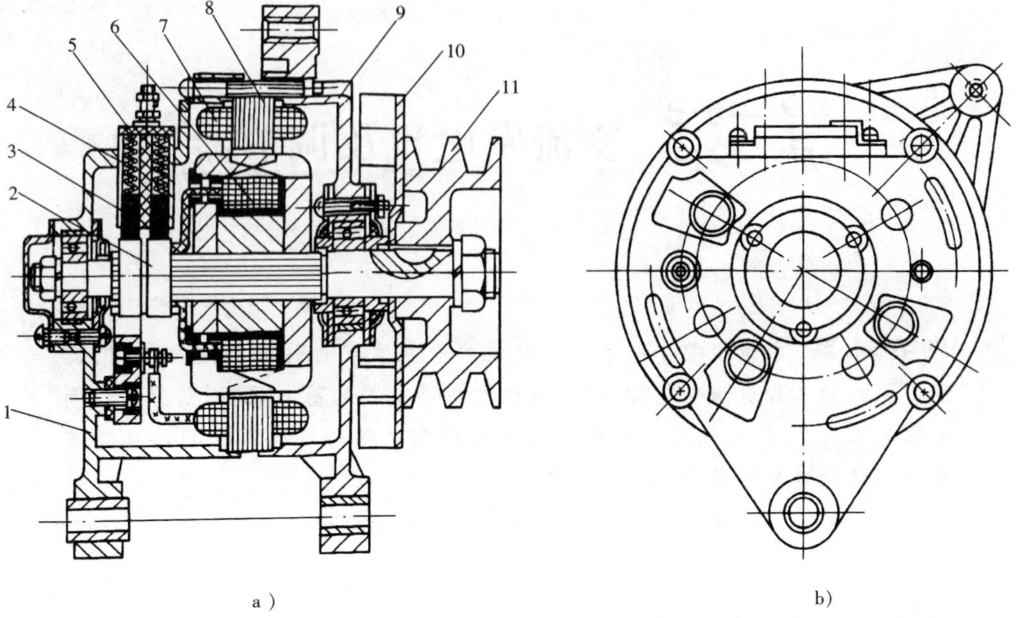


图 2-2　JF132 型交流发电机的结构

1—后端盖　2—集电环　3—电刷　4—电刷弹簧　5—电刷架　6—磁场绕组

7—电枢绕组　8—电枢铁心　9—前端盖　10—风扇　11—带轮

1. 转子总成

转子总成是交流发电机的旋转磁场部分，如图 2-3 所示。它是由转子轴、两块爪形磁极、磁轭、激磁绕组、滑环等部件组成。转子轴是基础件，转子的其他零件均装于其上。转子轴由优质钢车削而成，中部有压花，一端有半圆键槽和螺纹。导磁用的磁轭，用软磁材料的低碳钢制成，套装在转轴的中部。激磁绕组用高强度漆包铜线绕制，有一定匝数，套装在磁轭上，两个线头分别穿过一块磁极的两个小孔，与两个滑环焊牢。两块爪形磁极，各具有数目相等的鸟嘴形磁极，用低碳钢板冲压或精密铸造。国产 JF 系列交流发电机都做成 6 对磁极，爪极互相交错压装在激磁绕组的外面。滑环由导电性能优良的铜制成，两个滑环之间及其与转轴之间，均用云母绝缘。滑环装在后端盖上，与炭刷相接触。

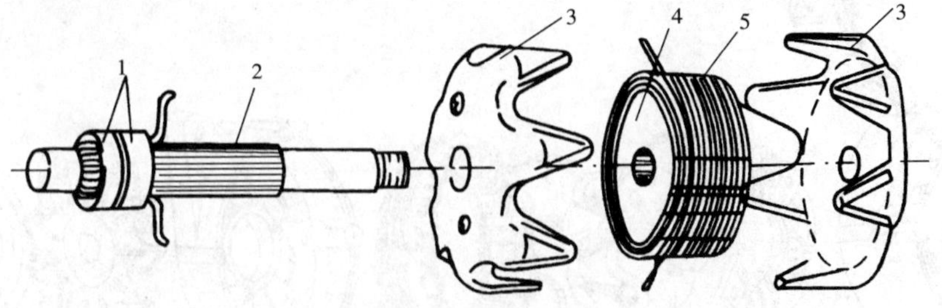


图 2-3　转子的组成

1—集电环　2—转子轴　3—爪极　4—磁轭　5—磁场绕组

当炭刷接通直流电源时，激磁电流流过激磁绕组，产生磁场，使得一块极爪被磁化为 N 极，另一极爪被磁化为 S 极，形成了 6 对相互交错的磁极。将转子爪极设计成鸟嘴形是为了使磁场呈正弦规律分布，以使电枢绕组产生的感应电动势有较好的正弦波形。

2. 定子总成

交流发电机的定子总成又称电枢，是产生三相交流电的部件，由铁芯和三相绕组组成。定子铁芯由带均布缺口的环状硅钢片叠成，叠后内圆形成定子槽。硅钢片厚度为 0.5～1.0mm。定子槽内嵌入三相绕组，绕组由高强度漆包线绕制，作星形连接。为使三相绕组中产生大小相等、相位差 120°电角度的电动势，在三相绕组的绕法上需要遵循以下原则：

(1)每相绕组的线圈个数、每个线圈的节距与匝数，必须完全相等

以 JF11 型发电机为例。磁极对数为 6，定子总槽数为 36。每相绕组占有槽数为 36/3＝12。每个线圈的两个有效边之间的定子槽数，叫做线圈节距 $y_1$，相邻两异性磁极中心线之间的槽数称为极距 $y_p$，即

$$y_p=\frac{Z}{2p} \tag{2-1}$$

式中：$Z$——定子槽数；

$p$——磁极对数。

对 JF11 型发电机而言，其节距为

$$y_1=y_p=\frac{36}{2\times 6}=3 \tag{2-2}$$

(2)三相绕组的起端 A、B、C 或末端 X、Y、Z 在定子内的排列，必须相隔 120°电角度

转子旋转时，磁极的磁场和定子中的导体作相对运动，在定子绕组中产生交流电动势。每转过一对磁极，定子导体中的感应电动势就变化一个周期，即 360°电角度。每个磁极在定子圆周上占有的槽数为 36/12＝3 槽，即 180°电角度。所以，2 个相邻的槽的中分线之间，为 180°/3＝60°电角度。为使三相绕组各个起端之间相隔 120°电角度，即线圈的节距为 3，各起点之间的距离应为 $2+3n$ 槽($n=0,1,2,3,\cdots$)，即 2,5,8,11,…个槽均可。图 2-4 为三相绕组展开图。A、B、C 三个首端，依次放入 1、9、17 三个槽中，而末端 X、Y、Z 则相应地放入 34、6、14 三个槽中。这时，三相绕组之间的相位差仍为 120°电角度。

定子绕组的绕制一例如图 2-4 所示。图中 A、B、C 是三相绕组的始端，X、Y、Z 是三相绕组的末端，三相电枢绕组的连接方式如图 2-5 所示。汽车用交流发电机多为星形连接，但也有少数采用三角形连接方式。

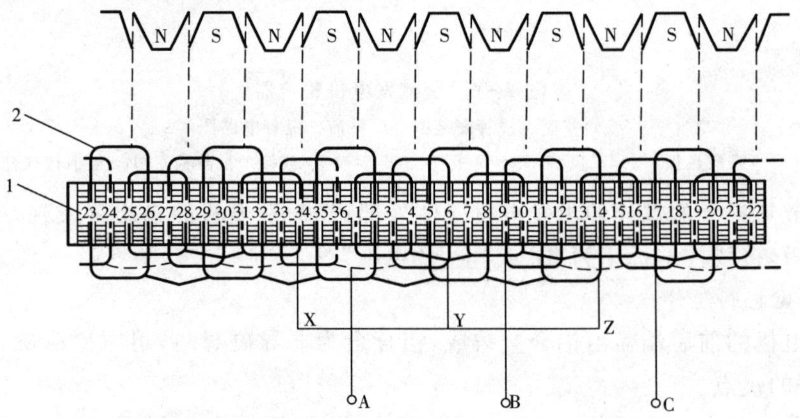


图 2-4　JF 型交流发电机定子绕组展开图

1—定子铁心线槽编号　2—定子绕组

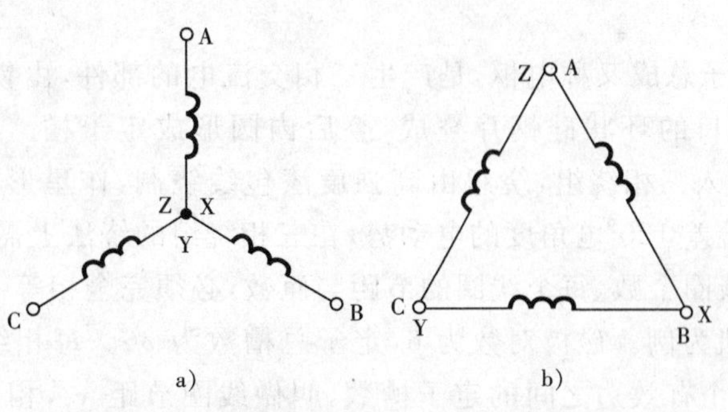


图 2-5　交流发电机三相绕组的连接方式

a)星形连接方式　b)三角形连接方式

3. 整流器

整流器 6 只硅二极管的安装与连接方式如图 2-6 所示。二极管的引线为二极管的一极,其壳体部分为二极管的另一极。三只壳体为正极的硅二极管压装在后端盖(或与外壳相连接的散热板)上。这三只二极管的引线为二极管的负极,称之为负极管;三只壳体为负极的硅二极管压装在与外壳绝缘散热板上,这三只硅二极管的引线端为二极管的正极,称之为正极管。三只正极管和三只负极管的引线端通过三个接线柱一一对应连接,并分别连接三相绕组的 A、B、C 端,就组成了三相桥式全波整流电路。

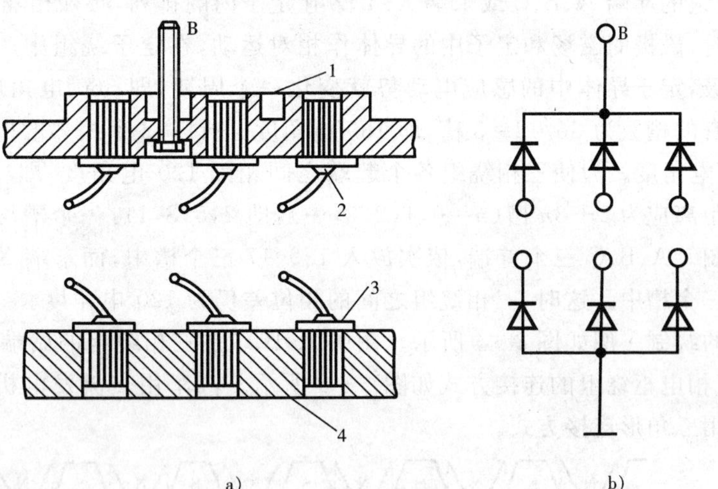


图 2-6　交流发电机整流器

a)整流二极管安装图　b)整流二极管电路图

1—绝缘散热板　2—正极管　3—负极管　4—后端盖(或接地散热板)　B—电枢接线柱

固定在散热板上的螺栓伸出发电机壳体外部,作为发电机的输出接线柱。该接线柱为发电机的正极,接线柱的标记为“B”或“+”、“电枢”等。

4. 端盖及电刷组件

交流发电机的前后端盖由铝合金铸成,铝合金为非导磁材料,可减少漏磁,并具有重量轻、散热性好的优点。

在后端盖内装有电刷组件,电刷组件包括电刷、电刷架和电刷弹簧。电刷架有两种形式:一种是从发电机的外部拆下电刷弹簧盖板即可拆下电刷(图 2-7a),另一种则需拆开发

电机后才能拆下电刷(图 2-7b)。电刷通过弹簧与转子轴上的集电环保持接触。

交流发电机有内搭铁和外搭铁之分。内搭铁发电机一个电刷的引线连接于与端盖绝缘的磁场接柱(标“F”或“磁场”)上,另一个电刷的引线与发电机外壳相接;外搭铁发电机的两个电刷通过引线均与绝缘接柱(标“F＋”、“F－”或“$F_1$”、“$F_2$”)相连,磁场绕组需经"F－"或“$F_2$”接线柱和外接电路与搭铁相连接。

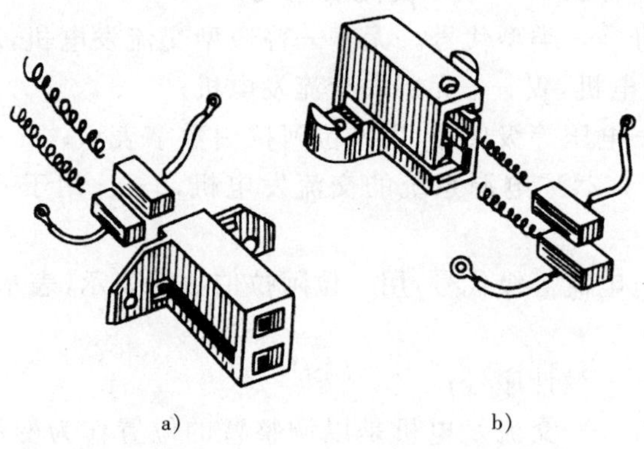


图 2-7　发电机电刷组件

a)外装式　b)内装式

交流发电机的带轮上有风扇叶片,用于对发电机进行强制通风散热(图 2-8a)。为提高发电机的效率、减小发电机的体积,有的发电机风扇叶片设在其转子上(图 2-8b)。

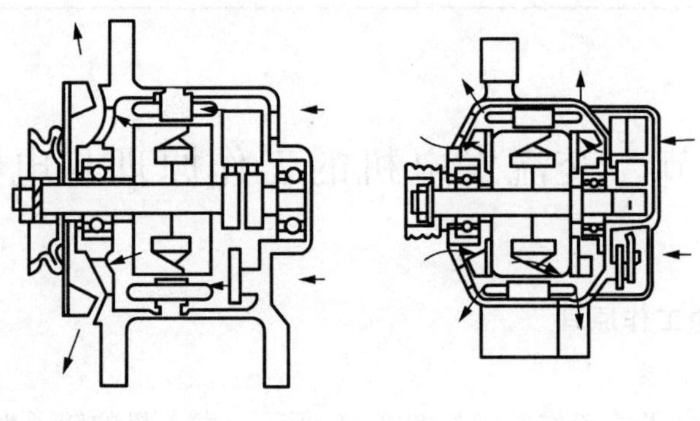


图 2-8　交流发电机通风方式

a)叶片外装式　b)叶片内装式

## 二、交流发电机的类型与型号

### 1. 交流发电机的类型

汽车交流发电机,根据不同分类方法有如下类型:

(1)按照交流发电机整体结构形式,可分为普通型交流发电机、整体式交流发电机、带泵式交流发电机和无刷式交流发电机。

(2)按照交流发电机内部二极管的个数,可分为六管交流发电机、八管交流发电机、九管交流发电机和十一管交流发电机。

(3)按照交流发电机搭铁类型,可分为内搭铁型交流发电机和外搭铁型交流发电机。

2. 交流发电机的型号

根据 QC/773—1993《汽车电气设备产品型号编制方法》的规定，汽车交流发电机的型号由八部分组成：

1□2□3□4□5□6□7□8□

第 1、2 部分：英文字母 JF——表示交流发电机；

第 3 部分：英文字母——类型代号。无——普通型交流发电机，Z——整体式交流发电机，B——带泵式交流发电机，W——无刷式交流发电机；

第 4 部分：数字——电压等级代号，用一位阿拉伯数字表示。1——用于 12V 电源系统的交流发电机，2——用于 24V 电源系统的交流发电机，6——用于 6V 电源系统的交流发电机；

第 5 部分：数字——电流等级代号，用一位阿拉伯数字表示，表示的电流等级如表 2-1 所示；

第 6、7 部分：数字——设计序号；

第 8 部分：英文字母——交流发电机是以调整臂的位置作为变形代号，Z、Y 分别表示调整臂左置和调整臂右置，无字母则表示在中间位置。

**表 2-1　交流发电机电流等级代号**

| 电流等级代号 | 1 | 2 | 3 | 4 | 5 | 6 | 7 | 8 | 9 |
|---|---|---|---|---|---|---|---|---|---|
| 电流范围/A | ≤19 | 20～29 | 30～39 | 40～49 | 50～59 | 60～69 | 70～79 | 80～89 | ≥90 |

# 第二节　交流发电机的工作原理与电特性

## 一、交流发电机的工作原理

1. 交流电动势的产生

三相同步交流发电机的工作原理如图 2-9 所示。发电机的转子为磁极，磁极绕组通过电刷和集电环引入直流电而产生磁场；发电机的定子为电枢，三相电枢绕组按一定的规律分布在定子的槽中，使其产生的感应电动势彼此相差 120°电角度。

当转子旋转时，形成一个旋转的磁场，使静止的电枢绕组因切割磁力线而产生感应电动势。由于磁极铁心的特殊设计使磁极磁场近似于正弦规律分布，因此三相电枢绕组产生的感应电动势按正弦规律变化：

$$e_A=\sqrt{2}E_\phi\sin\omega t$$

$$e_B=\sqrt{2}E_\phi\sin(\omega t-\frac{2\pi}{3}) \qquad (2-3)$$

$$e_C=\sqrt{2}E_\phi\sin(\omega t-\frac{4\pi}{3})$$

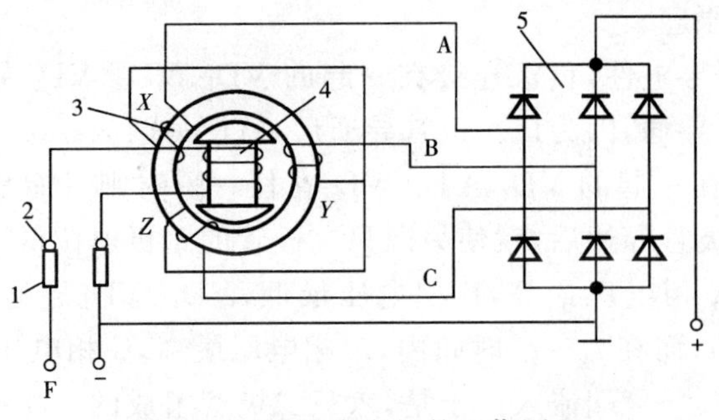


图 2-9　交流发电机的工作原理

1—电刷　2—集电环　3—定子　4—转子　5—整流电路

上式中，$\omega$ 为电角速度($s^{-1}$)，$t$ 为时间(s)，$E_{\phi}$ 为每相绕组电动势的有效值(V)，它们分别有如下关系式：

$$\omega=2\pi f=\frac{\pi pn}{30} \tag{2-4}$$

$$E_{\phi}=4.44KfN\Phi_{m} \tag{2-5}$$

$$f=\frac{pn}{60} \tag{2-6}$$

式中：$f$——感应电动势的频率(Hz)；

$p$——磁极对数；

$n$——发电机的转速(r/min)；

$K$——绕组系数，采用整距集中绕组时，$K=1$；

$N$——每相绕组匝数；

$\Phi_m$——每极磁通的幅值(Wb)。

2. 整流原理

交流发电机通过六只二极管组成的三相桥式整流电路将电枢绕组产生的三相交流电动势转变为直流输出，其工作原理如图 2-10 所示。

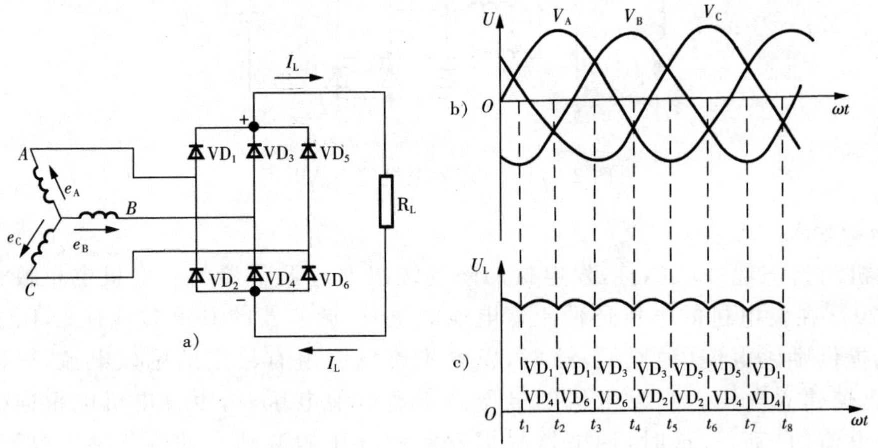


图 2-10　三相桥式整流原理

a)整流电路　b)三相交流电压　c)整流后电压波形

(1)二极管的整流原理

由于二极管的单向导电性，负极连接在一起的 $VD_1$、$VD_3$、$VD_5$ 在任一瞬时只能是正极电位最高的那只二极管导通，因为该二极管导通后，就使另两只二极管的负极电位高于正极而不能导通；正极连接在一起的 $VD_2$、$VD_4$、$VD_6$ 在任一瞬时则只能是负极电位最低的那只二极管导通，因为该二极管导通后，就使另两只二极管的正极电位低于负极而不能导通。比如，在 $t_1 \sim t_2$ 时间内，A 相电压最高，B 相电压最低，$VD_1$、$VD_4$ 导通，电流从"＋"端流出、"－"端流入(图 2-10a)；而在 $t_2 \sim t_3$ 时间内，A 相电压最高，C 相电压最低，$VD_1$、$VD_6$ 导通，电流仍然从"＋"端流出、"－"端流入。于是，六只二极管组成的三相桥式整流电路就将电枢绕组的交流电(图 2-10b)变成了直流电(图 2-10c)。

(2)发电机的端电压

从二极管导通情况可知，在任一瞬时，负载上的电压为某两相电动势之和(线电压)。交流发电机经三相桥式整流输出直流电压的平均值为

$$U=1.35U_L=2.34U_\phi\text{(星形连接)} \quad (2-7)$$

$$U=1.35U_\phi\text{(三角形连接)} \quad (2-8)$$

式中：$U_L$——三相绕组的线电压有效值；

$U_\phi$——三相绕组的相电压有效值。

(3)发电机的中点电压

一些发电机有一个中点接线柱("N"接线柱)，用于控制磁场继电器、充电指示灯继电器等。"N"接线柱连接三相绕组的中性点(图 2-11)，其对地电压称之为发电机的中点电压，由 $VD_2$、$VD_4$、$VD_6$ 组成的三相半波整流得到。数值上，发电机的中点电压是直流端电压的一半。

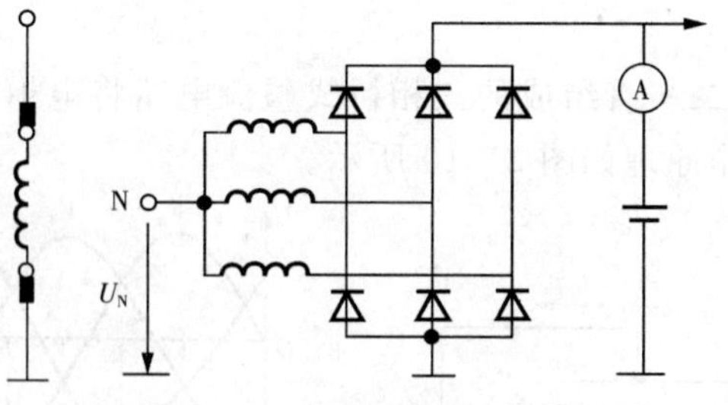


图 2-11　交流发电机的中点电压

3. *励磁方式*

发电机与蓄电池并联相接，发电机的磁场绕组通过调节器与发电机电枢接线柱连接(图 2-12)。在发电机的电压还低于蓄电池电压时，调节器的 B、F 接线柱处于通路状态，由蓄电池提供励磁电流(他励)。这时，发电机磁场绕组有稳定的励磁电流，磁极的磁场较强，可迅速建立电压。当发电机的电压高于蓄电池电压时，由发电机电枢向磁场绕组提供励磁电流(自励)。这时，调节器根据发电机电压的波动自动调节励磁电流，以稳定发电机电压。

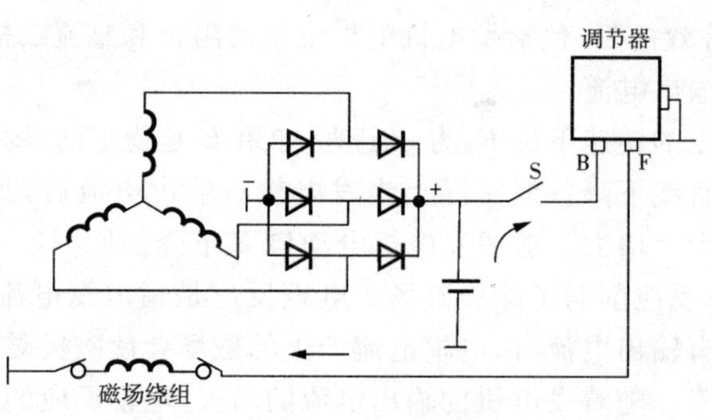


图 2－12　　交流发电机的励磁回路

## 二、交流发电机的工作特性

汽车用交流发电机的工作特点是转速变化范围大、输出电流不稳定。了解交流发电机的相关工作特性，对正确使用与维护发电机具有指导意义。

1. 空载特性

交流发电机空载特性是指发电机空载（$I_L=0$）时，发电机端电压与发电机转速之间的关系（$U=f(n)$曲线），如图 2－13 所示。

从发电机的空载特性曲线的上升速率和达到蓄电池电压的转速高低可判断发电机的性能是否良好。从曲线可以看出，随着转速的升高，端电压上升较快，当交流发电机端电压超过蓄电池电压时，由他激转入自激，即能向蓄电池进行补充充电。空载特性是判定交流发电机充电性能是否良好的重要依据。

与此同时，从空载特性曲线可以看出，交流发电机具备其端电压远远高于蓄电池端电压的能力。为了保护蓄电池和其他用电设备，交流发电机必须装备电压调节器。

2. 外特性

交流发电机外特性是指发电机转速一定（$n=$Const）时，发电机端电压与输出电流之间的关系（$U=f(I)$曲线），如图 2－14 所示。

图 2－13　交流发电机空载特性

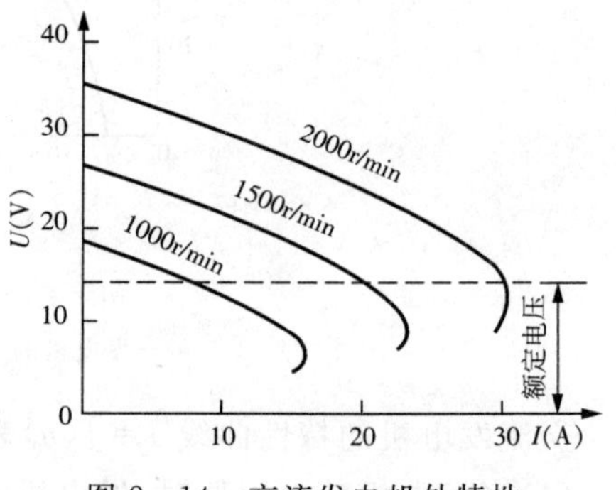


图 2－14　交流发电机外特性

交流发电机的端电压与电动势及输出电流的关系为

$$U=E-R_Z I \tag{2-9}$$

式中：$E$——交流发电机等效电动势；

$R_Z$——发电机等效内阻，包括发电机电枢绕组的阻抗和整流二极管的正向导通电阻；

$I$——发电机的输出电流。

发电机在某一稳定的转速下的 $R_Z$ 为一定值，如果 $E$ 是稳定的，则发电机的端电压 $U$ 将随输出电流增大而呈直线下降。但实际上当发电机有输出电流后，其 $E$ 也会下降 $\Delta E$，$\Delta E$ 随其输出电流 $I$ 的增大而增大。造成发电机电动势 $E$ 下降的原因如下：

（1）发电机的电枢反应削弱了磁极磁场。电枢反应是指电枢电流产生的磁场对磁极磁场的影响。当发电机有输出电流时，电枢电流产生的磁场会使磁极磁场扭斜和削弱，从而引起电枢绕组电动势下降。随着发电机的输出电流的增大，电枢反应的影响也随之增大，发电机电动势降得就更多。

（2）励磁电流减小使磁极磁场减弱了。发电机端电压下降后，发电机的励磁电流就会相应减小，使磁极产生的磁场减弱。发电机输出电流越大，其端电压越低，磁极磁场就越弱，发电机电动势下降也就越多。当发电机的端电压下降至临界点后，继续增大发电机负载（减小负载电阻），由于此时励磁电流对磁极磁场的影响程度已使 $E(U)$ 下降得比负载电阻的减小更快，因此发电机输出电流 $I$ 随负载电阻的减小不升反降。

从交流发电机的外特性可知，随着发电机输出电流的增加，其端电压下降较快。因此，在发电机高速运转时，如果突然失去负载，则会使发电机的电压突然升高而对汽车上的电子元器件造成损害。因此，交流发电机必须装备电压调节器。

3. 输出特性

输出特性是指保持发电机的端电压不变（$U=U_e$）时，发电机的输出电流与发电机转速之间的关系（$I=f(n)$ 曲线），如图 2－15 所示。

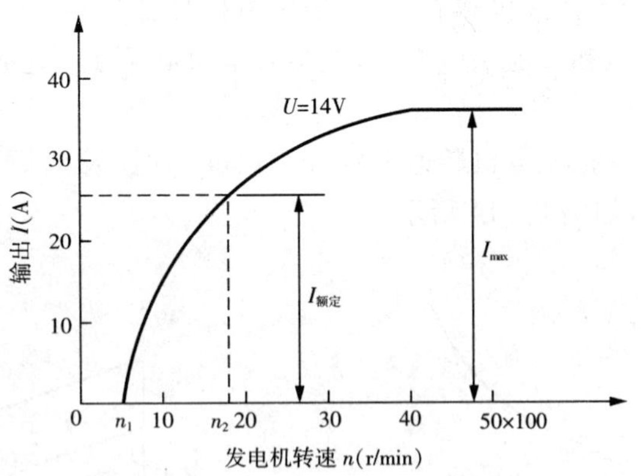


图 2－15　交流发电机输出特性

$n_1$—发电机的空载转速　$n_2$—发电机的满载转速

交流发电机的特性曲线 $I=f(n)$ 表明：

（1）当发电机转速很低时，发电机端电压低于额定电压，发电机不能向外供电。当转速达到空载转速 $n_1$ 时，电压达到额定值，当转速高于空载转速 $n_1$ 时，发电机才有能力在额定电压下向外供电。所以，空载转速 $n_1$ 的值是选择发电机与发动机速比的主要依据。一般地，$n_1$ 应等于或略高于发动机怠速转速。

（2）转速超过 $n_1$ 时，发电机的输出电流 $I$，随着转速 $n$ 的升高而升高，随着电阻 $R$ 的减小

而升高。转速等于 $n_2$ 时，发电机输出额定功率。额定功率为额定电压与额定电流之积。因此，$n_2$ 又叫满载转速。通常，所选 $n_2$ 应低于发动机最高转速，而等于或略高于发动机常用转速。

空载转速和满载转速，是交流发电机的主要性能指标，在产品说明书中均有规定。在使用中，应定期检测这两个数据，看是否符合规定值，依此可判断发电机是否处于良好的工作状态。

(3)发电机转速达到一定值时，发电机的输出电流不再随转速升高而升高，也不再随负载电阻的减小而升高。这时的电流值，称为发电机的最大输出电流或限流值。该性能表明，发电机具有自动限制电流的自我保护能力。发电机的最大输出电流，约为额定电流的1.5倍。

交流发电机自动限制电流的机理：

①定子绕组具有一定阻抗 $Z$，对通过绕组的电流起阻碍作用。

阻抗 $Z$ 是由绕组的电阻 $R$ 和感抗 $X_L$ 组成。

$$Z=\sqrt{R^2+X_L^2} \tag{2-10}$$

$$X_L=\omega L$$

$$X_L=2\pi fL=2\pi\frac{pn}{60}L=\frac{\pi}{30}pnL \tag{2-11}$$

式中：$\omega$——角速度，$\omega=2\pi f$；

$f$——频率，$f=pn/60$；

$L$——相定子绕组的电感；

$p$——磁极对数；

$n$——转子的转速。

由上式可知，$X_L$ 与转速 $n$ 成正比。高速时，绕组电阻 $R$ 与 $X_L$ 相比，可以忽略不计。因此可以认为，定子绕组的阻抗 $Z$ 与转速成正比。

转速越高，感抗 $X_L$ 越大，即阻抗 $Z$ 越大，阻碍交流电流的能力就越强，会产生很大的内部电压降。

②定子电流增加时，电枢反应也增强，感应电动势也会下降。

发电机内部有两个磁场，磁极磁场和电枢磁场。电枢磁场对磁极磁场的影响，称为电枢反应。在交流发电机中，爪极转子是旋转的磁极磁场。定子中的电枢，产生电枢磁场。

当发电机负载不变，因其转速升高使电流达到一定值后，若再提高转速，尽管定子绕组中感应电动势增加，但因定子绕组的阻抗增大，内部电压降增大，再加上电枢反应引起的感应电动势下降，两者共同作用，使发电机的输出电流不再增大，因而交流发电机有自动限制输出电流的作用。所限制的电流大小，与定子绕组的电感 $L$ 有关，也就是与定子绕组的匝数有关。

交流发电机的这种自动限流作用使得发电机具有自我保护能力。所以，交流发电机调节器中，不需要电流限制器。

# 第三节　其他类型的交流发电机

## 一、无刷交流发电机

普通交流发电机需要通过电刷与集电环将励磁电流导入旋转的磁场绕组，工作中如果电刷过度磨损、电刷在刷架中卡滞、电刷弹簧失效、集电环脏污，都会引起电刷与集电环接触不良而使发电机不发电或发电不良。无刷交流发电机避免了普通交流发电机的这一缺陷，并在汽车上已有应用。无刷交流发电机有爪极式、励磁机式、感应子式、永磁式等不同类型。

1. 爪极式无刷交流发电机

爪极式无刷交流发电机的磁场绕组通过一个磁轭托架固定在后端盖上，两个爪极只有一个直接固定在转子轴上，另一爪极通过非导磁连接环固定在前一爪极上，如图 2－16 所示。

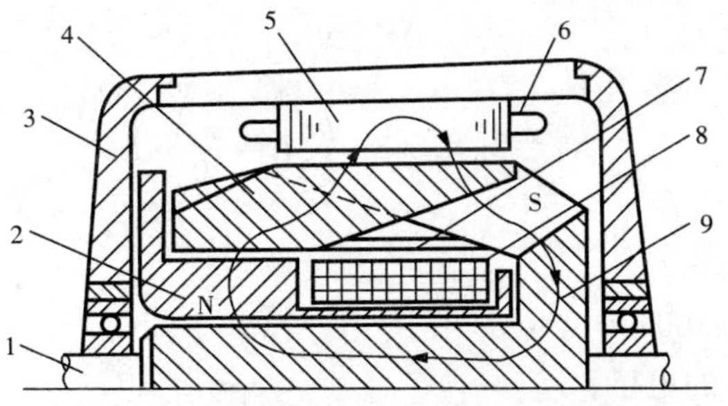


图 2－16　爪极式无刷交流发电机结构示意图

1—转子轴　2—磁轭托架　3—端盖　4—爪极　5—定子铁心
6—定子绕组　7—非导磁连接环　8—磁场绕组　9—转子磁轭

转子转动时，一个爪极就带动另一爪极一起转动。当固定不动的磁场绕组通入直流电后，产生的磁场使爪极磁化，使一边爪极为 N 极，另一边为 S 极，并经气隙和定子铁心形成闭合磁路。转子的转动使定子内形成交变的磁场，三相电枢绕组便产生三相交流电动势，再经三相整流电路整流后输出直流电。

爪极式无刷交流发电机的主要缺点是磁轭托架与爪极和转子磁轭之间存在附加间隙，漏磁较多，因此要达到普通交流发电机同等输出功率，必须要增大磁场绕组的励磁能力。

2. 励磁机式无刷交流发电机

励磁机式无刷交流发电机由无刷普通交流发电机和励磁专用发电机所组成，如图 2－17 所示。励磁专用发电机(简称励磁机)的磁极为定子，电枢为转子。当发电机转动时，励磁机电枢转动，其三相绕组产生电动势，通过内部整流电路整流后，直接供给发电机转子内的磁场绕组励磁发电。

由于无附加气隙，励磁机式无刷交流发电机的输出功率较大，缺点是结构较为复杂。

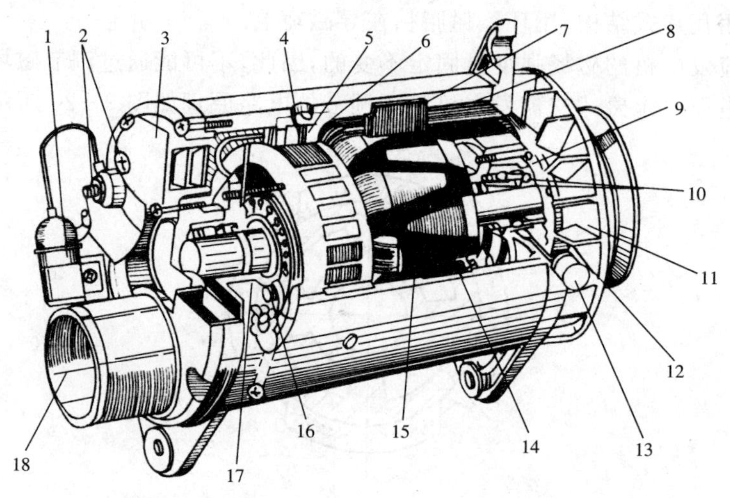


图 2-17　德国博世公司的 T4 型励磁机式无刷交流发电机

1—抑制电容　2—接线柱　3—电子调节器　4—励磁机转子　5—励磁机定子　6—发电机磁场绕组　7—发电机定子铁心　8—发电机电枢绕组　9—驱动端盖　10—油封　11—风扇　12—油道　13—油环　14—发电机转子　15—磁场绕组　16—二极管　17—散热板　18—进风口

3. *感应子式无刷交流发电机*

感应子式无刷交流发电机的转子由齿轮状钢片叠成，磁场绕组和电枢绕组均安放在定子的槽内，如图 2-18 所示。当定子槽内的磁场绕组通入直流电后，在定子铁心中产生固定的磁场。由于转子有凸齿和凹槽，当转子转动时，转子与定子凸齿之间的气隙就会不断变化，使定子内的磁场呈脉动变化，电枢绕组便产生交变的感应电动势。

感应子式无刷交流发电机的缺点是比功率较低。

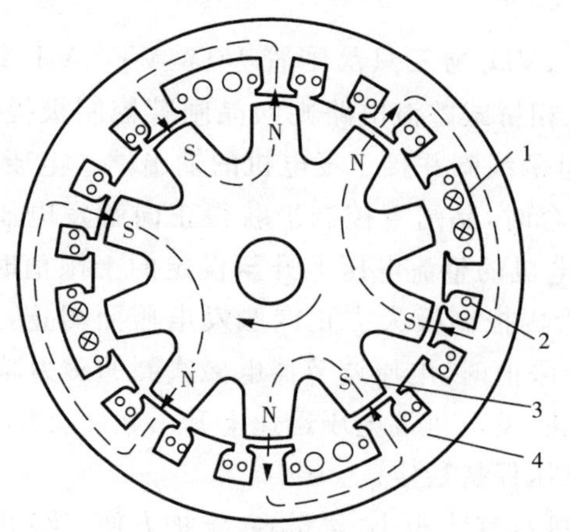


图 2-18　感应子式无刷交流发电机

1—磁场绕组　2—电枢绕组　3—转子　4—定子

4. *永磁式无刷交流发电机*

永磁式交流发电机的转子采用永久磁铁，常用的永磁材料有铁氧体、铬镍钴、稀土钴、钕铁硼等。采用钕铁硼永磁材料的永磁转子如图 2-19 所示。具有较高剩磁力和矫顽力的钕铁硼永磁体采用瓦片式结构，用环氧树脂粘在导磁轭上。

永磁式交流发电机的磁场强度是固定不变的，因此，不可能通过调节磁场绕组励磁电流的方法来稳定电压。永磁式交流发电机电压调节的电路原理如图 2－20 所示。

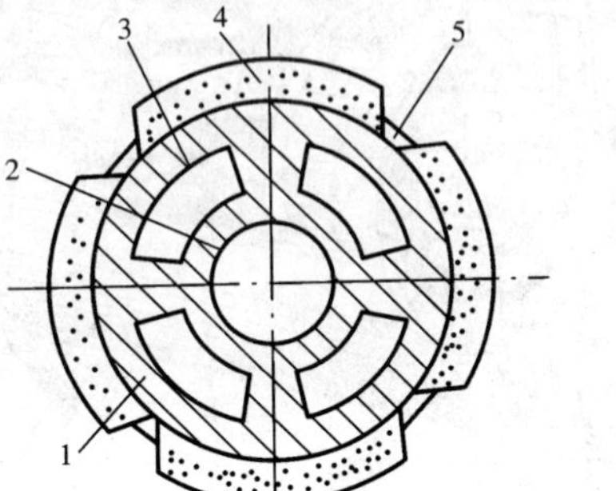


图 2－19　钕铁硼永磁转子结构

1—导磁轭　2—转轴　3—通风口　4—永磁体　5—环氧树脂胶

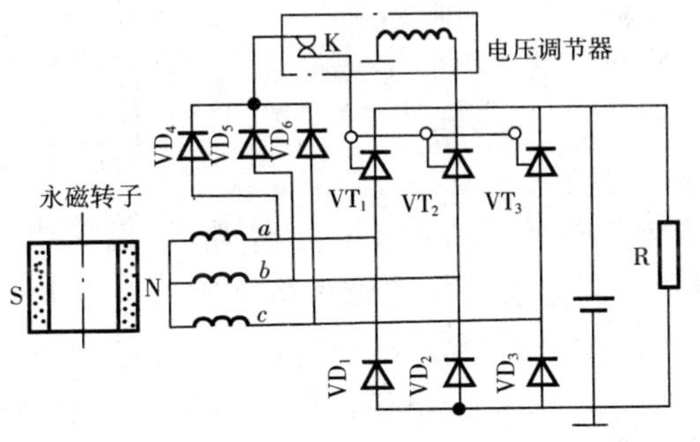


图 2－20　永磁发电机电压控制原理

三只二极管 $VD_1$、$VD_2$、$VD_3$ 与三只晶闸管 $VT_1$、$VT_2$、$VT_3$ 组成三相半控桥式整流电路，而 $VD_1$～$VD_6$ 组成的三相桥式整流电路则向晶闸管控制极提供触发电压。电压调节器的触点 K 为常闭触点，其电磁线圈并接于发电机的输出端。电压调节原理如下：

电压调节器触点 K 闭合时，晶闸管控制极获得正向触发电压而导通，整流器向外输出三相全波整流电压。当发电机的整流电压上升至设定的上限值时，电压调节器电磁线圈的磁力使触点 K 断开，晶闸管因控制极失去正向触发电压而截止，发电机的电压随之迅速下降；当发电机电压下降至下限值时，电压调节器电磁线圈的磁力减弱，触点重新闭合，晶闸管又获得正向触发电压而导通，发电机端电压迅速上升。如此反复，发电机的输出电压在一定的范围内波动，使其平均电压保持稳定。

永磁式无刷交流发电机具有体积小、重量轻、维护方便、比功率大、低速充电性能好等优点，如果永磁材料的性能有更进一步的提高，永磁式无刷交流发电机将会有快速的发展。

## 二、高效型交流发电机

在交流发电机三相绕组的中点与发电机的输出端及搭铁端连接两只二极管，利用中性点的谐波电压可提高发电机的输出功率。试验表明，加装中性点二极管后，发电机在高速（＞2000r/min）时的输出功率可提高 10％～15％。相比于普通的六管或九管硅整流发电

机，加装两只中性点二极管的八管或十一管硅整流发电机则为高效型发电机。通过中性点二极管提高发电机输出功率的原理如下：

星形连接的电枢绕组中性点平均电压是发电机端电压的 1/2。实际上，中性点电压包含直流分量与交流分量。交流分量以平均电压为中心交变振荡，其振幅随发电机转速的上升而增大（图 2－21）。发电机转速高于 2000r/min 时，中性点的瞬时峰值电压就可能高于发电机的输出电压。

当连接中性点二极管后（图 2－22），中性点瞬时电压高于发电机输出电压 $U_B$ 时，$VD_7$ 导通，电流通路如图 2－22a 所示；中性点瞬时电压低于搭铁电位时，$VD_8$ 导通，电流通路如图 2－22b所示。中性点二极管利用了中性点的瞬时峰值电压向外输出电流，从而提高了发电机的输出功率。

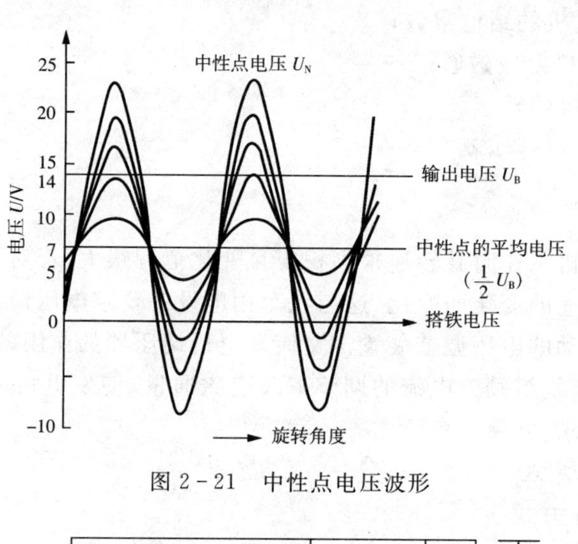


图 2－21　中性点电压波形

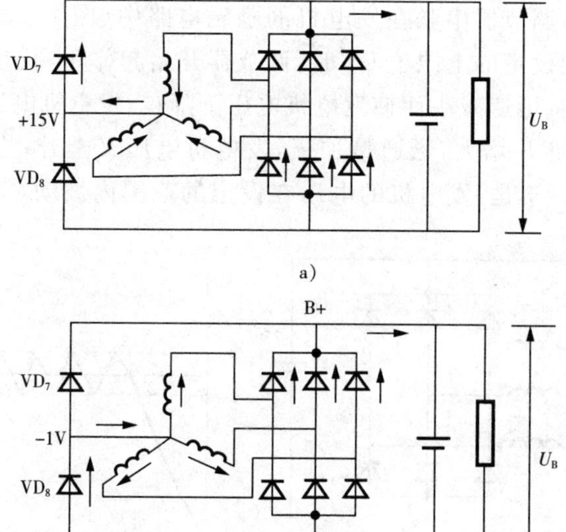


图 2－22　中性点二极管（八管）工作原理

a）中性点电压高于 $U_B$ 时的电流通路　b）中性点电压低于 0V 时的电流通路

# 第四节　交流发电机调压器

## 一、交流发电机调压器的作用与原理

1. 交流发电机调压器的作用

从发电机各电枢绕组电动势与发电机的转速和磁极的磁通关系可推出

$$E=C_e\Phi n \tag{2-12}$$

式中：$E$——交流发电机的等效电动势；

$C_e$——交流发电机的结构常数；

$\Phi$——交流发电机磁极磁通；

$n$——交流发电机的转速。

忽略发电机内阻电压降，就有

$$U\approx E=C_e\Phi n \tag{2-13}$$

汽车用交流发电机工作时其转速很不稳定且变化范围很大，若对发电机不加以调节，其端电压将随发动机转速的变化而变化，这与汽车用电设备要求电压恒定不相适应。因此，发电机必须要有一个自动的电压调节装置。交流发电机调压器的作用就是当发动机转速变化时，通过对发电机磁极绕组励磁电流的调节来改变磁通量，使发电机的电压保持稳定，以满足汽车用电设备的要求。

2. 调压器的基本原理

(1)调节器的工作方式

交流发电机的电压调节器串联在发电机的励磁电路中(图 2－23a)。当发电机工作在某一转速下其电压达到设定的上限值 $U_2$ 时，调节器开始起作用，减小或切断磁场绕组的励磁电流 $I_f$，磁极的磁通量迅速减小而使发电机电压下降；当发电机电压下降至设定的下限值 $U_1$ 时，调节器又动作，使 $I_f$ 增大，磁通量加强，发电机电压又上升；当发电机的电压上升至 $U_2$ 时又重复上述过程。于是，发电机的电压在设定的范围内波动，得到一个稳定的平均电压 $U_e$(图 2－23b)。

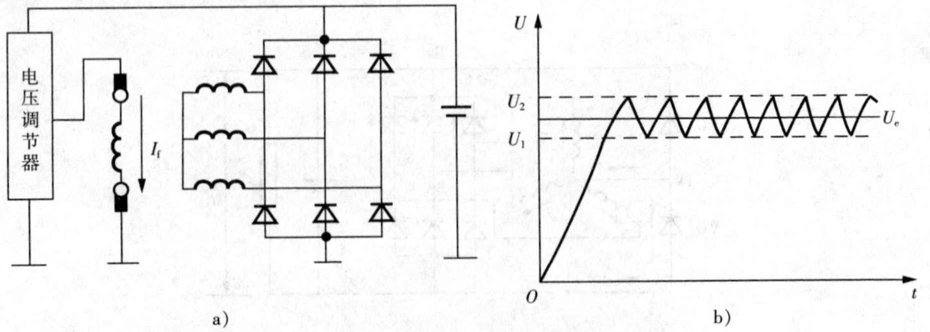

电压调节器　$I_f$　U　$U_2$　$U_1$　$U_e$　O　t

a)　b)

图 2－23　发电机电压调节器基本原理

a)发电机电压调节器原理　b)发电机电压调节器工作时的电压波形

(2)调节器的稳压原理

发电机转速不同时,磁场加强后发电机电压的上升速率和磁场减弱后的发电机电压下降速率均不同,不同转速下发电机电压上升及下降的变化情况如图 2-24 所示。

由图 2-24 可知,发电机的转速升高时,发电机电压的上升速率增大而使发电机电压达到 $U_2$ 的时间 $t_b$ 缩短,发电机电压下降速率减小而使发电机电压降至 $U_1$ 的时间 $t_k$ 延长。于是,随着发电机转速的上升,由于调节器的动作使励磁电流为大的相对时间减少,而使励磁电流小或无的相对时间增加,减小了发电机的平均励磁电流,使磁极磁场减弱,从而使发电机的平均电压保持不变(图 2-25)。

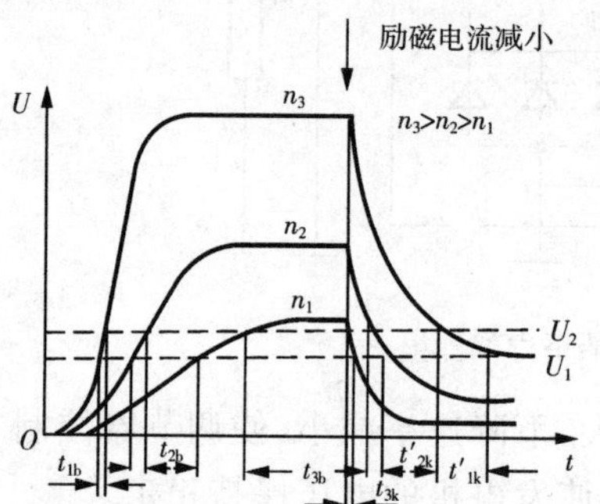


图 2-24　不同转速下发电机电压升降曲线

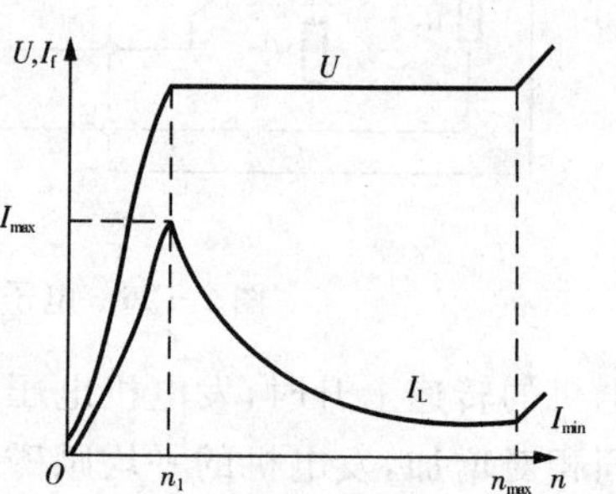


图 2-25　发电机电压调节器的工作特性

$n_1$—调节器工作的起始转速　$n_{max}$—调节器开始失效的发电机转速

## 二、交流发电机电子电压调节器

汽车交流发电机曾经广泛采用触点式电压调节器,其基本工作原理是:调节器的调压线圈产生的磁场力使触点不断地迅速打开(交流发电机电压达调压设定值 $U_2$ 时)或闭合(交流发电机电压低于一设定值 $U_1$ 时),将一调压电阻不断地接入激磁电路或将调压电阻短路,从而使激磁电流不断地减小或增大,调节汽车交流发电机电压在一规定的范围之内。但是,由于触点式电压调节器工作时的触点火花不可能完全消除,使得触点容易烧蚀,因而其故障率高、使用寿命短;触点振动时产生的火花还会造成对无线电信号的干扰。此外,触点式调节器结构复杂,触点的振动频率低。而电子调节器避免了触点式调节器的不足,因此,在现代汽车上电子调节器已逐渐取代触点式调节器。

### 1. 电子电压调节器的基本原理

(1)电压调节的工作原理

电子电压调节器是利用晶体管的开关特性,通过改变晶体管饱和导通和截止相对时间来调节发电机的励磁电流,其内搭铁电压调节的基本电路如图 2-26 所示。

$R_1$、$R_2$组成分压器,将发电机的电压按一定比例加于稳压管 VS;VS 在发电机电压的控制下导通或截止;$V_1$为小功率晶体管,起放大作用,$V_1$的导通或截止由 VS 控制;大功率晶体管 $V_2$用于控制励磁电流,$V_2$饱和导通时,发电机磁场绕组励磁回路通路,$V_2$截止时,励磁回路则断路。电路参数的设置使 $V_1$、$V_2$均工作在开关状态。

在发电机电压达到调节电压以前,$R_1$的分压低于 VS 的导通电压,VS 不导通,$V_1$也不导通;$V_1$截止时 $V_2$的基极电位很低,使 $V_2$有足够高的正向偏压而饱和导通,发电机励磁回路通路。当发电机的电压上升至设定的调节电压时,$R_1$的分压使发电机励磁回路断路。发电机无励磁电流时，其电动势及端电压迅速下降，当降到 $R_1$ 上的分压不足以维持 VS 导通时，VS 又截止，$V_1$ 也截止，又使 $V_2$ 导通，发电机励磁回路又通路。如此反复，使发电机的电压维持在设定的调节电压值。

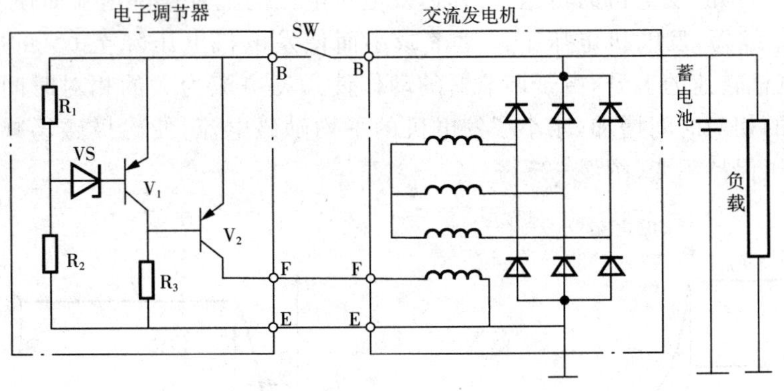


图 2-26　电子式电压调节器的基本电路

当发电机的转速上升时，发电机电压上升的速率增大，下降速率减小，使调节器控制 $V_2$ 的截止时间相对增加，发电机的平均励磁电流减小，从而使发电机的电压保持稳定。

(2)基本电路的不足及改善措施

基本电路不能满足调节器工作的需要，实际电子调节器还设有其他的电子元件和电路用以弥补基本电路的不足。实际外搭铁电子调节器电路一例如图 2-27 所示。

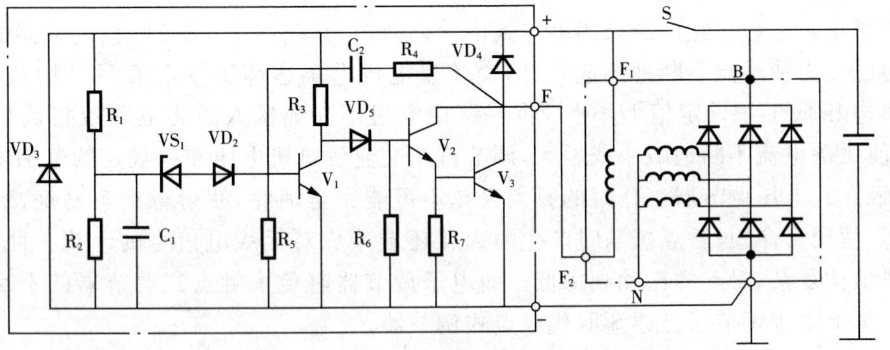


图 2-27　满足实际使用要求的电子式电压调节器

① 晶体管的开关频率过高，使晶体管集电极耗散功率($P_C = I_C U_C$)过大，这使晶体管容易过热而烧坏。$R_2$ 并联电容 $C_1$，利用电容的充、放电时间，使稳压管 $VS_1$ 的导通和截止变得迟缓，从而降低了晶体管的开关频率；加 $R_4$、$C_2$ 正反馈电路，用以加速晶体管导通和截止的变化过程。电容 $C_1$ 和正反馈电路 $R_4$、$C_2$ 减小了晶体管的功率消耗，使晶体管不易过热烧坏。

② 开关晶体管截止时，磁场绕组所产生的自感电动势容易损坏晶体管和稳压管等电子元件。加续流二极管 $VD_4$，当开关晶体管截止时，磁场绕组产生的自感电动势经 $VD_4$ 形成通路，从而保护了调节器中的电子元件。

③ 汽车电源如果产生反向瞬变电压，就很容易造成调节器电子元件损坏。加 $VD_3$后，反向瞬变电压通过 $VD_3$形成通路，输入的反向电压只是 $VD_3$的正向导通电压，从而防止了电源反向瞬变电压对调节器电子元件造成损害。

④ 稳压管的导通电压会随着温度升高而上升，导致发电机的调节电压随之增大。加温度系数为负的 $VD_2$，用作温度补偿，以使发电机的调节电压不随温度而变。

⑤ $V_1$饱和导通且实际的导通电压不为 0 时，有可能导致 $V_2$不能可靠截止。加 $VD_5$后，由于其分压作用，使得 $V_1$饱和导通时 $V_2$能可靠截止。

⑥ $V_3$需要通过较大的励磁电流，加 $V_2$用于电流放大，以使 $V_3$能控制励磁电流。

2. 晶体管电压调节器实例

所谓晶体管电子电压调节器是指由分立电子元件焊接于印制电路板而制成的电子调节器，印制电路板被固定在冲制的铁盒或铝盒内，有的在盒内还加注硅橡胶等，以利于元件的固定和晶体管的散热。晶体管电子电压调节器示例如下。

(1)JFT126A 型调节器：这种调节器的电路原理，如图 2－28 所示。

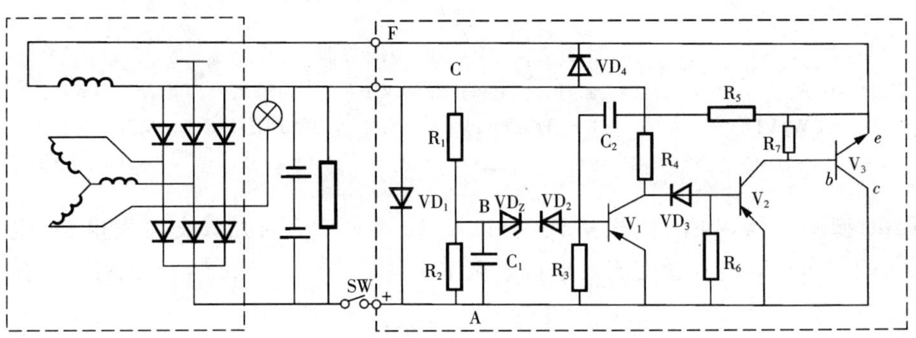


图 2－28　JFT126A 型晶体管调节器电路

图中右虚线框为调节器。从左至右，依次为信号检出、开关控制和电子开关部分。大功率三极管 $V_3$，串在发电机磁场电路中。$V_3$导通，磁场绕组有电流流过，使发电机电压升高。当发电机电压高于规定值时，$V_3$截止，磁场电路断开，发电机电压急剧下降。降到规定值后，$V_3$又导通，接通磁场电路，发电机电压重新升高。如此反复，发电机电压被稳定在规定值。

①合上点火开关 SW。蓄电池电压加在 $R_1$、$R_2$组成的分压电路 AC 两端。$R_2$分得的电压 $U_{AB}$为

$$U_{AB}=U_{AC}\frac{R_2}{R_1+R_2} \tag{3-14}$$

$U_{AB}$通过 $V_1$管的发射极和二极管 $VD_2$加到稳压管上，稳压管承受反向电压。该反向电压小于稳压管的击穿电压，所以稳压管截止。$V_1$由于无基极电流而处于截止状态。

$V_2$在 $R_4$的偏置作用下，有基极电流通过，所以 $V_2$导通。$V_2$、$V_3$是复合管，$V_3$也导通。蓄电池通过 $V_3$供给激磁绕组电流，其电路为：蓄电池“＋”→点火开关 SW→调节器“＋”→$V_{3(c,e)}$→调节器磁场接线柱 F→激磁绕组→搭铁。于是发电机产生电压。

②当发电机电压随转速升高，超过规定值时，分压电路加在稳压管 $VD_Z$上的反向电压，

达到其击穿电压，稳压管导通。$V_1$因有基极电流流过而导通，$V_2$被短路而截止，$V_3$也截止。切断了激磁电路，发电机电压下降。

③发电机电压下降到低于规定值时，由于加在稳压管 $VD_Z$上的反向电压低于其击穿电压，稳压管重新截止，$V_2$、$V_3$又导通，激磁电路又被接通，发电机电压上升。如此反复，把发电机电压稳定在规定值。

(2)JFT106 型调节器：JFT106 型电压调节器电路如图 2－29 所示。

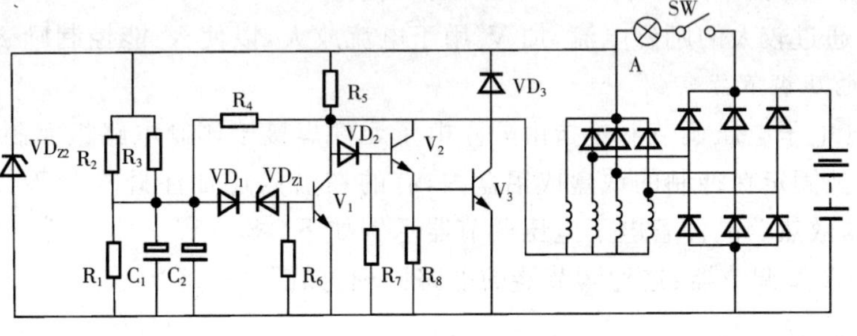


图 2－29　JFT106 型调节器

$R_1=1k\Omega$；$R_2=510\Omega$；$R_3$－微调电阻；$R_4=240k\Omega$；$R_5=1k\Omega$；$R_6=510\Omega$；$R_7=510\Omega$；$R_8=1W10\Omega$；$VD_{Z1}$－2CW；$VD_{Z2}$－10W40V；$V_1$－3DG12A；$V_2$－3DG27；$V_3$－3DD15D；$VD_1$、$VD_2$－2CP12；$VD_3$－2CZ85D；$C_1$、$C_2=4.7\mu F$

JFT106 型调节器，14V，负极搭铁，可以配 14V、500W 的九管交流发电机，也可用于 14V 功率小于 1000W 的六管交流发电机。调节电压在 13.8～14.6V 范围内。其工作过程如下：

① 接通点火开关，蓄电池经充电指示灯、$R_5$、$VD_2$和 $R_7$向 $V_2$管提供电流，使其导通，$V_3$也随之导通。蓄电池正极经点火开关、充电指示灯、激磁绕组、$V_{3(c,e)}$、蓄电池搭铁负极，对交流发电机进行他激。

② 随着发电机转速升高，电压逐渐升高，通过激磁二极管加于充电指示灯两端的电位相近，充电指示灯熄灭。当 A 点电压达到调节值时，$R_1$、$R_2$组成的分压电路 $R_1$上的端电压上升，使稳压管 $VD_{Z1}$反向击穿，$V_1$导通，$V_2$与 $V_3$截止，激磁电流迅速下降，发电机端电压及 A 点电位也随之下降。

③ A 点电位下降，使稳压管 $VD_{Z1}$截止，$V_1$随之截止而 $V_2$、$V_3$导通，电压又迅速上升。

如此反复，控制发电机电压保持在规定值上。

该电路中，$R_3$起稳定作用；$C_1$、$C_2$起降低 $VD_{Z1}$、$V_1$开关频率作用；$VD_3$起保护 $V_3$不被激磁绕组自感电动势击穿的作用；$VD_1$、$VD_2$为温度补偿二极管，减少温度对晶体管工作特性的影响；$R_4$为正反馈电阻，提高晶体管转换速度，减少损耗，改善波形。

(3)JFT201 型调节器：JFT201 型晶体管调节器电路如图 2－30 所示。

该型调节器工作过程如下：

① 合上点火开关，蓄电池电压同时加到由电阻 $R_2$、$R_3$、$R_4$组成的分压电路和晶体管 $V_2$的偏置电路 $R_7$、$R_8$上。此时，分压电路加至稳压管 $VD_Z$的反向电压，低于稳压管的击穿电压，反向电压为零，所以 $V_1$截止，$V_2$处于正向偏置而导通。蓄电池通过 $V_2$给激磁绕组供电。电路为：蓄电池正极→点火开关→$R_1$→$V_{2(e,c)}$→激磁绕组→蓄电池搭铁负极。

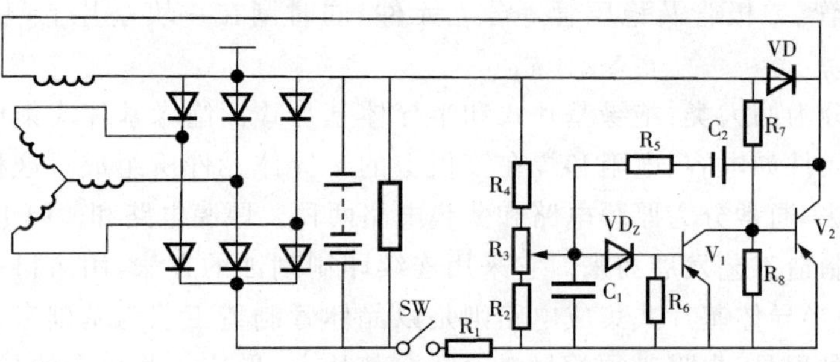


图 2-30　JFT201 型晶体管调节器

VD－2DZ1A150V；$V_1$－3AX81A；$V_2$－3AD30C；$R_1=0.25\Omega$；$R_2=56\Omega$；$R_3=68\Omega$；$R_4=56\Omega$；$R_5=56\Omega$；$R_6=56\Omega$；$R_7=180\Omega$；$R_8=56\Omega$；$C_1=20\mu F$；$C_2=0.22\mu F$；$VD_z$－2CW15

② 发电机转速继续升高，当其电压高于蓄电池电压时，便自己供给激磁电流。发电机电压升至调压值 13.5～14.5V 时，分压电路 $R_2$、$R_3$、$R_4$ 加至稳压管 $VD_Z$ 两端的反向电压达到击穿电压，稳压管 $VD_Z$ 被击穿，$V_1$ 产生基极电流而导通。此时，$V_2$ 的发射极与基极被 $V_1$ 短路而截止，切断了发电机激磁电路，使发电机电压下降。

③ 当发电机电压低于调节电压时，加在稳压管 $VD_Z$ 两端的反向电压低于击穿电压，稳压管截止，$V_1$ 也截止，而 $V_2$ 又导通，发电机的激磁电流上升，输出电压升高。

如此反复，使发电机电压稳定在规定值上。

## 三、集成电路电压调节器

集成电路，是在一块微小基片上组装许多半导体元件和其他电路元件所构成的电子电路。1967 年美国通用汽车公司成功地开发了集成电路调节器。它是自分立元件晶体管调节器取代触点调节器以来，对晶体管调节器的又一次改进，是更新换代产品。许多国产新型汽车，如北京切诺基 BJ2021EY、天津 TJ1010、夏利 TJ7100、上海桑塔纳、广州标致 505 等，都采用了内装式晶体管或集成电路电压调节器。

### 1. 集成电路调节器的优点

(1)体积很小，可以把它组装到发电机内部，简化了接线，减少了线路损失，从而使发电机的实际输出功率提高 5%～10%。

(2)电压调节精度高。电磁振动式调节器的电压调节精度为±1.0V，晶体管调节器为±0.5V，而集成电路调节器则为±0.3V。当发电机在不同转速范围内变化时，其电压的变化可限定在 0.1V 内。采用集成电路调节器，可使汽车电系的工作电压保持稳定，并且基本上不需对调节器进行检修和调整。

(3)能增大发电机激磁电流，可达 6A 以上，确保发电机自激电流和电动势的建立。

(4)集成电路调节器用塑料或树脂封装，能抵御潮湿、泥土、油污、低温等恶劣环境的影响，可耐高温 130℃。

(5)由于内部无可移动零件，能承受较大机械振动和冲击。

(6)使用寿命长，可达 16 万 km 以上。

(7)具有自检、保护功能。

现在汽车上所装用的集成电路调节器，通常是以混合电路技术为基础。混合集成电路采用了两种技术：半导体技术和厚膜或薄膜技术。它把无源元件电阻、电容及导线，有

源元件晶体三极管、二极管及稳压管等分立元件，同时制在一块基片上，从而构成集成电子电路。

集成电路可分为两大类：绝缘基片式和半导体基片式。绝缘基片式集成电路是由镀在绝缘板上的无源元件如电容、电阻和焊在该板上的半导体元件所组成。这种集成电路按无源元件的涂镀方法，通常分为厚膜电路和薄膜电路两种。厚膜电路和薄膜电路的制造工艺，是由印刷电路的制造工艺发展而来。它采用连续印刷刻蚀的方法，用涂料在其基板上制作出各种无源元件；半导体基片式集成电路则是以晶体管制造工艺为基础来制作的。厚膜集成电路制造工艺过程是：先将必须的材料涂敷在基片上，形成一些单个的导体和电阻，然后进行焙烧。焙烧后，将基片固定到支撑板上，再用模板盖好。此后，把成型的焊料、分立元件和引线的抽头，均装入模板，再把制作好的电路安装在加热板上，进行自动焊接。基片由超声波清洗，待检查其质量后，再确定调节电压值。图 2 - 31 所示为厚膜电路板上的导体和绝缘体的分布及分立元件的连接方法。

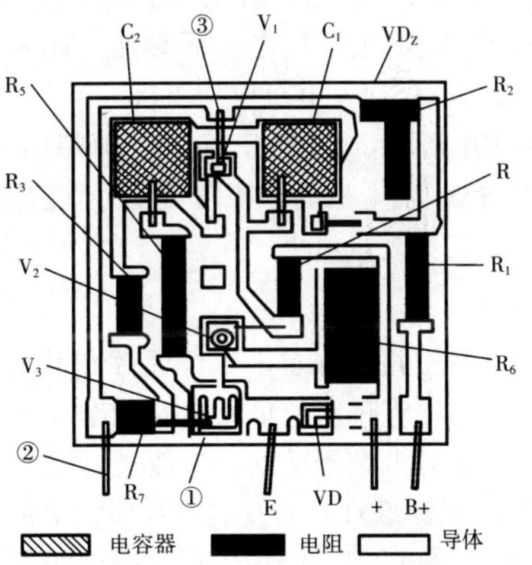


图 2 - 31　厚膜集成电路元件在基片上的布置

①基板；　②引出导线；　③连接器

$V_1$—输入晶体管　$V_2$—中间晶体管　$V_3$—输出晶体管

$VD_Z$—调节电压用稳压管　VD—灭弧二极管

若需调整集成电路调节器的调压值，可以通过改变图 2 - 31 中电阻 $R_2$ 的厚度加以调节，同时采用电桥电路来自动控制其电阻值的变化。电路制成后，应该把它置于铝质的壳体中，用塑料或树脂灌封起来。

集成电路调节器通常由电压控制、激磁电流控制（输出部分）和温度补偿三大部分组成。如图 2 - 32 所示。图中的电压控制部分，包括由电阻组成的分压电路和由稳压管及晶体三极管所组成的电压放大级；输出部分通常由大功率复合管构成；温度补偿，一般将热敏电阻与分压电阻并联，或用无源元件与半导体元件一起组成温度补偿网络。

2. 典型的集成电路调节器

图 2 - 33 所示，为典型的集成电路调压器电路，图中稳压管 $VD_{Z2}$ 起限压保护作用，限制由点火系统传来的过电压，保护调节器不被损坏。

集成电路调节器的类型虽有很多，但其基本原理大致相同，现就图 2 - 33 所示的典型电路，简述其调压原理。

(1)调压原理

① 当发电机输出电压低于调节电压值时,蓄电池或发电机向其激磁绕组提供激磁电流。

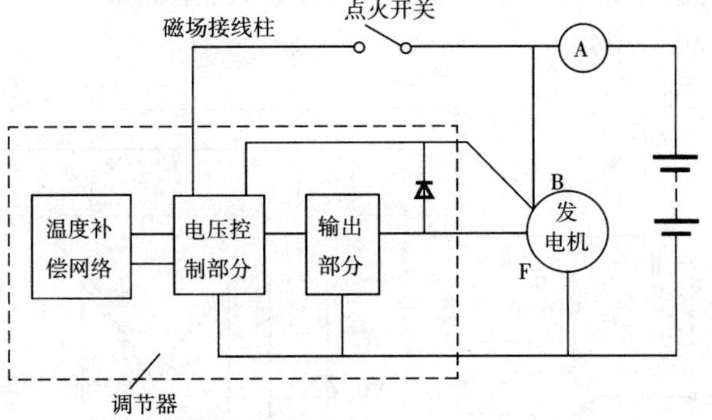


图 2-32　集成电路调压器的组成框图

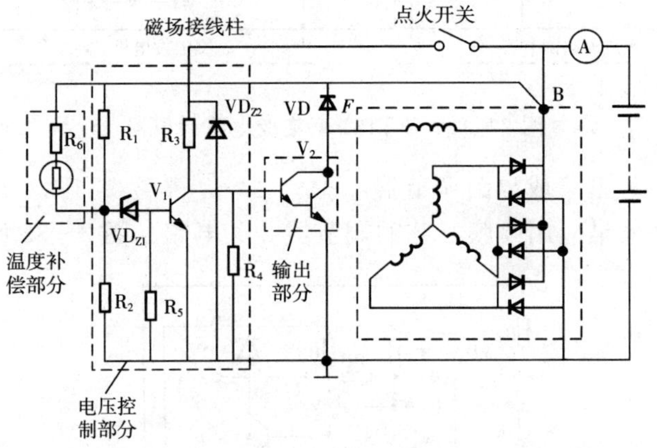


图 2-33　典型的集成电路调压器

此时,蓄电池或发电机通过电阻 $R_3$ 给复合晶体管 $V_2$ 的发射结(b—e)加正向偏压,使 $V_2$ 管饱和导通。激磁电流的路径为:蓄电池或发电机的正极→激磁绕组→$V_{2(c,e)}$→蓄电池或发电机的搭铁负极。

② 当发电机输出电压随着激磁电流的增长而上升到调节电压值时,由于发电机输出电压的上升,从而使电阻 $R_2$ 两端的分压达到稳压管 $VD_{Z1}$ 的击穿值,使 $VD_{Z1}$ 与 $V_1$ 同时导通,$V_2$ 被短路而截止,发电机激磁回路被切断,激磁电流减小,磁场削弱,发电机输出电压降低。

③ 当发电机输出电压下降到低于调压值时,$V_2$ 又导通,发电机电压再次上升。这是因为电阻 $R_2$ 两端的分压,不能维持稳压管 $VD_{Z1}$ 反向击穿,使 $VD_{Z1}$ 截止,$V_1$ 也截止。复合管 $V_2$ 在 $R_3$ 的正向偏置作用下,重又导通,发电机电压又升高。

如此反复,不断对发电机输出电压进行自动调节,控制其在规定的范围内。

(2)集成电路调节器实例

① JFT151 型集成电路调节器

JFT151 型集成电路调节器为薄膜混合集成电路调节器。其内部电路如图 2-34 所示。

其工作原理与上述相同。即当发电机电压低于规定值时，稳压管 $VD_{Z1}$截止，$V_1$也截止，$V_2$在 $R_4$的正向偏置下导通，激磁电路接通，发电机电压上升；当发电机电压高于规定值时，稳压管被击穿而导通，$V_1$也导通，则 $V_2$被短路而截止，激磁电路被切断，发电机电压下降。如此反复，使发电机电压保持恒定。

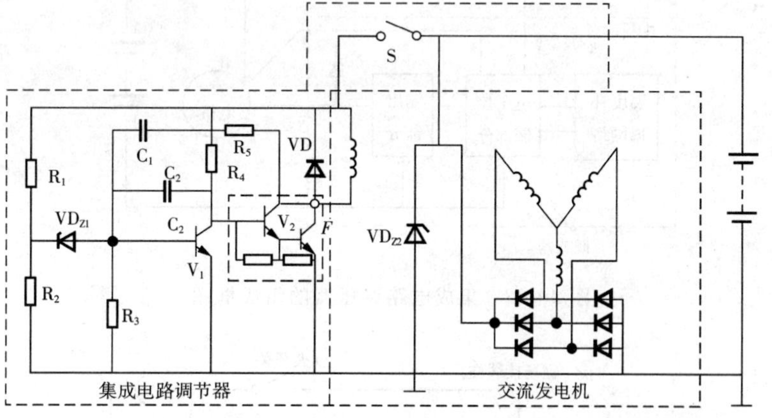


图 2-34　JFT151 型集成电路调节器

② 英国 Lucas8VR 型集成电路调节器

8VR 型调节器是最早应用厚膜工艺的调节器。其电路如图 2-35 所示。

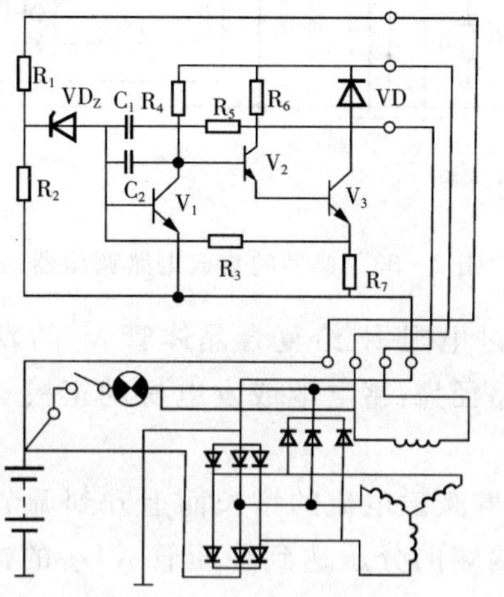


图 2-35　8VR 型(鲁卡斯)集成电路调节器

8VR 型调节器使用了很多新材料。电阻用钌制造，连接导线用钯、银。两个电容器和五个半导体器件是另外加上去的。整个部件都用硅橡胶封装在一个铝壳内，散热良好。

当点火开关接通时，由于正电压经 $R_4$加在 $V_2$的基极，使 $V_2$导通，$V_3$也随之导通。蓄电池电流经充电指示灯流入激磁绕组，产生激磁电流，使发电机电压升高。

电压升高至某一规定值时，经分压电路 $R_1$、$R_2$加给稳压管 $VD_Z$的电压使之击穿而导通，于是 $V_1$也导通，$V_2$、$V_3$则截止，激磁电流减小，端电压下降；当 $V_1$截止，$V_2$和 $V_3$又导通，激磁电流增大，电压升高。如此反复，使发电机端电压保持稳压。

# 第五节　交流发电机充电指示灯控制电路与过电压保护

## 一、交流发电机充电指示灯控制电路

现代汽车仪表板上均设有一个充电指示灯，在接通点火开关时，充电指示灯亮起，而在发动机发动后、发电机正常发电时，充电指示灯则熄灭。充电指示灯的主要作用是指示充电系统是否正常，同时也起到了点火开关未关的提示作用。

根据发电机及所配调节器结构形式的不同，充电指示灯的控制电路有多种形式。现举例说明几种常见的充电指示灯控制电路。

### 1. 发电机中点电压继电器控制方式

充电指示灯继电器线圈由发电机中点电压控制，继电器有双触点和单触点两种形式。

(1)双触点式充电指示灯继电器

采用双触点充电指示灯继电器的充电指示灯控制电路如图 2－36 所示。

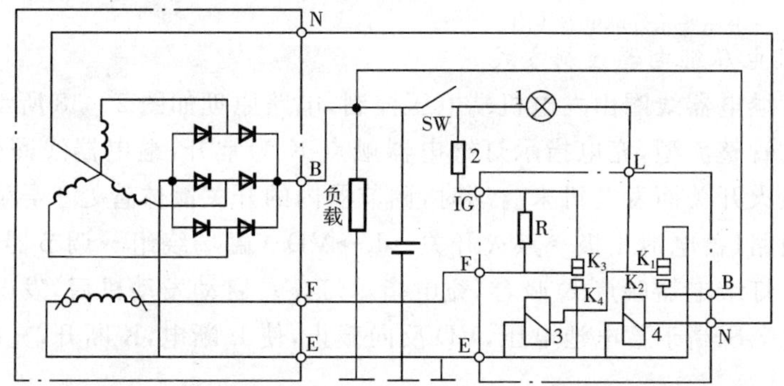


图 2－36　丰田车用的充电指示灯控制电路原理

1—充电指示灯　2—熔丝　3—电压调节器线圈　4—充电指示灯继电器线圈

双触点充电指示灯继电器中的常闭触点 $K_1$ 与充电指示灯串联，常开触点 $K_2$ 与电压调节器的电磁线圈串联。当接通点火开关(未启动发动机)，充电指示灯电路通路(蓄电池正极→SW→充电指示灯→$K_1$→搭铁)，充电指示灯亮。当启动发动机，发电机正常工作时，发电机的中点电压使充电指示灯继电器线圈通电，产生的磁力使 $K_1$ 断开，$K_2$ 闭合。$K_1$ 断开使充电指示灯断电熄灭，$K_2$ 闭合则使电压调节器线圈连接发电机端电压而开始正常工作。

(2)单触点式充电指示灯继电器

采用单触点的充电指示灯继电器的充电指示灯控制电路一例如图 2－37 所示。

接通点火开关而未启动时，充电指示灯电路通路(蓄电池正极→电流表→点火开关→充电指示灯→$K_2$→搭铁)，充电指示灯亮。当启动发动机，发电机正常工作时，发电机的中点电压加在线圈 $L_2$ 上，产生的磁力使 $K_2$ 断开，充电指示灯熄灭。

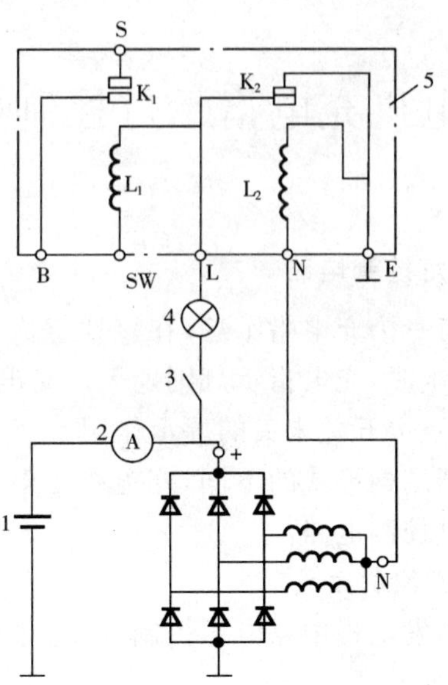


图 2 - 37　EQ1090 及 CA1091 汽车充电指示灯控制电路

1—蓄电池　2—电流表　3—点火开关　4—充电指示灯　5—组合继电器

$K_1$—启动继电器触点　$K_2$—充电指示灯继电器触点　$L_1$—启动继电器线圈

$L_2$—充电指示灯继电器线圈

2. 发电机端电压继电器控制方式

充电指示灯继电器线圈由发电机端电压控制，电路原理如图 2 - 38 所示。

发电机为九管整流型，充电指示灯继电器触点 K 为常开，继电器线圈受发电机端电压控制。当接通点火开关而发动机未启动时，调节器内的开关晶体管处于导通状态，充电指示灯继电器线圈通路（蓄电池正极→点火开关→L→VD→磁场绕组→调节器→搭铁），L 产生磁力将充电指示灯继电器触点 K 吸合，充电指示灯亮。启动发动机后，发电机正常工作时，D 点正常的输出电压高于蓄电池电压，VD 反向截止，使 L 断电，K 断开，充电指示灯熄灭。

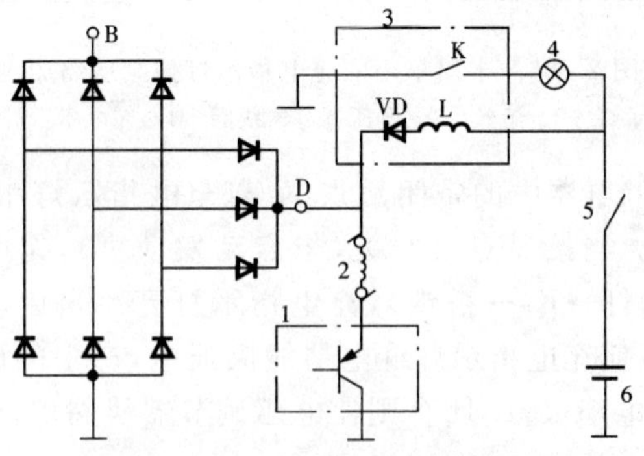


图 2 - 38　充电指示灯继电器受发电机端电压控制电路原理

1—调节器　2—发电机磁场绕组　3—充电指示继电器　4—充电指示灯　5—点火开关　6—蓄电池

3. 发电机端电压直接控制方式

这种充电指示灯控制电路无继电器，直接通过发电机的端电压控制充电指示灯。

（1）九管整流控制方式

将充电指示灯连接在发电机的 B、D 两端，其电路原理如图 2 - 39 所示。

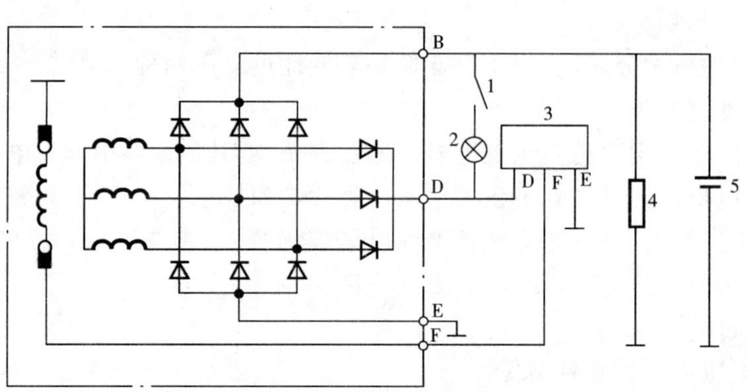


图 2-39 发电机端电压直接控制的充电指示灯电路(九管整流)

1—点火开关 2—充电指示灯 3—调节器 4—用电设备 5—蓄电池

当接通点火开关而发动机未启动时，调节器(D、F 端子之间)处于通路状态，充电指示灯电路通路(蓄电池正极→点火开关→充电指示灯→调节器→磁场绕组→搭铁)，充电指示灯亮。当发动机启动后，发电机正常工作时，发电机的 B、D 端电位升高且一致，使充电指示灯两端的电压下降为零，充电指示灯熄灭。

(2)六管整流控制方式

在充电指示灯控制电路中增设了一个二极管 VD，电路原理如图 2-40 所示。

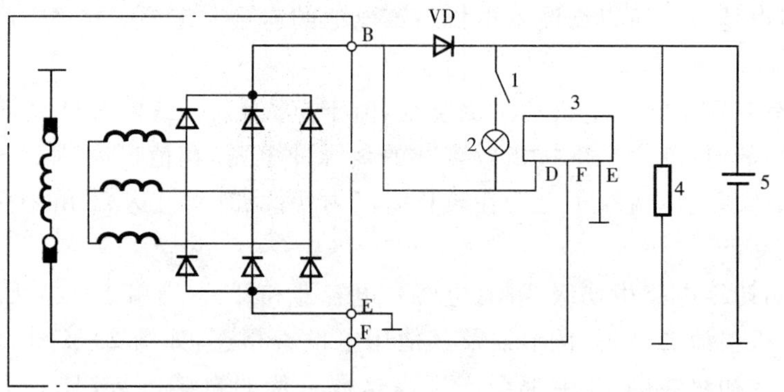


图 2-40 发电机端电压直接控制的充电指示灯电路(六管整流)

1—点火开关 2—充电指示灯 3—调节器 4—用电设备 5—蓄电池

接通点火开关但发动机未启动时，蓄电池电压使 VD 反向截止，由蓄电池提供的励磁电流通过充电指示灯，指示灯亮起。当发电机正常工作时，发电机的端电压高于蓄电池电压，VD 导通，充电指示灯两端电压降为零，充电指示灯熄灭。

**二、交流发电机充电系的过电压保护**

由于交流发电机的激磁电流及转速都比传统的直流发电机高，它所产生的瞬变能量较直流发电机要大得多。由于半导体元件对瞬变电压非常敏感，当瞬变电压值达到一定值时，半导体元件就会被击穿而完全损坏。因此，当出现瞬变电压时，如何保护半导体元件不受损坏，对汽车上进一步发展电子设备关系极大，国内外都十分重视对过压保护装置的研究。

1. 过电压的产生

从过电压的性质来分，可分为非瞬变性和瞬变性过电压两种。

(1)非瞬变性过电压

非瞬变性过电压，主要是由于发电机调节器失灵，或其他故障引起发电机激磁电流未经过调节器，使发电机电压升高到不正常值。这种故障如果不及时排除，则整个充电系统的电压会一直处在不正常的高压，它会使蓄电池电解液沸腾，当沸腾到一定程度时，会出现极高的电压，过电压有时可达 75～130V。

(2)瞬变性过电压

瞬变性过电压有以下几种情况：

① 抛负载瞬变

抛负载瞬变即交流发电机正在向蓄电池充电过程中与蓄电池连接导线突然脱开，或者在没有蓄电池的情况下，突然断开其他负载。

交流发电机在向外供电时，若突然断开负载，则定子绕组中的电流突然减小，产生很高的自感电势。由于交流发电机与蓄电池并联工作，而蓄电池内阻很小，电容量大，断开负载所产生的瞬变能量会被蓄电池吸收，因此，不会产生很高的瞬时尖峰电压。但是若发电机正在向蓄电池充电和供给其他负载时，发电机与蓄电池之间的连接突然中断，或者在不带蓄电池的不正常情况下，突然断开一些负载时，此时由于没有蓄电池，发电机会产生很高的瞬时过电压。抛除的负载越大，发电机的转速越高，断接的速度越快，所产生的瞬变电压的幅值越大，衰减时间也越长。所以交流发电机与蓄电池的连接一定要牢靠。

② 磁场衰减瞬变

磁场衰减瞬变即交流发电机的激磁绕组，由于点火开关(或电源开关)转到断开位置而与蓄电池突然中断时，就会产生按指数衰减的负脉冲电压，幅值可高达 50～100V。由于激磁电路时间常数大，发电机端子上会在较长时间内(衰减时间可达 200ms)保持危险电压。

③ 点火系瞬变

点火线圈的初级电路由初级线圈(电感)、电容器和开关(有触点的或无触点的)组成，并与蓄电池、发电机整流二极管、调节器及其他用电设备相连，如图 2-41 所示。当触点开关闭合或断开时，在初级线圈 $L_1$ 中都会产生高达数百伏的自感电势，且 $L_1$ 与 C 成一振荡电路。点火系产生的瞬变虽然能量很小，但电压很高，且重复变化。在正常工作情况下，点火

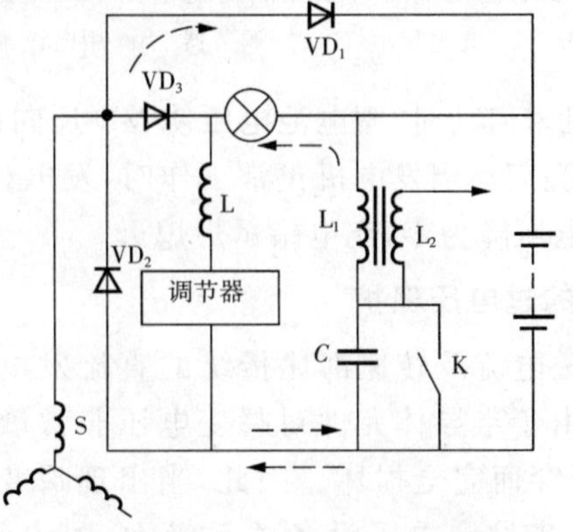

图 2-41　汽车点火系瞬变过程电路图

系产生的振荡的瞬时高压由蓄电池吸收。在汽油发动机的汽车里,如果在蓄电池脱开情况下继续运转,则点火系的电源直接由交流发电机供给,这个振荡的浪涌电压就作用到晶体管调节器上,容易使调节器损坏。

④ 切换电感性负载瞬变

在汽车运行中,不论什么时候切换一个电感性辅助电器(电喇叭、刮水器、电风扇、螺线管继电器等),都会产生由自感引起的瞬变过电压,其严重程度决定于所切换电感负载的大小及输出线路的阻抗,一般这种性质的瞬变过电压不会造成元件的损坏。

2. 过电压的保护

从理论讲,防止过电压有两种可能的方案:一种是提高电子设备的定额,把电子设备中各元件能承受的电压,选择得高于电系中可能产生的瞬变高电压,并且还要考虑到在高温时电子元件的定额值要下降等因素,这种方法的优点是不增加系统中元件的数量,但不经济;另一种方案是另外增加过电压保护装置,来吸收电系中可能产生的各种瞬变性过电压能量,以保护电子设备中各电子元件的正常工作。这种保护可以是针对某些关键电子设备进行局部保护,也可在交流发电机输出和搭铁之间或磁场与搭铁之间加上保护装置,以对汽车整个电系进行集中保护。究竟采用哪一种方式,要从保护装置的可靠性和经济性来具体分析。下面介绍几种国外实际应用的保护电路。

(1)稳压管过电压保护电路

稳压管保护电路是目前应用最广泛的一种,其典型线路如图 2-42 所示。在交流发电机激磁二极管输出端与搭铁之间接上一个稳压二极管 $VS_2$。在正常情况下,这个浪涌保护

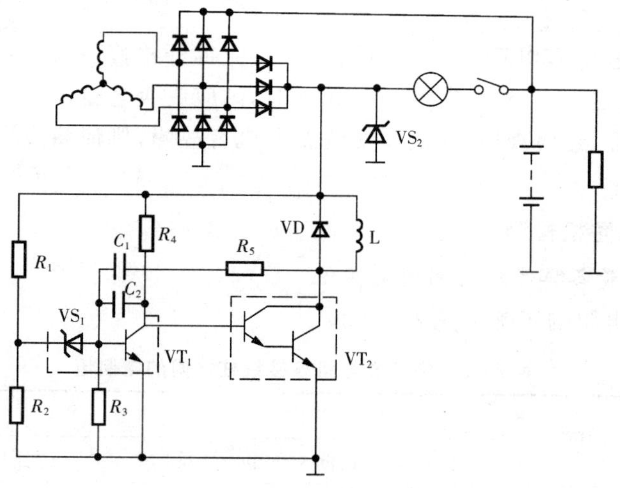


图 2-42 稳压管过电压保护电路

稳压二极管是不导通的,当出现瞬时高压时该稳压管导通,电压只能升到 $VS_2$ 的击穿电压。该浪涌电压的能量通过 $VS_2$ 到搭铁消耗之后,$VS_2$ 又恢复到不导通状态。用这种保护装置有如下优点:①反应迅速,反应时间约为几十纳秒;②当线路中没有出现瞬变高电压时则无功率消耗;③线路简单,工作可靠。其缺点是:①一旦浪涌电压超过 $VS_2$ 的反向击穿电压将其击穿后,$VS_2$ 变成一个短路的低电阻,激磁绕组 L 被隔除,发电机端电压下降,充电指示灯亮,必须更换稳压管,发电机才能恢复正常工作;②如果稳压管处在开路状态,则系统得不到保护;③如果蓄电池极性接反,则 $VS_2$ 会被大电流烧毁。故有的交流发电机充电系统中的

$VS_2$串接一快速熔断器作为反接保护。

(2)稳压管加继电器的浪涌保护装置

交流发电机功率很大时,就需用功率很大的稳压管。故英国 CAV 公司曾采用稳压管与继电器线绕组串联,继电器绕组的抽头接到一个触点,另一个触点接到稳压管的正端如图 2-43 所示。当发生浪涌电压时由于 VS 的导通,产生电流使继电器触点闭合,交流发电机的激磁电流就被分流而搭铁,发电机电压下降;当发电机输出电压降到不足以保持吸合时,触点就打开。在这种过压保护中,稳压管由于继电器触点一闭合就被短接,所以只在极短时间内通过大电流,故 VS 可选择得较小。

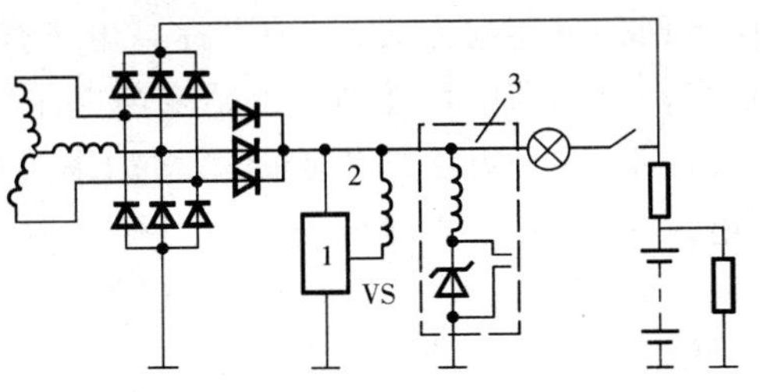


图 2-43　稳压管加继电器的浪涌保护装置

1—调节器　2—激磁绕组　3—浪涌保护装置

## 第六节　交流发电机的检查与测试

交流发电机每运转 750h(相当于 3 万 km)后,应拆开检修一次。主要检查电刷和轴承的情况,新电刷高度是 14mm,磨损至 7～9mm 时,则应更换电刷。

当充电系不正常,经检查后,如确属交流发电机有故障,则应将发电机从汽车上拆下做进一步检查。

### 一、交流发电机整机检测

1. 用万用表测量各接线柱之间的电阻值

各接线柱之间电阻的正常值见表 2-2。

**表 2-2　交流发电机各接线柱之间的电阻值**　(单位:Ω)

| 发电机型号 | "F"与"—" | "+"与"—" | | "+"与"F" | |
|---|---|---|---|---|---|
| | | 正向 | 反向 | 正向 | 反向 |
| JF11<br>JF13<br>JF15<br>JF21 | 5～6 | 40～50 | >1000 | 50～60 | >1000 |
| JF12<br>JF22<br>JF23<br>JF25 | 19.5～21 | 40～50 | >1000 | 50～70 | >1000 |

如果“F”与“－”之间电阻值过大，表明炭刷与滑环接触不良，或激磁绕组断路。

若“＋”与“－”、“＋”与“F”之间的正向电阻小于表中所列之值，则表示硅二极管短路；如接近表中的数值，但负载测试时输出电流很小，则表示二极管断路。

由于万用表正测试棒（红色）在表内接电池负极，负测试棒（黑色）在表内接电池正极，所以应特别注意正测试棒接电枢，负测试棒接“－”，才能测得二极管的正向电阻，如图 2－44 所示。

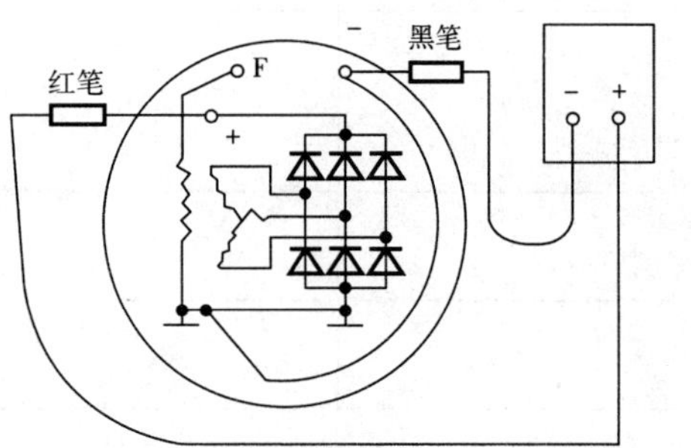


图 2－44　万用表测发电机二极管正向电阻

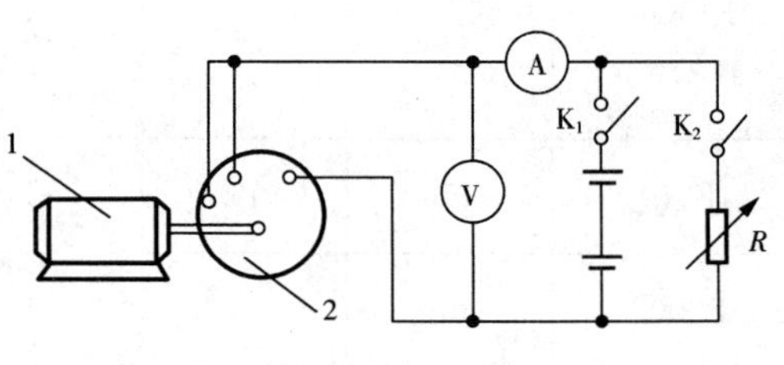


图2－45　交流发电机试验台电路图

1—无级调速电动机　2—被试发电机

2. 在试验台上对发电机进行发电试验

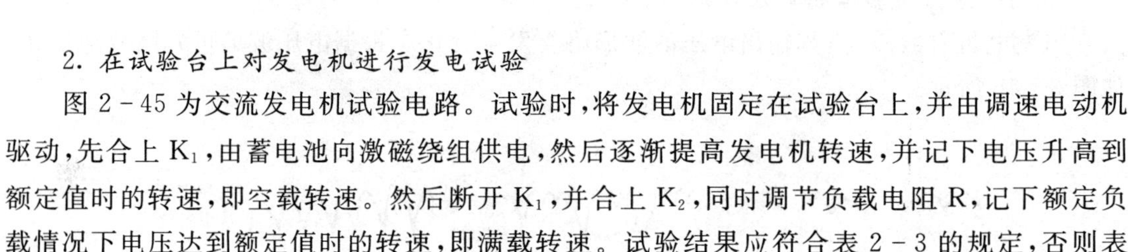

图 2－45 为交流发电机试验电路。试验时，将发电机固定在试验台上，并由调速电动机驱动，先合上 $K_1$，由蓄电池向激磁绕组供电，然后逐渐提高发电机转速，并记下电压升高到额定值时的转速，即空载转速。然后断开 $K_1$，并合上 $K_2$，同时调节负载电阻 R，记下额定负载情况下电压达到额定值时的转速，即满载转速。试验结果应符合表 2－3 的规定，否则表明发电机有故障。

**表 2－3　国产交流发电机规格**

| 发电机型号 | 额定数据 | | | 空载转速/(r·min$^{-1}$) | 满载转速/(r·min$^{-1}$) |
|---|---|---|---|---|---|
| | 功率/W | 电压/V | 电流/A | | |
| JF11<br>JF13<br>JF32 | 350 | 14 | 25 | 1000 | 2500 |
| JF12<br>JF23 | 350 | 28 | 12.5 | 1000 | 2500 |
| JF21<br>JF152<br>JF153 | 500 | 14 | 36 | 1000 | 2500 |

（续表）

| 发电机型号 | 额定数据 | | | 空载转速/(r·min⁻¹) | 满载转速/(r·min⁻¹) |
|---|---|---|---|---|---|
| | 功率/W | 电压/V | 电流/A | | |
| JF22<br>JF25 | 500 | 28 | 18 | 1000 | 2500 |
| JF1000<br>JF210 | 1000 | 28 | 36 | 1000 | 2250 |
| 2JF150 | 150 | 14 | 11 | 1050 | 2000 |
| JF200 | 200 | 14 | 15 | 1000 | 3500 |
| JF01 | 175 | 14 | 13 | 1300 | 3500 |

3. 用示波器观察输出电压波形

当发电机有故障时，其输出电压的波形将会发生变化。根据电压波形可判断故障所在，如图 2－46 所示。

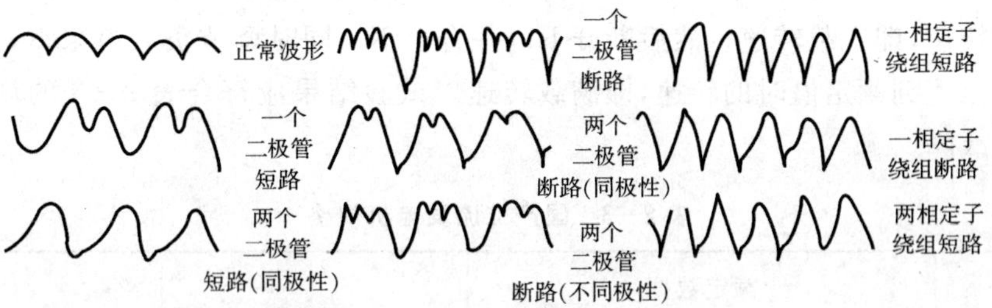


图 2－46　各种故障整流波形

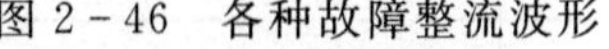

## 二、交流发电机解体后的检查

1. 硅二极管的检查

拆开定子绕组与二极管的连线，用万用表测量每个二极管的正向和反向电阻，即可判断二极管的好坏。正常的二极管正向电阻应在 8～10Ω 范围内，反向电阻应在 10kΩ 以上。

2. 磁场绕组的检查

用万用表测量磁场绕组的阻值（$R\times1\Omega$ 挡），应符合表 2－4 的规定。若小于规定值，说明磁场绕组有短路；若电阻很大，磁场绕组断路。

表 2-4　JF 系列交流发电机定子、磁场绕组参数

| 发电机型号 | 定子绕组 | | | | | | 磁场绕组 | | |
|---|---|---|---|---|---|---|---|---|---|
| | 槽数 | 每个线圈匝数 | 导线直径/mm | 每相串联线圈数 | 节距 | 三相绕组接法 | 匝数 | 导线直径/mm | 电阻值/Ω |
| JF11 | 36 | 13 | 1.08 | 6 | 1～4 | 星形 | 520 | 0.62 | 5.3 |
| JF13 | 36 | 13 | 1.04 | 6 | 1～4 | 星形 | 530 | 0.62 | 5.3 |
| JF12 | 36 | 25 | 0.83 | 6 | 1～4 | 星形 | 1060 | 0.44 | 19.3 |
| JF23 | 36 | 25 | 0.83 | 6 | 1～4 | 星形 | 1100 | 0.47 | 20 |
| JF21 | 36 | 11 | 1.08×2 | 6 | 1～4 | 星形 | 575 | 0.64 | 5 |
| JF152 | 36 | 11 | 1.35 | 6 | 1～4 | 星形 | 600 | 0.67 | 5.5 |
| JF22 | 36 | 21 | 1.08 | 6 | 1～4 | 星形 | 1000 | 0.47 | 18 |
| JF25 | 36 | 21 | 1.0 | 6 | 1～4 | 星形 | 1100 | 0.47 | 20 |
| 2JF750 | 36 | 8 | 1.2 | 6 | 1～4 | 星形 | 600 | 0.86 | 3.35 |
| JF172 | 36 | 7 | 1.68 | 6 | 1～4 | 星形 | 700 | 0.74 | 5 |
| JF750 | 36 | 15 | 0.93×2 | 6 | 1～4 | 星形 | 950 | 0.67 | 8.5 |
| JF27 | 36 | 15 | 1.25 | 6 | 1～4 | 星形 | 1100 | 0.59 | 13 |
| JF1000 | 42 | 12 | 1×2 | 7 | 1～4 | 星形 | 1250 | 0.67 | 14.7 |
| JF210 | 36 | 14 | 1.08×2 | 6 | 1～4 | 星形 | 1200 | 0.67 | 13 |
| JF01 | 42 | 21 | 1.04 | 4 | 1～4 | 星形 | 500 | 0.53 | 5 |

3. 定子绕组的检查

用万用表检查断路和短路。

## 三、交流发电机使用中应注意的问题

(1)JF 系列交流发电机为负极搭铁，蓄电池也必须负极搭铁，否则蓄电池会通过二极管放电而烧坏二极管。

(2)发电机必须与专用的调节器配合使用。

(3)发动机熄火后，应将点火开关(或电源开关)断开，否则蓄电池将长期向激磁绕组和调节器磁化线圈放电，易烧坏线圈(有磁场继电器者例外)。

(4)发现发电机不发电时，应及时找出故障并加以排除，不要再长期运转。如果一个二极管短路，发电机若继续运转就会烧坏其他二极管。如图 2-47 所示，如 $VD_2$ 被击穿短路，则 a 相绕组感应电流经 $VD_1$ 后，通过 $VD_2$ 回到 b 相绕组而不经过负载；同样 c 相绕组感应产生的电流经过 $VD_3$ 回到 b 相绕组而不经过负载。这样由于绕组内部短路产生环流，运转时间长，$VD_1$、$VD_3$ 和定子绕组就容易烧坏。

(5)发电机运转时，决不能像直流发电机那样用试火方法检查交流发电机是否发电，否则易烧坏二极管。如果要在汽车上检查，可将发电机上所有导线拆除，另用一根导线把发电机电枢(+)与磁场(F)两接线柱连起来，启动发动机，然后用蓄电池的火线(正极)碰一下(F)接线柱进行他激，然后将其离去，用万用表测电枢(+)与搭铁间的直流电压，缓慢提高发动机的转速(控制发动机转速不宜过高)，观察电压表，电压值应随发动机转速的升高而增大。若电压表无指示，则说明发电机不发电。若无万用表，也可用一小灯代替，观察小灯亮

度变化进行判断。

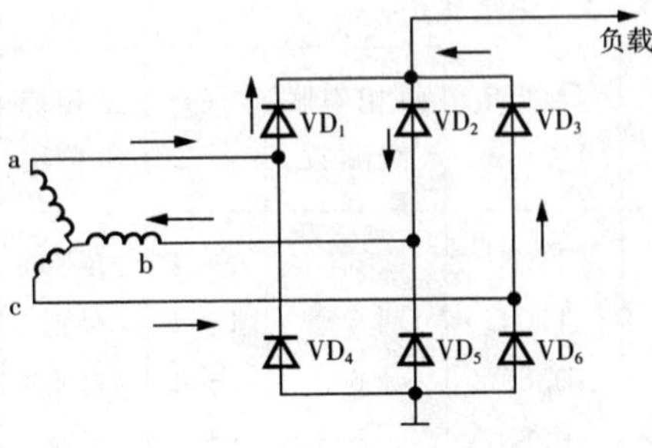


图 2-47　一个管子烧坏后的情况

(6)当整流二极管与定子绕组相连接时,绝对禁止用兆欧表或 220V 交流电源检查发电机的绝缘,否则将击穿二极管。

## 思考与练习

2-1　交流发电机的基本组成是哪些?各起什么作用?

2-2　何谓交流发电机的外特性?交流发电机具有如此外特性的原因有哪些?

2-3　何谓交流发电机的输出特性?交流发电机为什么具有如此输出特性?

2-4　电子调节器如何对交流发电机进行电压调节?电子调节器中,通常采用了哪些电子元件和电路来解决基本电路中的不足?

2-5　发电机充电指示灯有何作用?交流发电机充电指示灯的控制方式有哪些?

2-6　为何称八管或十一管交流发电机为高效型交流发电机?

2-7　如何检查交流发电机是否有故障?如何通过试验来检验交流发电机的性能好坏?

2-8　电子调节器分别有哪些故障会导致发电机电压失控?

2-9　汽车电源系统在使用及维护中应注意些什么?

# 第三章 启 动 机

**内容提要**：本章介绍了直流启动机的构造、特性、分类和主要技术参数，详细阐述了各种启动机的工作原理。最后介绍了启动机的故障诊断、检查与调试。

汽车发动机不能自己启动，它必须靠外力带动曲轴，来帮助启动。即只有依靠外力拖动，使发动机靠自身运转的惯性，而进入连续不断的吸气、压缩、燃烧、排气运行循环时，发动机才能视为完全启动。常用的启动方法有：人力启动、辅助汽油机启动和电力启动机启动等。其中，电力启动机启动，简称启动机启动，操作轻便，启动迅速可靠，还可重复启动，在汽车和许多拖拉机上，得到广泛应用。

启动机一般由三部分组成。

① 直流串励式电动机，其作用是产生转矩，即将蓄电池的电能转变为机械能的装置。

② 传动机构，或称啮合机构，其作用是在发动机启动时，使启动机驱动齿轮啮入飞轮环齿，将启动机转矩传给发动机曲轴。在发动机启动后，使驱动齿轮滑转或与飞轮自动脱离。

③ 控制装置，即开关等，其作用是接通或切断电动机与蓄电池之间的电路，在有些汽油机上，还具有接入和隔除点火线圈附加电阻的作用。

图 3－1 所示为一典型启动机的结构。

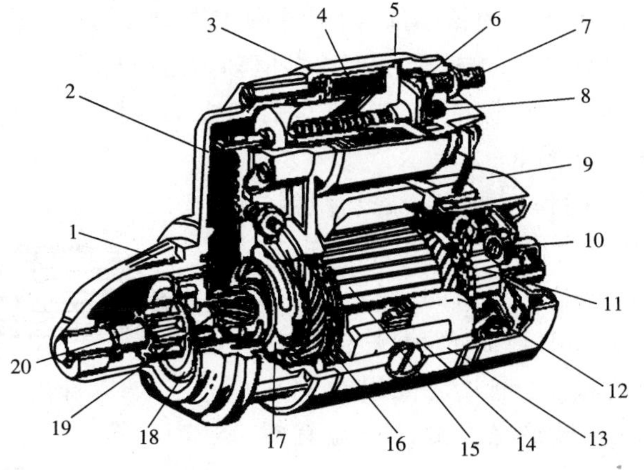


图 3－1　典型启动机的结构

1—后端盖　2—拨叉　3—保持线圈　4—吸引线圈　5—电磁开关　6—触点　7—接线柱
8—接触盘　9—前端盖　10—电刷弹簧　11—换向器　12—电刷　13—机壳　14—磁极
15—电枢　16—磁场绕组　17—移动衬套　18—单向离合器　19—电枢轴　20—驱动齿轮

# 第一节 直流电动机

## 一、直流电动机的构造

直流电动机主要由机壳、磁极、电枢、换向器及电刷等部分组成。

(1)机壳 用钢管制成,一端开有窗口,作为观察电刷与换向器之用,平时用防尘箍盖住。机壳上只有一个电流输入接线柱并在内部与磁场绕组的一端相接,壳内装有磁极。

(2)磁极 磁极是由固定在机壳上的铁心和装在铁心上的磁场绕组组成。磁极的作用是建立电动机的电磁场。一般装有四个(两对)磁极,在大功率启动机中,为增大启动机的电磁力矩,有的装六个(三对)磁极,如图 3-2 所示。磁场绕组采用较粗的矩形裸铜线绕制,四个磁场绕组的连接方法主要有两种:一种是四个绕组相互串联(图 3-2a),另一种是四个绕组两串两并(图 3-2b)。无论采用哪种连接方式,其产生的磁极都相互交错。

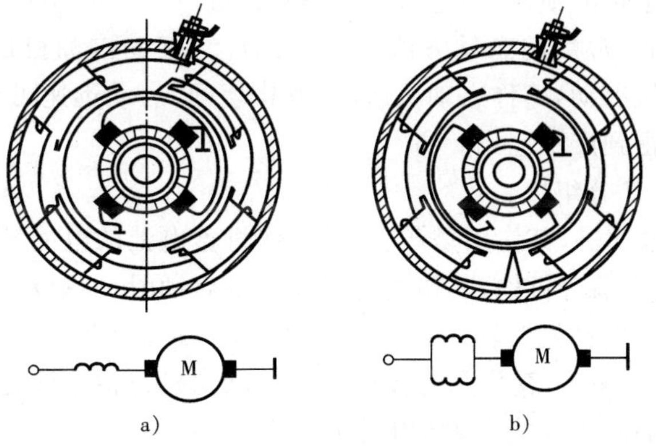


图 3-2 磁场绕组的接法

(3)电枢 电枢是产生转矩的核心部件,由外圆带槽的硅钢片叠成的铁心和嵌装在铁心槽内的电枢绕组组成,见图 3-3。转子铁心与电枢轴为过盈配合。电枢绕组也采用矩形铜线绕制,以满足几百安培工作电流的要求。汽车启动机上电枢绕组和磁场绕组一般采用串联方式激磁,其连接方式如图 3-2 所示。

(4)换向器 换向器的作用是连接磁场绕组、电枢绕组和电源,并保证电枢产生的电磁力矩方向不变,使电枢轴能输出固定方向的转矩。它由许多截面呈燕尾形的铜片围合而成,铜片嵌在换向器轴套和压环组成的槽中,铜片之间以及铜片与轴套、压环之间均用云母绝缘。铜片一端有焊接电枢绕组线头的凸缘。

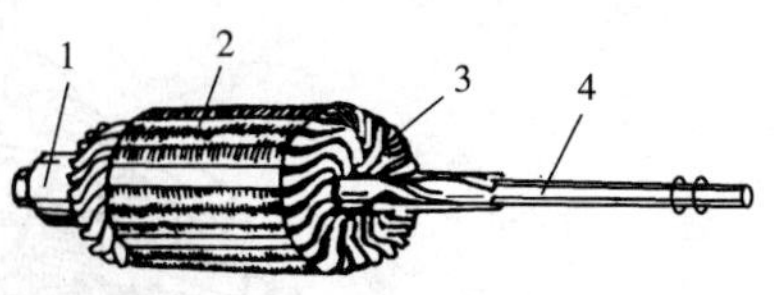


图 3-3 电枢

1—换向器 2—铁心
3—电枢绕组 4—电枢轴

(5)电刷 电刷用钢与石墨粉压制而成,中间加入铜,以减小电阻,并增加其耐磨性。电刷架的作用是安装电刷用,一般有四个,两个绝缘电刷架,两个搭铁电刷架。电刷在电刷架中由电刷弹簧使其紧压在换向器表面,保持良好的接触。

## 二、直流电动机的工作原理

直流电动机是将直流电能转变为机械能的设备，它是根据通电导体在磁场中受到电磁力作用这一原理为基础工作的，其工作原理如图 3-4 所示。

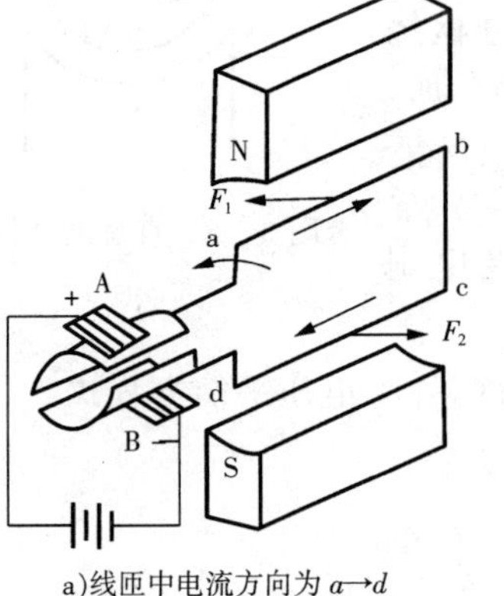

a)线匝中电流方向为 $a \to d$

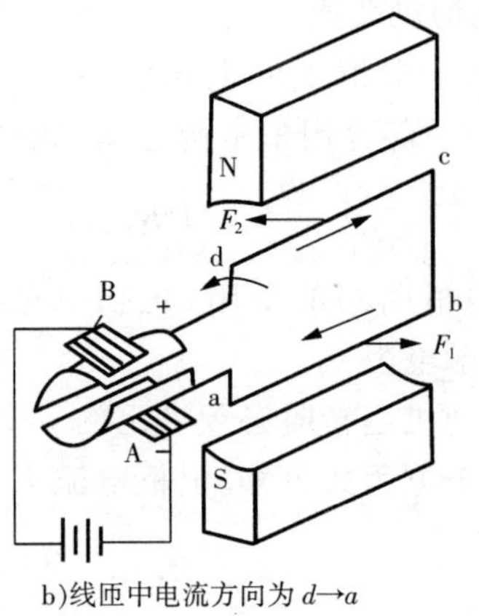

b)线匝中电流方向为 $d \to a$

图 3-4　直流电动机的工作原理

电动机的电刷与直流电源相接，电流由正电刷和换向片 A 输入，经电枢绕组后从换向片 B 和负电刷流出，见图 3-4a 所示。此时绕组中的电流方向为由 a→d，由左手定则可以确定导体 ab 受向左的作用力 $F_1$，cd 受向右的作用力 $F_2$，且 $F_1$ 与 $F_2$ 相等，整个绕组受到逆时针方向的转矩作用而转动。当电枢转过半周，见图 3-4b，换向片 B 与正电刷接触，换向片 A 则与负电刷接触，绕组中的电流方向变为由 d→a，因而在 N 极和 S 极下面导体中的电流方向总是保持不变，电磁转矩的方向也就不变，使电枢受转矩作用仍按逆时针方向转动。这样在电源连续对电动机供电时，电枢就不停地按同一方向转动。

由于一个线圈所产生的转矩太小，转速又不稳定，因此实际电动机的电枢要采用多匝线圈。换向片的数量也随绕组匝数的增多而增加。

## 三、直流电动机的转矩

由电磁理论可以推证，直流电动机转矩的大小，与电枢电流及磁极磁通的乘积成正比，可由下式表示：

$$M = C_m I_s \Phi \qquad (3-1)$$

式中：$C_m$——电动机常数，与电动机的磁极对数 $P$、电枢绕组总根数 $Z$ 及电枢绕组电路的支路对数 $\alpha$ 有关[$C_m = PZ/(2\pi\alpha)$]；

$I_s$——电枢电流；

$\Phi$——磁极磁通。

由式(3-1)可知，欲增大电动机的转矩，应增大其电枢电流或增强其磁通。

## 四、直流电动机的工作过程

把直流电动机接入直流电源时，产生电磁转矩，使电枢旋转。电枢绕组又会切割磁力线产生感应电动势，其方向用右手定则来判断，恰好与电流方向相反，故称反电动势，见图 3-5。其大小为

$$E_f = C_e \Phi n \quad (3-2)$$

式中：$C_e$——与电动机结构有关的常数$[C_e = PZ/(60\alpha)]$；

$n$——电动机转速。

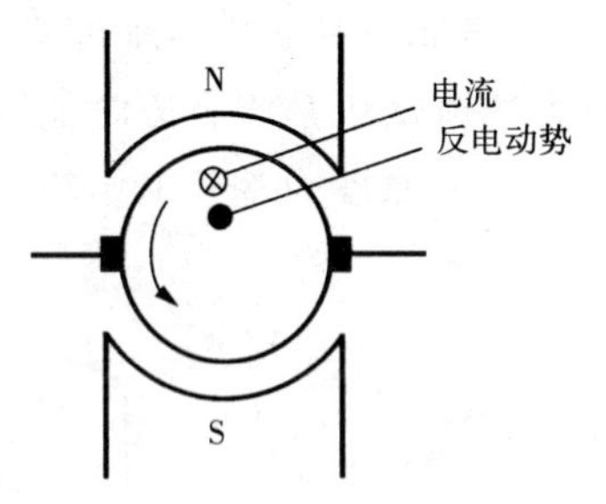

图 3 - 5　直流电动机的反电动势

因此，外加于电枢上的电压，一部分消耗在电枢绕组的电阻上，另一部分用来平衡电动机的反电动势。即

$$U = E_f + I_s R_s \quad (3-3)$$

式中：$R_s$——电枢回路的电阻，包括电枢绕组以及电刷与换向器的接触电阻。

上式是电动机运转时必须满足的一个基本条件，称为电压平衡方程式。

由电压平衡方程式可知，电枢电流 $I_s$ 可表示为

$$I_s = \frac{U - E_f}{R_s} = \frac{U - C_e \Phi n}{R_s} \quad (3-4)$$

当电动机负载增加时，由于电枢轴上的阻力矩增大，电枢转速就会降低而使反电动势随之减小，电枢电流则增大，因此电动机转矩也随之增大，一直到电动机的转矩与阻力矩相等为止。这时，电动机将在新的负载下，以新的较低的转速稳定运转。反之，当电动机的负载减小时，电枢转速上升，反电动势增大，则电枢电流减小，电动机转矩相应减小，直到电动机的转矩减小到与阻力矩相等时为止，电动机则在较高转速下稳定运转。

可见，当负载发生变化时，电动机的转速、电流和转矩就会自动作相应变化，以满足负载的需要。

# 第二节　启动机的特性

## 一、直流串激电动机的特性

### 1. 转矩特性

电动机电磁转矩随电枢电流变化的关系，称为转矩特性，即 $M = f(I_s)$。

由于串激式直流电动机的磁场绕组与电枢绕组串联，故电枢电流与激磁电流相等。因此在磁路未饱和时，磁通 $\Phi$ 与电枢电流 $I_s$ 成正比，即 $\Phi = C_1 I_s$。所以电动机转矩为

$$M = C_m \Phi I_s = C_m C_1 I_s^2 = C I_s^2 \quad (3-5)$$

式中：$C$——常数，$C = C_m C_1$；

$I_s$——电枢电流。

而磁路饱和后，$\Phi$= 常数，电动机转矩为

$$M = C_m \Phi I_s \quad (3-6)$$

由式(3 - 5)和(3 - 6)可知，串激式直流电动机的电磁转矩在磁路未饱和时，与电枢电流的平方成正比。只有在磁路饱和后，磁通 $\Phi$ 几乎不变，电磁转矩才与电枢电流成线性关系，如图 3 - 6 所示。

这是串激式直流电动机的一个重要特点，即在电枢电流相同的情况下，串激式直流电动机的转矩要比并激式直流电动机大。特别在启动的瞬间，由于发动机的阻力矩很大，启动机处于完全制动的情况下，$n=0$，反电动势 $E_f=0$。此时电枢电流将达最大值(称为制动电流)，产生最大转矩(称为制动转矩)，从而使发动机易于启动，这是启动机采用串激式直流电动机的主要原因之一。

2. 机械特性

电动机的转速随转矩而变化的关系，称为机械特性，即 $n=f(M)$。

在串激式直流电动机中，由电压平衡方程式可得

$$n=\frac{U-I_s(R_s+R_L)}{C_m\Phi} \tag{3-7}$$

在磁路未饱和时，由于 $\Phi$ 不是常数，$I_s$ 增大时，$\Phi$ 也增大，故转速 $n$ 将随 $I_s$ 的增加而显著下降，又由于转矩 $M$ 正比于电枢电流 $I_s$ 的平方，所以串激式直流电动机的转速随转矩的增加而迅速下降，如图 3-7 所示，即具有软的机械特性。

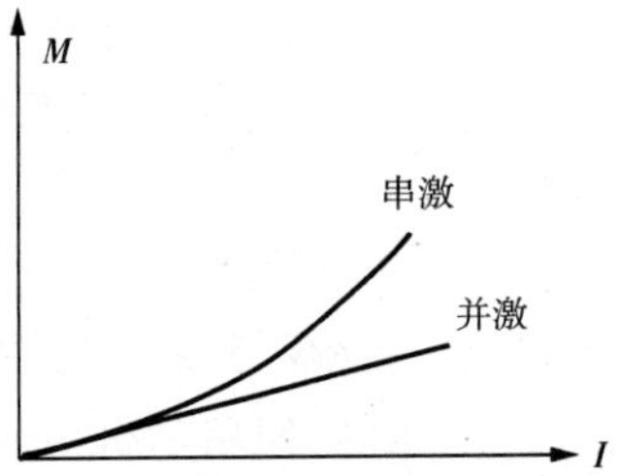

图 3-6 串激式直流电动机转矩特性

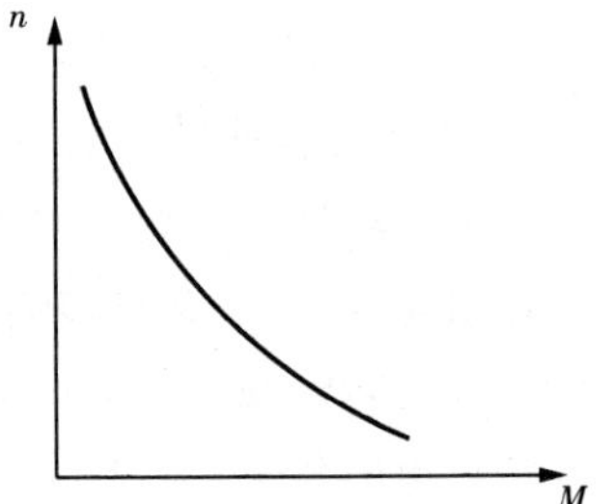


图 3-7 串激式直流电动机机械特性

由于串激式直流电动机具有软的机械特性，即轻载时转速高、重载时转速低，故对启动发动机十分有利。重载时转速低，可使启动安全可靠，这是汽车启动机采用串激式直流电动机的又一原因。

串激式直流电动机在轻载时转速很高，易造成电机“飞车”事故，因此对于功率较大的串激式直流电动机不允许在轻载或空载下运行。

**二、启动机的特性曲线**

启动机的转矩、转速、功率与电流的关系称为启动机的特性曲线，图 3-8 所示为 QD124 型启动机的特性曲线。由图可见：

(1)完全制动时，即启动机刚接入瞬间，此时 $n=0$，电流最大(称为制动电流)，转矩也达到最大值(称为制动转矩)。

(2)在启动机空转时，电流 $I_s$ 最小(称为空转电流)，转速 $n$ 达到最大值(称为空转转速)。

(3)在启动电流接近制动电流的一半时，启动机的功率最大。

因此在完全制动($n=0$)和空载($M=0$)时，启动机的功率都等于零。当电流为制动电流的一半时，启动机能

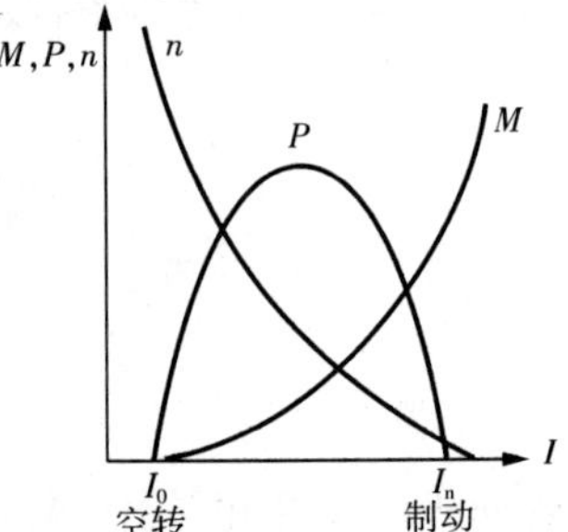


图 3-8 启动机特性曲线

发出最大功率。

由于启动机运转时间很短，能够允许它以最大功率运转，所以把启动机的最大输出功率称为启动机的额定功率。

**三、启动机的功率及其影响因素**

*1. 启动机的功率*

为了使发动机能迅速可靠地启动，启动机必须具有足够的功率。如果启动机功率不够，就会使重复启动的次数增多，启动时间延长，这不仅对蓄电池不利，而且对燃料的消耗、零件的磨损以及车辆的工作都是极其不利的。

启动机的功率 $P$，决定于发动机的最低启动转速和发动机的启动阻力矩，并可按下式计算：

$$P=\frac{M_Q+n_Q}{9550} \tag{3-8}$$

式中：$P$——启动机功率(kW)；

$M_Q$——发动机的启动阻力矩(N·m)；

$n_Q$——最低启动转速(r/min)。

*2. 影响启动机功率的主要因素*

(1)接触电阻和导线的影响

由于换向器烧蚀、污染，换向器和电刷的磨损，电刷弹簧张力减小，导线与接线柱连接不紧等原因，导致电阻增大、导线过长及截面积减小，都会造成较大的电压降，使启动机功率减小。因此必须保证电刷与换向器接触良好，导线接头紧固，尽可能缩短蓄电池至启动机的导线长度(蓄电池至启动机的导线俗称电瓶线)，也要缩短蓄电池至接地点导线的长度(蓄电池至接地点的导线，俗称搭铁线)。选用截面积足够大的电瓶线和搭铁线，以保证启动机能够正常工作。

(2)蓄电池容量的影响

蓄电池容量越小，其内阻越大，内阻电压降也越大，因而能供给启动机的电流就越小，使启动机的功率减小。

(3)温度的影响

环境气温影响蓄电池内阻，从而影响启动功率。温度降低，蓄电池内阻增加，在大电流放电时，会使蓄电池端电压急剧下降，因而启动机功率显著下降。所以，冬天如果能给蓄电池保温，就可提高启动功率，改善启动性能。

## 第三节　启动机的分类

**一、分类**

启动机的主要组成中，电动机一般没有多大差别，而传动机构和控制部分却各不相同。因此，启动机多按传动机构和控制方法的不同来分类。

按传动机构的工作原理不同，启动机可分为：

1. 惯性啮合式启动机

其驱动齿轮靠惯性力，配合大导距螺旋槽，自动啮入飞轮齿环。启动后，小齿轮又靠惯性力自动与飞轮齿环脱开。这种机构结构非常简单，但因啮合力太小，故可靠性差，现已很少使用。

2. 强制啮合式启动机

靠人力或电磁力推动拉杆，强制小齿轮啮入飞轮齿环。

强制啮合式启动机因其工作可靠，被广泛采用。它又可分为：

(1)直接操纵式。由脚踏或手拉，直接通断主电路开关，同时操纵驱动齿轮，使其与飞轮齿环啮合。

(2)电磁操纵式。用按钮或其他形式的开关控制继电器，再由继电器控制主电路开关，在接通或断开主电路同时，使驱动齿轮啮合或脱开。

3. 电磁啮合式启动机

依靠启动机磁极的电磁力，使电枢产生轴向后移，带动驱动齿轮啮入飞轮齿环。

启动机的传动机构，虽然具有上述不同形式，但都必须满足下列要求：

(1)齿轮啮入要容易，不应发生冲击。

(2)发动机启动后，小齿轮应能自动滑转或脱出，以免发动机带动启动机旋转，造成"飞车"事故。

(3)发动机工作时，启动机驱动齿轮应不可能啮入飞轮齿环。

(4)结构简单，工作可靠。

除上述形式外，还有永磁启动机、减速启动机等。

**二、型号**

根据QC/T73—93《汽车电气设备产品型号编制方法》的规定，汽车启动机的型号编制方法如下：

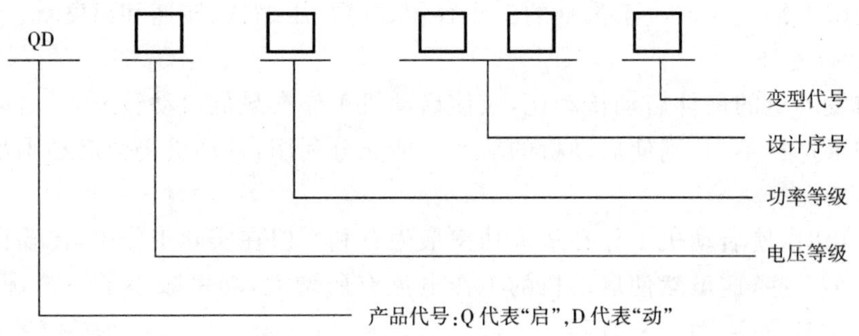


QDJ表示减速启动机；QDY表示永磁启动机，包括永磁减速启动机。

电压等级：1表示12V；2表示24V。

功率等级，含义如表3－1所示。

表3－1 启动机的功率等级代号

| 功率等级代号 | 1 | 2 | 3 | 4 | 5 | 6 | 7 | 8 | 9 |
|---|---|---|---|---|---|---|---|---|---|
| 功率(kW) | ～1 | ＞1～2 | ＞2～3 | ＞3～4 | ＞4～5 | ＞5～6 | ＞6～7 | ＞7～8 | ＞8～9 |

## 第四节　启动机主要参数的选择

### 一、启动机参数的选择

选择启动机，就是确定启动机的最基本参数。它们是功率和传动比。

1. 启动功率的选择

启动机必须具有足够的功率，才能使发动机迅速、可靠地启动。如果功率不够，就需要多次重复启动。启动时间延长，增加蓄电池大电流输出的时间，有可能导致蓄电池过早损坏。还会造成燃料消耗，加速机械零件的磨损。

启动发动机所必须的功率，取决于发动机的最低启动转速和发动机的启动阻力矩，并按下式计算：

$$P=\frac{M_Q n_Q}{9550} \tag{3-9}$$

式中：$P$——启动机功率(kW)；

$M_Q$——发动机的启动阻力矩(N・m)；

$n_Q$——最低启动转速(r/min)。

发动机的启动阻力矩是指在最低启动转速时的发动机阻力矩。发动机的阻力矩包括摩擦阻力矩、压缩损失力矩和驱动发动机辅助机构的阻力矩。摩擦阻力矩主要由活塞与汽缸壁的摩擦以及曲轴与轴承的摩擦所决定，另外还取决于润滑油的黏度；压缩损失力矩主要取决于汽缸的容积和压缩比的大小。汽缸容积和压缩比越大，则压缩损失力矩就越大；驱动发动机辅助机构的阻力矩包括驱动发电机分电器、汽油泵、机油泵和水泵等的阻力矩。因此，发动机的启动阻力矩主要取决于汽缸的工作容积、缸数、压缩比、转速和温度等。

2. 传动比的选择

启动机与发动机的最佳启动传动比，应使启动机工作在最低启动转速时，启动机能发出最大功率。如果选择不当，则使启动机的功率不能充分利用，发动机仍会启动困难，因此，必须正确选择传动比。

选择传动比时，使启动机工作在最大功率最为有利。但在实际工作中，传动比往往选的比最佳值稍微小一些，这虽然使启动机的工作电流有所增大，功率减小了一些，但是启动机的转矩却增大较多，对启动非常有利。

此外，传动比的选择还受飞轮齿环和启动机驱动齿轮的限制。通常启动机驱动齿轮为9～13齿(个别情况有5～7齿)。在汽油机中，启动机与曲轴的传动比一般为13～17；柴油机因其启动转速较高，传动比较小，一般为8～10。

### 二、蓄电池容量的选择

启动机功率确定后，即可确定蓄电池的容量：

$$C=(600\sim800)\frac{P}{U} \tag{3-10}$$

式中：$C$——蓄电池额定容量(A·h)；

$P$——启动机的额定功率(kW)；

$U$——启动机的额定电压(V)。

对于 7.5kW 以上的大功率启动机，蓄电池的容量，可比计算值小一些。

## 第五节 强制啮合式启动机

电磁啮合式启动机，结构简单、工作可靠，在汽车中得到广泛运用。

图 3-9 为电磁啮合启动机电路，它主要由吸引线圈、保持线圈、启动开关、活动铁心、活动叉和接触盘等组成。启动时，接通启动开关，此时接通启动机的吸引线圈 8 与保持线圈 10 的电路。两个线圈的磁场产生很大的磁力，吸引活动铁心 11 左移，并带动传动叉 12 绕其销轴移动，使小齿轮移出与飞轮齿圈啮合。与此同时，由于吸引线圈中的电流通过电动机的磁场绕组，电枢开始旋转，小齿轮在旋转中移出，减小在与飞轮啮合时的冲击。

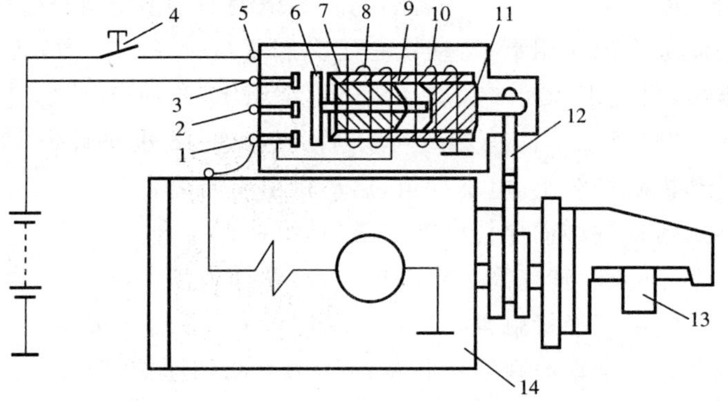


图 3-9 电磁啮合启动机电路

1—启动开关接电动机接线柱 2—接点火线圈接线柱 3—电磁开关接蓄电池接线柱 4—启动开关 5—接启动开关接线柱 6—接触盘 7—黄铜套筒 8—吸引线圈 9—固定铁心 10—保持线圈 11—活动铁心 12—传动叉 13—驱动齿轮 14—直流电动机

当活动铁心左移，将电动机接线柱 1 与蓄电池接线柱 3 接通时，启动机开始启动。此时，与电动机接线柱 1 相连的吸引线圈 8 被短路，失去作用，但这时启动机开关已接通，保持线圈 10 所产生的磁力可以维持活动铁心 11 处于吸合位置。

启动后，及时松开启动开关，磁场消失，在回位弹簧的作用下活动铁心 11 右移回到原位，启动机电路切断。与此同时，传动叉也在弹簧的作用下回位，并使齿轮退出啮合。

### 一、ST614 型电磁控制啮合式启动机

ST614 型电磁控制强制啮合式启动机电路如图 3-10 所示。

接通启动机总开关 9，按下启动按钮 8，则吸引线圈和保持线圈电路接通。电路由蓄电池正极→接线柱 14→电流表 16→熔断丝 10→启动总开关 9→启动机按钮 8→接线柱 7，之后分为以下两个并联支路：

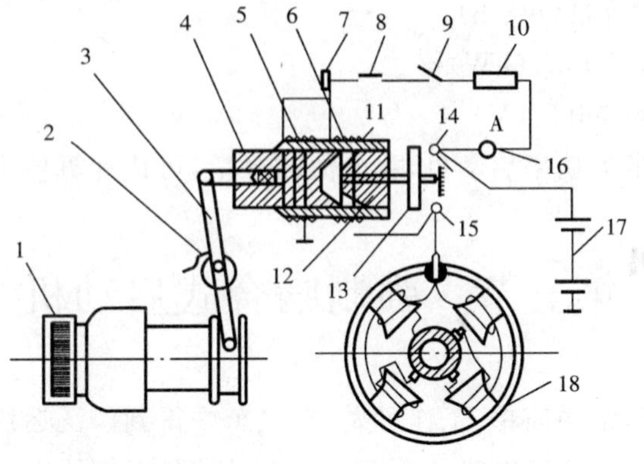


图 3 - 10　ST614 型启动机的电路图

1—驱动齿轮　2—复位弹簧　3—拨叉　4—活动铁心　5—保持线圈　6—吸引线圈
7—接线柱　8—启动按钮　9—启动总开关　10—熔断丝　11—黄铜套　12—搭铁　13—接触盘
14、15—接线柱　16—电流表　17—蓄电池　18—电动机

一路是保持线圈 5→搭铁→蓄电池负极；

另一路是吸引线圈 6→接线柱 15→启动机磁场绕组→电枢绕组→搭铁→蓄电池负极。

在两个线圈共同吸力的作用下，活动铁心 4 克服复位弹簧的弹力，被吸入线圈孔，拨叉把驱动小齿轮 1 推出，又吸引线圈 6 和启动机电枢绕组串联，使启动机连同驱动齿轮一边慢转一边与飞轮齿环逐渐啮合。当齿轮完全啮入后，接触盘 13 也将触头 14 和 15 接通，蓄电池电流直接流入启动机磁场绕组、电枢绕组，启动机由单向离合器输出正常转矩，转动曲轴。此时，吸力线圈短路，活动铁心靠保持线圈的磁力，维持在吸合位置。

发动机启动后，驱动齿轮转速高于启动机转速，摩擦力消失，单向离合器打滑，保护电枢不会超速旋转而损坏。电流经接触盘、吸力线圈和保持线圈构成回路。两线圈产生的磁通方向相反而互相抵消。活动铁心在复位弹簧的作用下回到原位，驱动小齿轮退出啮合。接触盘回位，切断启动主电路，启动机停止运转。

### 二、QD124 型电磁控制啮合式启动机

QDl24 型启动机，在东风 EQ1090 型载货汽车上装用，是一种有启动继电器的电磁控制强制啮合式启动机，单向离合器为滚柱式。其电路原理如图 3 - 11 所示。

启动继电器的作用是用来接通电磁开关线圈的电路，借以保护点火开关启动触点，避免烧蚀触点，延长使用寿命。

发动机启动时，将点火开关 3 打到启动挡，电流流过启动继电器线圈，吸下可动触点臂，使继电器触点闭合，接通电磁开关线圈的电路。电流由蓄电池正极→主接线柱 4→电流表→点火开关启动触点→启动继电器点火开关接线柱→线圈→搭铁→蓄电池负极，启动继电器触点 1 闭合，接通了吸引线圈和保持线圈的电路，其回路为：

蓄电池正极→启动机开关接线柱 4→启动继电器电池接线柱→触点 1→启动机继电器的启动机接线柱，之后分成以下并联的两路：

一路是保持线圈 14→搭铁→蓄电池负极；

另一路是吸引线圈 13→接线柱 8→导电片 7→启动机开关接线柱 5→启动机磁场绕组→电枢绕组→搭铁→蓄电池负极。

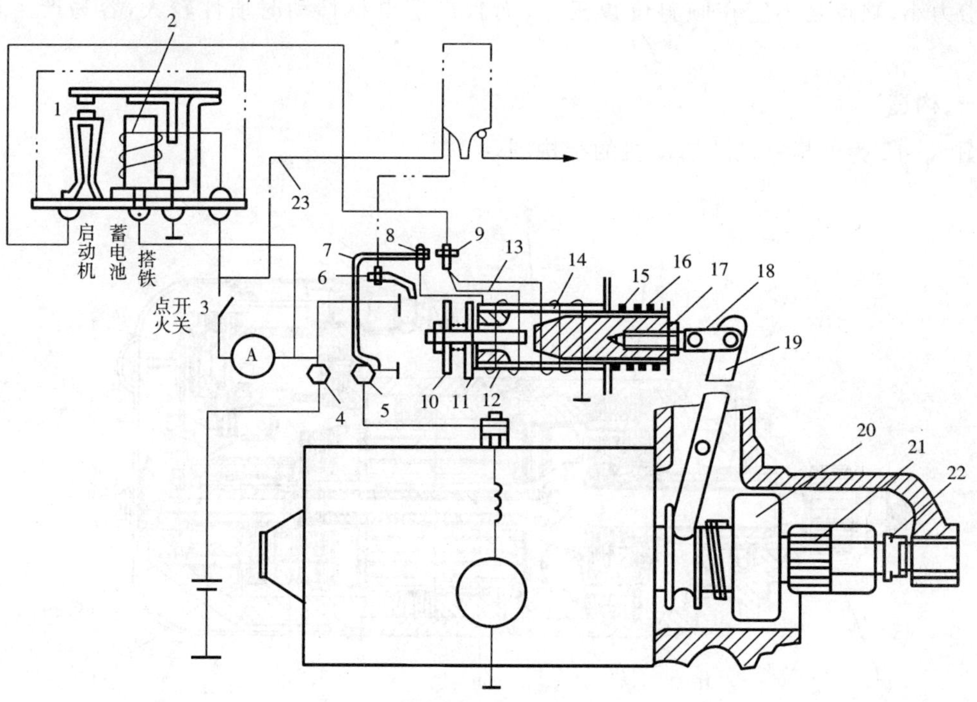


图 3-11 QD124 型启动机电路

1—继电器触点 2—继电器线圈 3—点火开关 4、5—主接线柱 6—点火线圈附加电阻短路接线柱 7—导电片 8—接线柱 9—电磁开关接线柱 10—接触盘 11—推杆 12—固定铁心 13—吸引线圈 14—保持线圈 15—活动铁心 16—复位弹簧 17—调节螺钉 18—连接片 19—拨叉 20—滚柱式单向离合器 21—驱动齿轮 22—限位螺母 23—附加电阻线

在吸引线圈、保持线圈磁力的共同作用下，活动铁心 15 被吸入，带动拨叉 19 拨动驱动齿轮，使驱动齿轮与飞轮齿环啮合。当驱动齿轮与飞轮齿环完全啮合时，活动铁心 15 推动接触盘的推杆 11，使接触盘 10 将启动机的主电路接通，启动机便以正常转速启动发动机。

主电路接通时，吸引线圈 13 被短路，活动铁心靠保持线圈 14 的磁力，保持在吸合位置。

发动机启动后，离合器开始打滑，松开点火开关旋钮使点火开关自动旋转一个角度，启动继电器线圈断电，使触点 1 跳开，吸引线圈 13 流过反向电流，加速电磁力的消失，其电路为：蓄电池正极→主接线柱 4→启动继电器电池接线柱→接触盘 10→主接线柱 5→导电片 7→吸引线圈 13→电磁开关接线柱 9→保持线圈 14→搭铁→蓄电池负极。

此时两线圈所建立的磁场方向相反、相互抵消，活动铁心在弹簧的复位力作用下复位，驱动齿轮与飞轮齿环脱离啮合。同时，接触盘退出切断启动机与蓄电池之间的电路，启动机停止工作。

## 第六节 电枢移动式启动机

这种启动机是借助磁场磁通的电磁力，移动整个电枢而使启动机驱动齿轮啮入飞轮齿圈。它广泛应用于大功率柴油车，同时在东欧国家生产的汽车上使用较多。优点是啮合柔和冲击力小;缺点是不宜在倾斜位置工作,而且由于电枢移动时惯性较大,容易产生机械故障。

## 一、构造

图 3 - 12 为电枢移动式启动机的结构图。

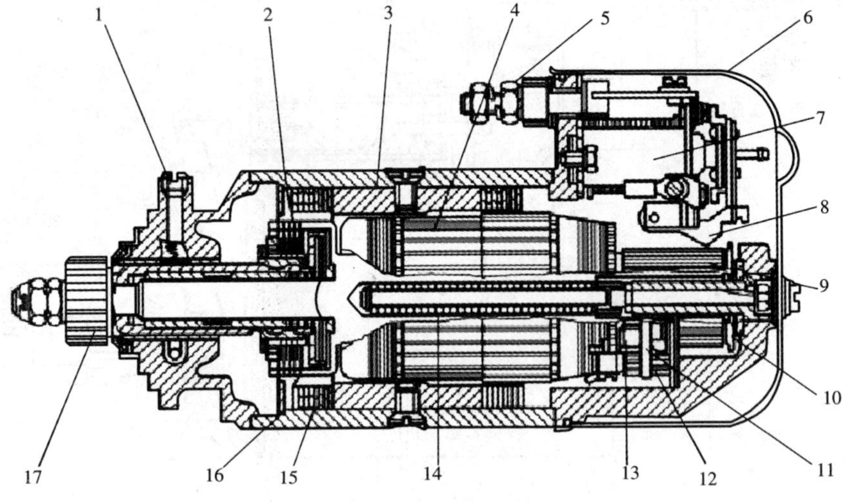


图 3 - 12 电枢式启动机结构图

1—油塞 2—摩擦片式单向离合器 3—磁极 4—电枢 5—接线柱 6—端盖 7—控制继电器 8—扣爪 9—换向器 10—圆盘 11—电刷弹簧 12—电刷 13—电刷支架 14—复位弹簧 15—磁场绕组 16—机壳 17—驱动齿轮

电枢在复位弹簧 14 的作用下与磁极错开一定的距离,而且换向器也较长。启动机有三个磁场绕组,主磁场绕组由扁铜条绕制,辅助驱动绕组和并联磁场绕组则由导线绕制。单向离合器为摩擦片式。启动机壳体上装有电磁开关,其磁化线圈由启动开关控制,活动触点为一接触桥,其上端较长、下端较短,以使启动机电路分为两个阶段接通。

## 二、工作原理

电枢移动式启动机工作原理如图 3 - 13 所示,其工作过程可分为三个阶段。

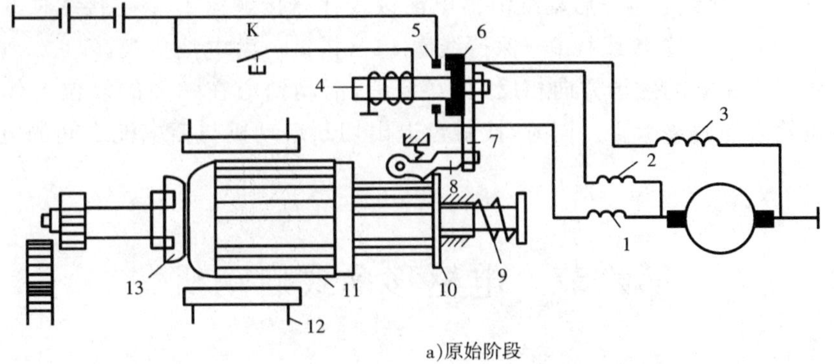


a)原始阶段

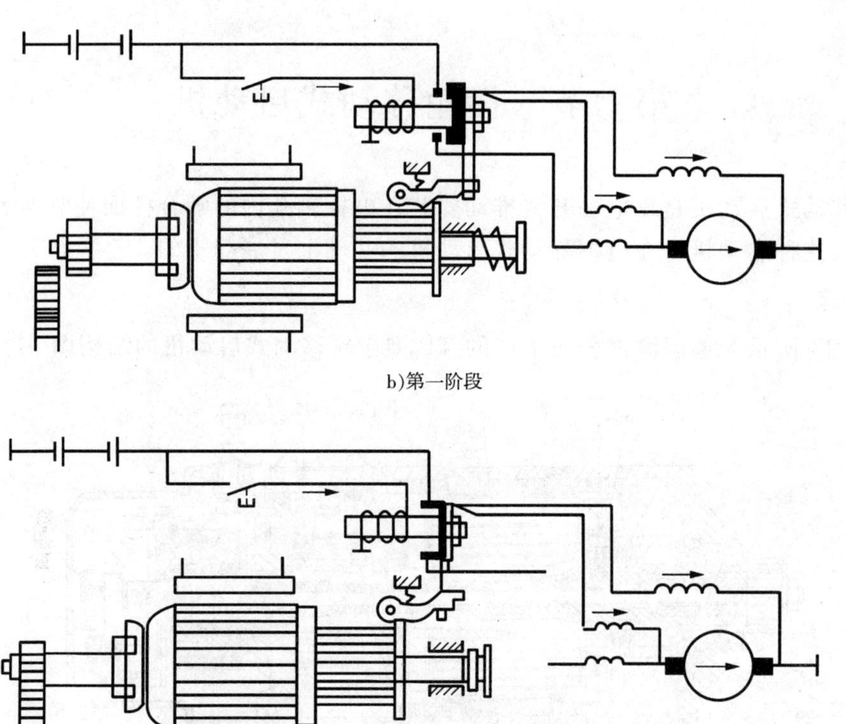


图 3-13 电枢移动式启动机电路图

1—主磁场绕组 2—辅助启动绕组 3—并联磁场绕组 4—电磁铁 5—静触点 6—接触桥
7—挡片 8—扣爪 9—复位弹簧 10—圆盘 11—电枢 12—磁极 13—摩擦片离合器

启动机不工作时,电枢 11 在复位弹簧 9 的作用下与磁极错开,电磁铁开关的接触桥 6 处于断开位置。当接通启动开关 K 时,电磁铁产生吸力吸引接触桥,但由于扣爪 8 顶住了挡片 7,接触桥仅能上端闭合,如图 3-13b。

接通了辅助启动绕组 2 和并联磁场绕组 3 的电路。并联磁场绕组和辅助启动绕组产生的电磁力克服复位弹簧的抵抗力,吸引电枢向左移动(图示方向),使电枢铁心与磁极对齐,启动机驱动齿啮入飞轮齿圈,如图 3-13c。

此时由于辅助启动绕组的电阻大,所以流过电枢绕组的电流很小,启动机仅以较小的速度旋转并向左移动,因此齿轮啮入柔和。当电枢移动使驱动齿轮完全进入啮合后,固定在换向器端面的圆盘 10 顶起扣爪 8,使挡片 7 脱扣,于是接触桥的下端闭合,接通了主磁场绕组,启动机便以正常的工作转矩和转速驱动曲轴旋转。

在启动过程中,摩擦片离合器 13 接合并传递转矩,但当发动机启动后,摩擦片离合器松开,曲轴转矩便不能传到启动机轴上。这时启动机处于空载状态,转速增高,电枢中反电动势增大,因而辅助启动绕组 2 中的电流减小。当电流小到磁极磁力不能克服复位弹簧的弹力时,在复位弹簧的作用下,电枢又被移回原位,于是驱动齿轮脱开,扣爪也回到锁止位置,为下次启动做好准备。直到断开启动开关后,启动机才停止旋转。

# 第七节　齿轮移动式启动机

齿轮移动式启动机是靠电磁开关推动安装在电枢轴孔内的啮合杆而使驱动齿轮与飞轮齿环啮合。这种启动机是在电枢移动式启动机的基础上发展起来的。

## 一、构造

图 3-14 所示为德国波许公司生产的 TB 型齿轮移动式启动机的结构图。

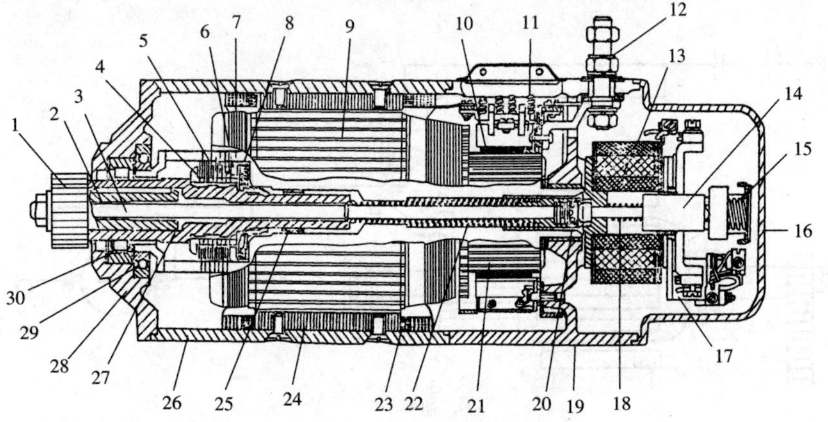


图 3-14　齿轮移动式启动机

1—驱动齿轮　2—齿轮柄　3—啮合杆　4—内接合鼓　5—摩擦片式单向离合器　6—压环　7—外接合鼓　8—弹性圈　9—电枢 10—电刷　11—电刷架　12—接线柱　13—电磁开关　14—活动铁心　15—开关闭合弹簧　16—前端盖　17—控制继电器　18—开关切断弹簧　19—换向端盖　20、25—滚针轴承　21—换向器　22—复位弹簧　23—磁场绕组　24—磁极　26—外壳　27—螺旋花键套筒　28—后端盖　29—滚珠轴承　30—滚柱轴承

图中，电枢轴是空心，里面装有啮合杆 3，在啮合杆 3 上套有螺旋花键套筒 27，其螺纹上套有离合器 5 的内接合鼓 4。摩擦片式离合器从动片的内凸齿装入内接合鼓的切槽中，主动片的外凸齿则插入外接合鼓 7 的切槽中，外接合鼓 7 与电枢轴固连在一起。启动机驱动齿轮柄 2 套在啮合杆 3 上，用锁止垫片与啮合杆 3 固连在一起，齿轮柄 2 又用键与螺旋花键套筒 27 连接，螺旋花键套筒既能转动，又能做轴向移动。电磁开关 13 装在换向端盖 19 的右侧，里面有吸引线圈、保持线圈和阻尼线圈。电磁开关的活动铁心 14 与啮合杆 3 在同一轴线上，电磁开关的外侧还装有控制继电器和锁止装置。控制继电器的铁心上绕有磁化线圈，用来控制常闭常开两对触点的开闭。

## 二、工作原理

这种启动机为使齿轮啮入柔和，启动机的接入也分两个阶段，其工作原理如图 3-15 所示。启动机不工作时，控制继电器的常闭触点 $K_1$ 闭合，常开触点 $K_2$ 打开，电磁开关的接触桥 $K_3$ 也处于打开位置，如图 3-15a 所示。

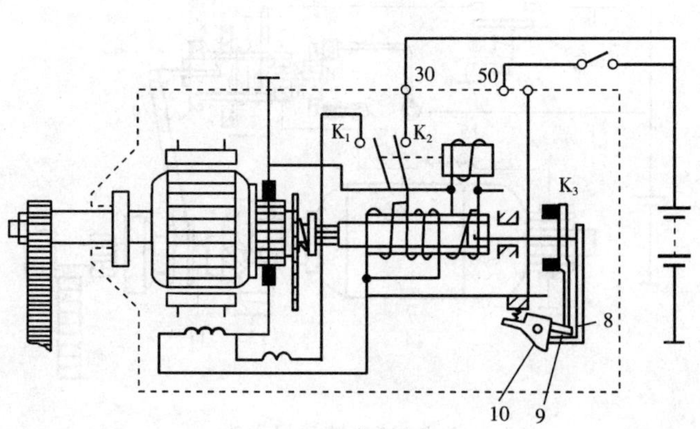

a)未啮合

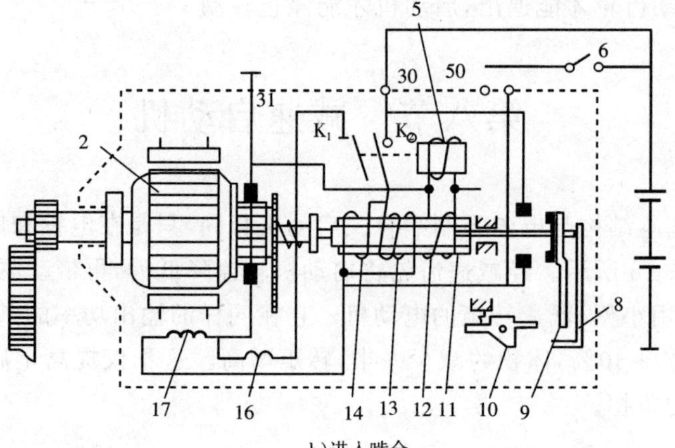

b)进入啮合

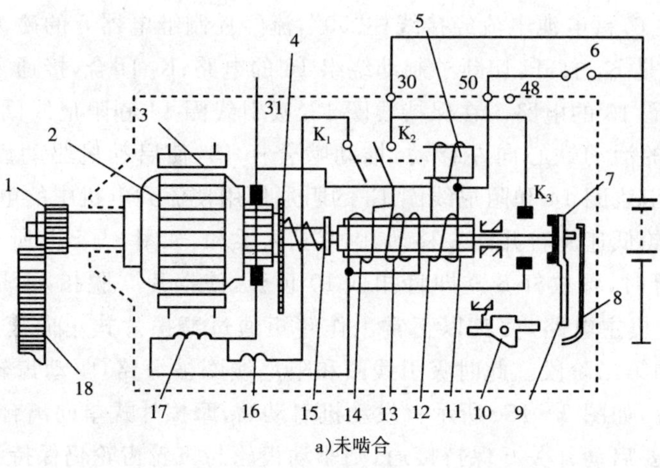

c)完合啮合

图 3-15 齿轮移动式启动机工作原理

1—驱动齿轮 2—电枢 3—磁极 4—复位弹簧 5—控制继电器 6—启动开关 7—接触盘 8—释放杆 9—挡片 10—扣爪 11—活动铁心 12—保持线圈 13—阻尼线圈 14—吸引线圈 15—啮合杆 16—控制绕组 17—磁场绕组 18—飞轮 $K_1$—常闭触点 $K_2$—常开触点 $K_3$—电磁开关主触点

接通启动开关 6，蓄电池电流经接线柱“50”，流经控制继电器 5 的磁力线圈和电磁开关的保持线圈 12，于是 $K_1$ 打开，切断了制动绕组 16 的电路；$K_2$ 闭合，接通了电磁开关中吸引线圈 14 和阻尼线圈 13 的电路。在保持线圈 12、吸引线圈 14 和阻尼线圈 13 的磁力共同作用下，电磁开关中的活动铁心向左移动，推动啮合杆 15，使启动机驱动齿轮向飞轮齿圈移动。同时，由于吸引线圈 14 和阻尼线圈 13 的阻尼作用使流到电机中的电流很小，所以电枢缓慢转动，驱动齿轮低速旋转并向左移动，因此啮入柔和，如图 3 - 15b 所示。当驱动齿轮与飞轮齿环完全啮合时，释放杆 8 立即将扣爪 10 顶开，使挡片 9 脱扣，于是电磁开关的触点 $K_3$ 闭合，接通启动机主电路，使其以正常工作转矩通过摩擦片式单向离合器启动发动机。这是接入启动机的第二阶段。此时吸引线圈和阻尼线圈被短路，驱动齿轮靠保持线圈的吸力保持在啮合位置，如图 3 - 15c 所示。发动机启动后，摩擦片式单向离合器打滑，启动机处于空载状态，但只要启动开关 6 保持接通，则驱动齿轮与飞轮齿轮仍保持啮合。只有当断开启动开关 6 后，驱动齿轮才能退出，启动机才能停止转动。

## 第八节　减速启动机

减速启动机基本结构与电磁强制啮合式启动机相同，只是在电枢和启动齿轮之间，装有减速齿轮，如图 3 - 16 所示。经减速齿轮将启动机转速降低后，再带动驱动齿轮。由于应用了减速齿轮，可采用小型、低速转矩的电动机。它在同样的输出功率的条件下比普通启动机的质量减少约 20%～40%，体积约减少一半，转矩增高。这不仅提高了启动性能，而且也相对减轻了蓄电池的负担。

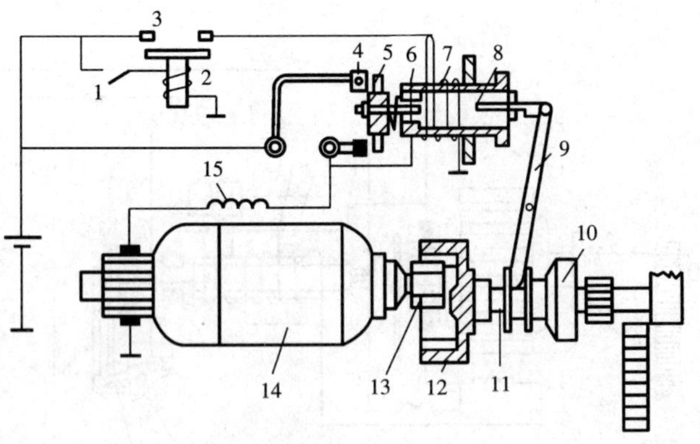


图 3 - 16　减速启动机

1—启动开关　2—启动继电器线圈　3—启动继电器触点　4—主触点　5—接触盘　6—吸引线圈　7—保持线圈　8—活动铁心　9—拨叉　10—单向离合器　11—螺旋花键轴　12—内啮合减速齿轮　13—主动齿轮　14—电枢　15—磁场绕组

### 一、构造

在电枢轴端，有主动齿轮 13 与内啮合齿轮 12 的内齿圈相啮合。内啮合齿轮 12 与螺旋花键轴固定连接。在螺旋花键轴 11 上，套有滚柱式单向离合器 10。

## 二、工作原理

当接通启动开关1，蓄电池电流流过启动继电器磁化线圈2，启动继电器线圈产生吸力，使触点3闭合，接通了电磁开关中吸拉线圈6和保持线圈7的电路。在两线圈电磁吸力的共同作用下，活动铁心8被吸入，带动拨叉9将单向离合器10推出，使驱动齿轮与飞轮齿圈啮合。当驱动齿轮与飞轮完全啮合时，活动铁心推动接触盘5，将触点4接通，启动机主电路接通，电枢开始高速旋转。电枢的旋转经主动齿轮13、内啮合减速齿轮12减速，再经螺旋花键轴11传给单向离合器10，最后经驱动齿轮传给飞轮，使发动机启动。

减速启动机齿轮减速器一般有以下三种形式，如图3－17所示。

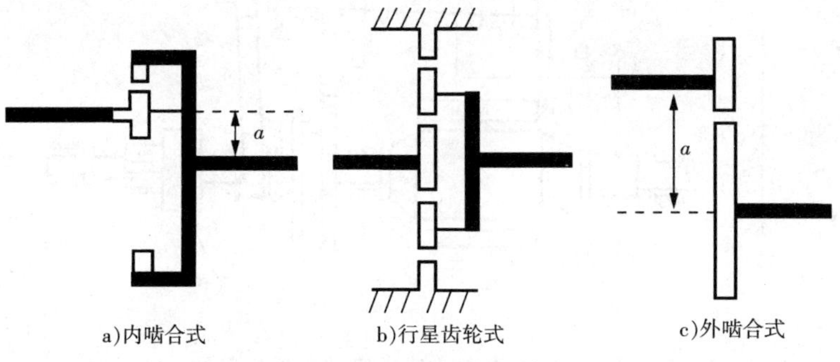


图3－17　齿轮减速器类型

(1)外啮合式齿轮减速器。主动齿轮轴与从动齿轮轴平行，这种形式的减速器结构简单、工作可靠、噪声低，但中心距大，增加了启动机的径向尺寸。

(2)行星齿轮式减速器。减速器中心距为零，减小了启动机的径向尺寸，便于安装，在电机轴和轴承上无径向负载。

(3)内啮合式齿轮减速器。中心距较外啮合式减速器小，传动比大、工作可靠，但噪声高。

# 第九节　永磁减速启动机

永磁减速启动机，是近年来研制的新产品。它的磁极为铁氧体钕铁硼永磁材料。由于取消了磁场绕组，启动机结构简化，体积、重量也相应减小。而且由于没有励磁的消耗，降低了电机的运行温升，提高了电机的工作效率。

## 一、构造

图3－18为北京切诺基汽车启动系电路图。其结构特点如下：

(1)减速器为行星齿轮式。其结构为主动齿轮固定在电枢轴上，三个行星齿轮通过三个销轴装在支架上，形成行星齿轮组；行星齿轮组支架与花键轴固定在一起；行星齿轮组的中央是主动齿轮，外部是固定齿圈。其动力传递的路径为电枢轴→主动齿轮→三个行星齿轮→行星齿轮组支架→花键轴→单向离合器→驱动齿轮。

(2)单向离合器为普通滚柱式。

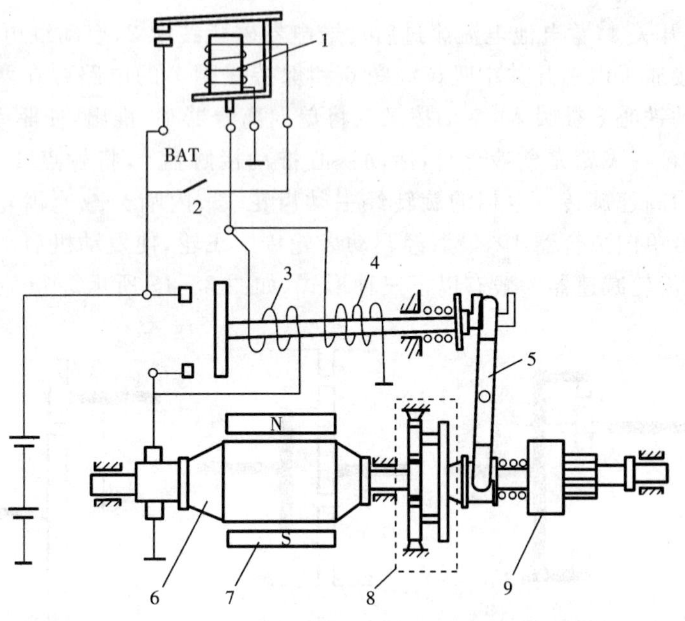

图 3-18　永磁减速式启动机原理简图

1—启动继电器　2—点火开关　3—吸引线圈　4—保持线圈　5—拨叉　6—电枢
7—永久磁极　8—行星齿轮减速装置　9—滚柱式单向离合器

**二、工作原理**

当点火开关扳至启动挡，电流通过电磁开关的吸引线圈和保持线圈，两线圈产生相同方向的磁场，其电磁力使活动铁心拉动拨叉向左，迫使驱动齿轮与飞轮齿环啮合。此后，活动铁心的右端推杆使主开关闭合，接通启动机主电路，启动机工作，启动发动机。

启动后，断开点火开关启动挡，吸引线圈与保持线圈中的磁场消失。在复位弹簧的作用下，活动铁心复位，断开启动机主电路，驱动齿轮脱离啮合，启动机停止工作。

## 第十节　启动机保护电路

发动机启动后，若驾驶员未及时释放启动开关，就会造成单向离合器的磨损和蓄电池能量的消耗。如果在发动机工作时，不小心将启动机开关再次接通，造成启动机驱动齿轮与飞轮齿环的冲击，则加速它们的损坏。为防止上述误操作，应采取一定的保护措施，以提高启动机的可靠性并延长其寿命。

启动保护措施，通常是一套驱动保护电路，它使得发动机启动后，启动机自动停止工作；或者发动机工作时，即使接通启动开关，启动机也不会工作。

驱动保护电路，一般利用充电电路的特性和发电机中性点电压，辅以相应的继电器构成。

## 一、东风 EQ1090F 型汽车的启动机保护电路

东风 EQ1090F 型汽车的启动机保护电路，是一个启动复合继电器。由启动继电器和保护继电器组成，如图 3-19 所示。启动继电器的触点是常开的，控制启动机电磁开关。保护继电器的触点是常闭的，控制充电指示灯并保护启动机。保护继电器磁化线圈一端搭铁，另一端接发电机的中性点，承受中性点电压。

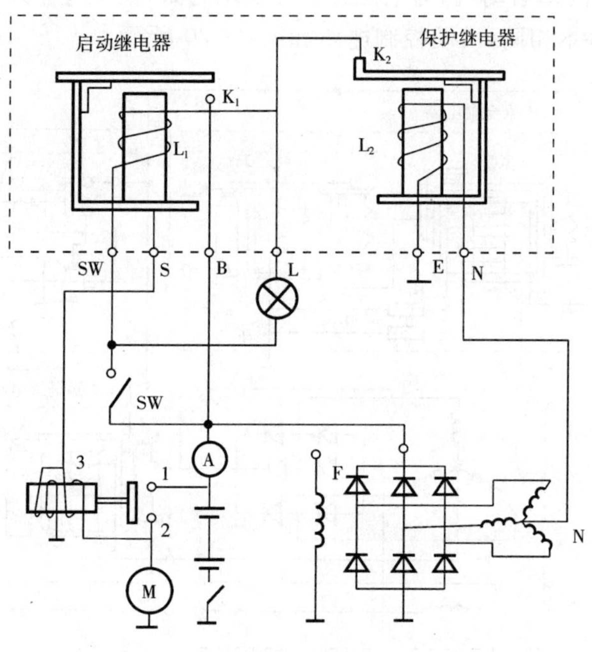


图 3-19 JD136 型启动复合继电器

(1)启动时，将点火开关旋至启动挡，启动继电器的常开触点 $K_1$ 闭合，充电指示灯亮。电流流经蓄电池正极→电流表→点火开关 SW，然后分成以下并联的两路：

一路流经接线柱 SW→线圈 $L_1$→$K_2$→磁轭→搭铁→蓄电池负极；另一路流经充电指示灯→L 接线柱→$K_2$→磁轭→搭铁→蓄电池负极。

线圈 $L_1$ 产生电磁吸力，$K_1$ 闭合，将启动机电磁开关吸引线圈和保护线圈的电路接通。

电流流经蓄电池正极→电流表→接线柱 B→$K_1$→磁轭→接线柱 S。然后分成并联的两条支路。

另一路流经保持线圈→搭铁→蓄电池负极；另一路流经吸引线圈→启动机磁场绕组→电枢绕组→搭铁→蓄电池负极。

在吸引线圈和保持线圈电磁吸力的共向作用下，启动机主电路接通，启动电流流经启动机磁场绕组、电枢绕组。启动机发出正常转矩，驱动发动机曲轴。

(2)发动机启动后，若驾驶员没及时松开点火开关，但此时交流发电机电压已升高，当中性点电压达 5V 时，在保护继电器线圈 $L_2$ 电磁力的作用下，$K_2$ 打开，切断了充电指示灯的电路，充电指示灯熄灭。同时又将 $L_1$ 的电路切断，使 $K_1$ 打开，启动机电磁开关释放，切断了蓄电池与启动机之间的电路，启动机自动停止了工作。

(3)发动机工作时，在交流发电机中性点电压的作用下，$K_2$ 一直处于打开状态，$L_1$ 中没有电流，则 $K_2$ 始终处于打开状态，启动机电路未接通。所以，即使驾驶员操作失误，又把点火开关打到启动位置，启动机也不会工作。从而防止了启动机驱动齿轮被打坏的危险，起到了保护启动机的作用。

## 二、Nissan UD63 型汽车的启动机保护电路

1. 控制电路

Nissan UD63 型汽车启动机，为电磁控制强制啮合式，其工作原理与我国黄河牌汽车所用 ST614 型启动机基本相同，启动控制电路如图 3－20 所示。

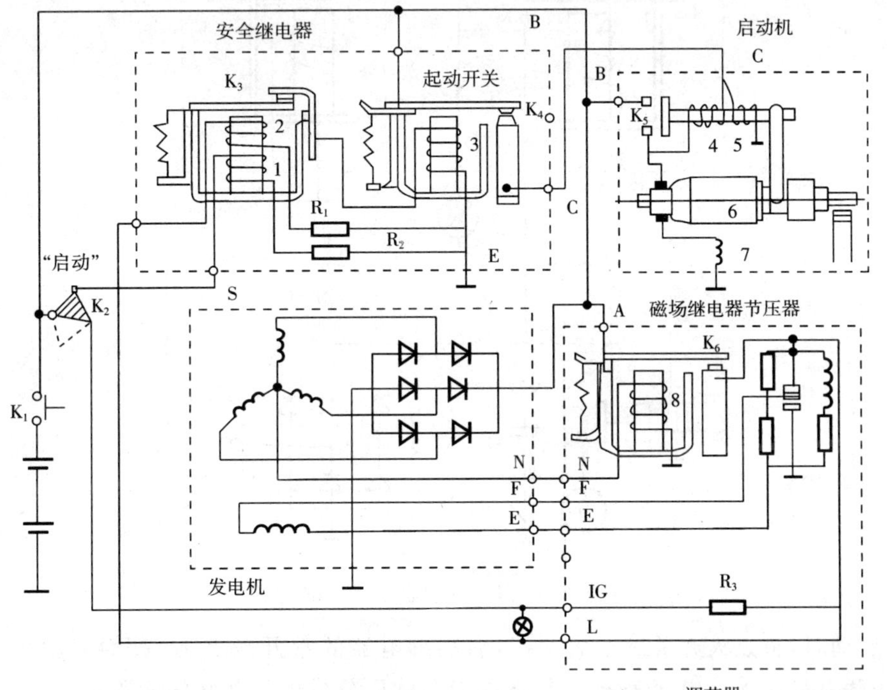


图 3－20 日产 UD63 型汽车启动机的控制电路

$K_1$—电源总开关 $K_2$—启动机钥匙开关 $K_3$—安全继电器触点 $K_4$—启动开关触点 $K_5$—启动机电磁开关触点 $K_6$—磁场继电器触点 $R_1$、$R_2$、$R_3$—电阻 1、2—安全继电器线圈 3—启动开关线圈 4—吸引线圈 5—保持线圈 6—电枢 7—磁场绕组 8—磁场继电器线圈

2. 工作原理

接通电源总开关 $K_1$，将启动钥匙开关 $K_2$ 置于启动位置，电流流经蓄电池正极→蓄电池→开关 $K_1$→启动钥匙开关 $K_2$→安全继电器 S 接线柱→线圈 1→电阻 $R_2$→蓄电池负极。由于通过线圈 1 的电流很小，所产生的电磁力不足以使 $K_3$ 打开，所以 $K_3$ 闭合。与此同时，蓄电池电流也经 $K_1$→$K_2$→安全继电器 S 接线柱→安全继电器磁轭→$K_3$→启动开关线圈 3→搭铁，构成回路。在线圈 3 的磁力作用下，$K_4$ 闭合。$K_4$ 闭合后，接通了启动机电磁开关中吸引线圈 4 和保持线圈 5 的电路，其电路由蓄电池正极→$K_1$→安全继电器 B 接线柱→$K_4$→安全继电器 C 接线柱→启动机 C 接线柱，然后电流分成以下并联的两条支路：

一路流经吸引线圈 4→启动机电枢绕组 6→磁场绕组 7→搭铁→蓄电池负极；另一路流经保持线圈 5→搭铁→蓄电池负极。

启动机电磁开关的活动铁心，在吸引线圈4和保持线圈5电磁吸力的共同作用下被吸入，拨叉把驱动齿轮推出，使其与飞轮齿环啮合。当齿轮啮入后，电磁开关$K_5$闭合，接通启动机主电路，电流流经蓄电池正极→$K_1$→启动机B接线柱→$K_5$→电枢绕组→磁场绕组→搭铁→蓄电池负极。于是，启动机发出正常转矩，使发动机启动。与此同时，吸引线圈4被短路，活动铁心仅靠保持线圈5的磁力，保持在吸合位置。

发动机启动后，发电机中性点N电压升高，流入磁场继电器线圈8中的电流增大，使磁场继电器触点$K_6$闭合。于是安全继电器线圈2中有电流流过，电路为：

发电机正极→发电机A接线柱→调节器A接线柱→$K_6$→调节器L接线柱→安全继电器L接线柱→线圈2→$R_1$→搭铁→发电机负极。

此时，线圈1、2所产生的磁场方向相同，磁场相加，使$K_3$打开；线圈3中的电流中断，$K_4$打开。保持线圈5中的电流，改由$K_5$→线圈4构成回路。此时，吸引、保持两线圈所产生的磁通，方向相反，互相抵消，活动铁心回至原位，驱动齿轮退出，$K_5$打开，切断启动机主回路，启动机自动停止工作。当发动机工作时，由于$K_6$始终闭合，$K_3$、$K_4$一直处于打开状态。这样，即使启动钥匙开关仍在启动位置，启动机主电路仍然断开，使启动机自动停止工作。

当发动机工作时，由于$K_6$始终闭合，$K_3$、$K_4$一直处于打开状态。此时，若误将启动钥匙开关旋至启动位置，启动机也不会工作，起到保护启动机3的作用。

发动机停转后，发电机中点电压消失，流入线圈8的电流为零，$K_6$打开，切断了流入线圈2中的电流，使$K_3$闭合。此时，又可以按需要重新启动。

## 第十一节 启动系统的故障诊断

### 一、启动机不转动

(1)故障现象：启动时，接通启动开关，启动机不转动。

(2)故障原因可能有以下几种：

① 电源故障。蓄电池存电不足或极板硫化、短路等，电线接头松动或极柱太脏。

② 启动机故障。换向器与电刷接触不良，磁场绕组或电枢绕组有断路或短路，绝缘电刷搭铁，电磁开关线圈断路、短路，搭铁或其触点烧蚀而接触不良等。

③ 启动机继电器故障。启动继电器线圈断路、短路，搭铁或其触点接触不良。

④ 点火开关故障。点火开关接线松动或内部接触不良。

⑤ 启动控制线路故障。线路有断路，导致接触不良或松脱、熔丝烧断等。

(3)故障诊断方法：

① 首先检查蓄电池充电情况和导线连接情况。若蓄电池存电充足、接线良好，则故障出在启动机、电磁开关或复合继电器。

② 用螺丝刀连接启动机两接线柱1和2，启动机不转动，则故障在启动机内部。用螺丝刀短接时无火花，表明启动机内部有断路。若有强烈火花，但启动机不转，则表明启动机内部有短路或搭铁。拆下启动机，进一步检修。

③ 检查启动机电磁开关。用螺丝刀短接启动机火线接线柱1与电磁开关接线柱3，若启动机不转，说明电磁开关有故障，应拆开检修。

若启动机转动，说明电磁开关正常，再检查复合继电器。

④ 检查启动继电器。用螺丝刀短接接线柱 S 与 B，若启动机转动，则说明启动继电器有故障，可用砂条打磨其常开触点 $K_1$，或拆下检修。

## 二、启动机运转无力

(1)故障现象：启动时，驱动齿轮能啮入飞轮齿环，但启动机转速明显偏低甚至停转。

(2)故障原因可能有以下几种：

① 电源的故障。蓄电池存电不足或极板硫化、短路，启动电源导线连接处接触不良等。

② 启动机故障。换向器与电刷接触不良，电磁开关接触盘和触点接触不良，电动机磁场绕组或电枢绕组有局部短路等。

(3)故障诊断：首先检查启动机电源，如果电源无问题，则应拆检启动机。

## 三、启动机驱动齿轮与飞轮不能啮合且有撞击声

(1)故障现象：启动时可听到驱动齿轮与飞轮齿环的金属撞击声，驱动齿轮不能啮入。

(2)故障原因：电磁开关触点接通时间过早，驱动齿轮在啮入以前就已高速运转起来，飞轮齿环磨损严重或驱动齿轮磨损严重。

(3)故障诊断：先适当调晚电磁开关触点的接通时间，若轮齿撞击现象不能消失，则应拆检启动机驱动齿轮和飞轮齿环。

## 四、启动机驱动齿轮与飞轮周期性撞击

故障原因：电磁开关中的保持线圈断路、短路或者搭铁不良。

## 五、启动机空转

故障原因：单向离合器打滑。

## 六、单向离合器不回位

故障原因：

① 复合继电器中的启动继电器触点烧蚀。

② 电磁开关中触点与接触盘烧蚀。

③ 复位弹簧失效。

④ 蓄电池容量不足，齿轮啮合后不运转。

⑤ 启动机安装不牢，电机轴线倾斜。

## 七、失去自动保护性能

(1)故障现象：发电机启动后，驾驶员不松开钥匙，启动机不能自动停止运转，充电指示灯也不熄灭。发动机运转过程中，将启动开关扭至启动挡位，则发出齿轮撞击声，说明已无保护功能。

(2)故障原因：

① 充电系统发生故障，发电机中性点无电压。

② 发电机接线柱 N 至复合继电器接线柱 N 的导线断路或连接不良。

③ 复合继电器中保护继电器的触点烧蚀，或磁化线圈断路、短路、搭铁。

④ 复合继电器搭铁不良。

# 第十二节 启动机的调整与试验

启动机经检修后，应进行一系列调整与试验，以确保其性能符合要求。

## 一、启动机的调整

1. 驱动齿轮的静止位置调整

启动机不工作时，驱动齿轮应停止在适当位置。齿轮端面与端盖凸缘之间的距离，应为29～32mm。如不符合要求，可调整定位螺钉。

2. 开关接通时间的调整

主电路开关接通过早，会造成冲击，损坏齿轮。稍晚些却问题不大。所以调整的原则是宁晚勿早。当接触盘将主电路接通时，驱动齿轮与限位螺母之间的距离，应为4.5±1mm。如不符合要求，可先脱开连接片与调节螺钉之间的连接，然后旋入或旋出调节螺钉进行调整。调整后，这个距离越小，开关接通时间越迟。

3. 附加电阻线短路开关的调整

为抵消因启动时引起的蓄电池电压下降，在主电路接通的同时或稍早，附加电阻线应短路，以增加点火能量。附加电阻短路开关接线柱内，有一黄铜片，如不符合要求，可弯曲该铜片进行调整。

## 二、启动机的试验

1. 空载试验

空载试验的目的是测量启动机的空载电流和空载转速，并与标准值比较，以判断启动机内部有无电路和机械故障。其试验方法如下：将启动机夹在虎钳上，按图3－21接线。接通启动机电路（每次试验不要超过1min，以免启动机过热），启动机应运转均匀，电刷下无火花。记下电流表、电压表的读数，并用转速表测量启动机转速，其值应符合规定。

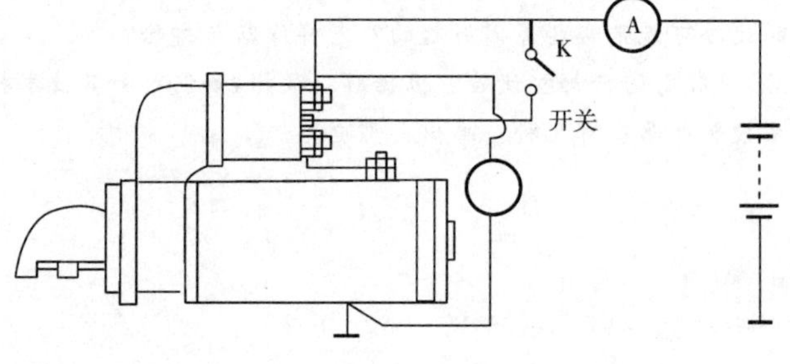

图3－21 启动机空载试验电路图

若电流大于标准值而转速低于标准值，则表明启动机装配过紧或电枢绕组和磁场绕组内有短路或搭铁故障；若电流和转速都小于标准值，则表示启动机线路中有接触不良的地方（如电刷弹簧压力不足、换向器与电刷接触不良等）。

2. 全制动试验

全制动试验应在空载试验的基础上进行，空载试验不合格的启动机不应进行全制动试验。全制动试验的目的是测量启动机在完全制动时所消耗的电流（制动电流）和制动力矩，以判断启动机主电路是否正常，并检查单向离合器是否打滑，其试验方法如下：将启动机夹持在试验台上，使杠杆的一端夹住启动机驱动齿轮的三个齿，如图 3－22 所示，电路连接与空转试验相同。按下开关 K，启动机通电，呈现制动状态，观察单向离合器是否打滑并迅速记下电流表、电压表及弹簧秤的读数，其值均应符合规定。

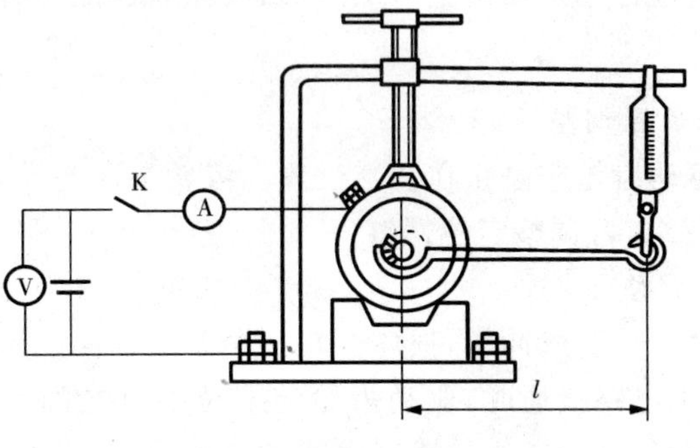


图 3－22　启动机的全制动试验

若制动力矩小于标准值而电流大于标准值，则表明磁场绕组或电枢绕组中有短路和搭铁故障；若制动力矩和电流都小于标准值，则表明线路中接触电阻过大；若驱动齿轮锁止而电枢轴有缓慢转动，则说明单向离合器有打滑现象。

全制动试验应注意：每次试验通电时间不超过 5s，以免损坏启动机及蓄电池。试验过程中工作人员应避开弹簧秤夹具，防止发生人身事故。

## 思考与练习

3－1　蓄电池是直流电源，为什么启动机上还要有转向器？

3－2　启动机由哪些部分组成？各组成部分的作用是什么？

3－3　启动机的电动机为何采用直流串励式电动机？

3－4　启动机单向离合器有哪几种？试述滚柱式单向离合器的工作原理。

3－5　复合继电器为何对启动机具有保护作用？

3－6　启动机不转的故障可能是哪些原因引起的？怎样诊断与排除？

3－7　启动机修复后，一般需进行哪些试验？根据所测数据，如何判断其技术状况？

3－8　常见的启动系控制电路有哪几种？画出典型电路。

# 第四章　传统点火系统

**内容提要**：本章主要介绍点火系统的要求、传统点火系统的组成与工作原理、传统点火系统的元件构造、传统点火系统的使用和故障分析。

## 第一节　概　述

在汽油发动机中，汽缸内的混合气是由高压电火花点燃的，而高压电火花的产生必须借助于点火系统来完成，因此，点火系统性能好坏对发动机的工作有十分重要的影响。

传统点火系统是利用断电器触点直接控制点火线圈低压电路的通断。由于点火线圈低压电路的电流通过断电器触点时，触点间容易产生火花，使断电器触点烧蚀，因此需要对触点定期检查、调整、打磨或更换。但由于传统点火系统结构简单，成本低廉，发生故障容易排除，目前仍在一些汽车上使用。因此，作为分析点火系统的理论基础很有了解和掌握的必要，本章将加以阐述。随着发动机转速、压缩比和性能的不断提高，以及新型电子点火系统不断出现和完善，传统点火系统必将逐渐被电子点火系统和微机点火系统所取代。

## 第二节　对点火系统的要求

点火系统应在发动机各种工况和使用条件下都能保证可靠而准确地点火。点火系统除按发动机的工作顺序点火外，还应满足以下三个基本要求。

### 一、能产生足以击穿火花塞电极间隙的电压

击穿电压，顾名思义就是击穿火花塞电极间隙的临界电压，也就是在火花塞电极间产生火花的电压。该电压与火花塞的电极间隙和形状、汽缸内混合气的压力与温度、电极的温度和极性以及发动机的工况等因素有关。

1. 火花塞电极间隙和形状

根据物理学原理可知，电极间隙越大，击穿电压越高，如图 4－1 所示。

这是因为当电极间隙增大时，气体中的离子和电子与电极的距离增大，受电场力的作用减小，不易发生碰撞电离，因此需要较高的电压才能击穿。另外，电极形状对击穿电压也有影响，尖端状的电极其击穿电压比球状电极的击穿电压要小得多。

2. 汽缸内混合气的压力和温度

击穿电压还与混合气的密度有关，这是由于混合气的密度越大，即每单位体积中气体分子的数量越多，离子自由运动（即两次碰撞之间的距离）就越短，故不易发生碰撞电离。只有提高加在电极上的电压，增大作用于离子上的电场力，使离子加速才能发生碰撞电离而击穿火花塞间隙。因此，击穿电压随混合气的密度增大而提高。击穿电压还随混合气的压力增大和温度降低而提高。火花塞的击穿电压与混合气的压力、温度的关系，如图 4－2 所示。

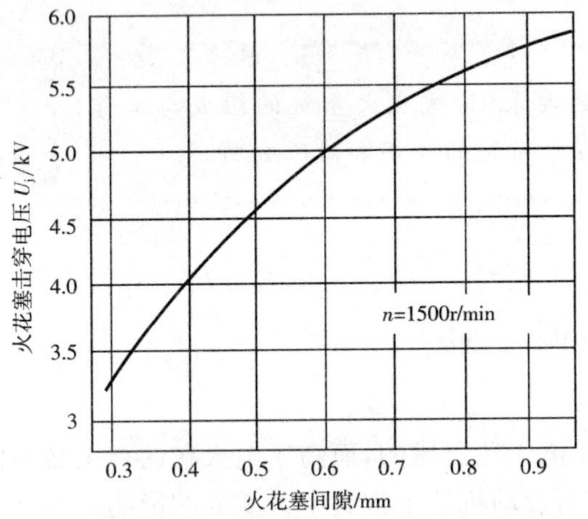


图 4－1　火花塞击穿电压与火花塞电极间隙的关系

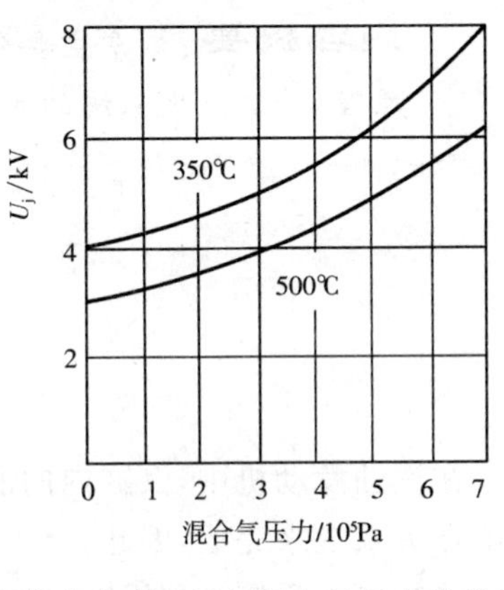


图 4－2　火花塞击穿电压与混合气压力的关系

3. 电极的温度和极性

实验证明，当火花塞的电极温度超过混合气的温度时，其击穿电压降低 30％～50％。这是因为电极温度越高，包围在电极周围的气体密度就越小，越容易发生碰撞电离，火花塞的击穿电压与电极温度关系如图 4－3a 所示。

火花塞击穿电压与火花塞中心的极性有关。在高压电路中，火花塞中心电极是负极时容易跳火，这是由于当针状电极与平板电极组合时，其电极间隙大约在 3.5mm 以下，针状电极为负极时其击穿电压较低，如图 4－3b 所示。另外当受热电极是负极（火花塞中心电极）且温度较高时，由于热电发射和二次电子发射作用（即在正离子的轰击下，使阴极又发射新电子现象），火花塞的击穿电压约降低 20％。

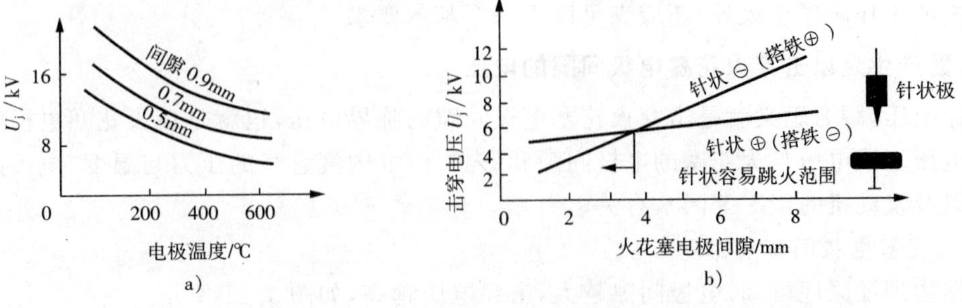


图 4－3　火花塞击穿电压与火花塞电极的关系

4. 发动机的工况

发动机的工况不同，火花塞的击穿电压也不同，其值随发动机转速、功率、压缩比、点火

提前角、混合气的成分以及发动机的工况不同而改变。当发动机的转速升高时，汽缸内的温度升高，汽缸的充气量减小，因此火花塞的击穿电压也降低，如图 4-4a 所示。

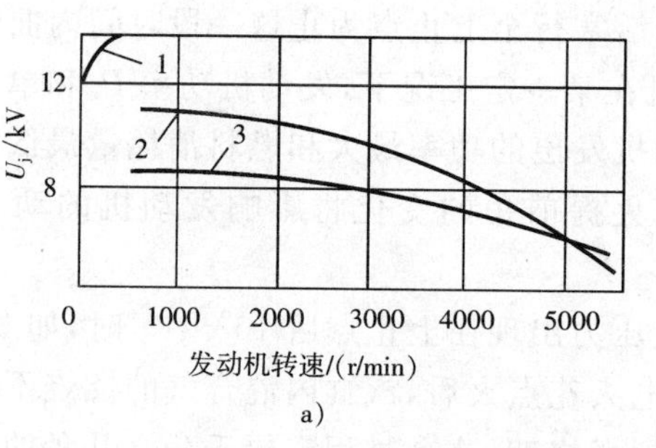


a)

1—启动　2—加速　3—最大功率的击穿电压

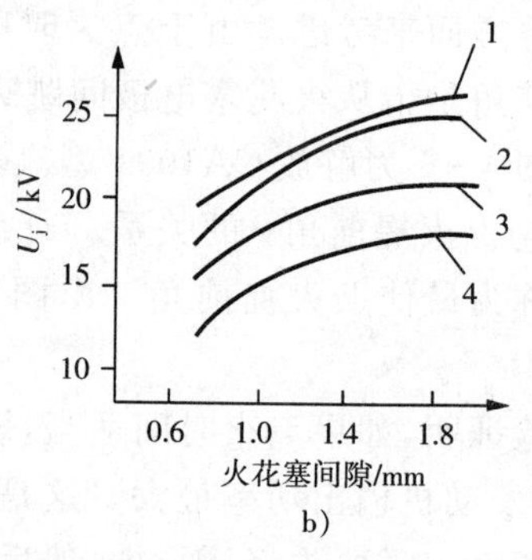


b)

1—启动　2—加速　3—怠速　4—40km/h

图 4-4　不同工况下的击穿电压

从图 4-4b 中还可以看出，发动机启动时击穿电压最高，这是由于启动时汽缸壁、活塞及火花塞电极都处于冷态，吸入的混合气温度低，雾化不良，压缩时混合气温度升高不大；另外火花塞电极之间还可能积有机油和汽油，因此击穿电压最高。此外汽车加速时，大量的冷空气突然进入汽缸，使火花塞中心电极温度降低，汽缸压力升高，因此其击穿电压也较高。

为了保证点火可靠，点火系统必须有一定的高压储备，使之在任何情况下送往火花塞电极间的电压均应高于火花塞的击穿电压值。但次级电压过高将造成绝缘困难，使成本提高，因此点火系统的次级电压通常在 30kV 以内。

## 二、火花应具有足够的能量

要使混合气可靠点燃，火花塞产生的火花应具有一定的能量。其火花能量是由火花电压、火花电流和火花持续时间决定的。要点燃混合气，不但电压要超过击穿电压，而且电火花应具有足够的能量。

点燃混合气所必须的能量，与混合气的成分、浓度、火花塞电极间隙和电极形状及发动机工作情况等因素有关。发动机正常工作时，由于混合气压缩终了的温度已接近自燃温度，所需要的火花能量很小，为 3～5mJ。但在发动机启动、怠速及节气门急剧打开时，则需要较高的火花能量。在发动机启动时，由于混合气雾化不良，电极温度低，故所需要的火花能量最高，其启动时间随火花能量的增加而减少，如图 4-5 所示。

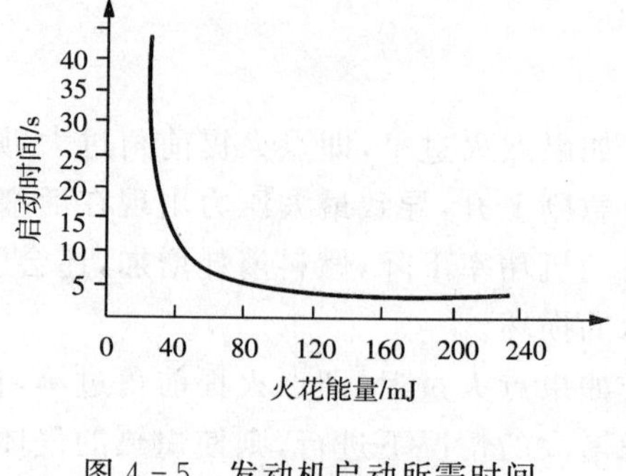


图 4-5　发动机启动所需时间与火花能量的关系

在传统点火系统中，其初级能量大约只有 30%转化为有效的火花能量。另外现代汽油发动机为了提高其经济性，降低排放污染物浓度，会采用 $\lambda=1.2\sim1.25$ 的难以点燃的混合气，因此为了保证可靠点火，一般应具有 50～80mJ 的点火能量，启动时则要求具有 100mJ 以上的火花能量。

## 三、点火时间应适应发动机的工作状况

汽油发动机的最佳点火时间，应从发动机发出的功率最大、燃料消耗量最低以及是否产生爆燃等方面来考虑。由于点火时间都发生在上止点之前，所以常用点火提前角来表示。点火提前角是指从火花塞电极间跳火开始到活塞行至上止点为止这一段时间内曲轴转过的角度。图 4－6 为解放 CA1091 型汽车发动机在某一定工况下，发动机功率 $P_e$ 和单位燃料消耗量 $g_e$ 与点火提前角 $\theta$ 的关系。通常把发动机发出的功率最大和燃料消耗量最低时的点火提前角称为最佳点火提前角。由图可知，点火提前角的变化将影响发动机的动力性和经济性。

实验证明，如果点火时间适当，燃烧最大压力出现在上止点后 10°～15°时，如图 4－7 所示，此时发动机输出功率最大。这是由于当电火花点火后，汽缸内混合气的燃烧不是瞬时完成的。混合气需要先经诱导期，然后进入猛烈燃烧期，这个过程需要千分之几秒的时间。为了使混合气得到充分燃烧，保证发动机输出最大功率，点火时间不应在压缩行程终了，而应适当提前一些时间点火。

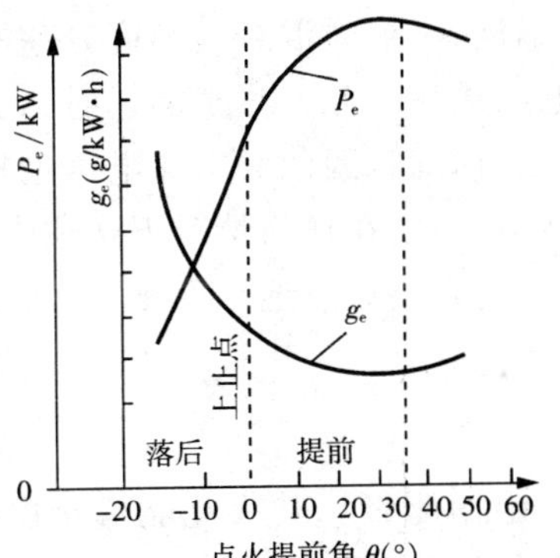


图 4－6 节气门部分打开时，发动机功率和单位燃料消耗量与点火提前角的关系

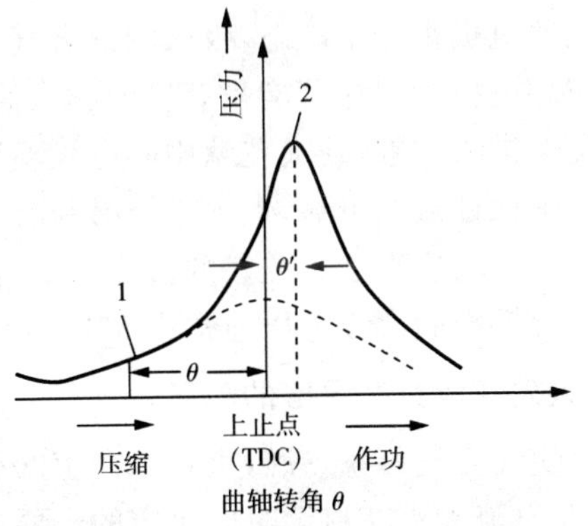


图 4－7 四行程发动机气缸压力与曲轴转角的关系

1—火花塞跳火 2—最大压力 θ—点火提前角

θ'—上止点后产生最大压力时的曲轴转角

如果点火过早，即点火提前角过大，则由于混合气的燃烧完全在压缩行程进行，汽缸内压力急剧上升，导致最大压力出现在活塞到达上止点之前，会阻止活塞继续上行。这样不仅使发动机功率下降，燃料消耗增加，还会引起爆燃，致使发动机运转不平稳，加速运动零件和轴承的损坏。

如果点火过迟，即点火提前角过小，在活塞达到上止点时才点火，燃烧过程在活塞下行容积增大的情况下进行，则使炽热的气体与汽缸壁的接触面积增大，热传导损失增大，导致发动机过热，汽缸中气体压力下降，发动机功率随之降低。

由上述可知，为了提高发动机的动力性和经济性，混合气应在最佳点火提前角时点火。影响最佳点火提前角的因素很多，如发动机型号、发动机的工况及使用条件等。在一定转速下，最佳点火提前角随混合气在汽缸内的燃烧速度的加快而减小。

1. 转速

东风 EQ1090 型汽车发动机的最佳点火提前角与发动机转速的关系如图 4－8 所示。

最佳点火提前角随着发动机转速的升高而增大。这是因为当发动机转速升高时，在同一时间内活塞将移动较大距离，曲轴也相应转过较大的角度。如果混合气的燃烧速率不变，则最佳点火提前角与转速成线性关系。但由于当转速升高时，混合气的压力和温度的提高以及扰流的增强，会使燃烧速度加快而使最佳点火提前角增大。在分电器中由离心提前机构来保证。

2. 负荷

如图 4-9 所示为跃进 NJ1061 型汽车发动机在不同转速时，最佳点火提前角与负荷的关系。由图可知，在同一转速下，随着发动机负荷的增大，最佳点火提前角将随之减小。这是由于发动机负荷增大（即节气门开度大）时，吸入汽缸的混合气增多，压缩行程终了时汽缸内的压力和温度增高，使燃烧速度加快，因此最佳点火提前角随负荷的增大而减小。在分电器中由真空提前机构来保证。

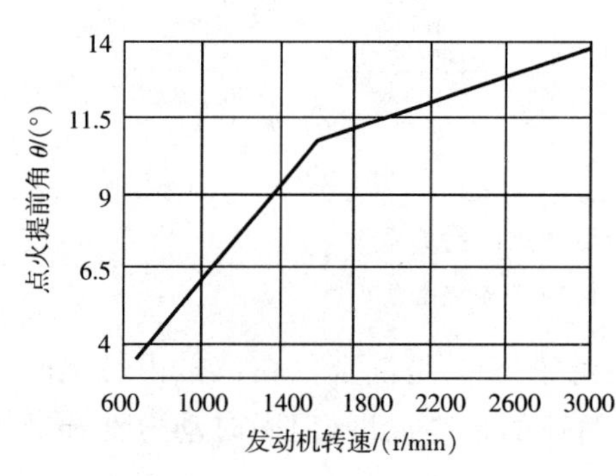


图 4-8　最佳点火提前角与发动机转速的关系（节气门开度不变时）

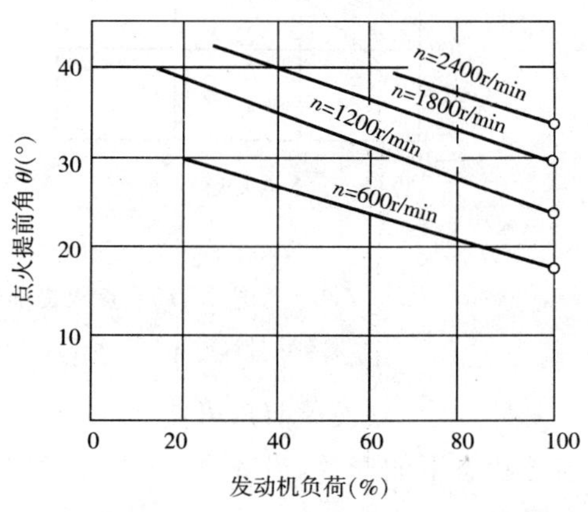


图 4-9　不同转速时最佳点火提前角与负荷的关系

3. 启动及怠速

虽然发动机启动和怠速时，混合气的燃烧速度较慢，但混合气的全部燃烧时间只占较小的转角。如果点火过早，则燃烧过程可能在活塞达到上止点以前结束而使发动机反转，影响发动机启动，因此点火提前角应减小，一般为 5°～6°或不提前。

4. 汽油的辛烷值

汽油的牌号是根据它的辛烷值来区分的，汽油的辛烷值与发动机的爆燃有密切关系。爆燃是由于燃烧室中先燃烧的部分混合气膨胀而压缩未燃烧的混合气，使其压力和温度急剧上升到混合气的自燃温度而瞬间自行着火形成的，它会使发动机动力下降，油耗增加并易使发动机过热，对发动机极为有害。通常用“辛烷值”表示汽油的抗爆性能，其值为 0～100。目前国内汽车使用 70、90、93、97 等牌号汽油。汽油牌号（辛烷值）越高，抗爆性能越好，不易形成爆燃；汽油牌号越低，抗爆性能越差，混合气燃烧速度就越快，所以应减小点火提前角，通常在分电器上装有辛烷值选择器。

5. 排气净化

汽车排出的污染物成分主要有 HC、CO 和 $NO_x$ 三种。它不仅对人体有害，还会破坏生态环境。如图 4-10a 所示为点火提前角与 HC 浓度的关系曲线。从图看出，HC 含量随点

火提前角的增大而增大，这是因为点火推迟提高了排气温度，促进了HC和CO的氧化，使排出的HC化合物浓度降低，但经济性也随之降低。而点火提前角对CO含量的影响并不大，但点火时间提前太多，会使CO没有时间完全氧化而引起CO排放量增加，如图4－10b所示。

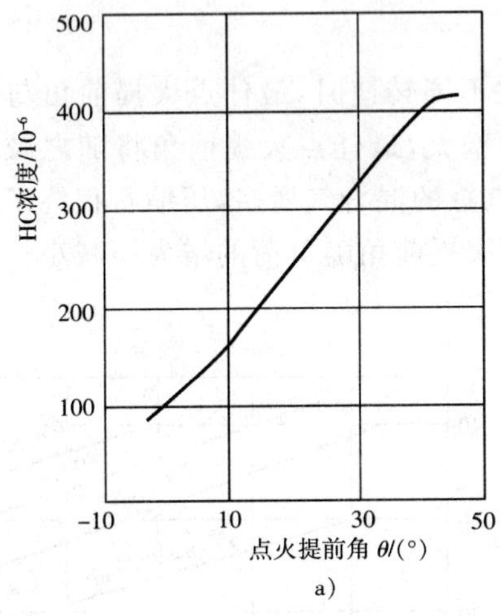

a)

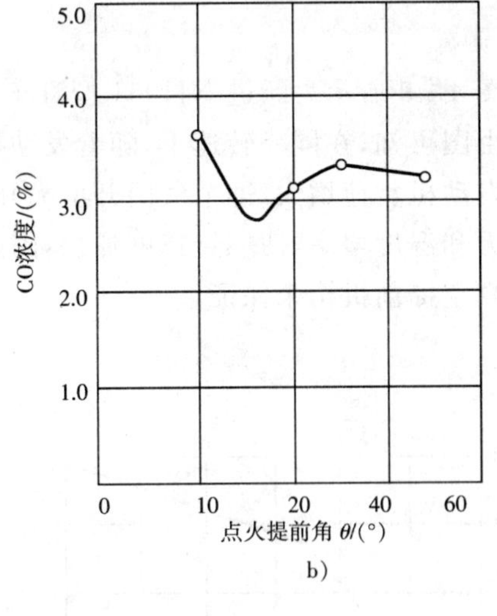

b)

图4－10　点火提前角与排放污染物浓度的关系

发动机排量为4.78L，n＝1500r/min，功率为9.5kW，空烧比为13.3∶1

另外，减小点火提前角可使$NO_x$含量降低，这是由于$NO_x$是混合气在汽缸内燃烧时高温高压状态下的产物，当减小点火提前角时，可降低循环的最高温度，但同时动力性和经济性会降低。

6. 压缩比

压缩比增大则提前角减小，如图4－11所示。这是因为发动机压缩比增大时，压缩行程终了的压力和温度增高，使混合气的燃烧速度加快。因此，随着压缩比的增大，点火提前角应减小。

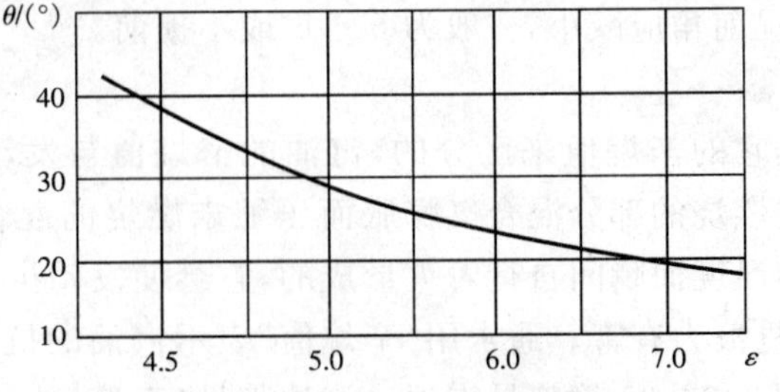


图4－11　最佳点火提前角随压缩比而变的关系曲线

7. 混合气的成分

混合气的成分影响混合气的燃烧速度，从而影响点火提前角，如图4－12所示。实验证明，当混合气的成分$\lambda$＝0.8～0.9时，混合气的燃烧速度最快，所以当混合气过浓或过稀时，由于燃烧速度变慢，必须增大点火提前角。

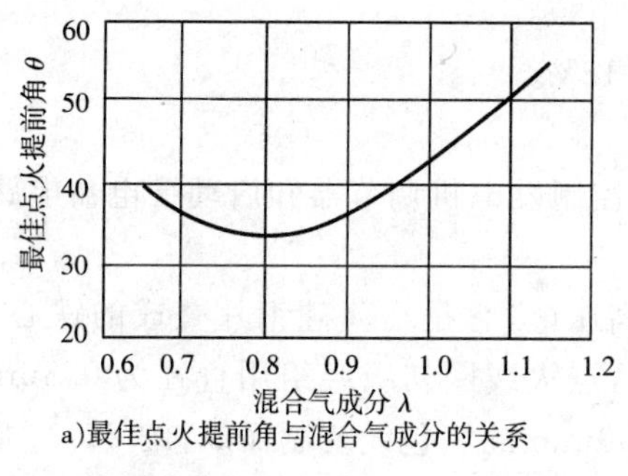

a)最佳点火提前角与混合气成分的关系

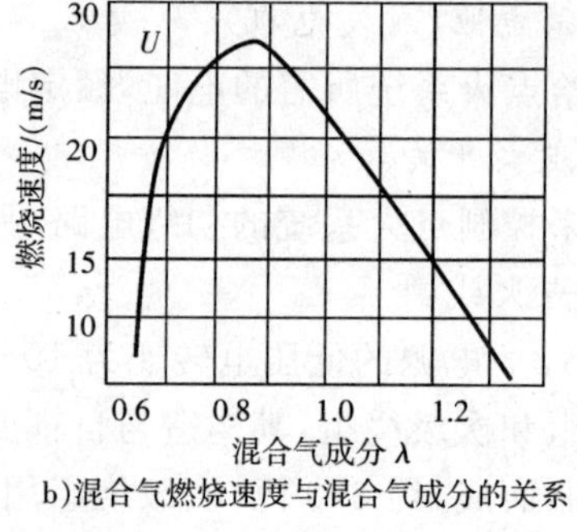

b)混合气燃烧速度与混合气成分的关系

图 4-12 混合气成分对点火提前角的影响

8. 火花塞的数量

在同一汽缸内装有两个火花塞时，由于火焰传播的路程较短，燃烧过程的时间也较短，因此点火提前角应比用一个火花塞时小。此外，点火提前角的大小还与火花塞的安装位置有关。

9. 进气压力

进气压力减小时，由于混合气的雾化和扰流变坏，使混合气燃烧速度变慢，因此点火提前角应增大。

# 第三节 传统点火系统的组成与工作原理

## 一、传统点火系统的组成

传统点火系统主要由蓄电池、点火开关、点火线圈、分电器、附加电阻和火花塞等组成。图 4-13 所示为东风 EQ1090 型汽车的点火系统线路图。各组成部分的功用如下：

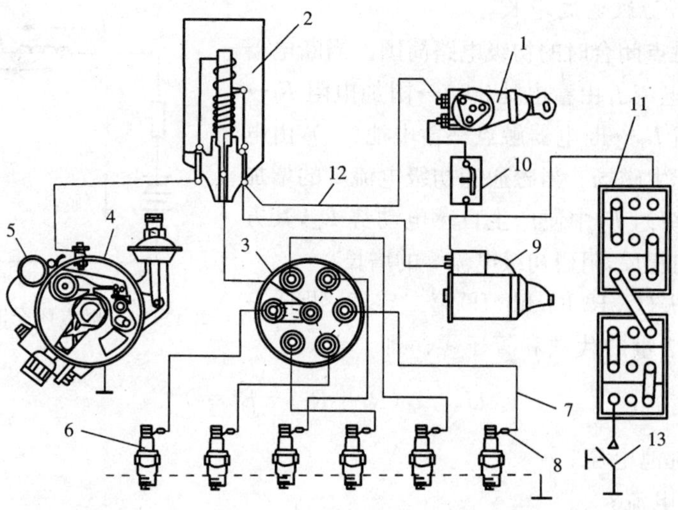


图 4-13 东风 EQ1090 型汽车点火系统线路图

1—点火开关 2—点火线圈 3—配电器 4—断电器 5—电容器 6—火花塞 7—高压导线 8—阻尼电阻 9—启动机 10—电流表 11—蓄电池 12—附加电阻线 13—电源总开关

1. 蓄电池(或发电机)

供给点火系统所需的电能,额定电压一般为12V。

2. 点火开关

用来控制点火系统的初级电路,另外还用来控制发电机调节器和启动继电器电路等。

3. 点火线圈

将12V电源的低压电转变为15～20kV的高压电,它是在薄硅钢片叠成的铁心上绕有初级绕组和次级绕组,其构造与自耦变压器相似,点火线圈初级绕组用直径为0.8mm的漆包线绕制而成,约330匝,次级绕组用直径为0.08mm的漆包线绕制而成,约22000匝。

4. 分电器

分电器主要由断电器、配电器、电容器、点火提前机构和辛烷值选择器等组成。断电器的作用是通过断电器触点来接通和断开初级电路;配电器的作用是将点火线圈产生的高压按发动机各缸的工作顺序通过高压线送到各缸的火花塞;电容器与断电器触点并联,其作用是减小断电器触点断开时的火花,延长触点的使用寿命和提高次级电压;点火提前机构的作用是随发动机转速和负荷的变化自动改变点火提前角;辛烷值选择器即人工调节器的作用是根据汽油的牌号和使用条件的变化人为改变其点火提前角。

5. 附加电阻

附加电阻属热变电阻,用来改善点火特性和启动性能。东风EQ1090型汽车点火系统的附加电阻为白色的附加电阻线。

6. 火花塞

火花塞的作用是将高压电引入汽缸燃烧室,在电极间产生电火花点燃混合气。

## 二、传统点火系统的工作原理

传统点火系统的工作原理可分为触点闭合,初级电流增长;触点断开,次级绕组产生高压电;火花塞电极间的火花放电三个阶段进行分析。

1. 触点闭合,初级电流增长

图4-14为触点闭合时的初级电路简图。当断电器触点闭合时,初级电流 $i_1$ 由蓄电池(+)→附加电阻 $R_f$→点火线圈初级绕组 $L_1$→断电器触点→蓄电池(-),由电流 $i_1$ 在初级绕组产生磁场。当磁通随初级电流 $i_1$ 的增加而增强时,在初级绕组 $L_1$ 中便产生自感电动势 $E_L$,其方向与电流 $i_1$ 的方向相反,阻碍初级电流 $i_1$ 的增长。

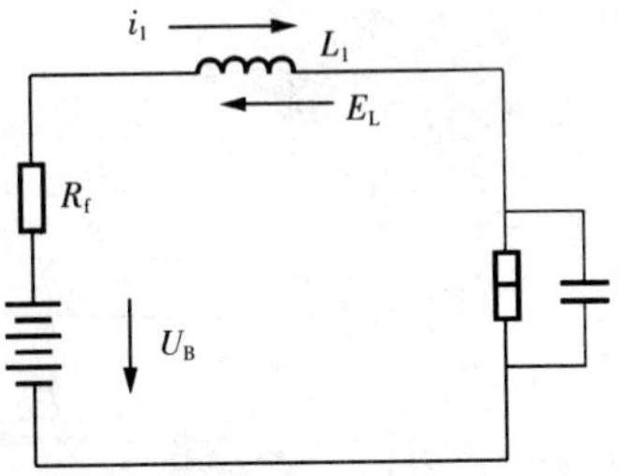

图4-14 触点闭合时的初级电路简图

根据克希荷夫(G. R. Kichhoff)第二定律,沿任一闭合回路的电势增量的代数和等于零。即

$$U_B-i_1(R_1+R_f)-E_L=0 \qquad (4-1)$$

式中:$U_B$——蓄电池电压;

$i_1$——初级电流;

$R_1$——初级绕组的电阻;

$R_f$——附加电阻;

$E_L$——次级绕组中的自感电动势。

$$E_L = L_1 \frac{di_1}{dt} \tag{4-2}$$

式中：$L_1$——初级绕组电感。

将式(4-2)代入式(4-1)，经数学运算，可得

$$i_1 = \frac{U_B}{R}(1 - e^{-\frac{R}{L_1}t}) \tag{4-3}$$

式中：$t$——触点闭合时间；

$R$——初级电路的电阻，$R = R_1 + R_f$。

由式(4-3)可知，当触点闭合、初级电路接通时，初级电流按指数规律增长。对于汽车的点火线圈而言，在触点闭合 20ms 后，初级电流就接近于其极限值 $U_B/R$，如图 4-15a 所示。

在初级电流增长时，不仅初级绕组中产生自感电动势，而且由于互感作用在次级绕组中也会产生自感电动势，如图 4-15b 所示。由于初级电流的增长速率较慢，磁通的变化速率也较慢，所以次级绕组中的感应电动势不足以击穿火花塞电极间隙，其值为 1.5～2kV。

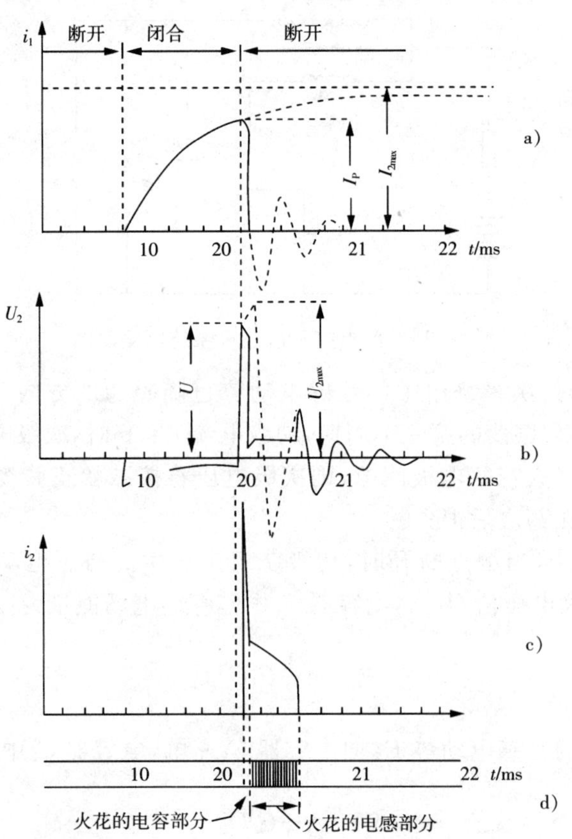


图 4-15 传统点火系统工作过程波形图

a)初级电流的变化 b)次级电压的变化 c)次级电流的变化

d)放电情况(触点打开后，时间坐标的比例放大 10 倍)

2. 触点断开，次级绕组产生高压电

当断电器触点闭合一段时间 $t_b$ 后，初级电流增长到 $i_P$，触点被凸轮顶开，此时的初级电流值 $i_P$，称为初级断电电流，其值为

$$i_P=\frac{U_B}{R}(1-e^{-\frac{R}{L_1}t_b}) \tag{4-4}$$

此时，初级绕组储存的磁场能量为

$$W_P=\frac{1}{2}Li_P^2 \tag{4-5}$$

触点断开后，初级电流 $i_P$ 迅速降到零，磁通也随之减小，在初级绕组和次级绕组都产生感应电动势。另外，由电工学 R、L、C 串联电路过渡过程得知，点火线圈的初级绕组的电感 L、电阻 R 和电容 $C_1$ 形成衰减的振荡。由于次级电路中高压导线与发动机机体之间、次级绕组线匝之间、火花塞中心电极和侧电极之间均有一定的电容量，这些分布电容的总和用 $C_2$ 表示。次级绕组与电容 $C_2$ 也形成次级衰减的振荡回路。触点断开后点火系统电路如图 4－16所示。

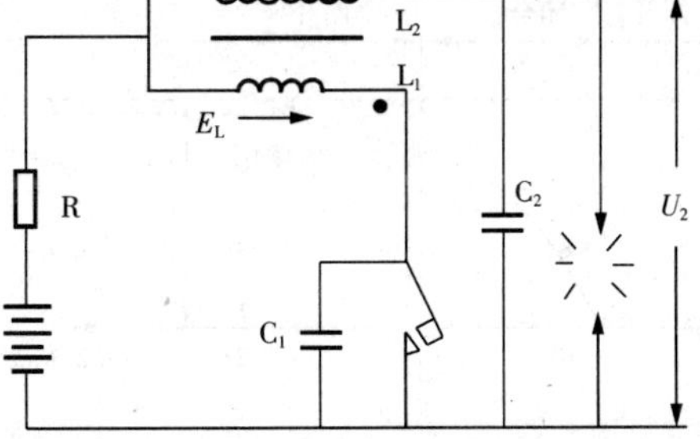


图 4－16　触点打开后点火系统电路简图

当初级电路振荡时，次级绕组中的互感电动势也随磁通的方向和大小的变化而变化。如图 4－15b 所示，在 $U_2$ 振荡的第一个周期，初级电流 $i_1=0$ 时，次级电压达到最大值 $U_{2max}$。如果次级电压不能击穿火花塞电极间隙，则次级电压将按减幅正弦规律变化（见图 4－15b 中虚线表示），经几次振荡之后消失。

根据能量守恒定律，当触点断开时，初级绕组中产生的自感电动势 $E_L$ 向电容器 $C_1$ 充电，并将 $C_1$ 充电到最大电压值 $U_{1max}$，电容器 $C_1$ 中储存的电场能量为

$$W_{C_1}=\frac{1}{2}C_1U_{1max}^2 \tag{4-6}$$

次级绕组中产生的互感电动势 $E_M$ 向电容器 $C_2$ 充电，电容器 $C_2$ 中储存的电场能量为

$$W_{C_2}=\frac{1}{2}C_2U_{2max}^2 \tag{4-7}$$

忽略热损耗，其能量平衡式为

$$\frac{1}{2}Li_P^2=\frac{1}{2}C_1U_{1max}^2+\frac{1}{2}C_2U_{2max}^2 \tag{4-8}$$

式中：$U_{1max}$——初级电压的最大值；

$U_{2max}$——次级电压的最大值。

假设耦合系数为1，则

$$\frac{U_{1max}}{U_{2max}}=\frac{N_1}{N_2}$$

$$U_{1max}=\frac{N_1}{N_2}U_{2max} \tag{4-9}$$

式中：$N_1$——初级绕组的匝数；

$N_2$——次级绕组的匝数。

将式(4-9)代入式(4-8)，可得

$$\frac{1}{2}Li_P^2=\frac{U_{2max}^2}{2}\left[C_1\left(\frac{N_1}{N_2}\right)^2+C_2\right]$$

$$U_{2max}=i_P\sqrt{\frac{L}{C_1\left(\frac{N_1}{N_2}\right)^2+C_2}} \tag{4-10}$$

若考虑热损耗，其转换效率 $\eta=0.75\sim0.85$，则

$$U_{2max}=\eta i_P\sqrt{\frac{L}{C_1\left(\frac{N_1}{N_2}\right)^2+C_2}} \tag{4-11}$$

由此可知，当点火线圈结构一定时，次级电压的最大值与初级断电电流 $i_P$ 成正比，并随电容 $C_1$、$C_2$ 的增大而减小。

次级电压的上升时间是指在规定条件下把次级电压从1.5kV上升至15kV所需要的时间。次级电压上升的时间越短，则能量损失的越少，用于点火的能量就越多。传统点火系统的次级电压上升时间一般为120μs。

3. 火花塞电极间的火花放电

通常情况下火花塞间隙的击穿电压 $U_j$ 低于次级电压的最大值 $U_{2max}$，因此当增大的次级电压 $U_2$ 达到击穿电压 $U_j$ 时，火花塞间隙被击穿，并在电极间产生电火花，这时通过火花塞电极间隙的电流 $i_2$ 迅速增大而引起次级电压下降，如图4-15b实线所示。

火花放电一般由电容放电和电感放电两部分组成。电容放电是指火花塞间隙被击穿时，储存在电容器 $C_2$ 中的电场能量迅速释放的过程。其特点是放电电流大，可达5～50A，如图4-15c所示，但放电时间极短，约1μs，其电流的变化速率可达 $50\times10^9$ A/s。在此过程中，伴随有迅速消失的高频振荡（$10^6\sim10^7$ Hz），会造成无线电干扰，必须加以控制。由于产生电火花的次级电压 $U_j$ 低于次级电压的最大值 $U_{2max}$，所以电容放电并不能消耗全部的磁场能量，剩余的磁场能量将沿着电离的火花塞电极间继续缓慢放电，这就是电感放电。其特点是放电时间长达几毫秒，放电电流小（几十毫安），而且放电电压低，约600V。电感放电有助于提高点火性能，使汽缸内混合气燃烧更充分。

图4-17所示为电容器对初级电流的影响。当触点断开、磁场消失时，在初级绕组也产

生 200～300V 的自感电动势，如触点间没有并联电容器，该电动势会在触点间形成电火花，使触点烧坏；同时该电动势的方向与初级电流方向相同，使初级电流不能迅速中断，磁场消失也相应减慢，因而使次级电压大大降低。当在触点间并联一个电容器后，电容器能吸收初级绕组中产生的自感电动势的能量，有效地保护了断电器触点；另外充电的电容器通过初级绕组进行衰减振荡放电，电流以相反的方向通过初级绕组，使磁场消失加快，次级电压显著提高。

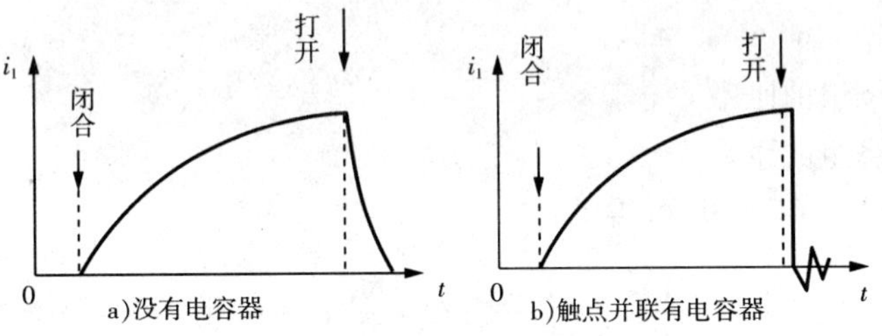


图 4－17　电容器对初级电流的影响

## 第三节　传统点火系统的工作特性与影响次级电压的因素

### 一、传统点火系统的工作特性

传统点火系统发出的最大电压随发动机或分电器转速而变化的关系称为传统点火系统的工作特性。

当发动机在不同转速工作时，初级电流 $i_P$ 会不同，如图 4－18 所示。

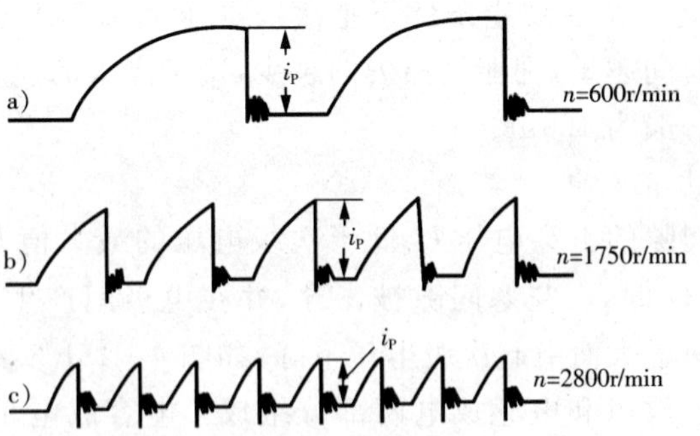


图 4－18　不同发动机转速下的初级断电电流

由式(4－3)可知，触点闭合后，初级电流 $i_1$ 是按指数规律增长的，它由零增长到稳定值需要一定时间。而触点闭合时间与发动机的转速和汽缸数有关。在四行程发动机中，断电器触点的开闭频率 $f$ 为

$$f=\frac{nz}{2\times 60} \qquad (4-12)$$

式中：$n$——发动机转速(r/min)；

$z$——发动机汽缸数。

断电器触点的开闭周期 $T$ 为

$$T=\frac{1}{f}=t_b+t_k=\frac{120}{nz} \tag{4-13}$$

式中：$t_b$——断电器触点闭合时间；

$t_k$——断电器触点断开时间。

断电器触点的相对闭合率 $\tau_b$ 与凸轮的形状、触点间隙的大小有关，为

$$\tau_b=\frac{t_b}{t_b+t_k}=\frac{t_b}{T} \tag{4-14}$$

可得

$$t_b=\tau_b T=\frac{120}{nz}\tau_b$$

代入式(4-4)，得初级断电电流为

$$i_P=\frac{U_B}{R}(1-e^{-\frac{120R\tau_b}{Lnz}}) \tag{4-15}$$

代入式(4-10)，可得

$$U_{2max}=\frac{U_B}{R}(1-e^{-\frac{120R\tau_b}{Lnz}})\sqrt{\frac{L}{C_1\left(\frac{N_1}{N_2}\right)^2+C_2}} \tag{4-16}$$

由式(4-15)和式(4-16)可知，发动机转速升高时，触点闭合时断电器凸轮转过的角度虽不变，但触点的闭合时间相应减小，使初级断电电流 $i_P$ 减小，因此次级电压下降。图 4-19 为传统点火系统的工作特性曲线。当发动机转速超过其极限转速时，发动机将出现高速断火现象。发动机极限转速的确定如图 4-19 中的虚线所示。

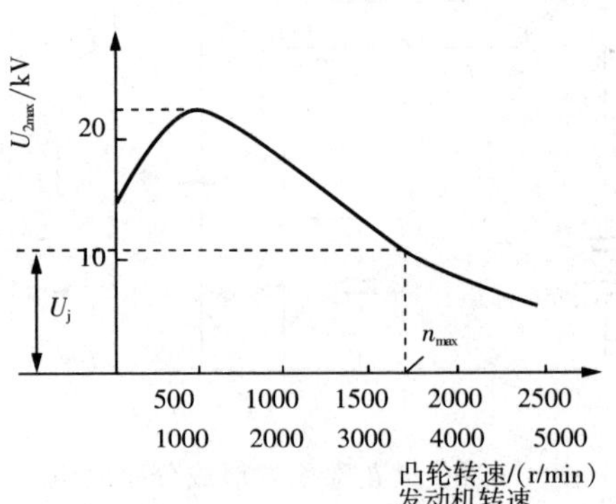

图 4-19 传统点火系统工作特性

当发动机转速较低时，由于触点打开缓慢，触点间会形成电火花，它不仅消耗了一部分磁场能量，而且使磁通的变化率降低，因而也会使次级电压下降。

## 二、影响次级电压的因素

### 1. 发动机汽缸数对次级电压的影响

次级电压的最大值将随发动机汽缸数的增加而降低，这是因为发动机汽缸数与分电器凸轮的凸角数相同。发动机汽缸数越多，断电器触点的开闭频率越快，相应断电器触点的闭合时间就越短，初级断电电流 $i_P$ 越小，因而使次级电压下降。当不同汽缸数的发动机采用同

一点火线圈时，次级电压随转速升高和汽缸数的增多而下降，如图 4－20 所示。发动机的极限转速也随发动机汽缸数的增多而降低。

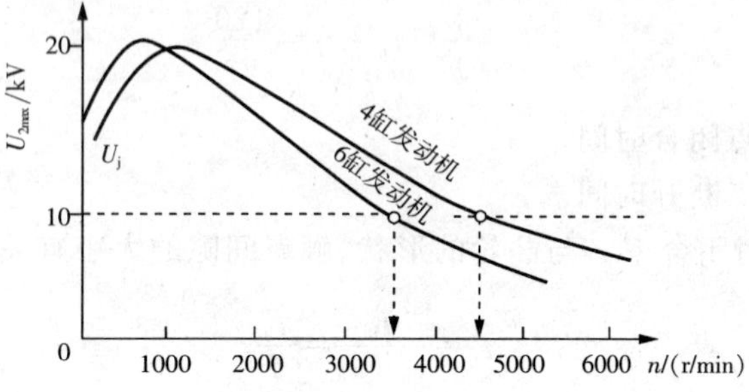


图 4－20　缸数不同时次级电压与转速的关系

2．火花塞积炭对次级电压的影响

火花塞积炭会降低点火系统的次级电压，造成点火困难，甚至断火。这是因为积炭是具有一定电阻的导体，它的存在相当于在火花塞电极间并联了一个分路电阻 $R_{fL}$，如图 4－21 所示。

当触点断开，次级电压增长时，由于分路电阻 $R_{fL}$ 使次级电路为一闭合回路，产生泄漏电流，消耗了一部分磁场能量，从而使次级电压下降。当积炭严重时，次级电压低于火花塞间隙的击穿电压，火花塞电极间不能形成火花。图 4－22 所示为积炭形成的不同分路电阻对次级电压的影响。

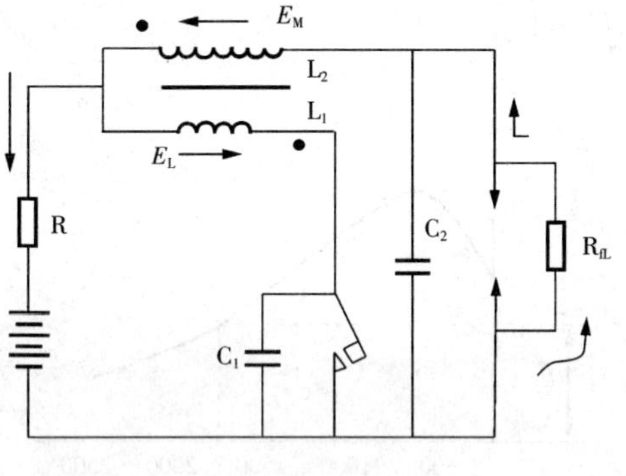

图 4－21　火花塞积炭形成分路电阻

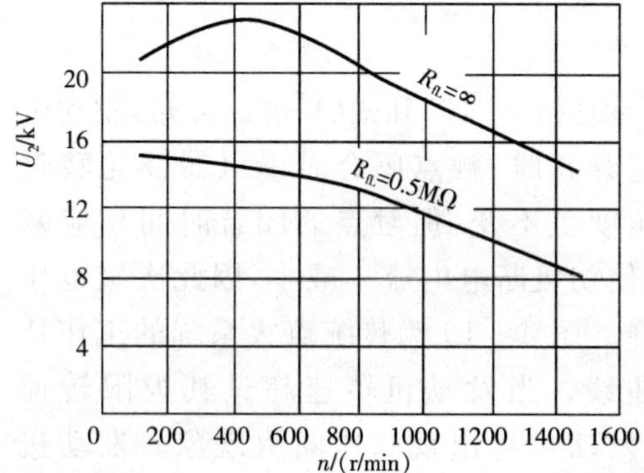


图 4－22　不同分路电阻对次级电压的影响

当火花塞由于积炭严重而断火时可采用“吊火”的方法使火花塞重新工作。“吊火”是使通往火花塞的高压导线与分电器盖之间形成一个附加间隙（3～4mm），使次级电路不能产生泄漏电流。当次级电压上升到较高值时，同时击穿附加间隙和火花塞间隙，产生火花点燃混合气。“吊火”会使点火线圈因负担过重而影响其使用寿命，所以它只能作为临时应急措施。

3．电容对次级电压的影响

图 4－23 所示为次级电压的最大值与电容 $C_1$、$C_2$ 的关系。如果电容 $C_1$ 过小，触点火花增强，消耗了点火线圈的部分磁场能量；如果 $C_1$ 过大，触点火花虽然减弱，但电容器的充放电周期较长，两者都会使磁场消失减慢，使次级电压降低。一般 $C_1$ 值为 0.15～0.35μF。电

容 $C_2$ 为分布电容，因结构的限制，电容 $C_2$ 一般为 40～70pF。为了减少无线电干扰，在点火装置上采取屏蔽措施，电容 $C_2$ 值将增加到 150～200pF。

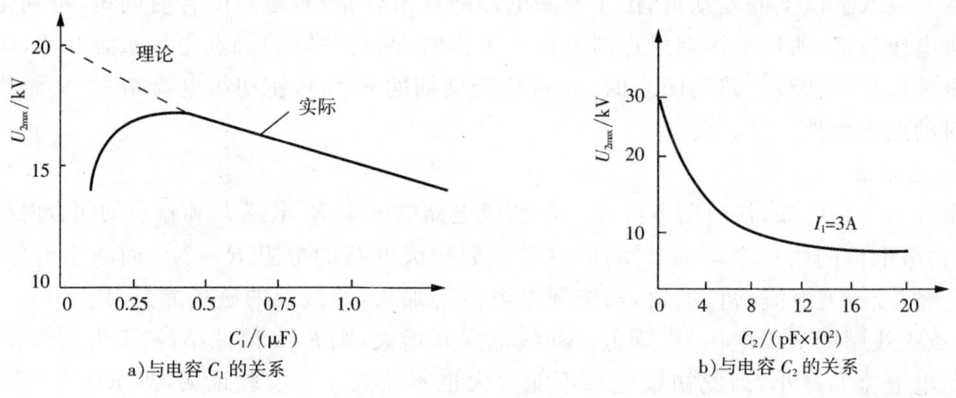


图 4－23　次级电压的最大值与电容 $C_1$、$C_2$ 的关系

4. 触点间隙对次级电压的影响

触点间隙对触点闭合角和打开时刻的影响如图 4－24 所示。触点闭合角是指触点闭合时分电器凸轮转过的角度，它是由凸轮形状和触点间隙决定的，一般四缸发动机的触点闭合角约为 52°，六缸发动机的触点闭合角约为 41°。

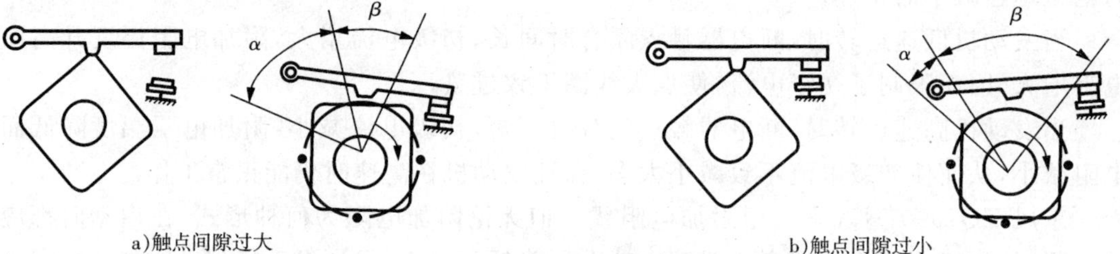


图 4－24　触点间隙对闭合角和触点打开时刻的影响

α—触点打开角　β—触点闭合角

如果触点间隙过大，如图 4－24a 所示，则触点闭合角减小，触点闭合时间 $t_b$ 减少，初级断电电流减小，使次级电压下降，同时凸轮转动使断电器触点被提前打开，点火提前角增大。如果触点间隙过小，如图 4－24b 所示，会使触点断开时火花加强而初级电流下降缓慢，也会使次级电压下降。

5. 点火线圈温度对次级电压的影响

点火线圈由于夏天气温高，发动机过热，发电机电压过高使初级电流增大而过热时，初级绕组的电阻增大，初级断电电流 $i_P$ 减小，使次级电压下降。

## 三、传统点火系统点火特性的改善

在多缸发动机中，要使传统点火系统的点火特性得到改善，首先要增大发动机高速时的初级电流，使次级电压增大。

1. 机械方法

增大初级电流的机械方法包括改善凸轮外形和采用双触点断电器。

改善凸轮外形要尽可能增加触点的闭合角，但不能超过全周期的 60%～65%。否则，凸轮的凸角将短而尖，使触点易于磨损，并且触点打开过于急促，因而工作不可靠。故单触点断电器通常只用于四缸或六缸发动机。

八缸或八缸以上的发动机，由于其断电器触点闭合角小，触点闭合时间短，特别是高速时次级电压较低，所以采用双触点断电器。工作时，两对并联的触点先后重叠开闭，闭合角相互重叠以延长初级电路的闭合时间（可达全周期的85%），使初级电流增大，从而改善了高速时的点火特性。

2. 电方法

由式(4－4)可知，初级断电电流 $i_P$ 与初级电路的电阻 $R$、电感 $L$ 和触点的闭合时间 $t_b$ 有关，而初级电流的增长率与 $R/L$ 的值有关。如初级电路的电阻 $R$ 一定，而减小电感 $L$，则 $R/L$ 值增大，初级电流增长加快，初级断电电流 $i_P$ 加大，使线圈的磁场能量 $W_P=(1/2)Li_P^2$ 减小，点火线圈的次级电压 $U_2$ 降低。初级电感 $L$ 增大，则 $R/L$ 值减小，初级电流增长缓慢，初级断电电流 $i_P$ 减小，因此初级电感不能太大也不能太小。实验证明，当 $Rt_b/L=1.26$ 时最为有利；若电感一定而减小电阻 $R$，则由式(4－4)可知，初级断电电流的稳定值 $U_B/R$ 增大，因此触点打开时，初级断电电流 $i_P$ 就增大，次级电压升高。但电阻 $R$ 过小，在低速时 $i_P$ 过大，会使点火系统工作恶化。其解决方法有以下两种：

(1)在初级电路中串接附加电阻

初级电阻又称热变电阻，由低碳钢丝或铁铬铝丝制成，具有受热时电阻迅速增大而冷却时电阻迅速减小的特性。

当发动机低速运转时，断电器触点闭合时间长，初级电流增大，附加电阻温度升高而使电阻增大，因而限制了初级电流，使点火线圈不致过热。

当发动机高速运转时，断电器触点闭合时间短，初级电流减小，附加电阻温度降低而使电阻减小，从而使初级电流不致减小太多，保证发动机在高速时仍能正常工作。

东风 EQ1090 型汽车采用附加电阻线。但无论附加电阻为何种形式，在启动时都应将其短路，使初级电流不致因启动时蓄电池电压降低而减小，保证发动机启动时能正常点火。

(2)采用延长闭合角的电路

采用延长闭合角的电路，当触点打开期间，使初级电路接通，从而延长了初级电路的闭合时间，使初级断电电流增大，从而使次级电压升高。

## 第五节　传统点火系统的构造

### 一、点火线圈

点火线圈按磁路的结构形式不同，可分为开磁路点火线圈和闭磁路点火线圈两种。开磁路点火线圈多用于传统点火系统，而闭磁路点火线圈多用于高能电子点火系统。

1. 开磁路点火线圈

图 4－25 所示为传统的开磁路点火线圈的结构示意图。开磁路点火线圈有两接线柱式和三接线柱式。它主要由铁心、瓷杯、钢片、绕组、外壳和胶木盖等组成。

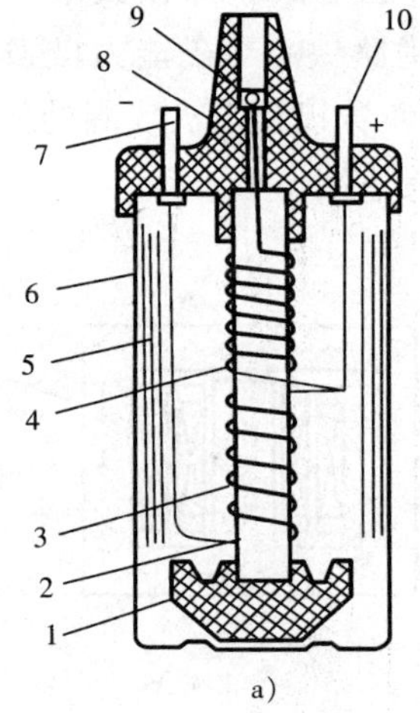


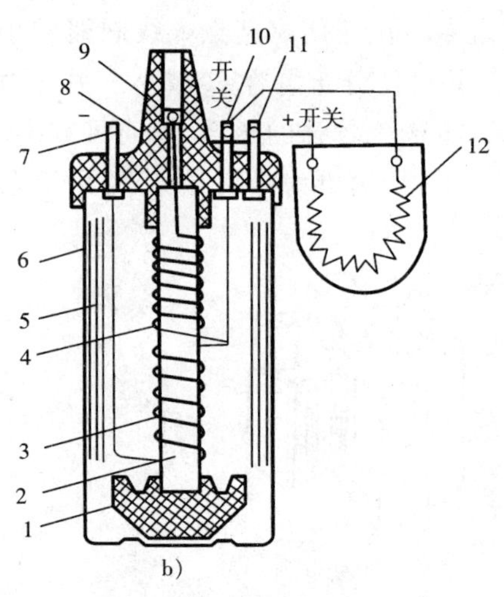


图 4－25　开磁路点火线圈结构示意图

1—瓷杯　2—铁心　3—初级绕组　4—次级绕组　5—钢片　6—外壳　7—“－”接柱　8—胶木盖
9—高压线插孔　10—“＋”或“开关”接柱　11—“＋开关”接柱　12—附加电阻

铁心由相互绝缘的条形硅钢片叠成，包在绝缘套筒内。套筒上有较细的漆包线绕制的次级绕组，其直径在 0.06～0.10mm 之间，匝数 11000～26000 匝。初级绕组在次级绕组外层，以利于散热，其直径在 0.5～1.0mm 之间，匝数为 230～370 匝。绕组绕好后在真空中浸以石蜡和松香的混合物，以增强绝缘。绕组与外壳之间，装有导磁用的钢片，与铁心形成半封闭的磁路，可减小漏磁以加强磁场。外壳的底部装有绝缘用的瓷杯，防止高压电击穿次级绕组的绝缘而向铁心或外壳放电。为加强绝缘和防止潮气侵入，在外壳内填满沥青或变压器油，由此可分为干式点火线圈和油浸式点火线圈。

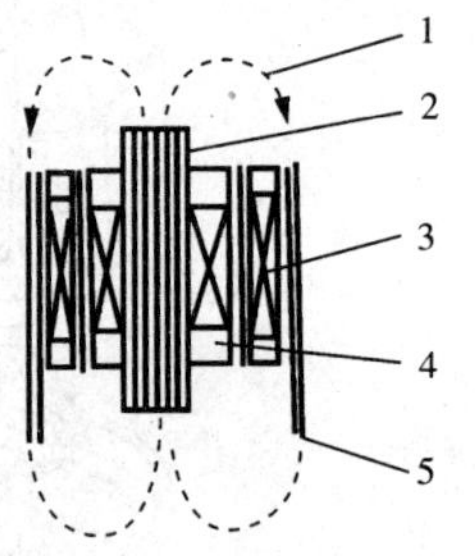


图 4－26　开磁路点火线圈的磁路

1—磁力线　2—铁心
3—初级绕组　4—次级绕组
5—导磁钢片

当初级绕组有电流通过时，铁心被磁化，由于磁路的上、下部分是从空气中通过，其铁心未构成闭合磁路，如图 4－26 所示，其能量变换效率为 60%，所以称为开磁路点火线圈。

胶木盖位于点火线圈的上端，其中央突出部分是高压线插座，其余接线柱为低压接线柱。两接线柱式点火线圈标有“＋”、“－”标记，三接线柱式点火线圈标有“开关”、“＋开关”、“－”标记，在“开关”与“＋开关”之间有一附加电阻。附加电阻（热变电阻）具有温度升高时电阻迅速增大、温度降低时电阻迅速减小的特点，在发动机工作时自动调节初级电流，避免高速时断火和低速时点火线圈过热。东风 EQ1090 型汽车装用的 QD125 型点火线圈本身不带附加电阻，其“＋”接线柱上有两根导线，其中蓝色导线接至启动机电磁开关的附加电阻短路接线柱，而白色导线接至点火开关，称为附加电阻线，阻值为 1.7Ω，“－”接线柱接至分电器触点。点火线圈的低压接线柱接线必须正确，以保证火花塞的中心电极为负极，降低火花塞的击穿电压。

2. 闭磁路点火线圈

图 4－27 所示为闭磁路点火线圈的结构和磁路示意图。其铁心多为“日”字形，铁心内绕有初级绕组，次级绕组绕在初级绕组的外面，其铁心构成闭合磁路，常设有一个微小的气

隙以减少磁滞现象。由于闭磁路点火线圈漏磁小，磁路磁阻小，能量损失小，所以能量变换效率高达 75%，并可使分布电容 $C_2$ 减小。另外由于闭磁路铁心导磁能力极强，可在较小的磁动势（安匝数）下产生较强的磁通，因而可减小线圈的匝数以使点火线圈的体积减小，可直接装在分电器盖上，结构更为紧凑，故广泛用于电子点火系统。

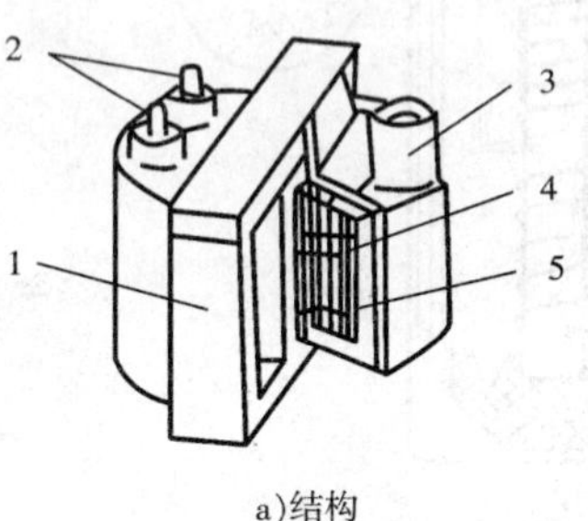

a)结构

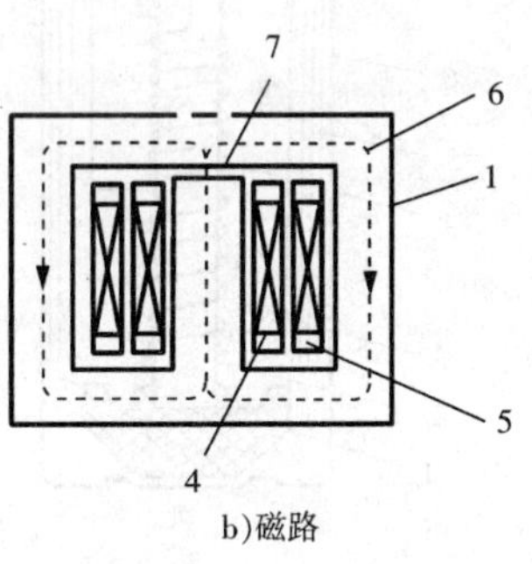

b)磁路

图 4-27　闭磁路点火线圈的结构和磁路

1—“日”字型铁心　2—初级绕组接线柱　3—高压接线柱　4—初级绕组　5—次级绕组　6—磁力线　7—气隙

## 二、分电器

东风 EQ1090 型汽车装用的 FD 632 型分电器的结构如图 4-28 所示，它主要由断电器、配电器、电容器、辛烷选择器和点火提前机构等组成。另外分电器壳体由铸铁制成，下部装有石墨青铜衬套，分电器轴安装在衬套内，用油杯润滑，由发动机凸轮轴经机油泵轴驱动。

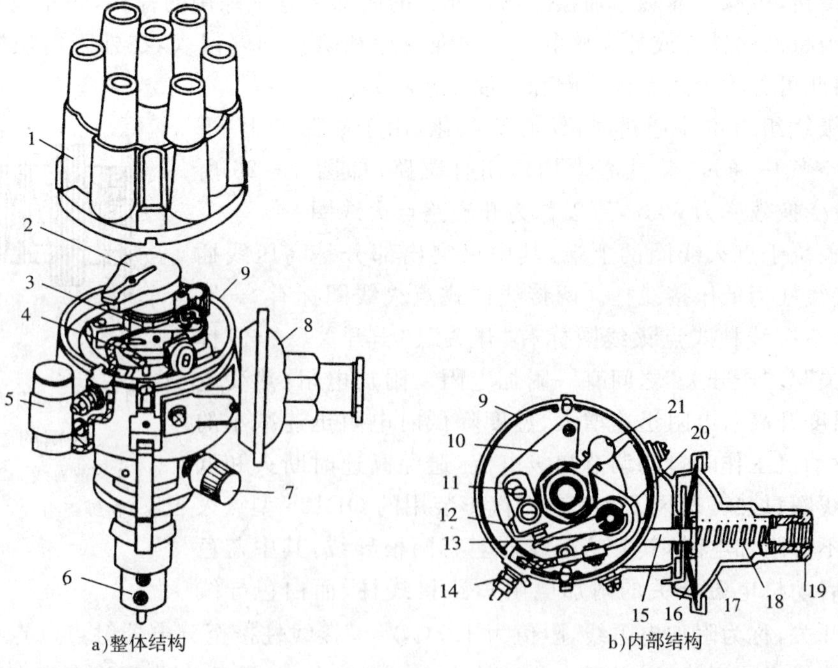


图 4-28　FD 632 型分电器

1—分电器盖　2—分火头　3—凸轮　4—断电器触点及底板总成　5—电容器　6—联轴节　7—油杯　8—真空提前机构　9—分电器壳体　10—活动底板　11—偏心螺钉　12—固定触点与支架　13—活动触点臂　14—接线柱　15—拉杆　16—膜片　17—真空提前机构外壳　18—弹簧　19—螺母　20—触点臂弹簧片　21—油毡及夹圈

1. 断电器

断电器由一对用钨制成的触点和凸轮组成，断电器触点和底板总成4安装在活动底板10上。一触点固定，经底板搭铁，另一触点为活动触点，装在活动触点臂13的一端，活动触点臂的另一端的孔套在销轴上，活动触点与壳体相互绝缘，触点臂中部连有夹布胶木顶块，靠弹簧片20压紧在凸轮上。触点臂经弹簧片和导线与壳体外面的绝缘接线柱14连接。触点间隙可借助偏心螺钉11进行调整。凸轮与拨板制成一体，安装在分电器轴上，经离心提前机构的离心块由分电器轴驱动。

2. 配电器

如图4-29所示，分电器由胶木制成的分电器盖4和分火头1组成，安装在断电器的上方。分火头插装在凸轮的顶端，其上有导电片2。分电器盖外部中央是高压中心插孔，其内侧为中心电极及带弹簧的炭精柱7，压在分火头的导电片上，分电器盖内侧周围有与发动机汽缸数相等的旁电极3，它与分电器外部的旁插孔相导通，旁插孔是用来插装分缸高压线的。分火头随凸轮旋转，当断电器触点打开瞬间，分火头上的导电片与某一旁电极相对，高压电击穿导电片与旁电极之间的间隙(0.2～0.8mm)通过分缸高压线送至火花塞。

a)内部结构

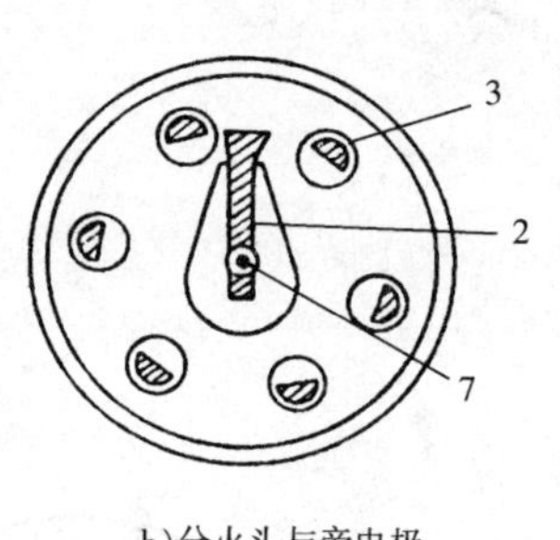


b)分火头与旁电极

图4-29 配电器的结构

1—分火头 2—导电片 3—旁电极 4—分电器盖 5—高压中心插孔 6—高压旁插孔 7—中心电极及带弹簧的炭精柱

3. 电容器

电容器装在分电器的壳体上，其结构如图4-30所示。它由两条绝缘蜡纸隔开的锡箔或铝箔卷成筒状，在真空中抽去空气，经浸蜡处理后装入金属外壳中，其中一条箔带的底部与外壳相连，另一条箔带则通过与外壳绝缘的导电片由导线引出。

通常，要求电容器的绝缘电阻应大于50MΩ(20℃)。由于电容器工作时要承受初级绕组的自感电动势，其耐交流电压值应大于600V，并且在1分钟内不被击穿。

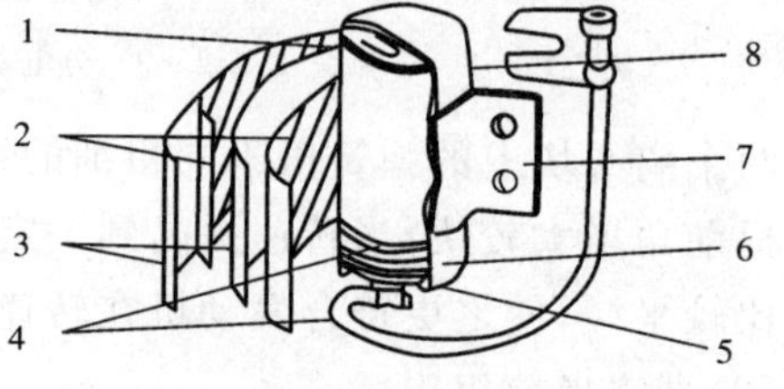


图4-30 电容器

1—接铁片 2—锡箔或铝箔 3—绝缘蜡纸 4—引出线 5—绝缘板 6—导电片 7—固定板 8—壳体

4. 辛烷选择器

辛烷选择器是根据汽油牌号不同由人工改变点火提前角的装置，也称人工调节器。它装在分电器壳体的下部。辛烷选择器的结构随分电器的型号不同而有所差异，其工作原理是通过调节螺钉使分电器壳体相对于凸轮转过一个角度，以改变断电器触点的打开时间，从而改变点火提前角。当分电器壳体逆着旋转方向转动，点火提前角增大；反之，点火提前角减小。

另外，由于发动机使用条件的改变需要调节点火提前角时，通常也用辛烷选择器进行调节。

5. 点火提前机构

(1)离心提前机构

离心提前机构是根据发动机转速的变化而自动改变离心提前角的装置，它通常装在断电器固定板的下方，如图 4 - 31 所示。在分电器轴 3 上固定有托板 4，两个离心块 1 和 7 分别套于托板的柱销 5 上。离心块可绕柱销转动。离心块的另一端由弹簧 2 和 8 拉向轴心。凸轮 10 和拨板 9 连在一起套装在分电器轴上，而拨板上的矩形孔套在离心块销钉 6 上。当发动机转速升高时，离心块在离心力的作用下克服弹簧拉力向外甩开，离心块上的销钉便推动拨板和凸轮沿分电器轴的旋转方向转过一个角度，使断电器触点提前打开，点火提前角增大；转速降低时，离心力减小，弹簧便将离心块拉向轴心，使点火提前角减小。

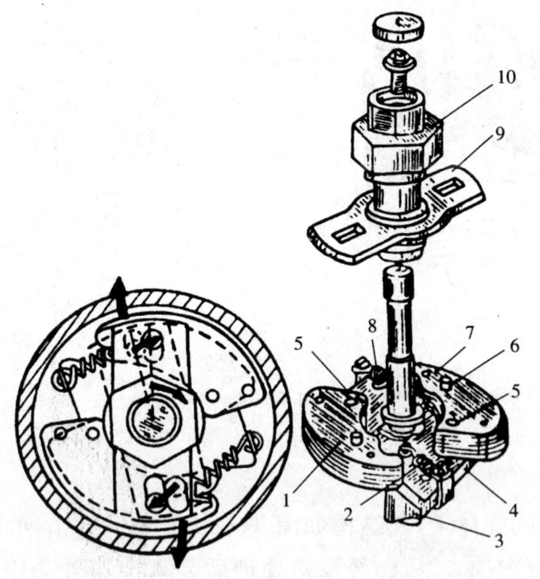

图 4 - 31　离心提前机构

1、7—离心块　2、8—弹簧及支架　3—分电器轴　4—托板　5—柱销　6—销钉　9—拨板　10—凸轮

两个离心块上的弹簧由不同粗细的钢丝绕成，其弹性不同，低速时只有细弹簧起作用，点火提前角增大较快，当转速提高到一定程度后，两根弹簧同时起作用，因而使点火提前角增大比较平缓，使之更符合发动机在转速变化时对点火提前角的要求(见图 4 - 31)。

(2)真空提前机构

真空提前机构装在分电器壳体的外侧，其结构如图 4 - 28b 所示。其真空提前机构外壳 17 内固定有膜片 16，将其内部隔成两个腔室，位于分电器壳体一侧的腔室与大气相通，另一腔室通过管子与化油器节气门轴上方的小孔相连。膜片中心固装着拉杆 15，拉杆另一端的销钉插在断电器活动底板 10 上，可拉动断电器活动底板使之转动。

当发动机负荷小时，节气门开度也小(见图 4－32a)，小孔处的真空度大，吸动膜片向右拱曲，拉杆拉动活动底板使之逆着分电器轴的旋转方向转动一个角度，使断电器触点提前打开，点火提前角增大。当发动机负荷增大，节气门开度随之增大(见图 4－32b)，小孔处的真空度减小，膜片在弹簧 6 的作用下向左拱曲，使点火提前角减小。当发动机处于怠速工况时，小孔位于节气门上方(见图 4－32c)，小孔处的真空度几乎为零，弹簧推动膜片使点火提前角减小或基本不提前，以满足发动机怠速工况的要求。真空提前机构的工作特性如图 4－33 所示。

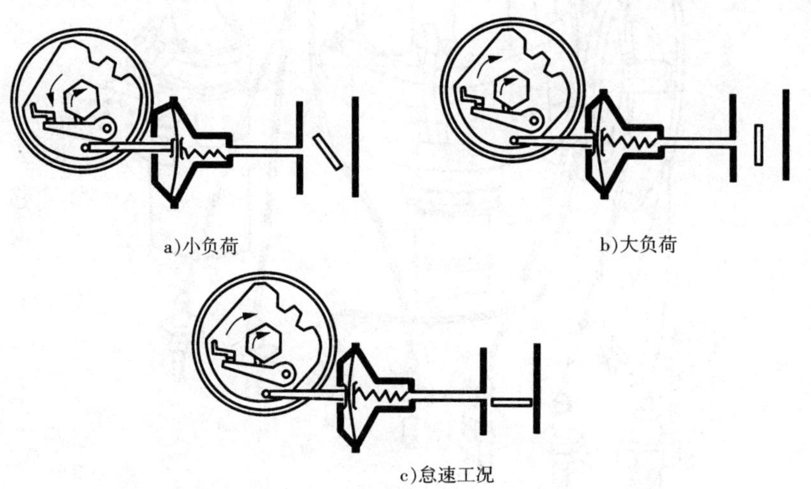


图 4－32　真空提前机构的工作原理

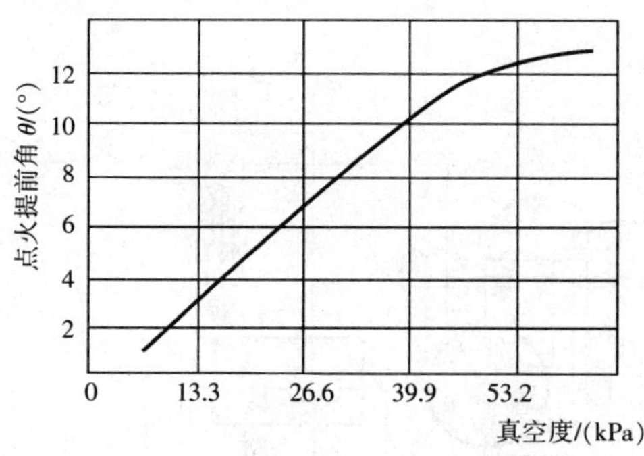


图 4－33　真空提前机构的工作特性

为了降低发动机在怠速时排放污染物(HC、CO、$NO_x$)的含量，有的汽车采用双膜片真空提前机构(夏利 TJ7100 型)和双真空提前机构。

6. 爆震限制器

解放 CA1091 型汽车装用的 BX—1A 型爆震限制器的结构如图 4－34 所示，其工作原理如图 4－35 所示。

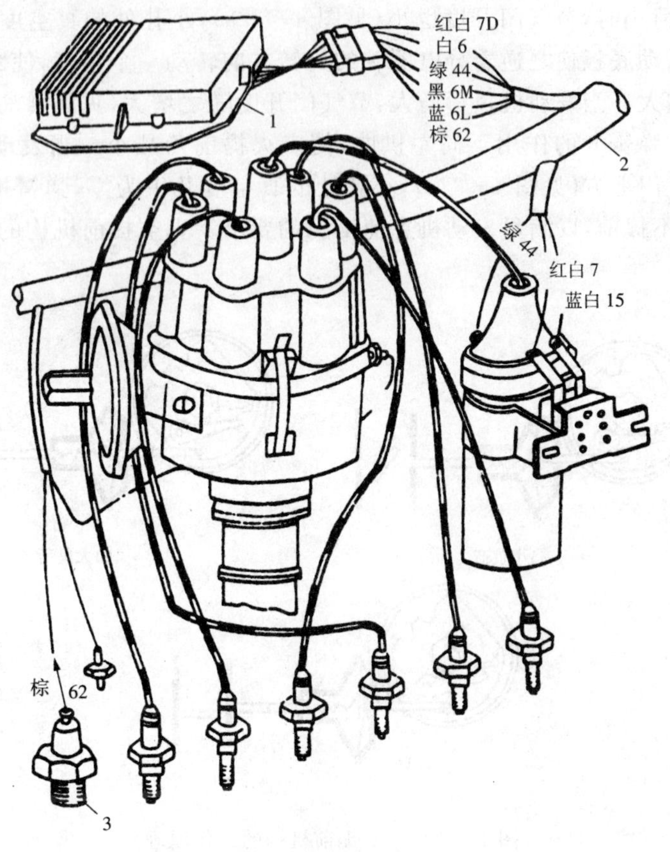


图 4－34　爆震限制器的线路图

1—爆震限制器　2—中间电线束　3—爆震传感器

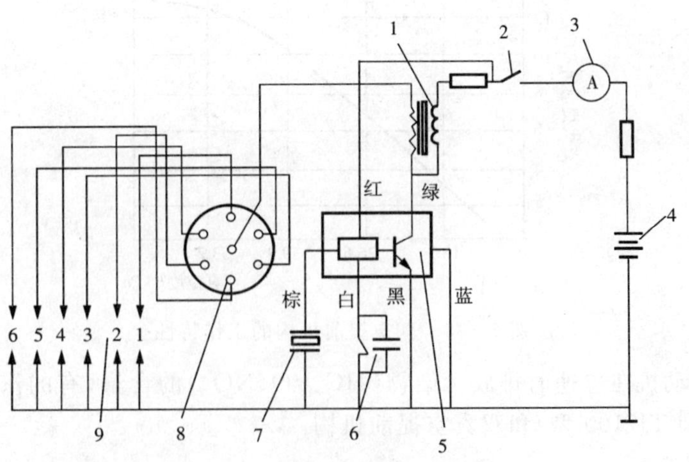


图 4－35　爆震限制器的工作原理

1—点火线圈　2—点火开关　3—电流表　4—蓄电池　5—爆震限制器

6—断电器　7—爆震传感器　8—分电器　9—火花塞

爆震限制器为一内装印刷电路板的铝盒，通过一个八孔复合插座与有关电气设备相连。爆震传感器为压电共振式，安装在发动机汽缸盖上，以检测各汽缸出现的爆震信号。

当发动机出现爆震(敲缸)时,汽缸盖发出特定频率的振动,爆震传感器接收到特殊频率后,检测出爆震信号,并以电压形式的信号输出。此信号输出到爆震限制器,使分电器在断电器触点打开的瞬间,点火线圈不立刻产生高压电,而是经过爆震限制器延时后才产生高压电,从而使点火推迟,爆震随之消失。爆震消失后,点火提前角自动恢复到原来的数值。点火提前角随着爆震强度和频率变化而变化,使发动机大负荷时不会出现强烈爆震,在中、小负荷时有较大的点火提前角,从而提高其燃料经济性。

爆震限制器设有灵敏度调节和推迟角调节两个电位器。顺时针方向转动电位器,灵敏度提高,推迟角增大。

装用爆震限制器的点火系统,点火线圈的初级电流不再经断电器触点,而是经爆震限制器的大功率晶体管。

爆震限制器具有增大火花能量,断电器触点不易烧蚀,可采用高能点火线圈,次级电压上升速率快,对火花塞积炭不敏感并能自动断电保护点火线圈等特点。

如果爆震限制器发生故障而不能正常工作时,可断开爆震限制器的连线,改变接线,恢复到普通蓄电池点火电路,发动机便可正常工作。

## 三、火花塞

### 1. 火花塞的工作特性

火花塞的作用是将点火线圈产生的高压电引入发动机燃烧室内,在其电极间产生电火花以点燃混合气。

火花塞的工作条件极其恶劣,它受到高温高压及燃烧产物的强烈腐蚀,因此对它提出了较高的要求。

(1)混合气燃烧时,火花塞的下部受到高压燃气的冲击,其压力高达5.88～6.86MPa,因此要求火花塞的主要零件应具有足够的强度。

(2)混合气燃烧时,火花塞下部将受到1500℃～2000℃的高温燃气作用,而进气时又受到50℃～60℃的混合气突然冷却,因此要求火花塞应承受这种周期性的温度剧烈变化而不变形,且要求火花塞具有适当的热特性,使其裙部保持一定的温度,不得局部过热或局部温度过低。

(3)发动机工作时,汽缸内的高温、高压燃烧产物如臭氧、一氧化碳、氧化硫和氧化铅等,对火花塞具有腐蚀作用,因此要求火花塞电极具有耐腐蚀性能。

(4)火花塞的绝缘体应有足够的绝缘强度,能承受30kV的冲击性高压。

(5)火花塞的击穿电压应尽可能低,使发动机高速时点火可靠,并减轻点火系统的负担,延长使用寿命。

### 2. 火花塞的结构

火花塞的结构如图4-36所示。在钢质壳体5的内部固定有高氧化铝陶瓷绝缘体2,在绝缘体中心孔的上部有金属杆3,其上端有接线螺母1,用来连接导线,下部装有中心电极10,金属杆与中心电极之间用导体玻璃密封,铜制内垫圈4和8起密封和导热作用,壳体5的外侧,上部有便于拆装的六角平面,下部有螺纹以备旋装在发动机汽缸盖内,壳体下端固定有弯曲的侧电极9。

火花塞电极应具有耐高温、耐高压、耐腐蚀性能,一般采用镍锰合金钢或镍包铜电极材料。

火花塞的电极间隙一般为0.6～0.7mm，为了降低排放污染物的浓度，采用电子点火系统点燃混合气时，间隙可增大到1.0～1.2mm。

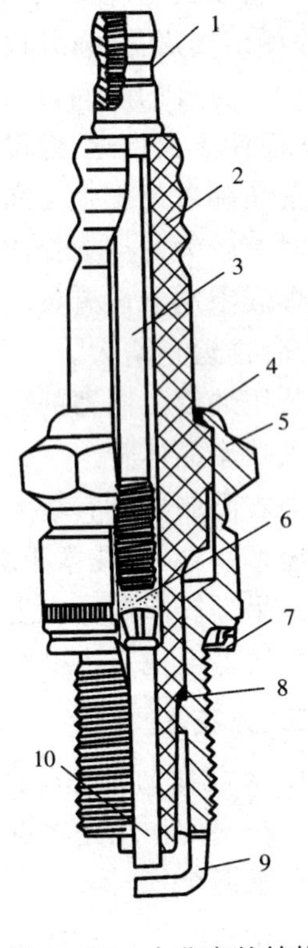

图 4－36　火花塞的结构
1—接线螺母　2—绝缘体
3—金属杆　4、8—内垫圈
5—壳体　6—导体玻璃
7—多层密封垫圈
9—侧电极　10—中心电极

火花塞与汽缸盖座孔之间应保证密封，有平面密封和锥面密封两种形式。平面密封时，在火花塞与座孔之间应加装铜包石棉垫圈，而锥面密封则是靠火花塞壳体的锥形面与汽缸盖上相应的锥形进行密封。为了确保密封，火花塞应按汽车生产厂规定的扭紧力矩扭紧。

3. 火花塞的热特性

为确保火花塞处于良好的工作状态，火花塞绝缘体裙部的温度应为500～600℃，这样才能使落在绝缘体上的油滴立即燃烧，不致形成积炭，通常称这个温度为火花塞的自净温度。如温度过高，炽热的绝缘体会使混合气产生早燃或爆燃；温度过低，容易使油雾聚集形成积炭，导致不能点火。

火花塞绝缘体裙部在工作时的温度与其受热情况和散热条件有关，只有当火花塞吸收的热量与散出的热量达到平衡时，火花塞绝缘体裙部才能保持在500～600℃之间，并在发动机转速和功率正常变化的范围内保持稳定。火花塞绝缘体吸收的热量，有约80%的热量由上、下铜垫圈通过火花塞壳体传给汽缸盖，其中一小部分由中心电极传出，另有约20%的热量被进入汽缸的混合气冷却。

火花塞的热特性主要取决于绝缘体裙部的长度。当裙部较长时，其受热面积大，吸收的热量多，且因散热距离长，散热困难而使裙部的温度高，此为“热型”火花塞；反之为“冷型”火花塞，如图 4－37 所示。对于小功率、低压缩比和低转速的发动机，应采用热型火花塞；相反，对于大功率、高压缩比、高转速的发动机，应采用冷型火花塞。

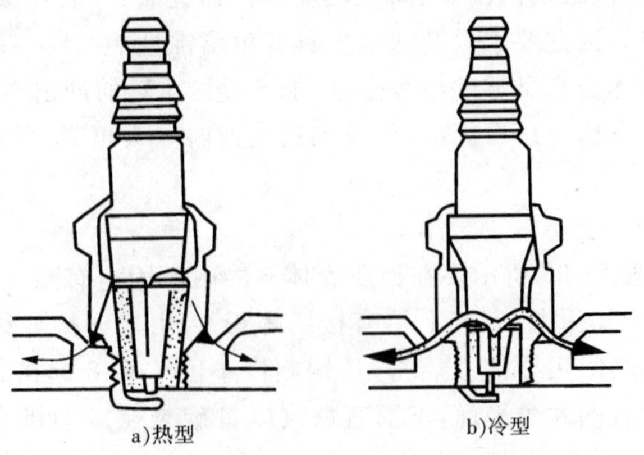

图 4－37　热特性不同的火花塞

火花塞的热特性一般用热值表示，热值的标定方法各国不尽相同，我国是根据火花塞绝

缘体裙部长度标定的热值来表示火花塞的热特性，并以1、2、3、4、5、6、7、8、9、10、11、…阿拉伯数字来表示，见表4-1。热值越高，散热性能越好。因此，热值小的为热型火花塞，热值大的为冷型火花塞。

**表4-1　火花塞的热值**

| 热值 | 1 | 2 | 3 | 4 | 5 | 6 | 7 | 8 | 9 | 10 | 11 |
|---|---|---|---|---|---|---|---|---|---|---|---|
| 热特性 | 热型←→冷型 | | | | | | | | | | |

# 第六节　传统点火系统的使用

1. 点火正时

为了保证发动机的点火系统在安装分电器总成、更换燃油牌号或使用条件变化时，能够正常工作，使汽缸内的混合气在正确的时间被点燃，通常需要调整起始的点火提前角，这就是“点火正时”。点火正时均以第一缸为基准。

点火正时的调整方法随发动机的牌号和型号的不同而有所差别，一般步骤如下：

(1)首先检查断电器触点间隙，必要时予以调整，一般触点间隙为0.35～0.45mm。因为触点间隙影响次级电压和点火提前角，如东风EQ1090型汽车的触点间隙每变动0.1mm，点火提前角将改变1.5°。

(2)找出第一缸的正时标记或压缩行程上止点的位置，并使其对准。其方法是先拆下第一缸火花塞，用大拇指或棉纱团堵住第一缸火花塞，然后摇转曲轴，当手指感到较大的气体压力冲出时，再慢慢转动曲轴，使正时标记相互对准。点火正时标记由凸轮上或随其旋转的零部件上和汽缸体或与之连接的零部件上的两部分组成。各车的正时标记不尽相同，对于点火初置角为零的发动机，其第一缸上止点标记即为点火正时标记；对于有一定点火初置角的发动机，除上止点标记外还另设有点火正时标记。

东风EQ1090型汽车的正时标记：打开离合器壳右前方检查孔盖，当飞轮上的钢球与检查孔上刻线对齐，如图4-38所示，即为第一、六缸活塞上止点；或者在曲轴皮带轮上有一个缺口，当它和正时齿轮盖上的凸筋相对时，亦为第一、六缸活塞上止点的点火初置，如图4-39所示。其点火正时标记，是飞轮上表示一、六缸上止点位置(钢球)前9°的标记线和检查孔飞轮壳边的刻度线对准，即表示发动机初始点火提前角为上止点前9°(按曲轴转角计)。

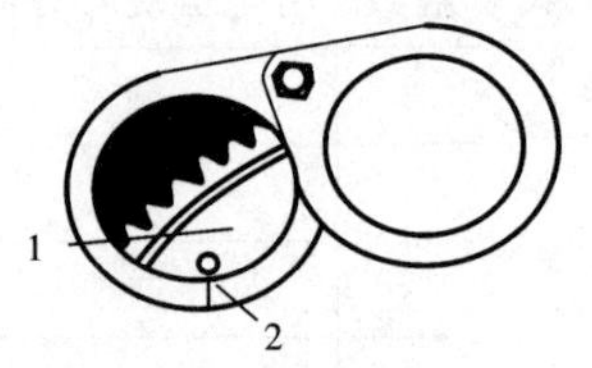


图4-38　东风EQ1090型汽车的点火正时标记
1—点火线　2—检查孔边刻度线

解放CA1091型汽车的点火正时标记是飞轮上的正时标记($\frac{\text{上止点}}{1-6}$)和离合器外壳(检查孔边)上的刻度线对齐，如图4-40所示。

跃进NJ1061型汽车和BJ2020型汽车的正时标记是正时齿轮盖上的指针和曲轴前端皮带轮上的正时标记对齐。

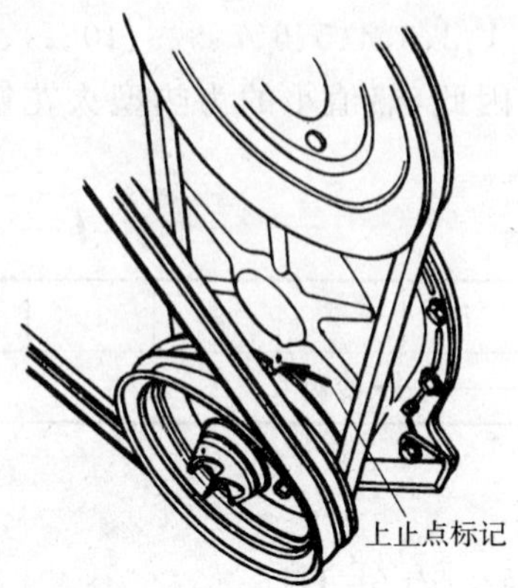


图 4-39　第一、六缸活塞上止点标记

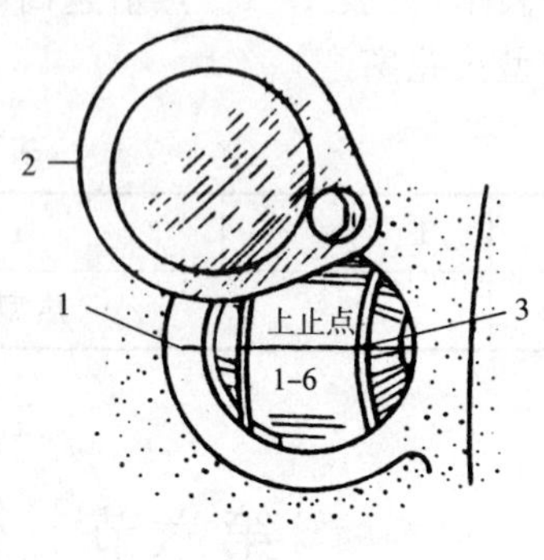


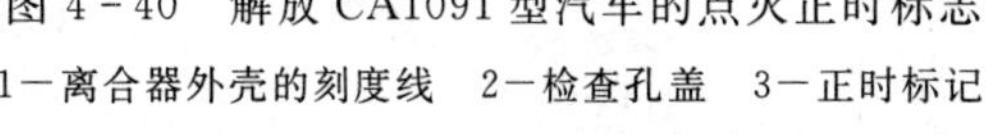

图 4-40　解放 CA1091 型汽车的点火正时标志

1—离合器外壳的刻度线　2—检查孔盖　3—正时标记

桑塔纳轿车是使凸轮轴齿形轮上的标记与气门室罩底面平齐，因其点火初置角为曲轴转角 6°±1°。根据凸轮轴和曲轴转角关系，在分电器压板未固定前，将分电器壳体逆时针转动 3°即可。

(3)确定断电器触点刚打开的位置。旋松分电器壳体夹板的固定螺钉，拔出中央高压线，使其端头距离缸体 2～3mm，接通点火开关，反向转动分电器壳体到中央高压线端头与缸体之间跳火，此时触点处于刚打开位置。也可在触点间并联一试灯，当打开点火开关并反向转动分电器壳体时，试灯刚一发亮即为触点断开。另外还可以打开分电器盖，通过直接观察触点来判断触点是否处于刚打开的位置。

对于装有辛烷选择器的分电器，在安装分电器前，应将其调整在零刻度位置。

(4)按发动机的点火顺序插好分缸高压线。分电器在发动机上紧固后，分火头应指向分电器盖上标有“1”的插孔，即第一缸的分缸高压线插孔。一般发动机的点火顺序见表 4-2。

**表 4-2　一般发动机的点火顺序**

| 缸数 | 分电器旋转方向 | 点火顺序 | 车型 |
|---|---|---|---|
| 3 | 顺 | 1—2—3 | TJ7100 |
| 4 | 顺 | 1—3—4—2 | 桑塔纳，奥迪 100 |
| | 逆 | 1—2—4—3 | BJ2020 |
| 6 | 顺 | 1—5—3—6—2—4 | EQ1090　CA1091 |
| 8 | 顺 | 1—8—4—3—6—5—7—2 | 红旗(V8) |

(5)点火正时的检查。在发动机水温为 80℃左右时，发动机由怠速状态突然加速，如转速不能随节气门的打开而立即升高，感到发闷或排气管有“突突”声，则点火提前角过小；若发动机出现金属敲击声(敲缸)，则点火提前角过大。此刻应予以调整。也可使用点火测试仪或频闪灯进行检查。

(6)行车检查。发动机预热到 70℃～80℃，在平坦路面上以略高于直接挡最低稳定车速行驶，突然将加速踏板踩到底，使化油器节气门全开。若加速过程中能听到微弱的敲缸

声，且很快消失，则说明点火时间正确；如听到有明显的金属敲击声，则点火提前角过大；若加速时感到“发闷”，则点火提前角过小。应进行调整，直到点火正时符合要求为止。

## 二、传统点火系统的故障分析

### 1. 发动机不能启动

首先应按喇叭或开大灯，检查蓄电池供电电压是否正常。若喇叭不响、大灯暗淡或不亮，说明存在蓄电池内部断路、电压过低、容量不足或其接线桩头接触不良、松脱等故障；若喇叭和大灯正常，说明蓄电池没问题，再启动发动机。

若发动机能启动，但随启动机的停转而熄火，说明点火线圈附加电阻断路或者接线脱落；若发动机有启动征兆（回火、放炮、曲轴反转），说明高压电路有故障；若无启动征兆，可打开点火开关，摇转曲轴，观察电流表的指示值并用点火线圈高压线距汽缸体 4～6mm 进行试火。

若电流表指示放电 3～5A，并间歇地摆回零位，火花强，说明高压电路有故障。可用火花塞端的高压线对缸体试火，若无火花应检查分火头、分电器盖及分缸高压线是否漏电。如火花正常，则火花塞有故障。若点火线圈高压线对机体试火无火花，那么观察电流表指示值：

(1)电流表指示“零”位，指针不摆动，说明低压电路断路，可能是由于断电器触点间隙过大、触点烧蚀或过脏、分电器与点火线圈低压接线柱之间导线断路或初级绕组断路等原因引起的。

(2)电流表指示放电 3～5A，并间歇摆回零位，说明点火线圈、电容器不良或触点接触不良。

(3)电流表指示放电 3～5A 不动或指示大电流放电，说明低压电路中有短路搭铁故障。

### 2. 发动机工作不正常

(1)个别汽缸或多个汽缸不工作。发动机个别汽缸不工作时，明显表现出动力不足、发动机运转不匀、排气管排出黑烟并放炮及伴有抖动现象。产生的原因多为火花塞工作不良或损坏，如火花塞积炭过多、潮湿、电极间隙过小、绝缘体击穿漏电；分缸高压线漏电、脱落、断路或受潮；分电器盖漏电或串电、凸轮磨损不均、分电器松动等。

检查时，可用螺丝刀将火花塞接线螺母逐个搭铁，观察发动机运转情况。如将某个火花塞搭铁后，发动机转速无变化，则表明该火花塞不工作；如果火花塞工作良好，则搭铁后发动机转速降低，故障现象更明显。

确定不工作缸后，应取下该缸火花塞上的分缸高压线，使线端距火花塞接线螺母 3～4mm。在发动机工作时，如产生连续的火花且发动机转速随之均匀，说明该缸火花塞积炭过多或绝缘体轻微漏电；如无火花，则需要检查分缸高压线和分电器盖是否漏电。

如有多个汽缸不工作，应检查点火顺序是否正确、分缸高压线是否插错。可拔下分电器盖中央高压线试火，若有火花，说明分电器盖、分缸高压线或火花塞有故障；若无火花或火花不连续，说明断电器凸轮、电容器或点火线圈有故障。

(2)点火时间不当。发动机不易启动、行驶无力、加速发闷、排气管放炮或发动机过热，其原因为点火时间过迟（点火提前角过小）、断电器触点间隙过小或分电器壳松动；摇转曲轴启动时反转，急加速时发动机有爆震声，说明点火时间过早、触点间隙过大或发动机温度过高。另外，还应根据汽油牌号改变点火提前角。

(3)发动机高速运转不良。发动机在中、低速时运转良好,而在高速时工作不稳,排气管放炮并有断火现象,其原因多为触点间隙过大、触点臂弹簧弹力过弱、火花塞间隙过大或点火线圈工作不良。

## 三、利用示波器检查点火系统的故障

示波器的作用是把点火系统工作时的电压变化转化为直观的电压波形图,通过观察电压波形的变化并与正常工作时的标准电压波形进行比较,来分析点火系统各组成部件的故障。

(1)直列波

发动机工作时,点火系统次级电压的实际波形为直列波,图 4-41 所示为放大的单缸点火的标准工作波形。当分电器、点火线圈、电容器、火花塞等有故障时,各段波形就会偏离标准波形。详细情况可参考相应的高压示波器说明书。

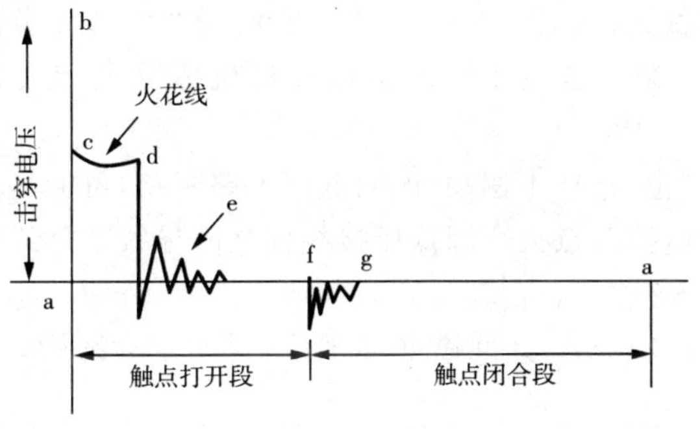


图 4-41 单缸直列波的标准波形

图中:a——断电器触点打开,次级电压急剧上升;

ab——击穿电压;

bc——电容器放电;

cd——电感放电,称为火花线;

e——火花消失后,剩余场磁维持的衰减振荡,称为第一次振荡;

f——断电器触点闭合;

g——触点闭合时,初级电流的变化引起的振荡,称为第二次振荡;

af——触点打开时间;

fa——触点闭合时间。

(2)重叠波

将多缸发动机各缸高压电路电压波形重叠在一个图形上,即为重叠波,如图 4-42 所示。利用它可以诊断出分电器凸轮磨损情况和断电器触点闭合角的大小。断电器触点闭合段一般为 60%左右。闭合段太短,说明触点间隙过大;反之,说明触点间隙过小。另外触点闭合段波形变化范围若大于 5%,说明分电器凸轮角不规则,或分电器轴与铜套因磨损而松动。

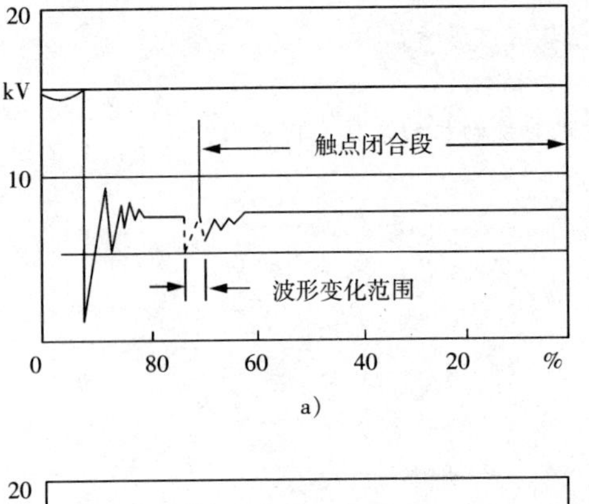

a)

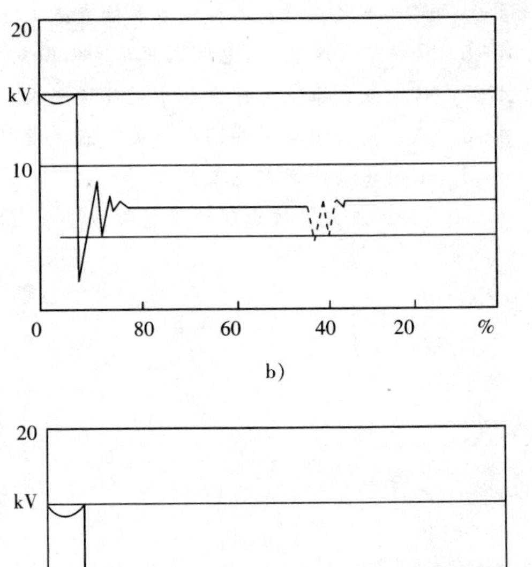

b)

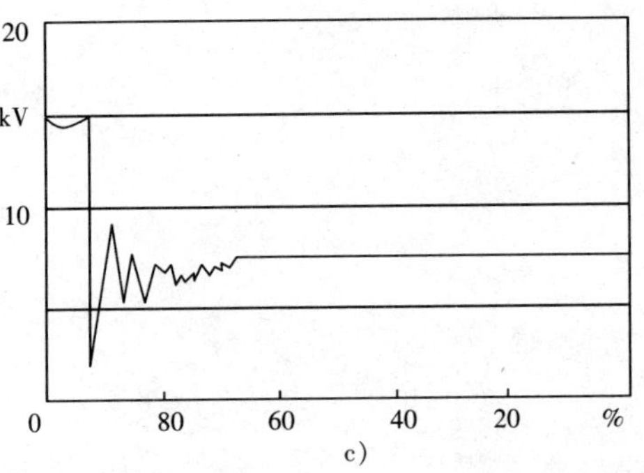

c)

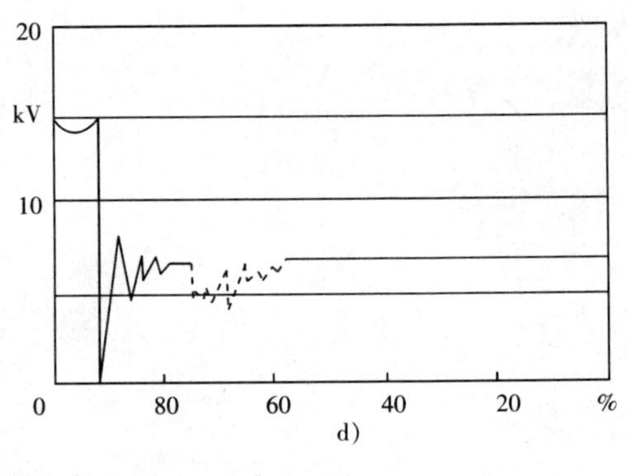

d)

图 4－42　六缸发动机的标准重叠波与常见故障波形

a)六缸发动机的标准重叠波；b)断电器触点闭合段太短，说明触点间隙过大；

c)断电器触点闭合段太长，说明触点间隙过小，断电器凸轮凸角过度磨损；

d)触点闭合段波形变化大于波段长度5%，说明凸轮凸角不规则或磨损不均，分电器轴松动。

(3)高压波

多缸发动机各缸的高压波形同时显示在荧光屏上，如图 4－43a 所示，可根据各缸高压波形的高低判断各缸点火工作情况。取下某一缸的高压导线，则该缸的高压波升至2万伏以上，如图 4－43b 所示，说明点火线圈次级电路良好；如果电压升不上去，说明点火线圈不良、电容器损坏、分电器漏电等。

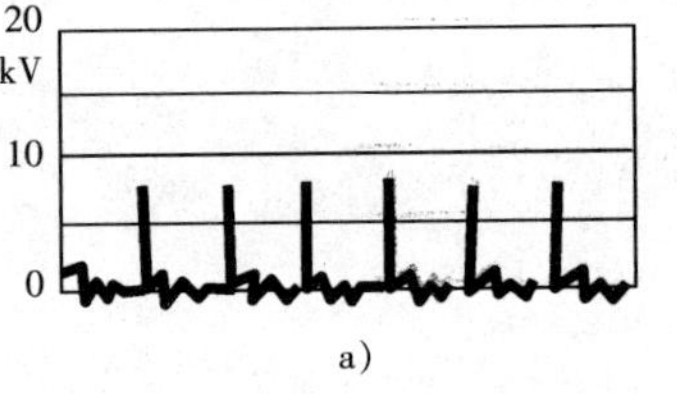

a)

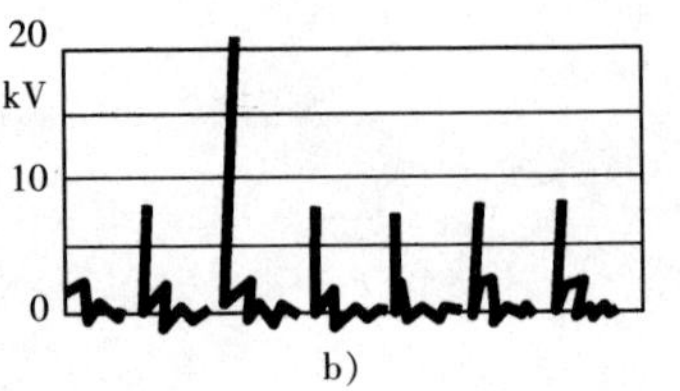

b)

图 4－43　高压波形图

## 思考与练习

4－1　汽油发动机对点火系统有哪些基本要求？

4－2　说明传统点火系统的组成及工作原理。

4－3　点火线圈的附加电阻有何作用？

4－4　断电器触点的大小对点火提前角及次级电压有何影响？

4-5 何为点火正时？怎样调整和检查点火正时？

4-6 传统点火系统中，电容器短路和断路对次级电压有何影响？

4-7 传统点火系统为什么会出现高速断火？

4-8 点火提前角与哪些因素有关？点火过早或过迟对发动机的工作有何影响？

4-9 如何正确使用火花塞？

4-10 传统点火系统出现故障怎样检查和排除？

# 第五章　电子点火系统

**内容提要**：本章主要介绍磁电式和霍尔式电子点火系统的结构和工作原理，以及它们的使用和故障分析与排除。并简要介绍有分电器和无分电器微机控制电子点火系统的工作原理。

## 第一节　概　述

传统点火系统自1907年在汽车上使用以来，虽然几经改善，但基本结构已定型。由于断电器触点的存在，它受到许多相互矛盾的制约因素的限制。传统点火系统存在着下列几个根本性缺点：

(1)触点容易烧蚀。传统点火系统中，初级电流是在断电器触点闭合时产生的，触点断开时，初级电流消失。这样，会在触点间产生火花，将触点烧蚀。又因触点反复开闭，触点臂顶块与凸轮长期摩擦而磨损，造成触点间隙变化，点火正时不稳定，而影响点火系统正常工作。为此，必须经常打磨触点，并调整触点间隙，给使用带来很大不便。

(2)火花能量的提高受到限制。由于初级电流受到断电器触点的限制，一般不超过5A。因此，火花能量的提高受到了限制。

(3)高速时次级电压降低。发动机高速时，断电器触点闭合时间短，初级电流比较小，因此次级电压随转速的升高而显著下降，不能保证高速、高压缩比、多缸发动机的可靠点火。

(4)对火花塞积炭和污染敏感。由于触点打开时，触点间电弧放电影响，火花塞电极间的电压上升速率降低。当火花塞积炭时，次级电压上升过程中的漏电就较多，使次级最高电压下降较为明显。因此，传统点火系统对火花塞积炭很敏感。

电子点火组件也称电子点火系。它是主要由半导体元件(三极管、可控硅、集成电路等)组成的电子开关电路，其主要作用是根据点火信号发生器产生的点火脉冲信号，接通或断开点火线圈初级电路，起着传统点火系统中的断电器触点同样的作用。

电子点火系统经历了带触点的(又称晶体管辅助)电子点火系统，无触点电子点火系统和微机控制点火系统的发展过程。目前，带触点的电子点火系统已极少使用，故本书不再介绍。本章将介绍大量使用的电子点火系统和日益增多的微机控制电子点火系统。

# 第二节　磁感应式电子点火装置

磁感应式电子点火装置也称磁脉冲电子点火系统。其点火信号发生器是采用电磁感应的基本原理制成的。目前，国产解放 CA1092 载货汽车、东风 EQ1090 载货汽车、日本丰田轿车、富康轿车等均采用磁脉冲无触点电子点火系统。

## 一、解放 CA1092 型载货汽车的无触点电子点火装置

解放 CA1092 型载货汽车装用的 CA6102 型汽油发动机，配用磁感应式电子点火系统。该点火系统主要由 WFD663 型磁感应式分电器、6TS2107 型电子点火组件、JDQ172 型高能点火线圈和火花塞等组成，如图 5－1 所示。

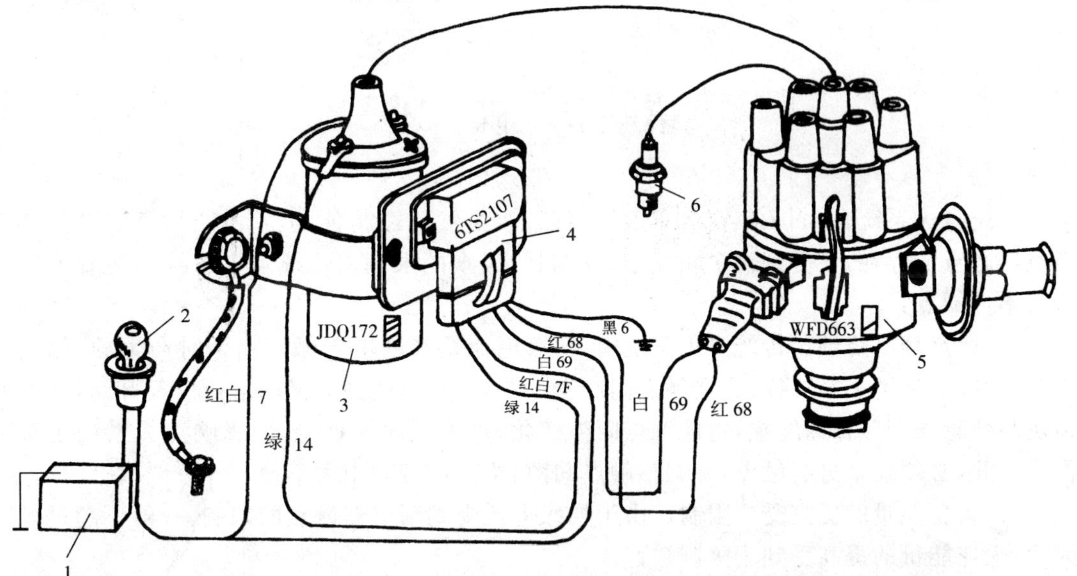


图 5－1　解放 CA1092 型汽车的无触点电子点火系统的组成

1—蓄电池　2—点火开关　3—点火线圈　4—电子点火组件　5—磁感应式分电器　6—火花塞

WFD663 型磁感应式分电器内的磁感应式点火信号发生器的结构，如图 5－2 所示。定子 4 上有 6 个向上弯曲的爪极，定子下面为塑性永久磁环 5 和导磁板（又称活动底板）6。塑性永久磁环 5 充磁后，一个表面为 N 极，另一个表面为 S 极。导磁板 6 用铜或铝质铆钉铆合后套在底板 7 上的轴套上，受真空提前装置的拉杆约束。转子 2 上有 6 个向下弯曲的爪极。转子 2 用定位销固定在转子轴 1 的上端，并随转子轴一同旋转。定子与转子之间间隙大约为 0.5mm。传感器的磁路为：塑性永久磁环 5 的 N 极（设永久磁环上为 N 极、下为 S 极）→定子 4→定子爪极与转子爪极间的间隙→转子 2→传感线圈 3 的铁心（即转子轴 1）→导磁板 6→塑性永久磁环 5 的 S 极。

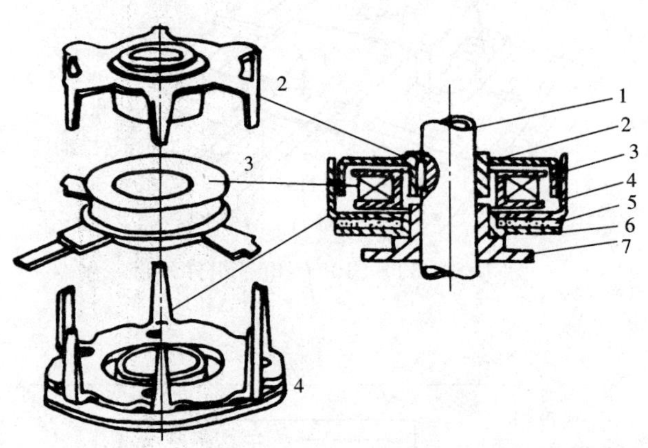


图 5 - 2　CA1092 型汽车磁感应点火信号发生器的组成

1—转子轴　2—信号转子　3—传感线圈　4—定子　5—永久磁环　6—导磁板　7—底板

当分电器轴转动时，便带动转子旋转，磁路中的气隙发生周期性变化，磁路中的磁阻阻值和穿过铁心的磁通量也发生周期性的变化，传感线圈中感应出交变电动势，作为点火信号电压送入点火电子组件。转子每转一周产生 6 个交变信号，其幅值与转速成正比。该交变信号加在点火电子组件②、③端作为点火触发信号。传感线圈内磁通与感应电动势相对于转子转角变化关系如图 5 - 3 所示。

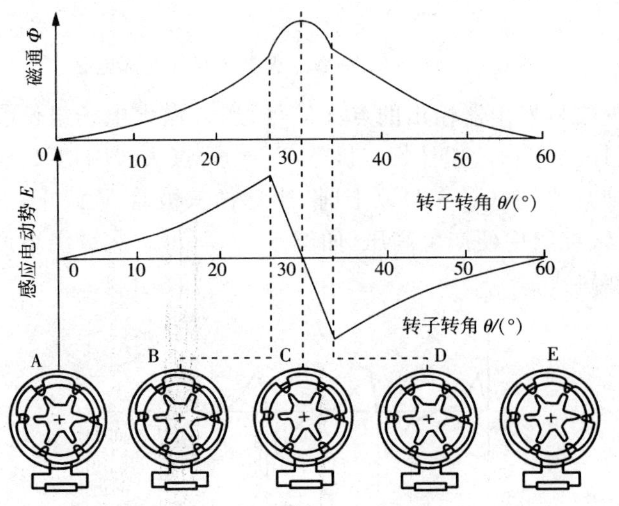


图 5 - 3　传感线圈内磁通与感应电动势相对于转子转角变化关系

点火电子组件引进美国摩托罗拉(MOTOROLA)公司的产品，型号为 6TS 2107，其外形如图 5 - 4 所示。内部电路由型号 89S01 的专用点火集成电路和大功率达林顿管等外围元件组成。辅助电子元件采用厚膜混合电路技术制成。电路原理如图 5 - 5 所示。内部电路为全密封结构，底板为一铝质散热板，用两个螺钉固定在线圈的支架上。

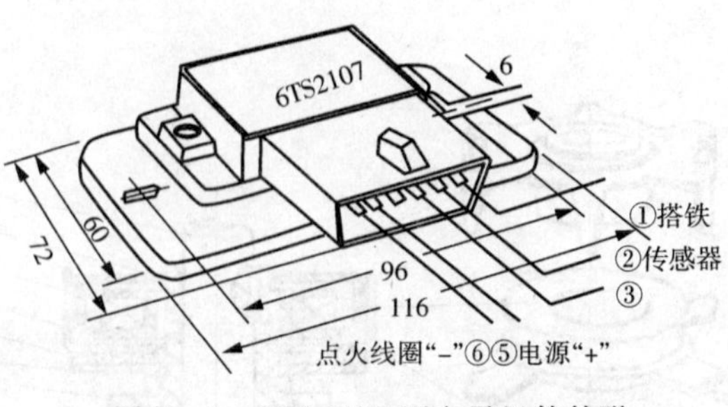


图 5-4　6TS 2107 型电子组件外形

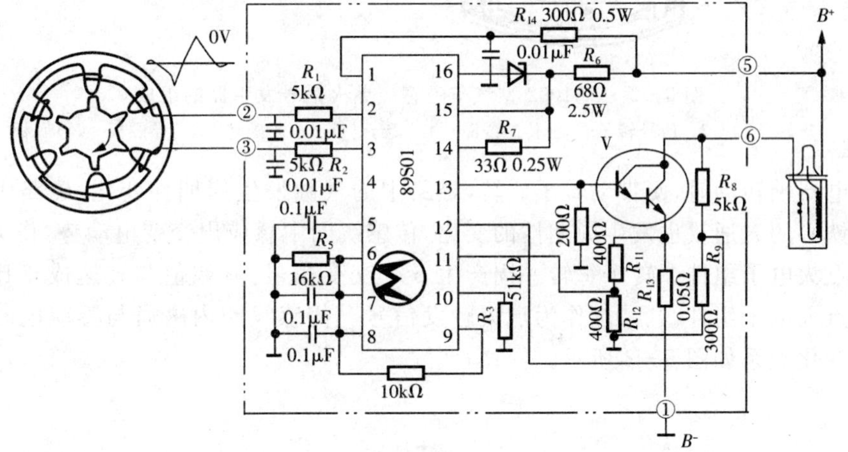


图 5-5　6TS 2107 型点火电子组件内部电路

由磁感应式点火信号发生器输出的点火信号，送入点火电子组件②、③端，当点火信号电压下降到某值(−100mV)时，达林顿三极管 V 导通，点火线圈初级绕组有电流流过；当点火信号电压又上升到某值(−100mV)以上时，达林顿三极管 V 截止，点火线圈初级电流被切断，在点火线圈次级绕组中便产生高压，如图 5-6 所示。次级绕组产生高压，经配电器、高压导线送给火花塞跳火。

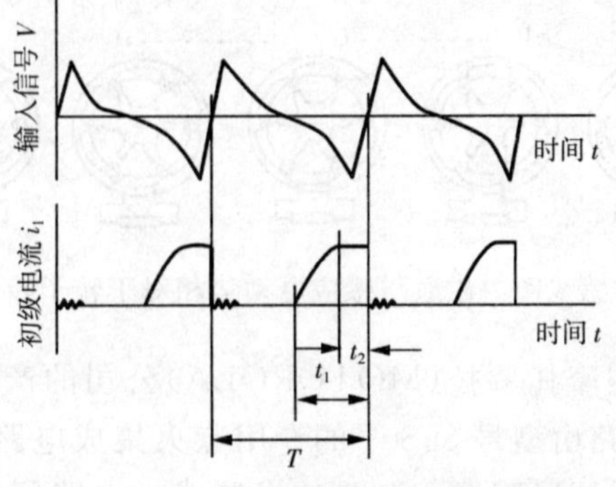


图 5-6　输入信号与初级电流波形图

分电器传感线圈送入点火电子组件的信号电压极性十分重要，如果信号电压极性相反，除点火时刻会明显改变外，在低频输入端，还会出现“多火”现象。在图 5-5 中，②、③端子

连接来自磁感应式分电器上传感线圈的输出端子。正确的接线方法是：点火线路接好以后，将示波器的检测探头接端子②，搭铁线接端子③。传感线圈的输出波形为交变信号，点火触发信号产生在信号电压上升阶段。当信号电压波形从负半周上升到－125mV～75mV时，点火电子组件达林顿三极管V由导通变为截止，点火线圈次级绕组产生高压跳火，说明接线正确。否则应交换两根信号线的位置。

如无示波器，按分电器使用的旋转方向（即按顺时针方向）旋转分电器轴，当转子爪极与定子爪极大致对齐时，点火线圈次级绕组产生高压跳火，说明接线正确。否则，就应更换信号输入②、③端子位置。

1. 限流和闭合率控制功能

该点火电子组件的限流功能可使通过点火线圈的初级断电电流限制在5.5±0.5A的范围之内。

点火电子组件的闭合率控制功能：当分电器转速低于150r/min时，闭合率为40%～50%；当分电器转速在200r/min以上时，电源电压为10～16V，过量闭合率为14%～18%，若电源电压大于16V，过量闭合率下降为8%～13%。闭合率和过量闭合率以图5－6说明：点火线圈初级绕组通电时间$t_1$与点火周期$T$之比的百分数即$(t_1/T)\times100\%$，称为闭合率。点火线圈初级电流上升到限流值后继续通电时间$t_2$与点火周期$T$之比的百分数即$(t_2/T)\times100\%$，称为过量闭合率。

限流和闭合率控制功能可使点火装置在发动机工作转速范围内保持恒定的点火能量，并可防止低速时点火线圈过热以及电源电压变化时点火能量和点火电压变化的现象。

2. 失速慢断电功能

如果由于某种原因而使发动机停止运转，且点火开关仍然接通时，该点火电子组件可在0.5秒内缓慢地切断点火线圈初级电流，以免由于初级电流变化太快导致点火线圈次级产生高压，不能使发动机停止运转。

3. 低速推迟点火功能

由于发动机启动时转速低，该点火电子组件可适当推迟点火时刻，以便于发动机迅速启动。

4. 超压保护功能

当电源电压超过30V时，能自动停止点火系统的工作，以免损坏点火装置。

磁感应式电子点火装置的主要缺点：点火信号发生器输出的点火信号电压幅值与电压波形，与发动机转速关系很大。在现代汽车发动机的工作转速范围内，点火信号发生器输出的点火信号电压在0.5～100V之间变化。这样在低速尤其在启动时，由于点火脉冲信号较弱，如果与之配套的点火电子组件没有足够的灵敏度，会使低速时点火性能变差而影响启动性能。在转速变化时，由于点火信号发生器输出的信号波形上的变化，点火提前角和闭合角也会发生一定程度的变化，且不易精确控制。

## 二、日本丰田20R发动机用磁感应式电子点火装置

丰田轿车20R发动机用磁感应式电子点火装置，其组成和工作原理如图5－7所示。它是由点火信号发生器1、点火电子组件2、分电器3、火花塞4以及专用点火线圈5等组成。

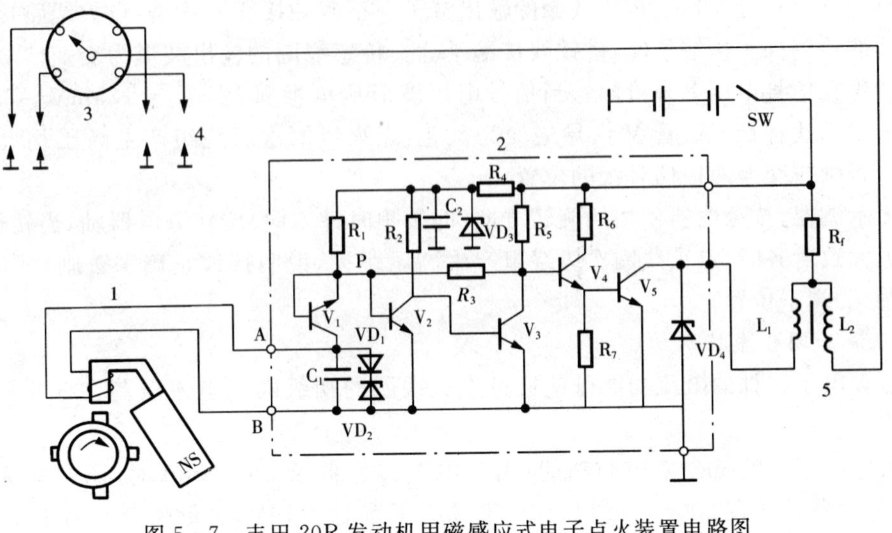


图 5-7　丰田 20R 发动机用磁感应式电子点火装置电路图

$R_1=20k\Omega$；$R_2=4.7k\Omega$；$R_3=10k\Omega$；$R_4=1k\Omega$；$R_5=330\Omega$；$R_6=12\Omega$；$R_7=33\Omega$；$R_f=1.4\Omega$

点火信号发生器装在分电器内，它由分电器轴带动的信号转子 1、永久磁铁 4、铁心 3、和绕在铁心上的传感线圈 2 组成如图 5-8 所示。

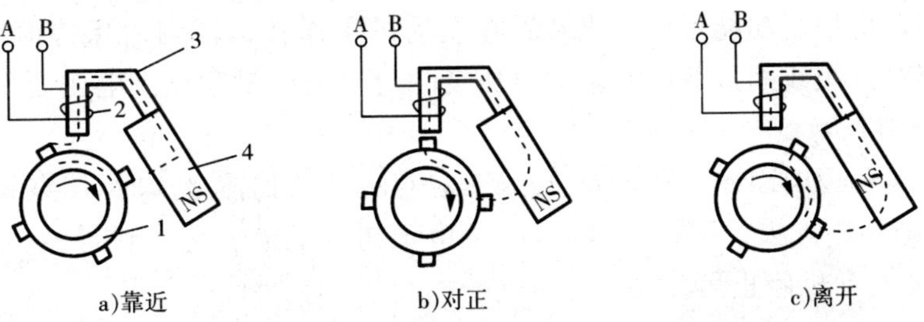


图 5-8　磁感应式点火信号发生器工作原理

1—信号转子　2—传感线圈　3—铁心　4—永久磁铁

信号转子 1 上的凸齿与发动机汽缸数相同。永久磁铁的磁通从 N 极经信号转子 1→铁心 3→S 极，点火开关 SW 闭合后，当发动机未转动时，信号转子不动，无信号输出。但当发动机在启动机驱动下转动时，信号转子被分电器轴带动旋转，这时信号转子的凸齿与铁心间的空气隙将发生变化，使通过传感线圈的磁通量发生变化，因而在传感线圈内便产生交变电动势。传感线圈内产生电动势波形如图 5-9 所示。信号转子每转一周产生 4 个交变信号，该交变信号输入给点火电子组件，控制点火系统的点火。

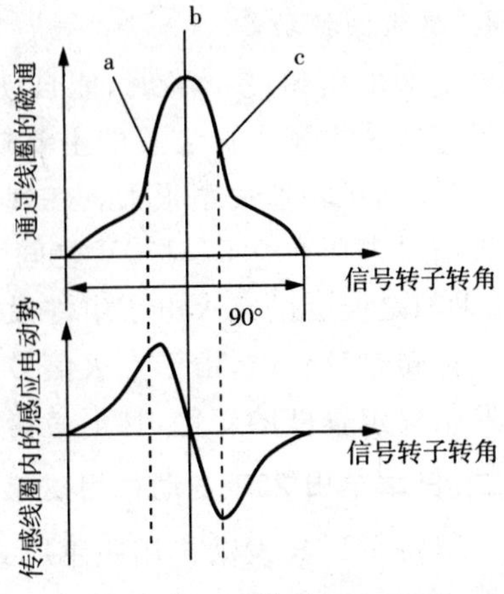


图 5-9　传感器线圈内磁通及感应电动势的变化情况

(1) 当传感器无信号输出时（即发动机未工作、传感器的信号转子不动时），点火线圈初级绕

组有电流流过。此时，$V_1$导通，路径为：蓄电池“＋”→SW→$R_4$→$R_1$→$V_1$→传感线圈→蓄电池“－”。电路中的P点电位较高，使三极管 $V_2$ 的发射结加正偏电压而导通，$V_2$ 集电极电位降到0，使 $V_3$ 管截止，$V_4$、$V_5$ 获得正偏压而导通。点火线圈初级绕组有电流流过，路径为：蓄电池“＋”→SW→附加电阻 $R_f$→点火线圈初级绕组 $L_1$→$V_5$→蓄电池“－”。

(2)当传感器输出正电压信号时，(A端为“＋”，B端为“－”)，由于 $V_1$集电极加反偏电压而截止，故P点仍保持较高电位使 $V_2$导通。于是 $V_3$截止，$V_4$、$V_5$继续导通。点火线圈初级绕组仍有电流流过。

(3)当传感器输出负电压信号时(A端为“－”，B端为“＋”)，$V_1$管由传感器施加正向电压而导通。此时，P点由于传感器负电压信号，使P点电位低于 $V_2$导通电压，于是 $V_2$截止，$V_3$获得正偏压由截止变为导通，于是 $V_3$集电极电位降低到0V，$V_4$、$V_5$截止，点火线圈初级绕组电流被切断。磁场迅速减弱，故在线圈次级绕组 $L_2$中产生了瞬时高压。此电压再由分电器分配到各缸火花塞，便能使火花塞产生高压电火花。每当传感器转子转动一周，各个汽缸便轮流点火一次。

$V_1$、$V_2$型号相同，$V_1$发射极与基极相接，相当于一个二极管，起温度补偿作用。稳压管 $VD_1$和 $VD_2$反向串联，作用是削平高速时传感器线圈产生的大信号波峰，保护 $V_1$、$V_2$不受损坏。稳压管 $VD_3$作用是稳定 $V_1$、$V_2$的电源电压，稳压管 $VD_4$的作用是保护 $V_5$。

$C_1$ 的作用是消除点火信号发生器传感线圈输出电压波形上的毛刺，防止误点火。$C_2$作用是电源滤波，同样是为了防止误点火。$R_3$ 是正反馈电阻。

## 三、磁感应式电子点火装置的故障检查

对于批量生产装车的电子点火装置，其产品技术已成熟，可靠性也较高，只要能正确地使用，一般不会出现故障。如果发动机不能启动，怀疑电子点火装置有问题，可按传统点火系的办法，从分电器上拔下中央高压线，并使其端部距离缸体5～7mm，然后启动发动机，观察高压线是否跳火去检查。

下面主要就点火信号发生器及点火电子组件的检查作介绍。

### 1. 点火信号发生器检查

(1)测量信号传感器线圈的电阻值。若测量结果与标准电阻值相差较大，说明传感线圈损坏。表5-1列出几种常见车型传感器线圈的电阻值。

**表5-1 几种常见车型传感器线圈电阻值**

| 车型或分电器型号 | 传感器线圈电阻/Ω | 车型或分电器型号 | 传感器线圈电阻/Ω |
|---|---|---|---|
| CA1092汽车 | 600～800 | 二汽富康轿车 | 300左右 |
| JFD667型分电器 | 500～600 | 日本丰田轿车 | 140～180 |
| 北京标致轿车 | 350～380 | 伏尔加24－10轿车 | 900左右 |

(2)检查调整信号转子凸齿与定子之间的间隙值。该间隙值为0.2～0.5mm。如不符合，可调整其调整螺钉。

(3)用交流电压表(或万用表交流电压挡)测量传感器信号输出。启动发动机，观察电压表，如果指针摆动(一般应大于0.5V)，表示传感器功能正常。否则，传感器有故障。

2. 点火电子组件检查

用一只1.5V的1号电池（或一格2V电压蓄电池），将电池的正、负两极分别接到点火组件的点火信号输入端，如图5－10所示。

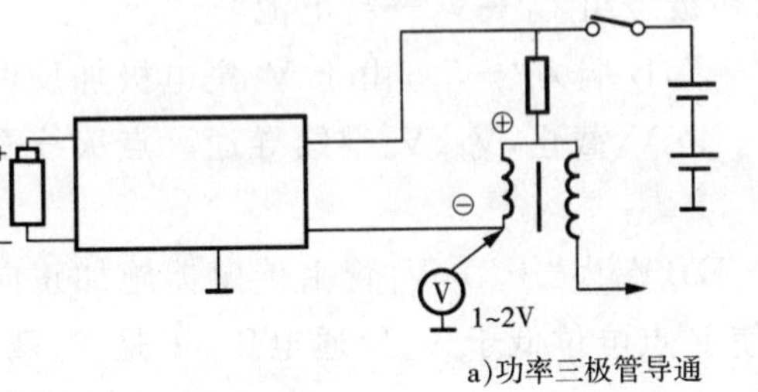

a)功率三极管导通

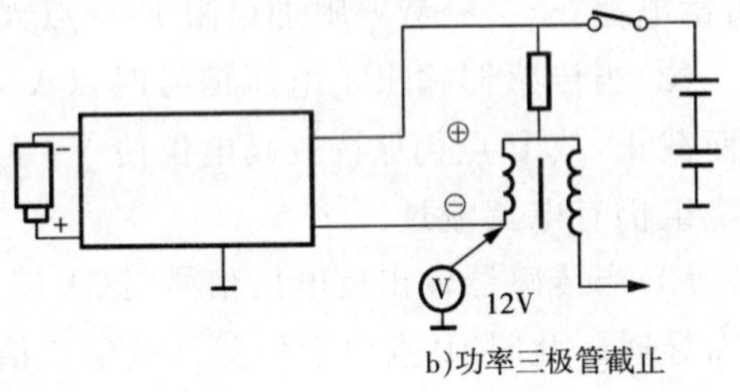

b)功率三极管截止

图5－10　用干电池检查点火电子组件

用万用表直流电压挡测量点火线圈“－”接线柱与搭铁之间的电压（或用一只12V试灯代替电压表），然后将干电池的极性颠倒过来，再次测量点火线圈“－”接线柱与搭铁间的电压（或观察试灯的亮灭），两次测量结果分别为1～2V（试灯灭）和12V（试灯亮），说明点火电子组件正常。否则，说明点火电子组件有故障。

注意：加干电池时间，每次不得超过10秒。

3. 跳火检查

拔下分电器盖上的中央高压线，用一只螺丝刀快速地刮碰定子爪，如图5－11所示，以改变传感线圈的磁通而使其产生点火脉冲，触发点火电子组件。若每次刮碰时，高压线端都能跳火，则说明点火电子组件完好。否则，说明点火电子组件有故障。

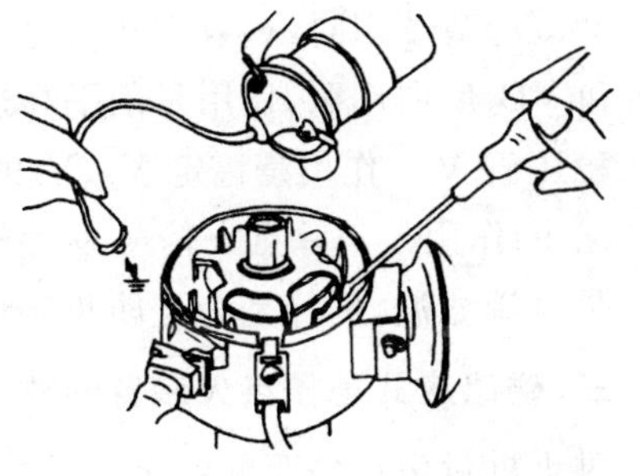
图5－11　CA1092磁感应式点火电子组件检查

# 第三节　霍尔式电子点火系统

霍尔式电子点火装置的信号发生器是以霍尔效应的原理制成的。我国生产的奥迪100、桑塔纳、捷达等轿车，南汽生产的1062型轻型货车等均采用这种类型的无触点电子点火装置。

## 一、霍尔效应及霍尔式点火信号发生器

1. 霍尔效应

霍尔效应是由美国科学家霍尔（Edward H. Hall）在1879年发现的，其工作原理如图5－12所示。

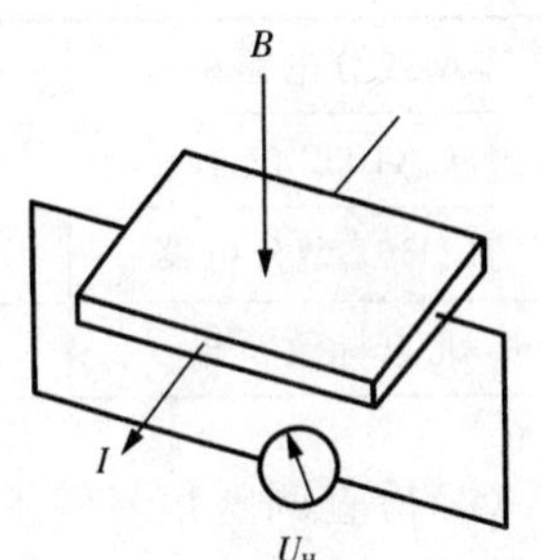

图5－12　霍尔效应原理

当电流 $I$ 通过放在磁场中的半导体基片（即霍尔元件），电流方向与磁场方向垂直，在垂直于电流与磁场的半导体基片的侧面上产生一个与电流和磁感应强度成正比的电压，称

霍尔电压 $U_H$。

霍尔电压 $U_H$ 可用下式表示：

$$U_H = \frac{R_H}{d} IB$$

式中：$R_H$——霍尔系数；

$d$——半导体基片厚度；

$I$——流过半导体基片电流；

$B$——磁感应强度。

由上式可知，当电流强度 $I$ 为定值时，霍尔电压 $U_H$ 与磁感应强度 $B$ 成正比，$U_H$ 的大小与磁通变化率无关，即与发动机速度无关。

2. 霍尔式点火信号发生器

由于霍尔元件的霍尔电压较小（仅为 mV 级），需要对其放大转换才能作为点火电子组件的控制信号。把霍尔元件和放大器集成在一起构成霍尔集成电路组件。图 5-13 所示为博世（BOSCH）公司生产的装有霍尔式点火信号发生器的分电器结构。霍尔信号发生器的结构如图 5-14 所示。它由触发叶轮 1 和信号触发开关 4 组成。

图 5-13　霍尔式分电器结构

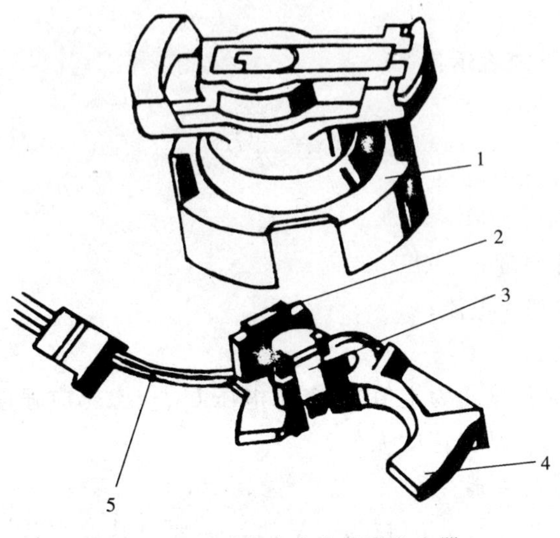


图 5－14　霍尔式点火信号发生器

1—触发叶轮　2—霍尔集成电路组件　3—带导磁板的永久磁铁　4—触发开关　5—专用插座

触发叶轮与分火头制成一体，由分电器轴带动，其叶片数与汽缸数相等。触发开关 4 由霍尔集成电路 2 和带导磁板的永久磁铁 3 组成。触发叶轮的叶片则在霍尔集成电路 2 和永久磁铁 3 之间转动。

霍尔信号发生器的工作原理如图 5－15 所示。当触发叶轮转动时，每当叶片进入永久磁铁与霍尔集成电路之间的空气隙时，永久磁铁的磁场便被触发叶轮的叶片所旁路（见图 5－15a），磁场不能作用于霍尔集成电路元件上。因此，霍尔元件不产生霍尔电压，经放大器电路转换后输出信号 $U_G$ 为 1（高电平）。

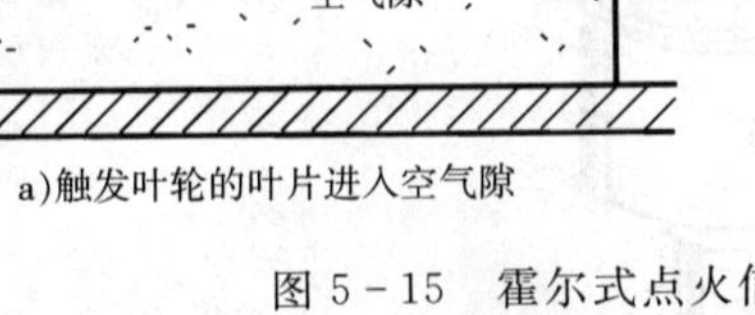


a）触发叶轮的叶片进入空气隙

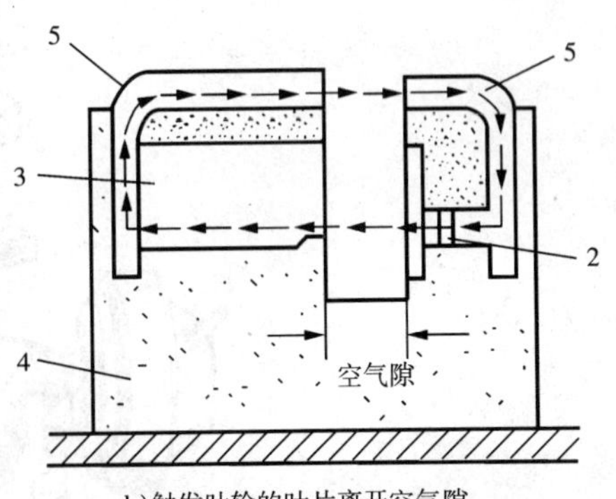


b）触发叶轮的叶片离开空气隙

图 5－15　霍尔式点火信号发生器的工作原理

1—触发叶轮的叶片　2—霍尔元件　3—永久磁铁　4—触发开关板　5—导磁板

当触发叶轮的叶片离开永久磁铁与霍尔元件之间的空气隙时（见图 5－15b），永久磁铁 3 的磁通便通过导磁板 5 作用于霍尔元件 2 上。此时，霍尔元件便产生霍尔电压，经分电器电路转换后输出信号 $U_G$ 为 0（低电平）。

霍尔式点火信号发生器输出的点火信号 $U_G$，在一个点火周期内，高、低电平的时间比由触发叶轮的叶片分配角决定。如上海桑塔纳轿车的霍尔式分电器中，高、低电平的时间比为 7 ∶ 3。

3. 霍尔式点火电子组件

上海桑塔纳轿车的霍尔式点火电子组件是以意大利 SGS－THOMSON 公司生产的 L497 集成元件为核心组成的点火电子组件。专用点火集成电路 L497 为一双列 16 脚集成电路，封装形式有双列直插式 L497B 和平面式 L497D 两种。两者的外部接线的引出脚编号及功能一致。L497 内部电路框图和各引出脚的功能如图 5－16 和图 5－17 所示。以 L497 集成元件为核心组成的点火电子组件电路，如图 5－18 所示。

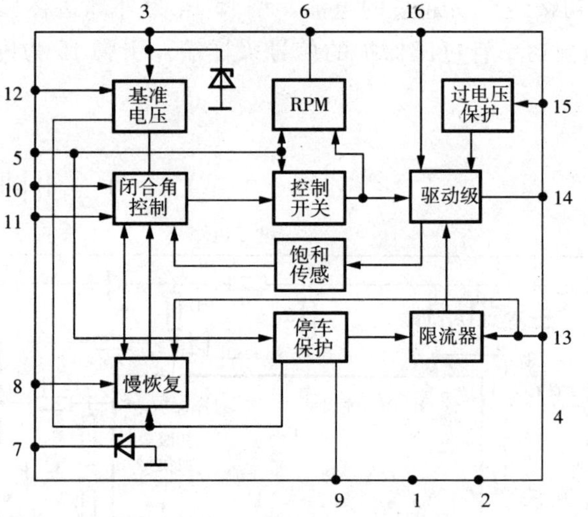


图 5－16　L497 内部电路框图

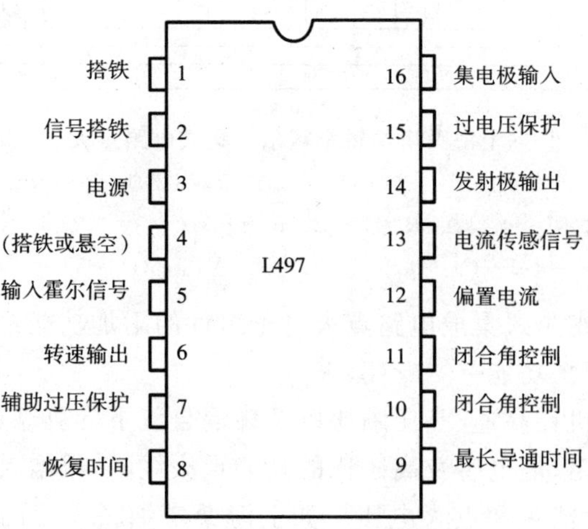


图 5－17　L497 集成块引出脚功能

L497 内部接有稳压值为 7.5V 的稳压管，故在其引脚 3 有电压 7.5V。引脚 4 一般是搭铁，以避免其他干扰。引脚 5 的信号来自霍尔式传感器。当点火线圈初级绕组有电流通过，引脚 6 输出低电平。引脚 7 内部并接了一只 21V 的稳压管，故其输出端具有过电压保护作用。引脚 8 外接电容器 $C_{SRC}$，决定着点火线圈初级电流由 0 上升到额定值时的上升斜率。当输入霍尔信号脉冲由高电平向低电平转换前，若测出初级绕组的电流小于额定值的 94% 时，便加大其电流上升的斜率。引脚 9 外接电容器 $C_P$，用来检测导通保护时间。如果传感

器所输出的霍尔信号导致点火器大功率晶体管的导通时间超过其给定值时，点火线圈初级电流将逐渐减小到0。引脚10的功用是控制定时器定时，其外接电容器$C_T$的目的，是利用它的充、放电来控制大功率晶体管的导通时间（即闭合时间）。引脚11为闭合角控制信号端，引脚11外接电容器$C_W$上的电压$U_W$与定时器电容器$C_T$上的电压$U_T$相比较后，决定其闭合时间的长短。引脚12上并联的$R_7$电阻值的大小直接影响闭合角控制器上电容器的充电电流的大小，也与点火线圈初级电流的上升率及停车保护控制电流值的大小有关。引脚13用来检测点火线圈初级绕组所通过的电流。引脚14为外部达林顿功率管的驱动输入控制端。引脚15是达林顿功率管过压保护的信号采样端。引脚16为内部驱动级的集电极电流控制端。

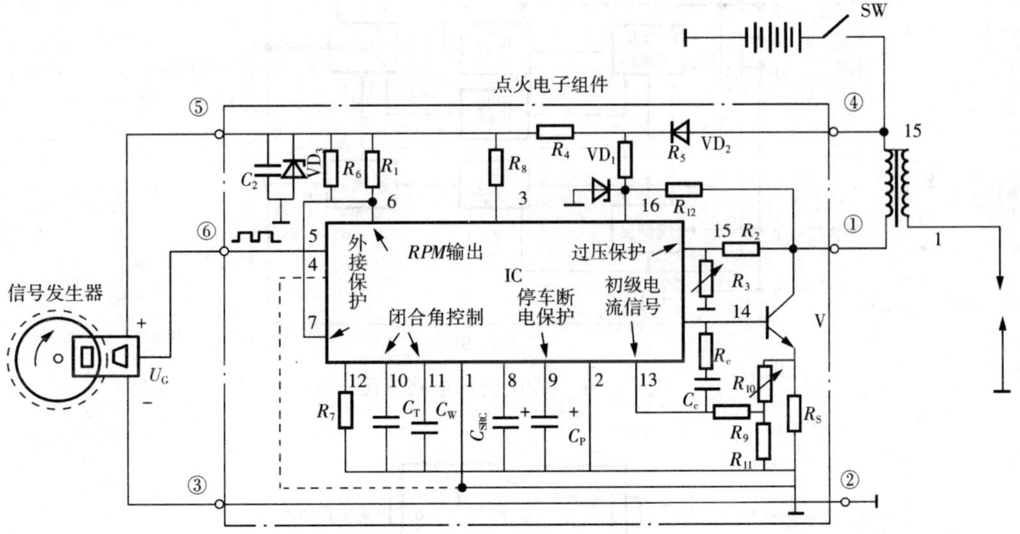


图5-18　上海桑塔纳轿车霍尔式集成电路点火电子组件

$R_1=100\Omega$　$R_2=5k\Omega$　$R_3=350\Omega$　$R_4=20\Omega$　$R_5=56\Omega$　$R_6=820\Omega$　$R_7=62k\Omega$　$R_8=200\Omega$　$R_9=2k\Omega$
$R_{10}=200\Omega$　$R_{11}=100\Omega$　$R_{12}=4.3k\Omega$　$R_s=75m\Omega$　$R_c=10k\Omega$　$C_2=0.22\mu F$　$C_T=0.1\mu F$　$C_W=0.1\mu F$
$C_{SRC}=1\mu F$　$C_P=1\mu F$　$C_C=2.2\mu F$　$VD_1=24V$　$VD_3=24V$

上海桑塔纳轿车的霍尔式集成电路点火电子组件的附加功能：

（1）点火线圈限流保护功能

为了适应现代发动机在高速、高压缩比以及稀混合气下的可靠点火，电子点火系统一般均配用初级绕组为低电阻、低电感及高匝比的高能点火线圈，以增大初级电流的上升率及断电电流$i_P$，从而提高点火能量和点火电压。如上海桑塔纳轿车用的JDQ171型专用点火线圈，其初级绕组为0.52～0.76Ω，电感为5.8mH，使用这种点火线圈后，初级电流稳态值将很大，一般可达20A。因此，使用这种高能点火线圈后，虽然保证了高速时有足够大的断电电流，但在发动机低速工作时，则会由于闭合时间过长，通过点火线圈的电流过大，造成点火线圈和点火电子组件过热而损坏。

电路中$R_S$为点火线圈初级电流采样电阻，串接于达林顿三极管V的发射极回路中，与点火线圈初级绕组相串联。这样，采样电阻两端电压与通过点火线圈的初级电流成正比。如果$R_S$上的电压过高，则由其内部比较器构成的限流电路便自动限制点火线圈的初级电

流，使点火线圈初级电流为定值。通过调整电阻 $R_{10}$、$R_{11}$ 的比值，可调整初级绕组的电流峰值。$I_{峰}=0.32(R_{10}/R_{11}+1)/R_S$。通常，$I_{峰}$ 取 6～8A。桑塔纳轿车为 7.5A。

(2)闭合角控制功能

以 L497 专用点火集成电路为核心组成的点火电子组件中设计有闭合角控制电路。它可以根据发动机转速、电源电压及点火线圈的性能，对闭合角进行不断调节，使得初级电路接通时间在发动机的工作转速内基本保持不变，从而使发动机高速时有足够的点火能量和点火电压，而不致发生断火现象；使发动机低速时不致因点火线圈和点火电子组件过度发热而影响其使用寿命。

点火电子组件闭合角控制电路由两部分组成。第一部分由 L497 集成块与引脚 10 上的电容器 $C_T$、引脚 12 上的偏流电阻 $R_7$ 组成一闭合时间基准定时器。当霍尔输入信号为"＋"时，$C_T$ 以恒定电流 $I_{10C}$ 充电，调节 $R_7$，可以调整充电电流 $I_{10C}$ 的数值。第二部分由 L497 集成块与引脚 11 上的电容器 $C_W$、引脚 12 上的偏流电阻 $R_7$ 组成闭合时间控制及调整电路。$C_W$ 上的充电电压取决于发动机转速的高、低及集成块工作电压值的大小。若霍尔输入信号为"＋"，$C_W$ 上的充电电压为"＋"。若霍尔输入信号为"－"，$C_W$ 则以恒定的电流 $I_{11D}$ 放电。当电容器 $C_T$ 的充电电压和 $C_W$ 上的放电电压相等时，L497 控制电路便使达林顿三极管导通，从而接通初级电路，初级电流开始上升，一直达到限流值。发动机转速低时，由于初级电流限流时间长，电容器 $C_W$ 上的充电电压将升高，因而放电起始电压也升高，使得 $C_T$ 充电电压和 $C_W$ 的放电电压相等的时间推迟，于是达林顿三极管 V 导通时间推迟，闭合角减小。反之，当发动机转速升高，因 $C_W$ 充电电压降低，电压相等交点时间提前，达林顿三极管 V 提前导通，使闭合角增大。

闭合角控制波形，如图 5－19 所示。

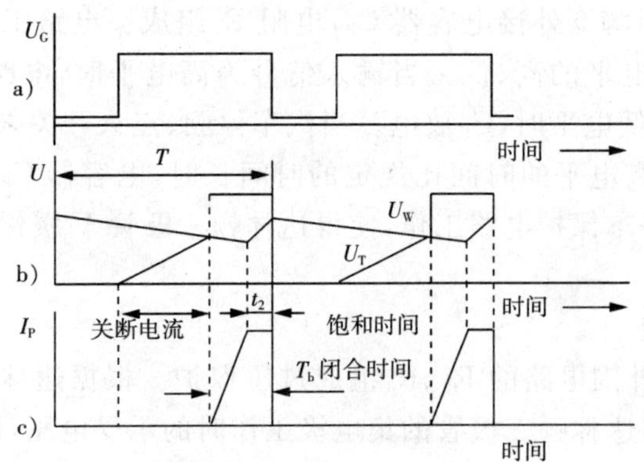


图 5－19　闭合角控制波形图

a)霍尔信号输出电压　b)$C_T$、$C_W$ 充放电电压　c)初级线圈电流

L497 组成的点火电子组件，由于同时采用了限流和闭合角控制电路，使得该电子点火系统在消耗能量最少的情况下，满足了发动机在各种工况下的点火能量和点火电压的要求，提高了点火线圈和点火电子组件的使用寿命。点火线圈初级电路中无需再串联附加电阻。图 5－20 所示为发动机在不同转速下具有限流功能和闭合角控制功能时点火线圈初级电流波形图。

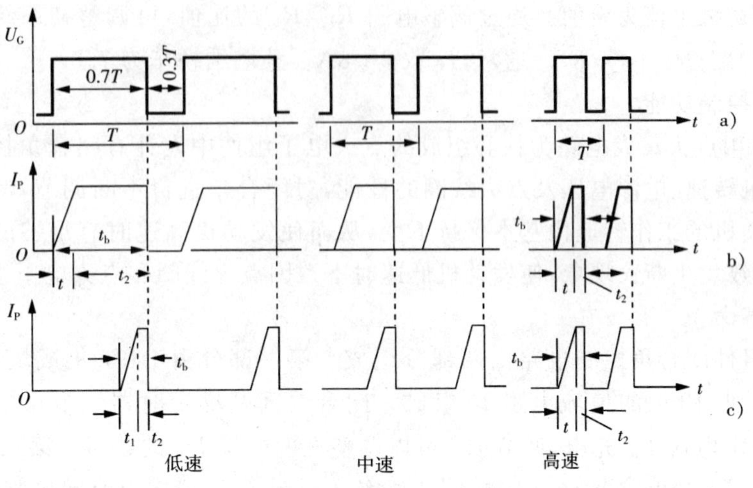


图 5-20　转速改变，具有限流和闭合角控制功能时，初级电流的波形

a)霍尔信号发生器输出电压波形　b)初级电流波形(限流功能)　c)初级电流波形(限流和闭合角控制功能)

(3)电流上升率控制

由 L497 部分电路与引脚 8 电容 $C_{SRC}$、偏置电阻 $R_7$ 组成，可调整点火线圈电流由 0 上升到限流值时的电流上升率。如检测到点火线圈中电流值小于额定值的 94%时，控制电路便加大电流的上升率。

(4)停车慢断电保护电路

当汽车停驶，发动机停止工作时，驾驶员如忘记关断点火开关，而霍尔信号发生器正好输出高电平时，将会使点火线圈初级绕组处于长期通电状态，易造成点火线圈过热和点火电子组件过热损坏，并消耗大量的能量。

由 L497 集成块与引脚 9 外接电容器 $C_P$、电阻 $R_7$ 组成。电路工作时，将不停地检测霍尔信号发生器输出信号电平的高、低。当输入信号为高电平时，电路以恒定的充电电流向 $C_P$ 充电。当点火信号为低电平时，$C_P$ 放电。当汽车停驶、点火开关未断开，并且霍尔信号发生器输出的点火信号为高电平的时间比规定的时间长时，电容器 $C_P$ 充电电压进一步升高。当达到某一电压值时，停车保护电路工作，使得达林顿三极管 V 缓慢截止，从而使点火线圈初级电流逐渐下降到 0。

(5)过电压保护功能

L497 的引脚 15 与外围电路的 $R_2$、$R_3$ 组成过压保护。根据达林顿三极管的耐压指标，适当调整 $R_2$、$R_3$，可调节达林顿三极管的集电极工作时的承受电压，以保护达林顿三极管长期可靠地工作。过电压值 $U_P=(22.5/R_3+5\times10^{-3})R_2+22.5$。

(6)其他保护功能

L497 集成电路引脚 16 所接的稳压管 $VD_1$ 用于保护末级达林顿三极管的驱动输入端，引脚 3 内部的稳压管用于保护霍尔点火信号发生器电源及集成电路的工作电压。$R_4$ 为稳压管 $VD_3$ 的限流电阻，外围元件 $VD_2$ 与 $C_2$ 组成反向负脉冲保护电路，可防止电源接反或反向负脉冲使点火电子组件损坏。

霍尔式电子点火装置由于其点火信号发生器输出的点火信号幅值、波形不受发动机转速的影响，即使发动机转速很低时，也能输出稳定的点火信号。因此，它的低速性能好，有利

于发动机的启动。另外,霍尔式点火信号发生器无需调整,不受灰尘、油污的影响,使得霍尔式电子点火装置工作性能更加可靠耐久,因此应用将会越来越广泛。

## 二、霍尔式电子点火装置的检查

### 1. 霍尔式点火信号发生器检查

霍尔式点火信号发生器系有源器件,因此应先测量其输入电压是否正常。方法是用直流电压表(或万用表)"+"、"−"表笔分别接触与分电器相连的插接器"+"、"−"接线柱(红/黑线端为"+",棕/白线端为"−"),如图 5-21 所示。电压表应显示接近蓄电池电压,为 9V 以上,略低于电源电压。否则,说明点火电子组件没有给霍尔信号发生器提供正常的工作电压,应检查点火电子组件。

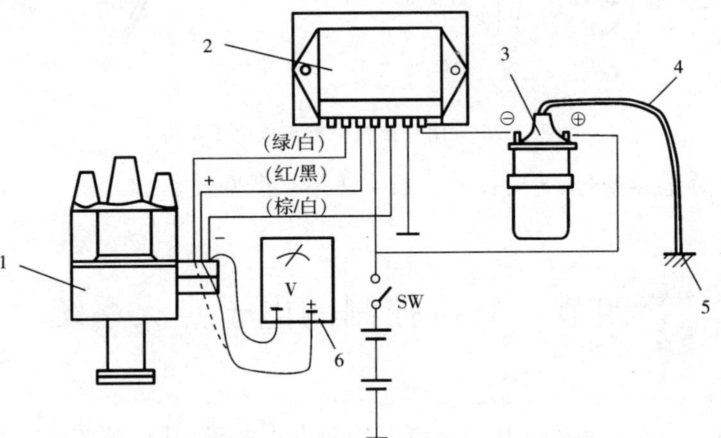


图 5-21　霍尔式点火信号发生器检查

1—分电器　2—点火电子组件　3—点火线圈　4—高压线　5—搭铁　6—直流电压表

用电压表测量分电器的信号输出线(绿/白线)与搭铁线(棕/白线)之间的电压。当触发叶轮的叶片在霍尔传感器的空气隙中时,电压表指示值为 9V 左右;当触发叶轮的叶片不在霍尔传感器的空气隙时,电压表指示值为 0.3～0.4V。

### 2. 点火电子组件检查

用小螺丝刀或钢锯条在霍尔传感器的气隙中迅速拔出,观察点火线圈高压线是否跳火。如跳火,说明点火电子组件正常完好。否则,应更换电子组件。

用万用表检查方法:首先校核点火电子组件端子接线。端子 1 接点火线圈"−"(绿色),端子 2 接电源负极(棕色),端子 3 接霍尔发生器"−"(棕/白色),端子 4 接点火线圈"+"(黑色),端子 5 接霍尔发生器"+"(红/黑色),端子 6 接霍尔发生器信号输出(绿/白色)。

用欧姆表测量端子 1−4 之间的电阻值为 0.52～0.76Ω(点火线圈初级绕组电阻)。接通点火开关,用直流电压表测量 2−4 之间电压,其值应为电源电压,用直流电压表测量3−5 之间电压值,其值在 9V 左右。

接通点火开关,慢慢转动发动机,用电压表测量端子 3−6 之间的电压,其值为 0～2V。

用电压表接在点火线圈"+"与"−"上,接通点火开关,用电压表测量端子 3−6 之间的电压,这时看到电压读数开始时为 2V 左右,在 1～2 秒之间很快降到 0V。因为点火电子组件在静态时 2 秒内能切断初级电流,因此,若上述检查结果不正常,应调换点火电子组件。

另外，也可拔下分电器上霍尔信号发生器的插接器，用跨接导线一端接在信号插头上，如图 5-22 所示，然后接通点火开关，将跨接导线另一端反复搭铁，高压线若跳火，说明点火组件正常完好，否则，说明点火电子组件有故障。

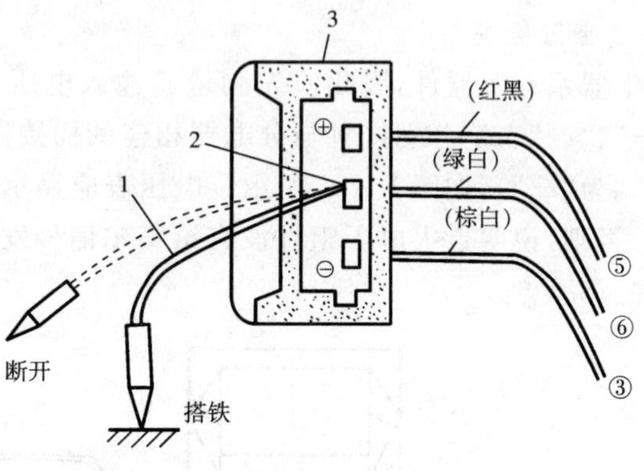

图 5-22　用跨接线检查点火电子组件

国产无触点分电器型号、主要技术参数及适用车型见表 5-2。

## 第四节　微机控制的电子点火系统

无触点电子点火系统虽然在提高次级电压和点火能量、延长触点使用寿命等方面都很有成效，但对点火时间的调节与传统点火系统一样，仍靠离心式和真空式两套机械点火提前装置来完成。由于机械的滞后、磨损及装置本身的局限性等因素的影响，机械式点火提前调节装置还不能保证发动机点火时刻总等于最佳值。微机控制的电子点火系统，由于不受机械装置的限制，因此，发动机在任何工况下，均能保证最佳点火时间。特别是微型计算机能把点火、喷油、废气排放、怠速等控制功能结合在一起，成为发动机集中控制系统，使发动机的动力性、经济性、排放污染等各方面性能得到很大提高。

微机控制的电子点火系统，按有无分电器可分为有分电器微机控制的电子点火系统和无分电器微机控制的电子点火系统两种类型。

1. 有分电器微机控制的电子点火系统

图 5-23 所示为 CROWN3.0 上 2JZ—GE 六缸发动机的微机控制电子点火系统。2JZ—GE 发动机分电器上装有检测曲轴位置的 $G_1$、$G_2$、Ne 三个传感器线圈，其功能是判别一、六缸上止点位置，检测发动机曲轴的转角。传感器安装位置如图 5-24 所示。分电器转动时，G 转子和 Ne 转子与其同步转动。具有一个凸齿的 G 转子与 $G_1$、$G_2$ 传感器线圈的磁隙不断发生变化，分电器轴每转一圈，$G_1$、$G_2$ 感应线圈各产生一个脉冲。只要在设计和装配时，保证使 G 转子凸齿部分在一缸和六缸压缩上止点时与 $G_1$、$G_2$ 线圈最靠近，即可通过检测 $G_1$、$G_2$ 线圈的电压变化，判断一缸、六缸上止点位置。

表 5-2 无触点分电器型号、主要技术参数及适用车型

| 型号 | 规格（缸数） | 旋转方向 | 分火角度 | 触发方式与结构特征 | 配用的点火线圈与点火电子组件型号 | 7mm 间隙连续发火最高转速 r/min | 离心提前调节特性 | | 真空提前调节特性 | | | 适用车型 |
|---|---|---|---|---|---|---|---|---|---|---|---|---|
| | | | | | | | 转速 r/min | 提前角（°） | 真空度 mmHg | 真空度 kPa | 提前角（°） | |
| JFD 452 | 4 | 顺 | 90°±1° | 霍尔式<br>全集成 | DQ171<br>ZJ751 | 3000 | 250<br>650<br>900<br>200<br>2300～3000 | −0.5～0.5<br>0～2.8<br>2.6～4.8<br>11.4～13.8<br>13.5～15.5 | | 0～15<br>24<br>32～40 | −0.5～0.5<br>3～5.8<br>7～8 | 上海桑塔纳 |
| WFD 663 | 6 | 顺 | 60°±0.5° | 磁脉冲<br>全集成 | JDQ172<br>6TS2107 | | 200<br>600<br>1000<br>1400<br>1500 | 0<br>7±0.75<br>10±0.75<br>13±0.75<br>13±0.75 | | 10<br>14<br>20<br>34<br>40 | 0.5±0.75<br>6.±0.75<br>10.0±0.75<br>10.0±0.75 | 解放 CA1092 |
| JFD 667 | 6 | 顺 | 60°±1° | 磁脉冲<br>分立式 | DQ667<br>JKF667−EQ | 2500 | 400<br>600<br>800<br>1000<br>1500 | 1.5～3<br>3.5～5<br>5.5～7<br>6.5～8<br>6～7.5 | 100<br>150<br>230<br>400 | 13.3<br>20.0<br>30.6<br>53.3 | 3～4.5<br>5～6.5<br>7～9.5<br>7.5～10 | 东风 EQ1090 |
| JFD 667A | 6 | 顺 | 60°±1° | 磁脉冲<br>整体式 | DQ125C<br>ZJ662 | 2500 | 400<br>600<br>800<br>1000<br>1300<br>1700 | 0～1.5<br>3～4.5<br>6～7.5<br>7.5～8.5<br>7.5～8.5<br>6.5～7.5 | 100<br>200<br>350<br>400 | 13.3<br>26.6<br>46.6<br>53.3 | 1～2.5<br>3～5<br>5.5～8<br>5.5～8 | 东风 EQ1092 |
| JFD 463 | 4 | 逆 | 90°±1° | 磁脉冲<br>分立式 | DQ667<br>JKF667 | 2500 | 200<br>500<br>1000<br>1500<br>1800<br>2200 | 0～3<br>3～6<br>8～11<br>13.5～16<br>17.5～20<br>17.5～20 | 60<br>100<br>200<br>280 | 8.0<br>13.3<br>26.6<br>37.3 | 0<br>0～2.5<br>5.5～8.5<br>10～13 | 北京 BJ2020N |
| JFD 463H | 4 | 逆 | 90°±1° | 霍尔式 | DQ171<br>DQ131 | 3000 | 500<br>750<br>1000<br>1500<br>2200 | 1.5～2.5<br>5～7<br>6～8<br>7.5～9.5<br>7.5～9.5 | | 8.0<br>13.3<br>26.7 | 4～6<br>7.5～9.5<br>7.5～9.5 | 492QH |

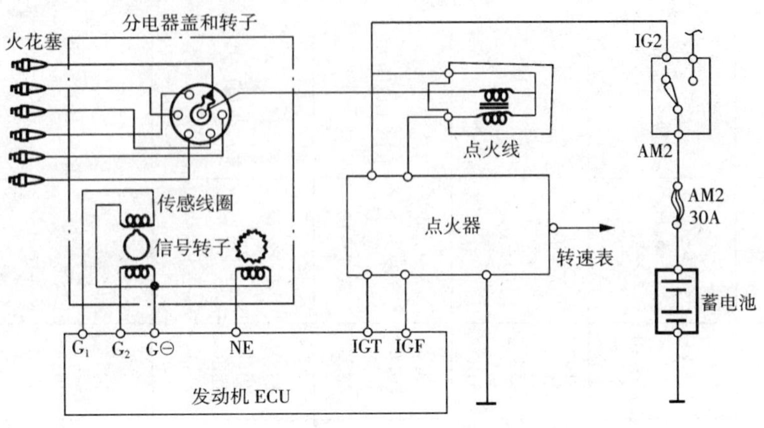


图 5-23　2JZ—GE 发动机点火电路

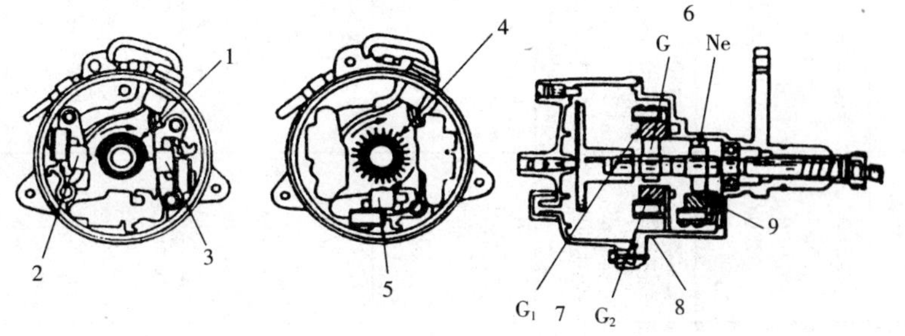


图 5-24　转子与线圈的安装位置

1—G 转子　2—$G_1$ 耦合线圈　3—$G_2$ 耦合线圈　4—Ne 转子　5、9—Ne 耦合线圈

6—G、Ne 转子　7—$G_1$、$G_2$ 耦合线圈　8—分电器

为了更精确地检测曲轴转角的位置和检测发动机转速，还设有 Ne 转子和耦合线圈。Ne 转子上的凸齿为偶数(如 24 个齿)，则两齿之间间隔为 15°(360°/24)分电器轴转角，即 30°曲轴转角。分电器轴转动一周，在 Ne 线圈中产生与凸齿个数相等的电压脉冲，这个数值在点火控制中会引起较大误差。为了保持一定的精度，需要将这些脉冲电压信号整形转换，再通过计算机把 24 个脉冲转变为曲轴一转产生 720 个脉冲，即转变为每 0.5°曲轴转角发出 1 个脉冲。

ECU 系统中 IGT 信号是点火正时信号，当 $G_1$ 或 $G_2$ 信号产生时，ECU 以此信号为基准，根据 Ne 信号控制其后的三次点火信号，即每四个 Ne 信号产生一次点火信号，四个 Ne 信号为分电器转角 60°，相当于曲轴转角 120°CA，而每产生三次点火信号后，再经 G 信号重新设定其后的三次点火信号。IGT 信号如图 5-25 所示。

IGF 信号是安全信号，是将点火线圈初级电流的信号反馈给微机系统，使点火器具有安全功能。当发现曲轴位置传感器信号正常，但 IGF 连续 3～5 次无反馈信号时，则判断点火系统有故障，并强制停止喷油器工作。

2. 无分电器微机控制的电子点火系统

无分电器微机控制的电子点火系统，简称为 DIS(Direct Ignition System 或 Distributor Less Ignition System)，DIS 有以下几种配电方式：

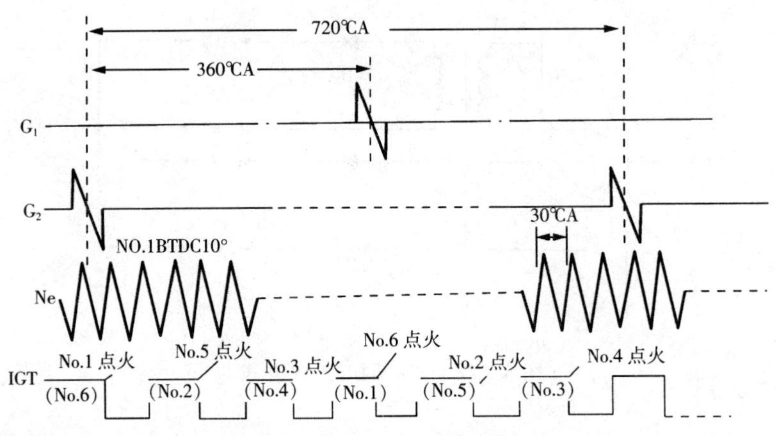


图 5－25　$G_1$、$G_2$、Ne、IGT 信号的关系

(1)单独点火方式

一个火花塞配一只点火线圈，如图 5－26 所示，并且可将点火线圈直接安装在火花塞顶上，这样不仅取消了分电器，而且也不用高压线，因此彻底消除了分电器和高压线所带来的缺陷，分火性能好，但结构和点火控制系统复杂。

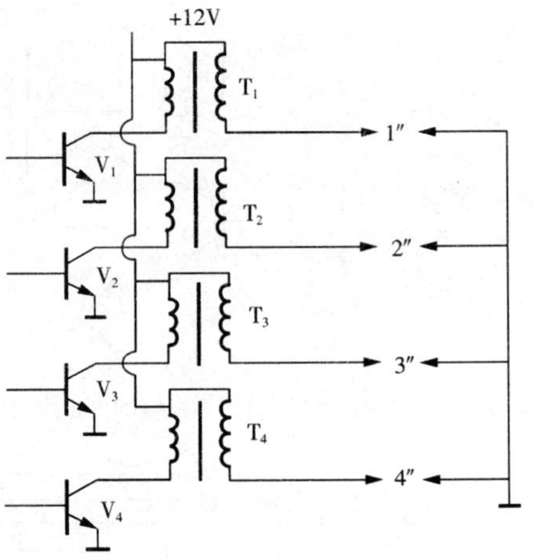

图 5－26　单独点火方式

(2)双缸同时点火方式

一只线圈同时为两个汽缸点火，如图 5－27 所示。这种方式要求共用一只线圈的两个汽缸工作相位相差 360°曲轴转角。这样当一个汽缸接近压缩行程上止点时，另一缸必然在接近排气行程上止点处。若此时点火，两个汽缸的火花塞将同时跳火。处于排气行程的汽缸由于缸内气体压力小，并且这时混合气处于后燃末期，气体中有导电离子存在，使得这一缸内的火花塞很容易跳火，能量损失很少；而对于处在压缩行程的汽缸，由于缸内压力增高，气体分子密度增大，要使该火花塞跳火，必须有足够的点火电压。因此，对于双缸同时点火方式，实际加在压缩行程汽缸火花塞的点火电压，要远高于排气行程汽缸火花塞上的点火电压，从而保证了压缩行程汽缸火花塞正常跳火而不会造成较大的能量损失。有的双缸同时点火系统在高压回路中串联二极管 $VD_1$、$VD_2$是为了防止驱动功率三极管 $V_1$、$V_2$导通，在点火线圈所产生次级电压(1000V～2000V)加在火花塞上，产生误点火而设置的。

另外由于是双缸同时点火，故这种方式只适用于汽缸数为偶数的发动机上。

(3)二极管配电点火方式

四缸共用一只双初级绕组、单次级绕组输出的特制点火线圈，利用四个高压二极管的单向导电性，交替地对 1、4 和 2、3 缸进行点火，如图 5－28 所示。由于点火线圈有两组初级绕组，且电流方向相反，所以点火时在次级绕组产生的点火电压极性相反。

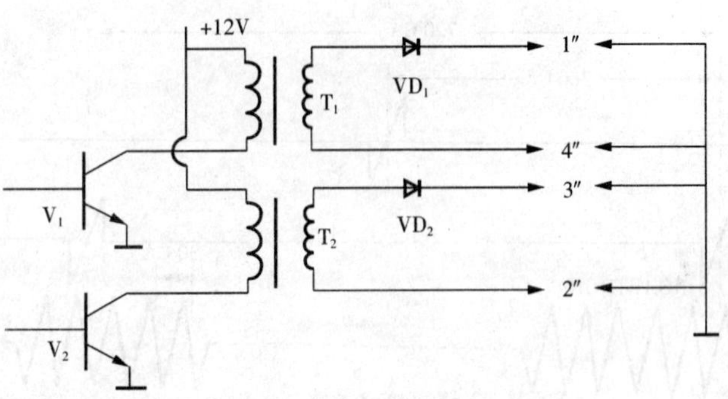


图 5 - 27　双缸同时点火方式

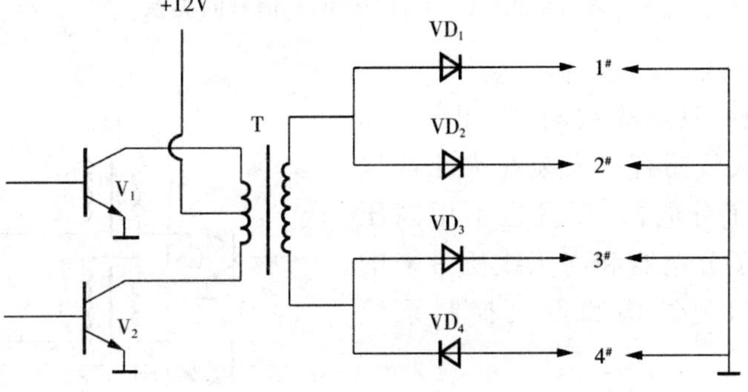


图 5 - 28　二极管配电点火方式

图 5 - 29 为桑塔纳 2000GSi 型轿车发动机双缸同时点火控制组件内部电路图。

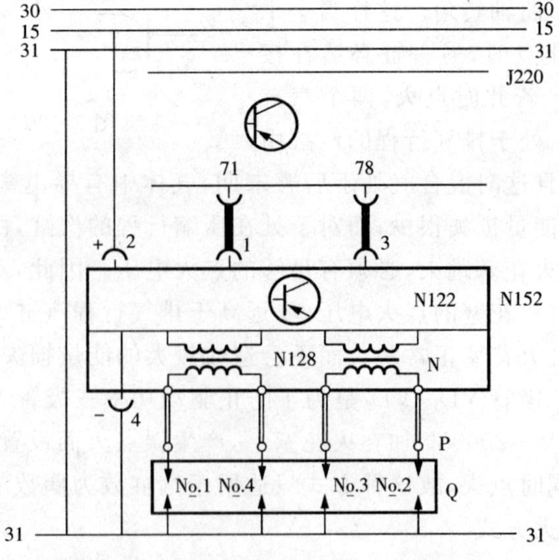


图 5 - 29　点火控制组件(N152)内部电路

J220—ECU　71—2、3 缸点火电流控制端子　78—1、4 缸点火电流控制端子　N—2、3 缸点火线圈　N122—点火控制模块　N128—1、4 缸点火线圈　P—火花塞插头　Q—火花塞　N152—点火控制组件

桑塔纳 2000GSi 型轿车发动机为四缸发动机，工作顺序为 1—3—4—2，由图可见，1、4

缸共用一个点火线圈，2、3 缸共用一个点火线圈。

桑塔纳 2000GSi 型轿车点火正时控制，由曲轴位置电磁感应传感器（如图 5－30）以及凸轮轴上止点霍尔位置传感器（如图 5－31）构成，点火正时波形如图 5－32 所示。曲轴信号盘转子的圆周上间隔均匀地分布着 58 个凸齿、57 个小齿缺口和一个大齿缺口，大齿缺口对应 1、4 缸上止点位置。ECU 根据接收的大齿缺口信号和凸轮轴霍尔位置传感器信号，并由小齿缺口的脉冲信号来确定点火正时时间。

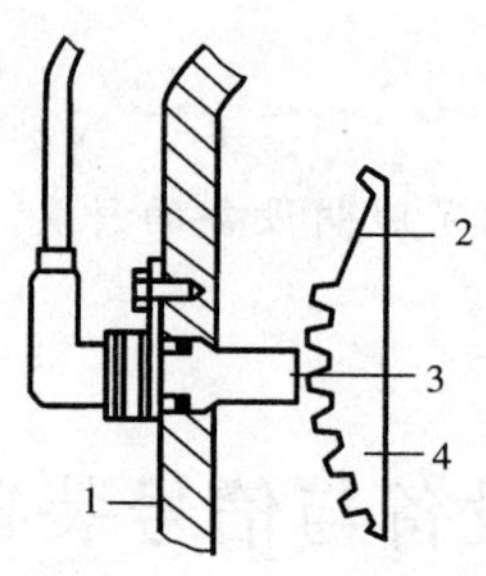


图 5－30　发动机转速传感器

1－缸体　2－齿缸（基准标记）　3－电磁感应传感器　4－信号盘

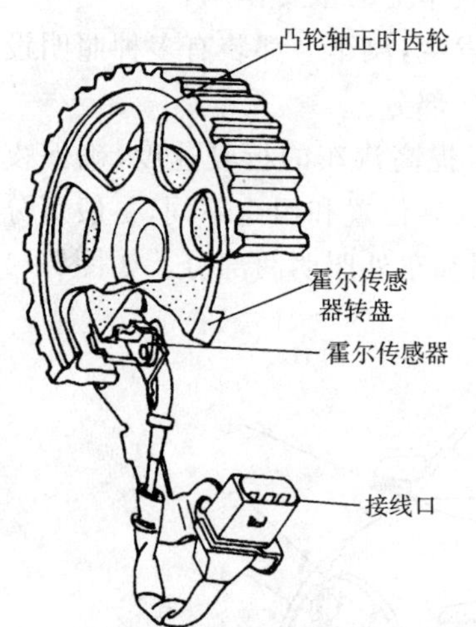


图 5－31　霍尔传感器

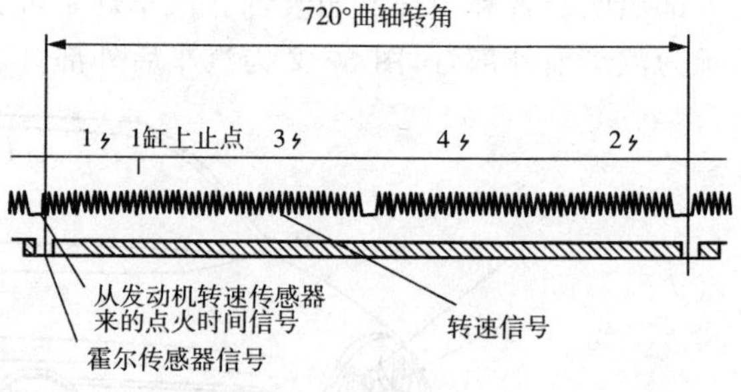


图 5－32　AJR 发动机点火基准的确定

## 思考与练习

5－1　试述 CA1092 型汽车磁感应式无触点点火系统的工作原理。

5－2　试述丰田 20R 发动机磁感应式无触点点火系统的工作原理。

5－3　磁感应式无触点点火系统出现故障怎样检查？

5－4　试述霍尔式电子点火系统的工作原理。

5－5　霍尔式电子点火系统出现故障怎样检查？

5－6　微机控制的电子点火系统工作特点是什么？

5－7　2JZ—GE 发动机微机控制的电子点火系统工作原理怎样？

5－8　桑塔纳 2000GSi 型轿车微机控制的电子点火系统工作原理怎样？

# 第六章 照明设备与信号装置

**内容提要**：本章主要介绍了照明设备的种类、用途要求和工作原理。

## 第一节 照明设备与信号装置的种类及用途

汽车照明及信号装置构成了汽车电系中的一个独立电路系统。一般轿车有15～25个外部照明灯，约40多个内部照明灯，这就说明该系统在现代汽车上的重要作用。

为保证汽车行驶的安全性，减少交通事故和机械事故的发生，汽车上都装有多种照明设备和灯光信号装置，俗称灯系。它已成为汽车上不可缺少的一部分。

汽车照明灯是汽车夜间行驶必不可少的照明设备。为了提高汽车的行驶速度，确保夜间行车的安全，汽车上装有多种照明设备。汽车照明灯根据安装位置和用途不同，一般可分为外部照明装置和内部照明装置。汽车灯系可分为车内照明和车外照明两部分。如图6-1所示为汽车前外部灯，图6-2为汽车后外部灯。

图6-1 汽车前外部灯

1—左侧转向信号灯 2—左前位置灯 3—左前转向信号灯 4—左前照灯(近光) 5—左前照灯(远光) 6—左前倒车雷达传感器 7—左前雾灯 8—右侧转向信号灯 9—右前位置灯 10—右前转向信号灯 11—右前照灯(近光) 12—右前照灯(远光) 13—右前倒车雷达传感器 14—右前雾灯

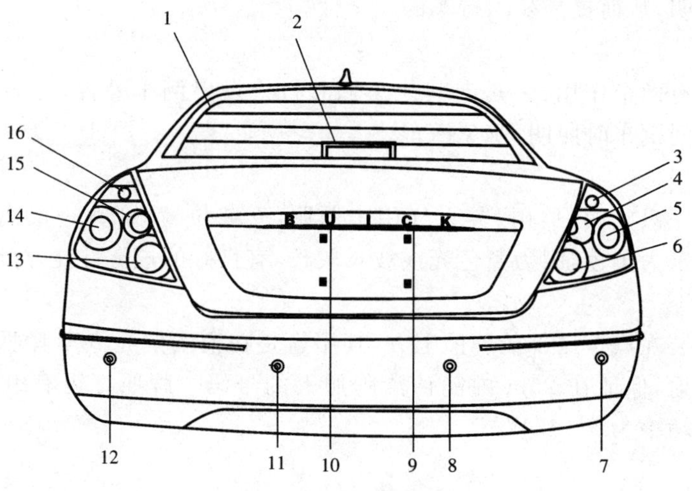


图 6-2　汽车后外部灯

1—后窗除雾器格栅　2—高位制动灯　3—右转向信号灯　4—右倒车灯　5—右尾灯　6—右后雾灯　7—右后倒车雷达传感器　8—后倒车雷达传感器　9—右牌照灯　10—左牌照灯　11—后倒车雷达传感器　12—左后倒车雷达传感器　13—左后雾灯　14—左尾灯　15—左倒车灯　16—左转向信号灯

1. 现代汽车对照明的要求

为使汽车能在夜间和能见度低的情况下安全行驶，现代汽车对照明的基本要求是：

(1)汽车行车时的道路照明，用以保证汽车能在夜间使用和确保行车安全。前照灯应保证车前有明亮而均匀的照明，使驾驶员能看清车前 100m 以内路面上的任何障碍物。随着高速公路的建成以及汽车行驶速度的提高，要求汽车前照灯的照明距离也相应地增长，现代有些汽车的前照灯照明距离已达到 200～250m。另外，前照灯还应具有防止眩目的装置，确保夜间两车迎面相遇时，不使对方驾驶员因产生眩目而造成事故。

(2)汽车倒车的特殊照明，是让驾驶员在夜间倒车时能看清车后的情况，顺利地完成倒车。

(3)雾天行车的特殊照明，用以确保雾天行车的安全。

(4)牌照照明，在夜间行车时，能让其他行驶车辆驾驶员和行人看清车牌号，以便于安全管理。

(5)车内照明，为驾驶员观察仪表、操纵车辆和乘员上下车等提供照明。

2. 汽车照明灯

(1)前照灯

前照灯又称大灯或头灯，是照明汽车前方道路的主要灯具。每辆车上装两只或四只，功率为 20～60W。现代汽车均向四灯制发展。

(2)小灯

小灯又称示廓灯、示宽灯、停车灯或示位灯。它装在汽车前后两侧边缘四角上。主要用途是在汽车夜间行车、停车时，标示其轮廓和存在，同时还用于城市夜间行车以及会车时的照明。前小灯的灯光为白色或橙色，后小灯为红色，功率一般为 10W 左右。

(3)转弯照明灯

转弯照明灯，就是在汽车转弯方向上提供附加照明，是辅助前照灯的照明灯。此灯与转向系统联动，但不闪烁。汽车转弯时，相应的转弯照明灯就可以对前照灯照射不到或亮度不足的地方补充照明，从而提高夜间行车的安全性。

(4)倒车灯

汽车倒车灯有两个作用：一是向其他车辆和行人发出倒车警告(有的还加上倒车蜂鸣器)；二是提供夜间倒车时照明，避免撞车。

(5)雾灯

雾灯每车装一只或两只，雨、雾天气用来照明，安装位置较低，一般离地面约 50cm 左右。雾灯灯光规定为黄色，因为黄色光线波长较长，有良好的透雾性能，灯泡功率为 35W。

(6)牌照灯

牌照灯一律装在汽车尾部的牌照上方，其用途是在夜间照亮汽车牌照。牌照灯的标准要求光束不应外射，保证在 25m 内能认清牌照上的号码。牌照灯也有组合式和独立式两种，灯光为白色，功率为 5～15W。

(7)仪表灯

仪表灯均装在汽车仪表板上，一般采用表壳式或罩壳式灯具。

(8)顶灯

用于车内乘客照明，但必须不致使司机眩目。通常客车车内灯都位于驾驶室中部，使车内灯光分布均匀。仪表灯和顶灯的布置如图 6-3 所示。

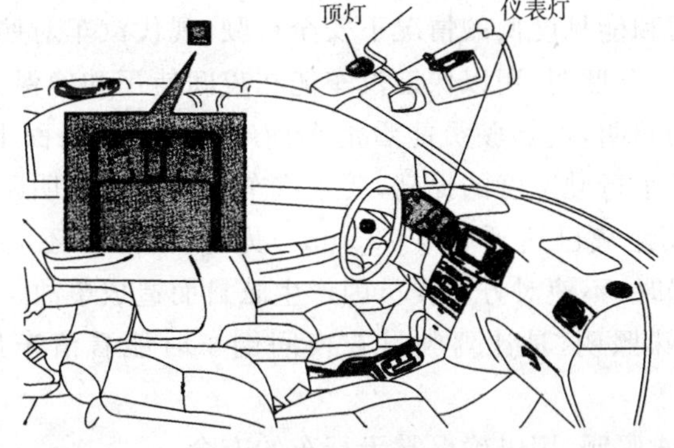


图 6-3　仪表灯和顶灯的布置

3. 汽车信号灯

(1)转向信号灯

转向信号灯又称方向指示灯，简称转向灯。安装在汽车的前后左右四角，有些车辆在侧面也装有转向灯，有独立式、一灯两用式和组合式。

转向信号灯的作用是在汽车转弯时，发出明暗交替的闪光信号，使前后车辆、行人、交通警察知其行驶方向，转向灯的灯光为橙色，后转向灯也可以为红色，灯泡的功率一般不小于 20W。

对转向灯光的射角范围，国家标准有明确要求，即偏离灯具轴线左、右 5°时，可指示 35m 以外的距离；当偏角为 30°时，则应指示 10m 以外的距离。

(2)制动灯

制动灯的用途是在汽车制动停车或减速行驶时，向车后发出灯光信号，以警告尾随的车辆或行人。制动灯规定为显目的红色光，比一般车尾的信号灯更加明亮。国家标准要求该

灯在夜间应明显照亮100m远的距离。光束射角在水平面轴线左、右45°，垂直面为上、下各150°，灯泡功率应在20W以上。第三制动灯又叫高位制动灯，是近年来的新配备。它安装在车内后车窗中间的下方或装在行李厢盖上，是为了使后方车辆能在更远处便可看到，以及近距离也能看到的制动辅助警示灯。为了减少车后追撞事故的发生，美国于1985年就已经明确规定第三制动灯为标准的安全配备。

(3)尾灯

尾灯又称后灯，装在汽车后面。目前各类车型均向组合式发展。后灯的作用是夜间行驶时，向车后发出灯光信号，使尾随的车辆、行人知晓。后灯的灯光多为红色，功率为8～10W。组合式采用双丝灯泡，一根为大电流灯丝，电流达2.1A，发光强度32cd，用于转向和制动信号；另一根为小电流灯丝，电流达600mA，发光强度3cd，用作停车灯和尾灯。

(4)危险警告灯

车辆紧急停车或驻车时，危险警告灯给前后左右车辆显示车辆位置。转向信号灯在闪烁时，即作危险警告灯用。

除以上所述外，现代汽车还有各种特种灯、工伤灯、指标灯、踏步灯、壁灯、门灯、阅读灯等。

以上装置中前照灯、示宽灯及尾灯、倒车灯、转向信号灯、牌照灯、制动灯等都是强制安装使用，其他灯光设备是在一定条件下强制安装或选装。

## 第二节　前照灯

汽车前照灯的照明效果直接关系着夜间行车的安全，因此世界各国交通管理部门都以法律形式规定了汽车前照灯的照明标准，以确保行车安全。其要求如下：

(1)前照灯应保证车前有明亮而均匀的照明，使驾驶员能够辨明车前100m(或更远)内道路上的任何障碍物。

(2)前照灯应具有防炫目的装置，以免夜间会车时，使对方驾驶员目眩而发生事故。

### 一、汽车前照灯的结构

汽车前照灯一般由光源(灯泡)、反射镜、配光镜(散光镜)三部分组成。

1. 灯泡

目前汽车前照灯所用的灯泡有普通灯泡(白炽灯泡)和卤素灯泡，两种灯泡的灯丝均采用熔点高、发光强的钨制成，如图6-4所示。

(1)普通灯泡。普通灯泡的灯丝用钨丝制成，玻璃泡内抽出空气，然后充以86%的氩气和约14%的氮气的混合惰性气体，以减少钨丝受热蒸发，延长其使用寿命，灯丝制成紧密的螺旋状。这种灯泡在长期使用后发黑，表明灯丝损耗依然存在，因此并不能完全阻止钨丝的蒸发。

(2)卤素灯泡。卤素灯泡是在惰性气体中加入了一定量的卤族元素(如碘、溴)，使得从灯丝上蒸发出来的气态钨与卤族元素反应生成了一种挥发性的卤化钨，在扩散到灯丝附近的高温区域后又受热分解，使钨重新回到灯丝上，如此循环使用防止了钨的蒸发和灯泡黑化的现象。白炽灯泡发光效能一般为8～12 lm/W(流明/瓦)，卤素灯泡发光效能一般可达

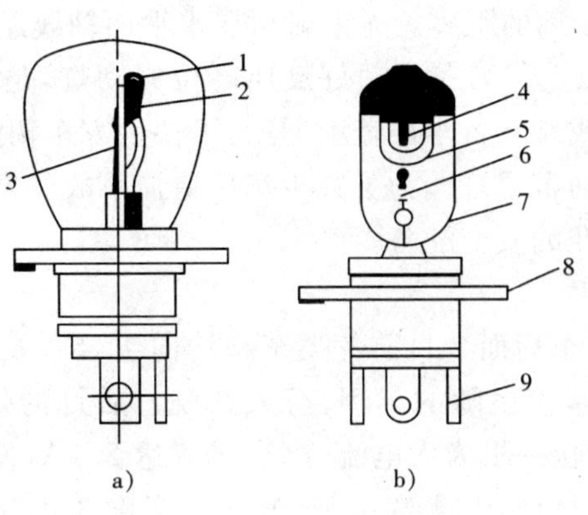


图 6－4　前照灯的灯泡

1、7－配光屏　2、4－近光灯丝　3、5－远光灯丝　6－定焦盘　8－泡壳　9－插片

18～20 lm/W(流明/瓦)，比白炽灯泡高 20%以上。由于卤钨灯泡体积小、耐高温、发光强度高、使用寿命长，故而目前得到广泛的应用。

2. 反射镜

反射镜的表面形状呈旋转抛物面，如图 6－5 所示，一般由 0.6～0.8mm 的薄钢板冲压而成或由玻璃、塑料制成，其内表面镀银、铝或铬，然后抛光处理。目前反射镜内面采用真空镀铝的较多。

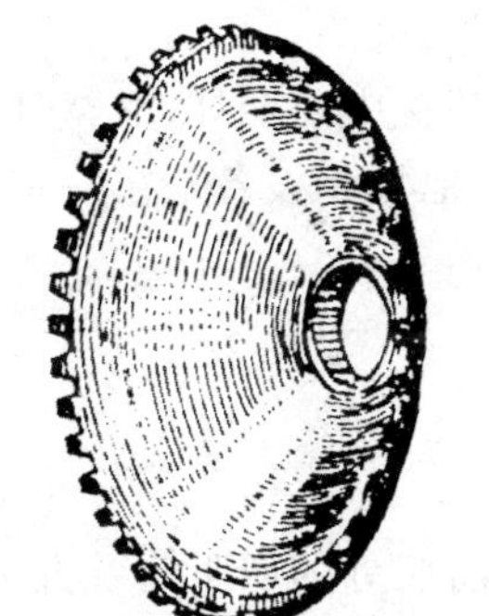

图 6－5　半封闭式前照灯的反射镜

反射镜的作用是将灯泡的散射(直射)光反射成平行光束，使光度大大增强，增强几百倍乃至上千倍，以保证汽车前方 150～400m 范围内足够的照明。如图 6－6 所示。

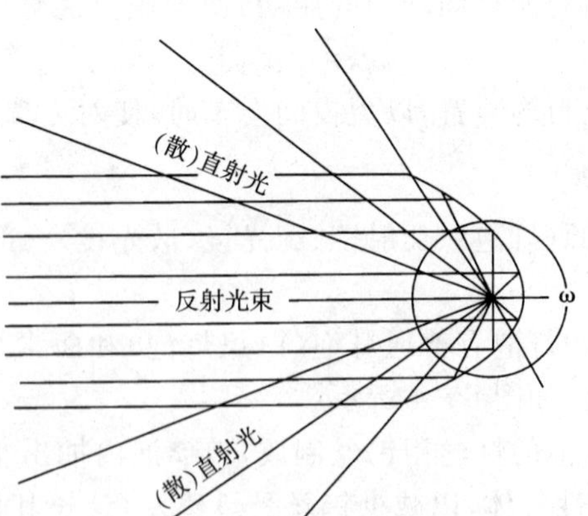


图 6－6　反射镜的作用

3. 配光镜

配光镜又称散光玻璃，由透光下班压制而成，是多块特殊棱镜和透镜的组合，外形一般为圆形和矩形，如图 6－7 所示。配光镜的使用是将反射镜反射出的平行光束进行折射，使车前的路面有良好而均匀的照明，如图 6－8 所示。

图 6-7　配光镜的结构

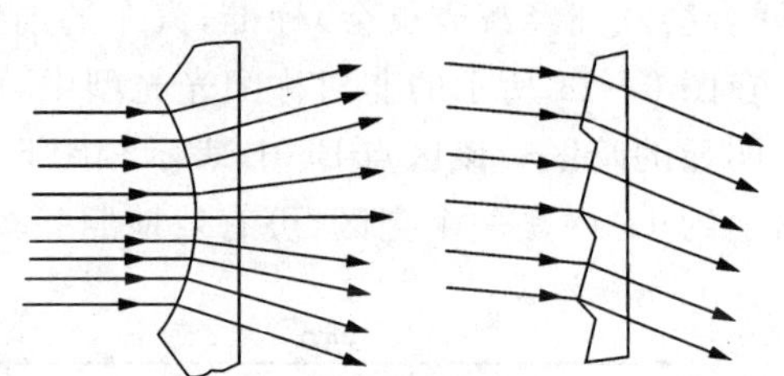

图 6-8　配光镜的作用

## 二、前照灯防眩目的措施

当前照灯射出的强光束突然映进人的眼睛时，就会对视网膜产生刺激。瞳孔因来不及收缩而造成视盲的现象，叫做眩目。夜间行车时，强烈光束会使对面行驶的车辆驾驶员眩目，从而容易引发交通事故。为避免此类现象发生，前照灯采取了以下防眩目的措施：

(1)采用双丝灯泡。如图 6-9 所示，会车时采用近光灯丝，对面无来车时采用远光灯丝。

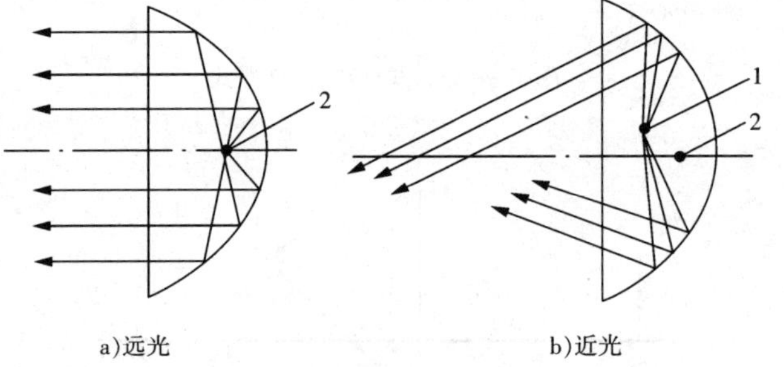


图 6-9　双丝灯泡的远近光束

1—近光灯丝　2—远光灯丝

(2)采用带遮光罩的双丝灯泡。带遮光罩的双丝灯泡如图 6-10 所示。

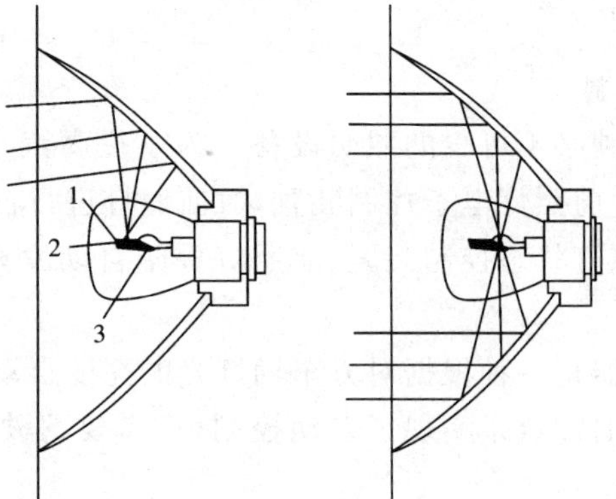


图 6-10　带遮光罩的双丝灯泡

1—近光灯丝　2—遮光罩　3—远光灯丝

(3)采用非对称光型。为了满足既能防止眩目，又能不影响会车速度的目的，我国参照ECE(联合会欧洲经济委员会)标准，汽车的前照灯采用不对称光型，如图 6-11 和图 6-12 所示。在图 6-11 所示的非对称配光光型中，可以看到一条明显的明暗截止线，即上方Ⅲ区是一个明显的暗区。该区点 B50L 表示相距 50m 外迎面驾驶员的眼睛位置。下方Ⅰ、Ⅱ、Ⅳ区及右上约 15°内是一个亮区，可有效地照亮车前道路和右侧人行道。

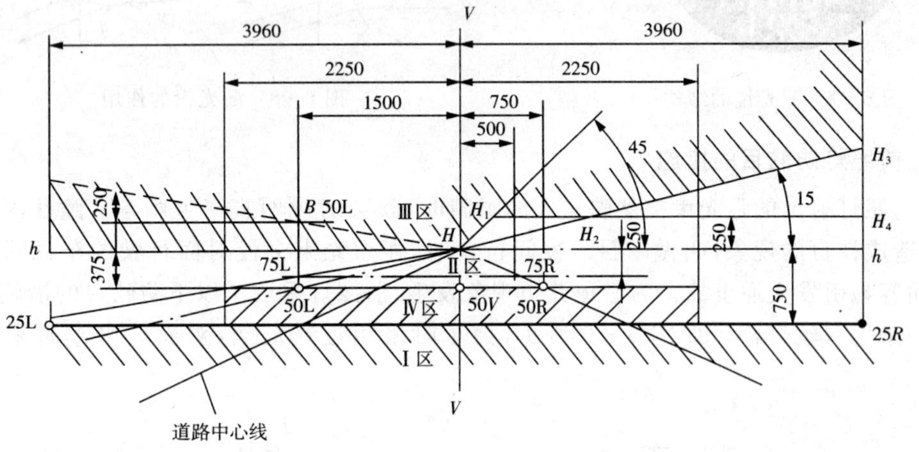


图 6-11　非对称配光方式

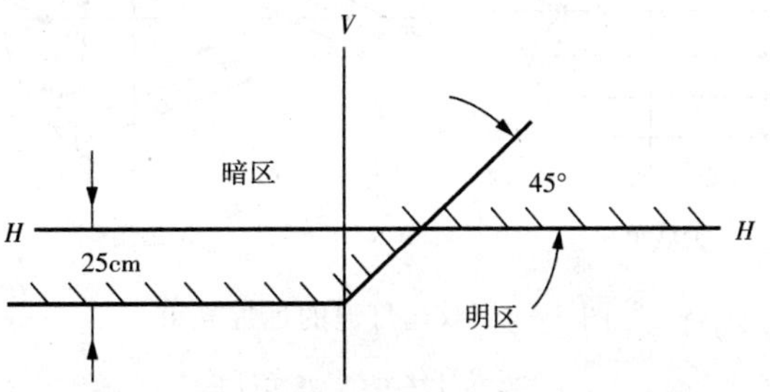


图 6-12　Z 型非对称配光示意图

## 三、前照灯的自动控制

### 1. 前照灯自动变光控制

前照灯是汽车夜间行驶必不可少的照明设备。为了提高汽车夜间行驶的速度，确保行车安全，不少汽车上采用了前照灯电子控制装置，对前照灯进行自动控制。常用的控制装置有前照灯自动变光器、前照灯状态控制装置、前照灯昏暗自动发光器、前照灯关闭自动延时器等。

汽车前照灯自动变光器是一种根据对方车辆灯光的亮度自动变远光为近光或变近光为远光的自动控制装置。它的优点是实现了自动控制，不需要驾驶员操纵，并且它的体积小，性能稳定可靠，灵敏度高。

在夜间两车相对行驶时，当相距 150～200m，对方的灯光照射在自动变光器上，就立即自动变远光为近光，从而有效地避免了远光使另一方驾驶员感受目眩，待两车相会后变光器又自动变近光为远光，汽车即可恢复原来的行驶速度。

如图 6-13 所示为具有光敏电阻的自动变光器的电路图。它主要由电子电器(包括晶体管 $VT_1$～$VT_6$、二极管 $VD_1$ 及电阻 $R_2$～$R_{15}$、光敏电阻 R)和继电器 K 组成。为了防止电子电路出故障后影响夜间行驶,还保留着脚踏变光开关。自动变光器的工作过程如下:

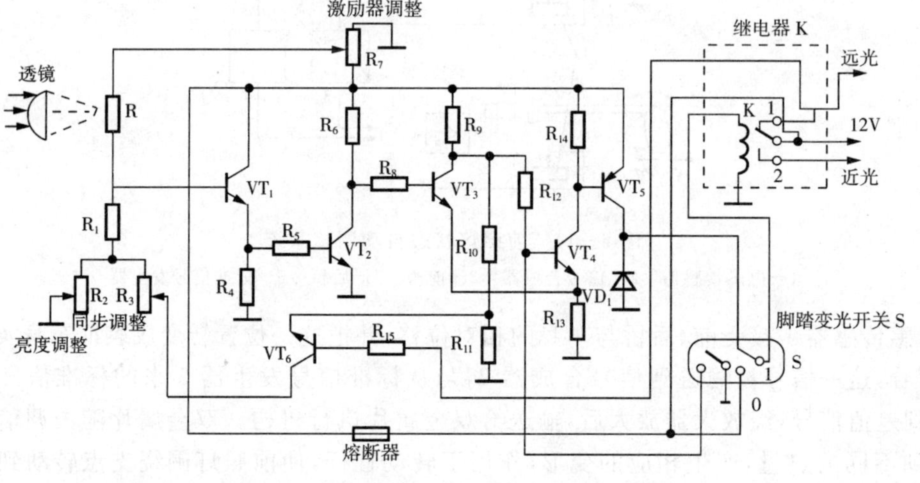


图 6-13　具有光敏电阻的自动变光器电路

在对面没有驶来的车辆时,由于继电器 K 的线圈内没有电流通过,远光触点接通,因此远光灯亮。当对面驶来的车辆相距 150～200m 时,其灯光照射在光敏电阻 R 上,因而使其电阻值突然减小,于是晶体三极管 $VT_1$ 因获得较大的正向偏压而导通,$VT_2$ 也获得正向偏压导通,$VT_3$ 的基极电流被短路,$VT_3$ 截止,使 $VT_4$ 的基极电位升高,$VT_4$ 导通,接通了 $VT_5$ 的基极电路,产生基极电流,$VT_5$ 导通,使继电器 K 的线圈内有电流通过,产生较大的电磁力使触点和远光灯接线柱 1 断开,而和近光灯接线柱 2 接通,使灯光由远光变为近光。

在两车会车之后,作用到变光器光敏电阻上的强光信号消失,其电阻值迅速增大,使晶体三极管 $VT_1$ 的正向偏压迅速降低,因而 $VT_1$ 截止,$VT_2$ 的基极电流被断路 $VT_2$ 也截止,$VT_3$ 的基极电位升高,产生基极电流,$VT_3$ 导通,使 $VT_4$ 的基极电流被短路,$VT_4$ 也截止。结果切断了 $VT_5$ 的基极电流,$VT_5$ 截止,从而切断继电器 K 线圈中的电流,触点 K 和近光接线柱 2 断开,又和远光接线柱 1 接触,恢复前照灯远光灯的工作。

在近光状态时,由于 $VT_6$ 的基极电位为零,因而 $VT_6$ 处于截止,并联电阻 $R_3$ 被断路,因而使支路的电阻增大,灵敏度改变,使电路的转角出现滞后现象,这样可以有效地防止发散光的干扰。

如果电子控制部分出现故障或损失,可用脚踏变光开关变光。当踏下变光灯开关 S 时,S 就由“1”位置变至“0”位置,使继电器 K 的线圈获得电流,产生电磁力,使触点 K 与接线柱 1 断开、与 2 接触,前照灯由远光变为近光。松开脚踏变光开关时,S 由“0”位回到“1”位,切断继电器线圈中电流,触点 K 又和接线柱“1”接触,变近光为远光。

2. 前照灯照程自动调整系统

前照灯的照明范围随汽车的负荷变化而变化。当汽车的负荷较大时,前灯距地面变近,使照明范围变小;反之,虽使照明范围增大,但会造成对面来车驾驶员目眩。这样都会造成安全事故。为了克服这一缺陷,设计了自动调整系统使照明范围保持不变。

图 6－14 所示为博世公司生产的前照灯自动调整系统的工作原理图。

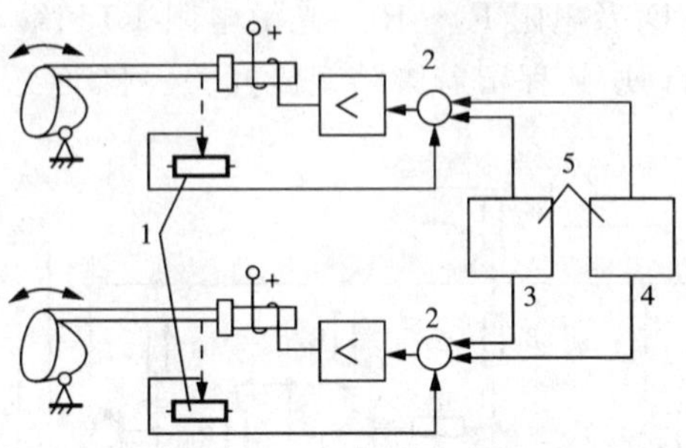


图 6－14　前照灯状态自动调整系统

1—电感传感器　2—信号合成器　3—前桥　4—后桥　5—标准信号发生器

电感传感器 1 接受前、后桥与车身的相对位移，并把这一位置转变成表征车身实际高度的电信号，这一信号被输送到信号合成器 2，与从标准信号发生器 5 来的标准信号进行比较，得到差值信号，经放大器放大后，输送给双金属片执行机构。双金属片随失调信号的变化，得到不同的热量，产生相应的变形，作用于转动杠杆，使前照灯围绕支点转动到适当的位置。

3. 昏暗自动发光控制系统

昏暗自动发光控制系统的功用是：在行驶中，当车前的自然光强度减低到一定程度时，自动将前照灯的电路接通，以确保行车安全，同时还具有延时关灯的作用。

如图 6－15 所示为昏暗自动发光控制系统电路。它主要由光传感器和控制元件及晶体管放大器组件两大部分组成。

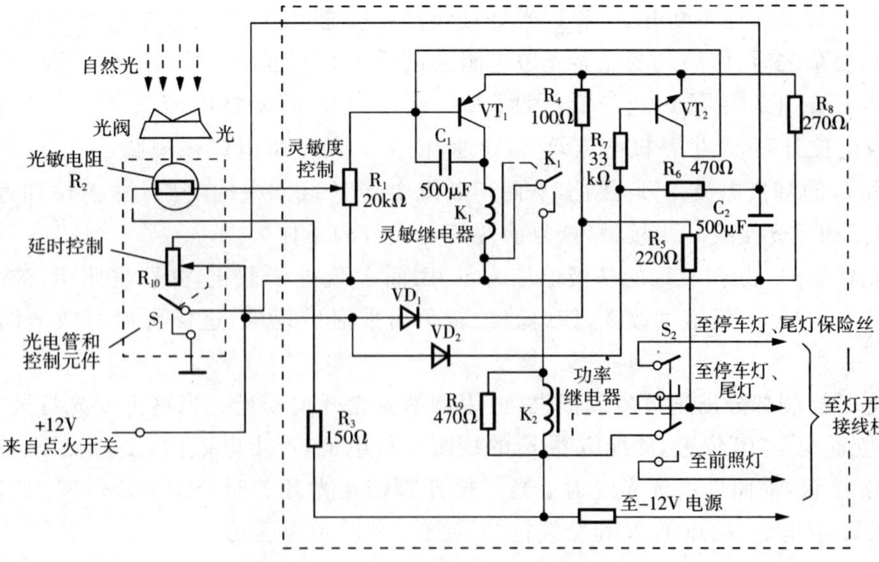

图 6－15　昏暗自动发光控制系统电路

光传感器是一个光敏电阻（$R_2$），它的电阻值随着光照强度的变化而变化。光的强度越大，其电阻值越小。在安装时，它的感光面应朝上，以便接受自然光。

控制元件由控制旋钮操纵，它用于变更手动或自动控制和调整延时关灯的时间。顺时针转动旋钮，可使延时关灯时间增加。

放大器组件包括晶体管放大器、灵敏继电器、功率继电器和延时关灯控制管 $VT_2$。它的作用是根据光传感器传来的光信号，控制前照灯的通断。

昏暗自动发光控制系统工作时，先将延时关灯控制放在“接通”位置（即 $S_1$ 接通），再接通点火开关和关掉前照灯开关。此时，昏暗自动发光控制系统即可进行工作。

汽车在行驶中，当自然光的强度降低时，光敏电阻 $R_2$ 的阻值增加，$VT_1$ 基极上的电位降低。当下降到一定程度时，$VT_1$ 导通，接通灵敏继电器线圈 $K_1$ 的电路，电流由蓄电池正极→$VD_1$→$R_4$→$VT_1$ 的发射极和集电极→$K_1$→$S_1$→搭铁回蓄电池负极。线圈 $K_1$ 产生电磁力使触点 $J_1$ 闭合，接通了功率继电器线圈 $K_2$ 的电路，电流由蓄电池正极→$K_2$→$S_1$→搭铁，$K_2$ 线圈产生电磁力，开关 $S_2$ 被吸合，接通至前照灯的电路，前照灯被点亮。

当自然光增强时，光敏电阻 $R_2$ 的阻值减小，$VT_1$ 的基极电位升高，升高到一定程度，$VT_1$ 截止。由此切断灵敏继电器线圈 $J_1$ 的电路，触点 $J_1$ 断开，切断前照灯电路，前照灯熄灭。

电路的延时作用是通过电容 $C_2$ 和三极管 $VT_2$ 来完成的。当点火开关断开时，由于 $C_2$ 两端的电压不能马上消失，所以 $VT_2$ 和 $VT_1$ 仍然保持导通，触点 $J_1$ 和开关 $S_2$ 也处于接通位置，前照灯照常亮，直到 $C_2$ 上的电压减小到使 $VT_2$ 截止时，$VT_1$ 也就截止，灵敏继电器线圈 $K_1$ 断电，触点 $J_1$ 断开，从而切断功率继电器线圈 $K_2$ 的电路，$S_2$ 断开，前照灯才熄灭。延时时间的长短由电位器 $R_{10}$ 进行调节。

该系统是手操纵和昏暗自动发光控制并存。如果驾驶员希望用手操纵，先要将延时关灯控制放到“断开”位置（即顺时针将旋钮转到止点），这样前照灯可使用常规的灯开关控制。

4. 前照灯关闭自动延时控制装置

前照灯关闭自动延时控制装置的主要功能是：当汽车夜间停入车库后，为驾驶员下车离开车库提供一段时间的照明，以免驾驶员摸黑走出车库时造成事故。图 6 - 16 为集成电路 CSG5551 和继电器 K 组成的前照灯关闭延时装置电路，其延时关闭时间为 50s。

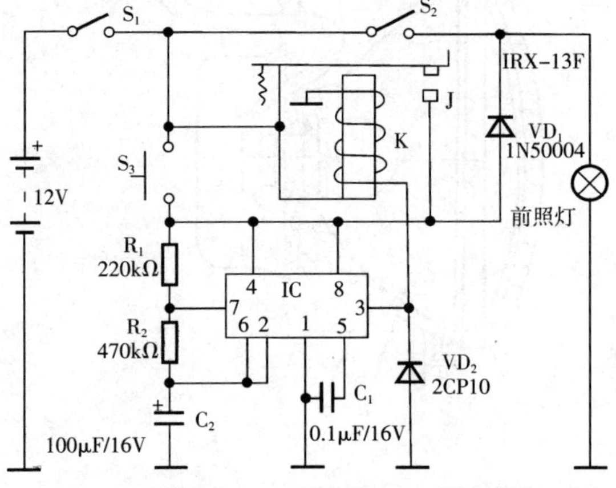


$S_1$—电源开关　$S_2$—车灯开关　$S_3$—延时按钮

图 6 - 16　前照灯关闭自动延时控制器电路

前照灯关闭自动延时控制装置的工作原理如下：

当汽车停下后，按下延时按钮 $S_3$，蓄电池通过 $S_1$、$S_3$、$R_1$、$R_2$ 向电容器 $C_2$ 充电，然后松开 $S_3$，关掉 $S_2$，$C_2$ 上的电压便作用于IC的输入端6和2上。由于作用到6和2上的为高电平，所以输出端3输出也是高电平，它使继电器磁化线圈中有电流通过，产生吸力使触点闭合。蓄电池经触点J和 $VD_1$ 向前照灯供电，所以前照灯继续点亮，直到电容器 $C_2$ 放完电，继电器的磁化线圈断电，触点J断开，切断前照灯电路，前照灯才熄灭。

**四、前照灯的类型**

前照灯的分类如下：

(1)按照安装数量的不同，可分为两灯制前照灯和四灯制前照灯。前者每只灯具有远、近光双光束；后者外侧一对灯为远、近光双光束，内侧一对灯为远光单光束。

(2)按照安装方式的不同，可分为外装式前照灯和内装式前照灯。前者整个灯具在汽车上外露安装；后者灯营帐嵌装于汽车车身内，装饰圈、配光镜裸露在外。

(3)按照灯的配光镜形状不同，可分为圆形、矩形和异形前照灯三类。

(4)按照发射的光束类型不同，可分为远光前照灯，近光前照灯和远、近光前照灯三类。

(5)按前照灯光学组件的结构不同，可将其分为以下几种：

① 可拆式前照灯。可拆式前照灯由反射镜和配光镜分别安装而构成组件，因此气密性差。反射镜易受湿气和尘埃污染而降低反射能力，严重降低照明效果，目前已很少采用。

② 半封闭式前照灯。半封闭式前照灯的结构如图6－17所示。其配光镜靠卷曲反射镜边缘上的牙齿而坚固在反射镜上，二者之间垫有橡皮密封圈，灯泡只能从反射镜后端装入。当需要更换损坏的配光镜时，应撬开反射镜外缘的牙齿，安上新的配光镜后再将牙齿复原。

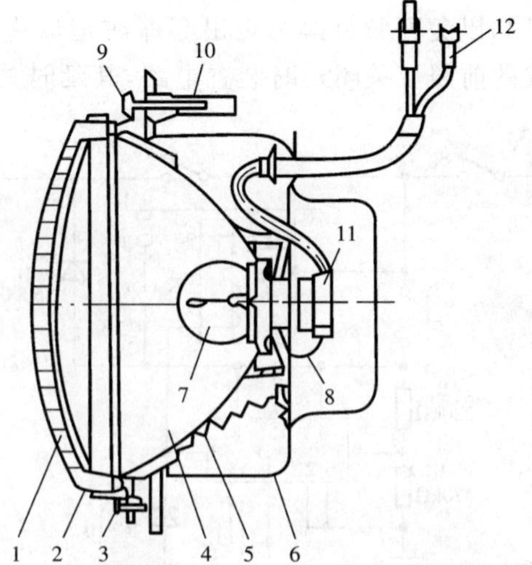


图6－17　半封闭式前照灯

1—配光镜　2—固定圈　3—调整圈　4—反射镜　5—拉紧弹簧　6—灯壳　7—灯泡
8—防尘罩　9—调节螺钉　10—调整螺母　11—胶木插座　12—接线片

③ 封闭式前照灯。封闭式前照灯(又称真空灯),其反射镜和配光镜用玻璃制成一体,形成灯泡,里面充以惰性气体。灯丝焊在反射镜底座上,反射镜的反射面经真空镀铝,其结构如图 6-18 所示。

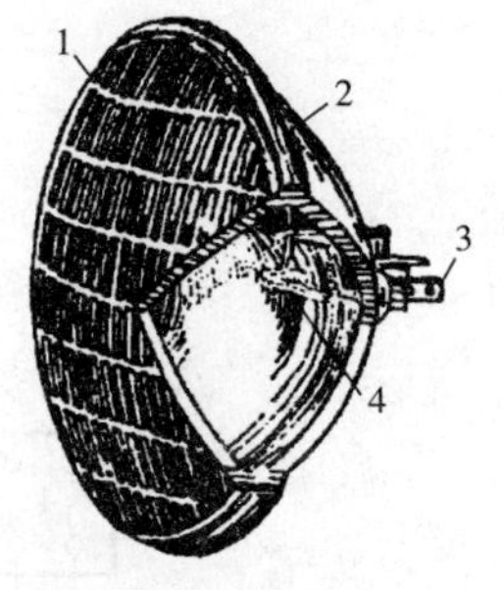


图 6-18　封闭式前照灯

1—配光镜　2—反射镜、3—插头　4—灯丝

由于封闭式前照灯避免了反射镜被污染以及遭受大气的影响,因此其反射效率高,照明效果好,使用寿命长,很快得到了普及。但当灯丝烧断后,需要更换整个总成,故而成本高,限制了它的使用范围。

4. 投射式前照灯

如图 6-19 所示,投射式前照灯的反射镜近似于椭圆形态,它具有两个焦点。第一焦点放置灯泡,第二焦点是由光线形成的,凸形配光镜聚成第二焦点,再通过配光镜将聚集的光投射到前方。投射式前照灯所采用的灯泡为卤钨灯泡。

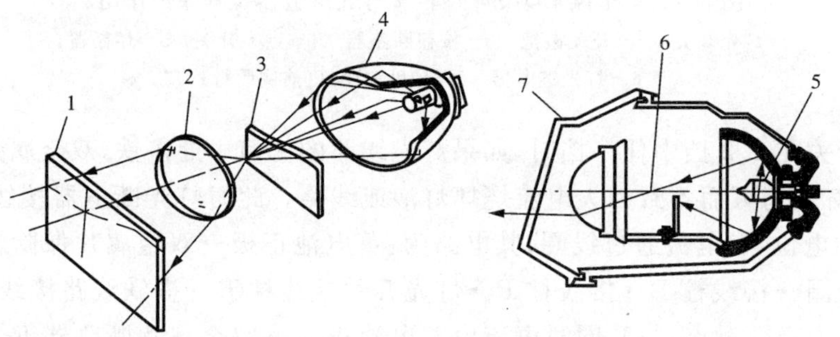


图 6-19　投射式前照灯

1—屏幕　2—凸形散光镜　3—遮光镜　4—椭圆反射镜　5—第一焦点($F_1$)　6—第二焦点($F_2$)　7—总成

第二焦点附近设有遮光板,可遮挡上半部分光,开成明暗分明的配光。由于它的这种配光特性,因此也可用作雾灯。

## 第三节　前照灯电路与辅助装置

### 一、灯光继电器及其保护作用

东风 EQ1090 型汽车灯光继电器及其保护作用线路由熔丝式熔断器、双金属片保险器和灯光继电器等组成,如图 6-20 所示。其作用是:当前照灯和前后位置灯线路中某一处发生短路时,双金属片保险器将因大电流通过而自动跳开,切断电源,灯光继电器自动接通前侧照灯。前侧照灯为单丝 28W,作为灯光失效时的应急灯,以利于行车安全。

灯光继电器由铁心、线圈、外壳等组成。继电器线圈接线柱 A、B 分别与双金属片保险器上接线柱 E、F 用导线相连接。正常情况下灯光继电器上的 A、B 两点的电位相等,线圈中无电流通过,继电器不动作,其常开触点处于断开状态,前侧照灯不亮。

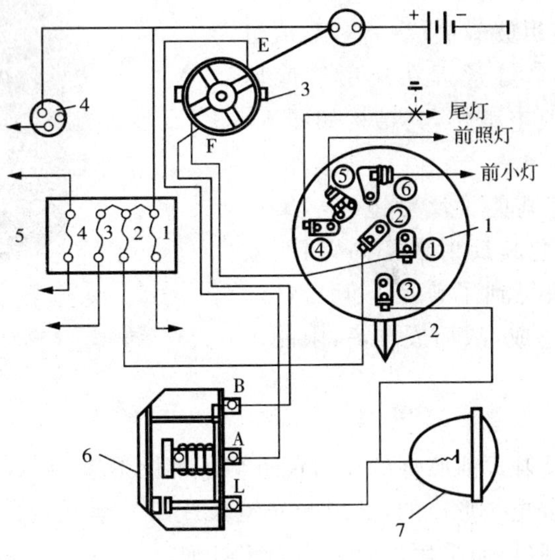


图 6－20　东风 EQ1090 型汽车灯光继电器及其保护作用

1－灯光开关　2－开关搬把　3－按钮断路器　4－点火开关　5－熔断器盒

6－灯光继电器　7－辅助前照灯(前侧照灯)

当灯光开关在 1、2 挡中任一挡时，如果灯光线路的任何一处搭铁，双金属片保险器会自动切断电源，灯光熄灭而不致因大电流烧坏灯泡或线路。此时灯光断电器接线柱 A 点的电位高于 B 点的电位，有电流通过线圈，其电路为：蓄电池正极→双金属片保险器接线柱 E→接线柱 A→线圈→接线柱 B→接线柱 F→灯光开关接线柱①→搭铁线路接线柱→搭铁点。线圈产生电磁力吸合触点，与此同时电流由蓄电池正极→双金属片断路器 E→灯光继电器 A→线圈保持架→触点→接线柱 L→前侧照灯→搭铁→蓄电池负极，形成回路。所以前侧照灯自动接通，遇此情况应立即停车，检查灯光线路，待故障排除后，按下双金属片保险器复位按钮，使触点复位，全部灯光即可恢复正常工作。

**二、前照灯自动变光电路**

在夜间行驶时，为了防止造成迎面来车驾驶员炫目，驾驶员必须频繁使用变光开关，这样会分散驾驶的注意力，影响行车安全。前照灯自动变光装置，它可以根据迎面来车的灯光强度来自动调节前照灯的远光或近光。图 6－21 为前照灯自动变光电路原理图。其工作原理如下：

当迎面来车的前照灯光线射到传感器—放大器组件时，通过透镜将光线聚焦到光敏元件上，经放大器输出信号，触发功率继电器 3，继电器将前照灯自动从远光变为近光。当迎面来车驶过后，传感器不再有灯光照射，于是放大器不再向功率继电器输送信号，继电器触点又恢复到远光照明。

光敏电阻 $R_G$ 用来传感光照情况，其电阻值与光强成反比。在受到光线照射前，其电阻值较高，但受光照后，其电阻值迅速下降。$R_G$ 和 $R_1$、$R_2$、$R_3$、$R_7$ 以及 $V_6$ 组成 $V_1$ 的偏压电路。当远光接通时，$V_6$ 导通，$V_1$ 基极上偏压达到一定值，$R_G$ 减小的电阻值刚好能产生光束转换，即从远光变为近光；反之，当近光接通时，$V_6$ 截止，这时偏压电路中只有 $R_7$、$R_G$、$R_1$ 和 $R_2$，因

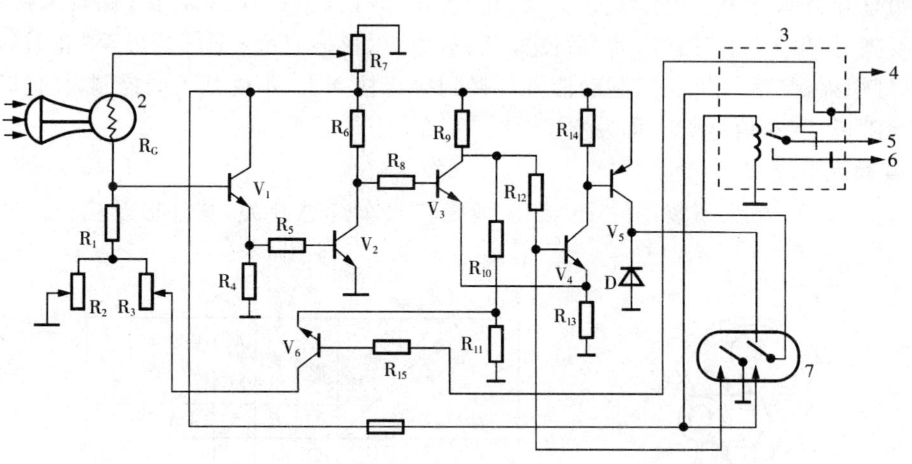


图 6－21　前照灯自动变光电路原理图

1－透镜　2－传感器　3－功率继电器　4－远光　5－12V 电源　6－近光　7－脚踏变光开关

而灵敏度增加，当迎面来车驶过后，前照灯立即由近光变为远光。

射极输出器 $V_1$ 的输出，由 $V_2$ 放大并反相，$V_2$ 的输出加在施密特触发器 $V_3$ 和 $V_4$ 上，$V_4$ 的集电极控制继电器激励级 $V_5$。当 $V_2$ 集电极电压超过施密特触发器阈值时，$V_3$ 导通，$V_4$ 截止，$V_5$ 加偏压截止，继电器 3 的触点接通远光灯。当 $R_G$ 受到迎面来车的光线照射时，其电阻下降，放大器 $V_1$ 和 $V_2$ 的输出低于施密特触发器阈值，$V_3$ 截止，$V_4$、$V_5$ 导通，继电器线圈有电流通过，从而接通近光灯丝直到迎面来车驶过后，继电器 3 又接通远光灯丝。

当脚踏变光开关 7 踏下时，继电器 3 断电，$V_4$ 基极搭铁，前照灯使用远光灯丝。

## 三、照明开关

### 1. 推拉式照明总开关

照明总开关装在仪表板上，用来控制前照灯、前后位置灯和仪表灯等，常用的推拉式照明总开关如图 6－22 所示，其上有五个接线柱，并装有双金属电路断电器。

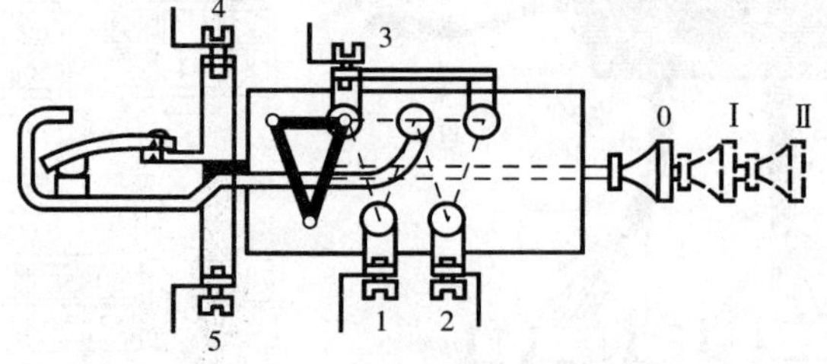


图 6－22　推拉式照明总开关

1－接前小灯　2－接前照灯变光开关　3－接尾灯、仪表照明灯及顶灯开关

4－接火线　5－接制动信号灯开关

照明总开关有三个挡位："0"、"Ⅰ"、"Ⅱ"。在"0"挡(空挡)时，各灯线路均未接通，因而各灯均不亮；拉出至"Ⅰ"挡时，前/后位置灯、示廓灯、仪表灯亮；全部拉出至"Ⅱ"挡时，前照灯亮，小灯熄灭，其他灯仍亮。制动信号灯接到接线柱 5 上，不受开关的控制，任何时候只要踩下制动踏板，制动信号灯立即发亮。

2. 旋转式灯总开关

东风 EQ1090 型汽车装用的 JK468B 型旋转式车灯总开关，其外形及挡位通断情况如图 6－23a、b 所示。

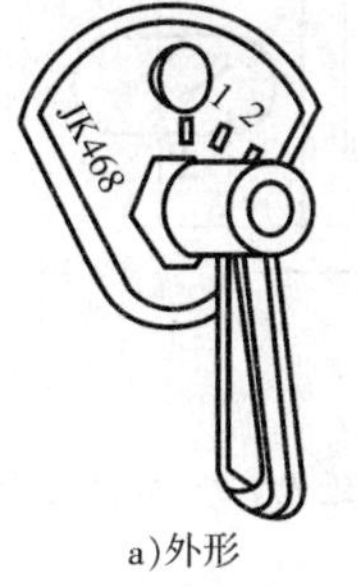


a)外形

| 挡位 \ 通断 \ 接线柱 | 电源 | 示宽灯 | 前照灯 | 尾灯 | 电源 | 前侧灯 |
|---|---|---|---|---|---|---|
| | 1 | 6 | 5 | 4 | 2 | 3 |
| 0(关闭) | ○ | | | | | ○ |
| 1(小灯、尾灯) | ○ | ○ | | ○ | | |
| 2(大灯、尾灯) | ○ | | ○ | ○ | | |
| 3(大灯、尾灯、侧灯) | ○ | | ○ | ○ | ○ | ○ |

b)挡位通断情况

图 6－23 旋转式照明总开关

JK468B 型车灯开关上有六个接线柱，三个工作挡位，其挡位通断情况如图 6－23b 所示。接线柱 1 为前照灯、前后位置灯和仪表灯电源；接线柱 4、5、6 分别接仪表灯、前照灯、前后位置灯；接线柱 2 为前侧照灯电源；接线柱 3 接前侧照灯。转柄在"0"挡时，各灯线路均未接通，因而各灯均不亮；转柄在"1"挡时，前后位置灯、仪表灯亮；转柄在"2"挡时，前照灯、前后位置灯、仪表灯亮；转柄在"3"挡时，前照灯、前后位置灯、仪表灯、前侧照灯均亮。接线时两电源接线柱不能接后，否则前侧照灯不能正常工作，还会烧坏灯光保护继电器。

3. 组合开关

(1)东风 EQ1090F 型汽车装用的 JK320 型组合开关总成及插接器焊片代号如图 6－24 所示。JK320 型组合开关的工作挡位接线柱和通断情况见表 6－1。

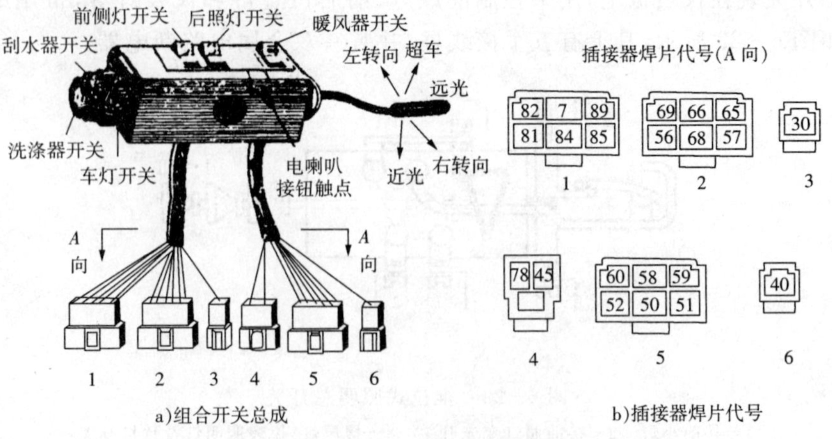


图 6－24 JK320 型组合开关总成和插接器焊片代号

**表 6-1　JK320 型组合开关的工作挡位通断情况**

| 触点代号 | | | 50 | 51 | 52 | 58 | 60 | 59 | 30 | 56 | 68 | N1 | 65 | 66 | 57 | 69 | 45 | 78 | 89 | 7 | 85 | 84 | 82 | 81 | 40 |
|---|---|---|---|---|---|---|---|---|---|---|---|---|---|---|---|---|---|---|---|---|---|---|---|---|---|
| 额定电流/A | | | | 10 | 10 | | 20 | 20 | | 10 | | | | 8 | | 8 | | 8 | | 5 | 10 | 10 | 10 | 10 | 1 |
| 开关挡位 | 转向 | 左向 | ○ | ○ | | | | | | | | | | | | | | | | | | | | | |
| | | 关闭 | ○ | | | | | | | | | | | | | | | | | | | | | | |
| | | 右向 | ○ | — | ○ | | | | | | | | | | | | | | | | | | | | |
| | 超车 | 左向 | ○ | ○ | | | | | | | | | | | | | | | | | | | | | |
| | | 右向 | ○ | — | ○ | | | | | | | | | | | | | | | | | | | | |
| | 变光 | 会车 | | | | ○ | ○ | | | | | | | | | | | | | | | | | | |
| | | 近光 | | | | ○ | ○ | | | | | | | | | | | | | | | | | | |
| | | 远光 | | | | ○ | — | ○ | | | | | | | | | | | | | | | | | |
| | 车灯 | 关闭 | | | | | | | ○ | | | | | | | | | | | | | | | | |
| | | Ⅰ挡 | | | | | | | ○ | ○ | | | | | | | | | | | | | | | |
| | | Ⅱ挡 | | | | | | | ○ | ○ | ○ | ○ | | | | | | | | | | | | | |
| | 前侧灯 | 关闭 | | | | | | | | | | | ○ | | | | | | | | | | | | |
| | | 接通 | | | | | | | | | | | ○ | ○ | | | | | | | | | | | |
| | 尾灯 | 关闭 | | | | | | | | | | | | | ○ | | | | | | | | | | |
| | | 接通 | | | | | | | | | | | | | ○ | ○ | | | | | | | | | |
| | 暖风 | 关闭 | | | | | | | | | | | | | | | ○ | | | | | | | | |
| | | 接通 | | | | | | | | | | | | | | | ○ | ○ | | | | | | | |
| | 刮水 | 关闭 | | | | | | | | | | | | | | | | | | | | ○ | — | ○ | |
| | | 间歇 | | | | | | | | | | | | | | | | | | ○ | ○ | ○ | — | ○ | |
| | | 低速 | | | | | | | | | | | | | | | | | | ○ | — | — | — | ○ | |
| | | 高速 | | | | | | | | | | | | | | | | | | ○ | — | — | ○ | | |
| | 洗涤 | 关闭 | | | | | | | | | | | | | | | | | | ○ | | | | | |
| | | 接通 | | | | | | | | | | | | | | | | | ○ | ○ | | | | | |
| | 喇叭 | | | | | | | | | | | | | | | | | | | | | | | | ○ |

JK320 型组合开关具有变光开关、前侧照灯开关、前后位置灯开关、转向信号灯开关、刮水器开关、洗涤器开关、暖风机开关、后照灯开关及按钮等功能，操作灵活，使用方便。

(2)JK322A 型组合开关，如图 6-25 所示。JK322A 型组合开关工作挡位通断情况见表 6-2。

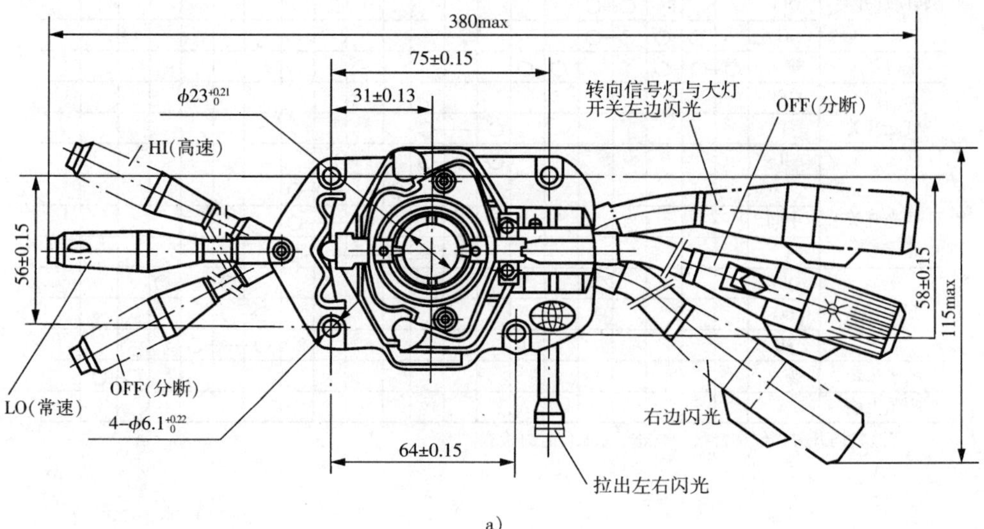


a)

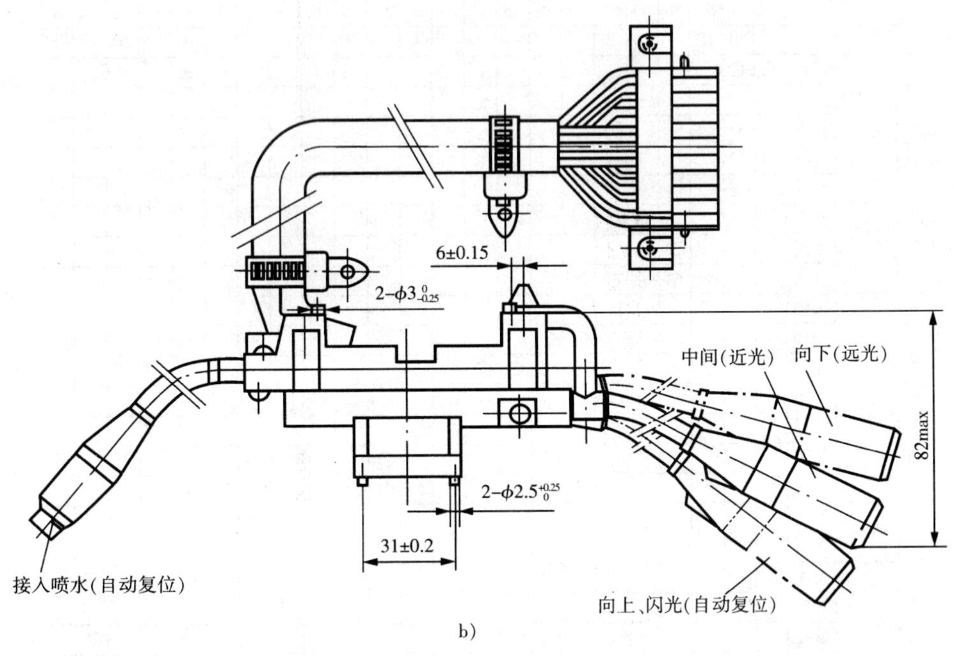

b)

图 6-25　JK322A 型组合开关

**表 6-2　JK322A 型组合开关工作挡位通断情况**

| 开关名称 \ 工作挡位 \ 功率/W \ 导线颜色 | | 绿/黑 | 绿/白 | 绿/黄 | 绿/蓝 | 绿/红 | 绿/橙 | 绿 | 黄 | 红 | 白 | 红/黄 | 红/绿(粗) | 红/白 | 红/黑 | 蓝(粗) | 蓝/黑 | 蓝/橙 | 蓝/红 | 黑 | 蓝(细) | 绿/红(细) |
|---|---|---|---|---|---|---|---|---|---|---|---|---|---|---|---|---|---|---|---|---|---|---|
| | | 60 | | 60 | | 60 | 60 | | 24 | 24 | | 120 | 96 | 60 | | | 60 | 60 | | | 24 | 60 |
| 转向灯开关 | 左 | ○ | ○ | | ○ | ○ | | | | | | | | | | | | | | | | |
| | OFF | | | | ○ | ○ | | | | | | | | | | | | | | | | |
| | 右 | | ○ | ○ | ○ | ○ | | | | | | | | | | | | | | | | |
| 警报开关 | 拉出 | ○ | ○ | ○ | | | ○ | ○ | | | | | | | | | | | | | | |
| 灯光开关 | OFF | | | | | | | | | | | | | | | | | | | | | |
| | I | | | | | | | | ○ | | ○ | | | | | | | | | | | |
| | Ⅱ | | | | | | | | ○ | ○ | ○ | | | | | | | | | | | |
| 变光开关 | 向上 | | | | | | | | | | | ○ | | ○ | ○ | | | | | | | |
| | 中间 | | | | | | | | | | | | ○ | | ○ | | | | | | | |
| | 向下 | | | | | | | | | | | ○ | | | ○ | | | | | | | |
| 刮水开关 | OFF | | | | | | | | | | | | | | | | ○ | | ○ | | | |
| | LO | | | | | | | | | | | | | | | ○ | ○ | | | | | |
| | HI | | | | | | | | | | | | | | | ○ | | ○ | | | | |
| 喷水按钮 | 按入 | | | | | | | | | | | | | | | | | | | ○ | ○ | |
| 喇叭电刷 | | | | | | | | | | | | | | | | | | | | | | ○ |

注：转向开关挡位在警报开关处于原始位置时检查。

## 第四节　新型灯光简介

### 一、光纤照明

在只需要微弱光线且不便安装灯泡的地方如仪表表面、烟灰盒、门锁孔等处，往往采用光纤照明。它是一种远距离传输光线的装置，它以普通车用灯泡为光源，让光线通过光导纤维传到末端，发出微弱光线，照亮一定范围。

光导纤维由有机玻璃丝制成，它的外部包有具有隔光作用的透明聚合物质，当灯泡的光线通过光导纤维时，在其内部经多次反射传到末端，将很多光导纤维合在一起，外部用不透明套管包裹就组成了光缆，如图 6-26 所示。

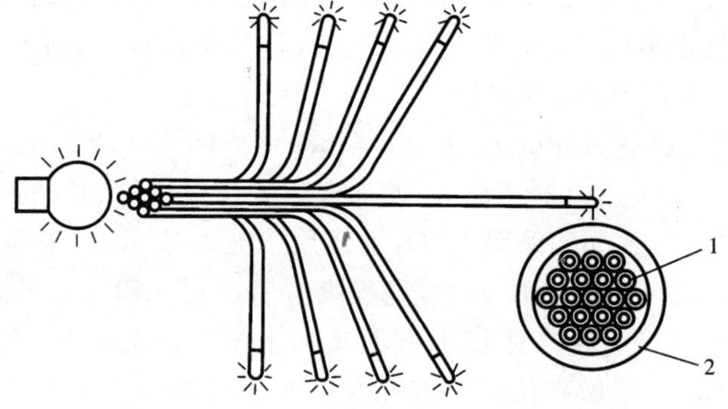


图 6-26　光纤照明

1—光导纤维　2—套管

光纤可以任意弯曲或扭转，而不影响光线的传输，故常用在无法安装灯泡但需要照明的地方。光缆输出末端的亮度取决于光导纤维的数量，数量越多，则光线越强。

### 二、前照灯的发展

轿车大灯(前照灯)有两种功能：一种是照明，另一种是装饰。在近十几年中，大灯的外形不断得到改造，从而与车身嵌装组合为一个整体，越来越显露出它的装饰作用。在今后几年内可能会发现，大灯的内在结构也将发生一次重大的技术革命，灯具将会装上“脑袋”变成“聪明”的灯。

传统的大灯有两组灯丝，分别射出远和近的光束。远光束亮些，照得远些，主要用于高速行驶；近光束暗些，照得近些，主要用于会车。何时用远灯或近灯皆由驾车者操纵。而且速度的不断提升，传统大灯的照明已经日益显示出它的弊端，在转弯、会车、雨雾天及在高速公路上行驶，两光束的大灯会使驾车者不易看清路面，视野狭窄，也容易造成对方驾车者眩目。

在 20 世纪 90 年代，欧洲开发了 AFS 灯光系统的前大灯，日本开发了 ILS 智能灯光系统。在 AFS 灯光系统中，每只大灯组件内有 8 个反射器，能在转弯、高速行驶及雨雾天气等不同情况下受控生成适应各种驾驶环境的灯光模式。但由于其体积较大，存在装配上的局限性，且灯泡更换不方便，因此推广困难。而 ILS 正在向自动控制光线的方向发展，为驾车者提供比较理想的光束模式。这需要引入微电子技术，必须装入先进的电控元件。今后智能化灯光系统将会陆续面市。

智能化灯光系统能使汽车大灯随行驶状况的变化而实时变化，将会出现具有10～15种不同光束的大灯，相对行驶速度和路面而“随机应变”。例如在高速公路上，汽车大灯会照亮前方不宽的区域，要远一点。当汽车行驶在弯道上，在车辆转弯时外侧要亮度大些，使司机看清楚弯道情况，而内侧要暗些，为的是不要使对面会车的司机眩目。

目前有一款为法国研制出来的大灯样品，大灯组件内装置了三组灯泡，其中一组是活动的，其他两组是固定的。活动的部分由电脑操纵随行车状态灵活变化。例如当方向盘转向时，会有传感器立即显示车辆要转弯，电脑接到信息后立即发指令指挥大灯内的活动组灯随方向盘的角度变化来更改灯光的投射角度。

## 三、LED 车灯的推广使用

现在国外照明灯已有白炽灯、卤素灯、氙灯等。除了前大灯外，其他灯具例如小灯、指示灯、厢内照明灯等多是采用白炽灯。但近年流行 LED 做指示灯、倒刹车指示灯、转向指示灯等。为什么兴起用 LED 代替白炽灯呢？

LED 是英文发光二极管(Light Emitting Diode)的缩写，早在20世纪60年代就已经生产，80年代已经普遍用于家用电器产品上，例如音响的音量指示、开关指示等。在90年代，有些新型的国产汽车仪表上也已采用 LED，主要用于充电指示，后来还有显示发动机转速的，例如湖北襄樊生产的一种组合仪表上，里程表旁竖一排 LED，当司机踩油门时 LED 排灯就从下至上依次点亮，当松油门时 LED 排灯就从上至下依次熄灭，颇醒目好看。20世纪90年代中期，我国 LED 开始做高位刹车灯并在汽车上安装。由于 LED 亮灯快，能及早让尾随后面的司机知道前方车辆的行驶状况，减少汽车追尾碰撞事故的发生。

LED 是一种可以自身发光的包含 PN 结的固态半导体元件。LED 的芯片是由 P 型半导体和 N 型半导体组成的晶片，在 P 型半导体和 N 型半导体之间有一个过渡层，称为 PN 结。当采用砷化镓(红外线)、砷磷化镓(红到黄)、磷化镓(绿)等半导体材料时，注入 PN 结中的少数载流子与多数载流子复合，就会把多余的能量以光的形式释放出来，从而把电能直接转换为光能。当 PN 结施加正向电压，电流从 LED 的阳极流向阴极时，半导体晶片就发出从紫外到红外不同颜色的光线，光的强弱与电流大小有关。由于 LED 的发光功率很小，一般只做指示灯，不能用做照明。用于照明，则是近年才出现的新事物。

由于 LED 发光功率很小，一般是将许多只 LED 做成阵列式，采用以小积大的形式作为实用性的指示灯。但是，这样一来成本就会迅速上升。因为一只高品质的 LED 价格约1.5元左右，几十只集合在一起的价格远远超过白炽灯。由于 LED 发光亮度与电流呈正比，输入电流越大，发光亮度越高，因此，提高 LED 额定电流、提高光输出功率成为厂方研究开发的重点。只有提高单只 LED 发光功率，才能减少阵列式 LED 的数目，甚至只用单个 LED，以减低成本。目前，照明业界已研制出单个白色 LED，发光效能达到15 lm/W，相当于白炽灯的发光效能。

有人预测，今后几年 LED 的发光功率和成本这两大瓶颈将得到解决，这样，不但汽车照明，甚至整个照明行业都将会发生重大的变革。

# 第五节　转向信号灯闪光器

## 一、转向信号灯及危险信号报警灯电路

当汽车要转向时，需接通左侧或右侧转向信号灯。当遇有特别情况时，所有转向信号灯应同时闪烁，发出危险警告信号。转向信号灯及危险信号报警灯电路主要包括开关、信号和闪光器，其中闪光器是主要器件。

转向信号灯开关采用左右拨动转向开关，可接通转向灯电路；标有红色“△”的开关为危险警告灯开关，当按下后，左右转向灯将同时闪烁。

## 二、闪光器的结构原理

闪光器控制着转向信号灯的闪烁。目前使用的闪光器主要有电热式、电容式、电子式。由于电子闪光器具有性能稳定、可靠性高、寿命长的特点，已被广泛应用。

### 1. 电热式闪光器

图 6 - 27 是一种电热式闪光器的结构和工作原理图。当汽车转向时，接通转向开关，电流从蓄电池“＋”极→附加电阻→电热丝→触点臂→转向开关→转向灯及仪表指示灯（左或右）→接地→蓄电池“－”极，构成回路。由于附加电阻和电热丝串在电路中，电流较小，转向灯不亮。短时间后电热丝（镍铬丝）发热膨胀，使触点闭合。此时电流从蓄电池“＋”极→线圈→触点→转向开关→转向灯及转向指示灯（左或右）→接地→蓄电池“－”极，构成回路。此时附加电阻和电热丝被短路，且线圈中产生的电磁吸力使触点闭合更紧，电路中电阻小，电流大，转向灯发出较亮的光。由于无电流流过，电热丝冷却收缩，又使触点打开，附加电阻和电热丝又重新串入电路，灯光变暗。如此反复，使转向灯明暗交替，示意行驶方向。闪光频率（60～90 次/min）可通过调整电热丝和触点间隙来控制。

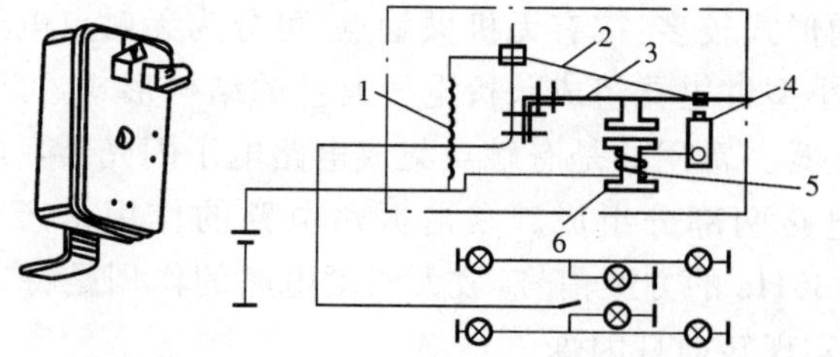


图 6 - 27　电热式闪光器的结构和工作原理图

1—附加电阻　2—电热丝　3—触点臂　4—触点　5—线圈　6—电磁铁

### 2. 电容式闪光器

电容式闪光器的结构与原理如图 6 - 28 所示。

汽车转向时，接通转向灯开关 8，电流经蓄电池“＋”极→电源开关 11→接线柱 B→线圈 3→常闭触点 1→接线柱 L→转向灯开关 8→转向灯及转向指示灯→接地→蓄电池“－”极，构成回路。此时线圈 4、电容器 7、电阻 5 被触点 1 短路。电流经线圈 3 所引起的吸力大于弹簧片 2 的作用，将触点 1 迅速打开，转向灯处于暗的状态（尚未来得及亮）。触点 1 打开后，蓄电池开始向电容器 7 充电，其回路为：蓄电池“＋”极→电源开关 11→接线柱 B→线圈

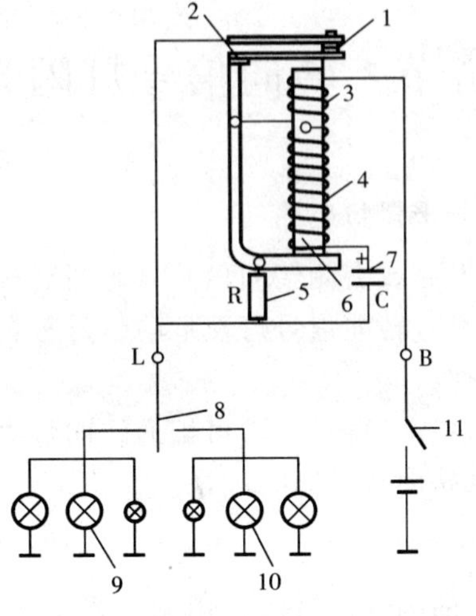


图 6-28　电容式闪光器结构原理图

1—触点　2—弹簧片　3—串联线圈　4—并联线圈　5—灭弧电阻　6—铁心
7—电容器　8—转向灯开关　9—左转向灯　10—右转向灯　11—电源开关

3→线圈 4→电容器 7→转向灯开关 8→转向灯及转向指示灯(左或右)→接地→蓄电池"一"极。由于线圈电阻较大,使充电电流较小,仍不足以使转向灯亮。与此同时,线圈套 3、4 产生的电磁吸力方向相同,使触点 1 继续打开。随着电容器 C 两端电压升高,充电电流逐渐减小,电磁吸力也减小。在弹簧片作用下,触点 1 闭合,电源通过线圈 3、触点 1,经转向开关 8 向转向灯供电,电容器经线圈 4、触点 1 放电。由于此时线圈 3、线圈 4 方向相反,产生的电磁吸力减小,不足以使触点 1 打开,此时转向灯亮。随着电容器两端电压下降,流经线圈 4 的电流减小,产生的退磁作用减弱,线圈 3 产生的电磁吸力又将触点 1 断开,转向灯变暗。如此反复,使转向灯以一定的频率闪烁。

3. 电子闪光器

电子闪光器的结构形式较多:按有无机械触点,可分为无触点电子闪光器和有触点电子闪光器(由电子元件与小型继电器组成);按电子元件的结构形式,可分为分立元件电子闪光器和集成电路电子闪光器。常用的是有触点集成电路电子闪光器。电子闪光器主要由多谐振荡电路和放大驱动电路两部分组成。多谐振荡电路的作用是产生性能稳定、占空比在 50%左右、频率为 65～85Hz 的方波信号,放大驱动电路的作用是将方波信号放大并驱动转向灯控制器件动作,以实现转向灯闪烁。

(1)带继电器触点式晶体管闪光器

如图 6-29 所示,当接通电源开关和转向开关后,主线路为蓄电池"+"极→电源开关 SW→接线柱 B→$R_1$→继电器 J 的触点→接线柱 S→转向开关→转向灯及转向指示灯(左或右)→搭铁→蓄电池"一"极,转向灯亮。当继电器 J 的触点闭合时,转向灯亮;触点断开时,转向灯灭。而触点的闭合与否取决于三极管的导通状况,电容 C 的充放电使三极管反复导通截止。这样,触点也就时通时断,使转向信号灯闪烁发光。

(2)不带继电器无触点式晶体管闪光器

无触点晶体管闪光器又称全电子式闪光器,即把触点式晶体管闪光器中的继电器去掉,采用大功率晶体管来取代原来的继电器,如图 6-30 所示。本闪光器电路的振荡部分实际

上是一个典型的非稳态多谐振荡器，其电路结构对称，也就是说 $R_1=R_4$、$R_2=R_3$、$C_1=C_2$，$VT_1$ 与 $VT_2$ 为同型号的晶体三极管，且其参数相同。闪光器的输出级采用一只大功率三极管 $VT_3$。当 $VT_3$ 导通时，转向灯电路接通，使灯点亮；当 $VT_3$ 截止时，转向灯电路被切断而使灯变暗，从而发出频率为 70～90 次/min 的闪光信号。

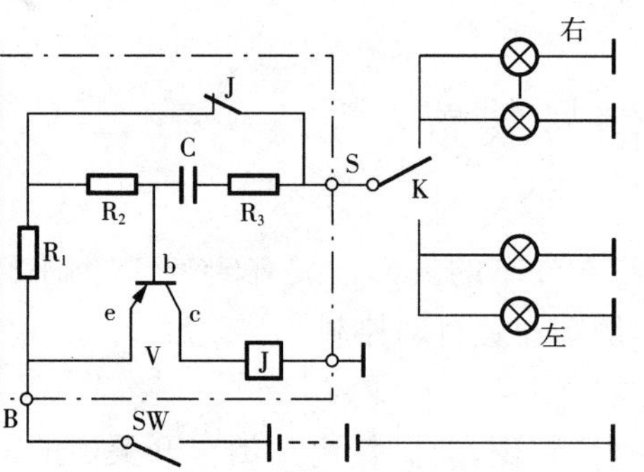


图 6－29　带继电器触点式晶体管闪光器电路

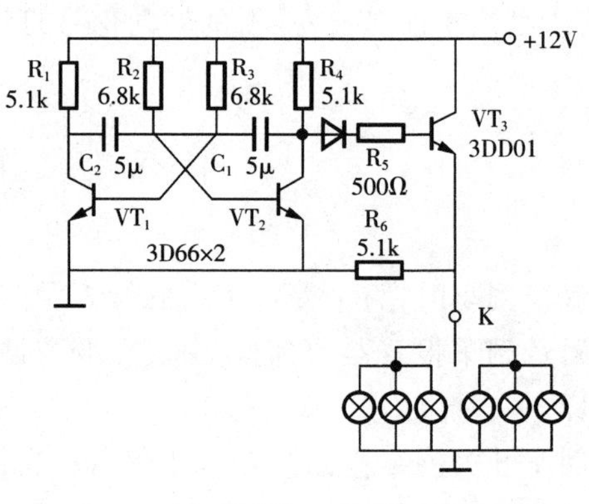


图 6－30　不带继电器无触点式晶体管闪光器电路

上海桑塔纳轿车装用的是有触点集成电路电子闪光器（图 6－31）。它的核心器件 U243B 是一块低功耗、高精度的汽车电子闪光器专用集成电路。U243B 的标称电压为 12V，实际工作范围为 9～18V，采用 8 脚双列直插塑料封装，其内部电路主要由输入检测电路、电压检测电路、振荡电路及功率输出电路四部分组成。输入检测电路用来检测转向信号灯开关是否接通。振荡电路由一个电压比较器和外接电阻 $R_4$ 及电容 $C_1$ 构成。内部电路给比较器的一端提供了一个参考电压（其值高低由电压检测电路控制），比较器的另一端则由外接电阻 $R_4$ 及电容 $C_1$ 提供一个变化的电压，从而形成电路的振荡。

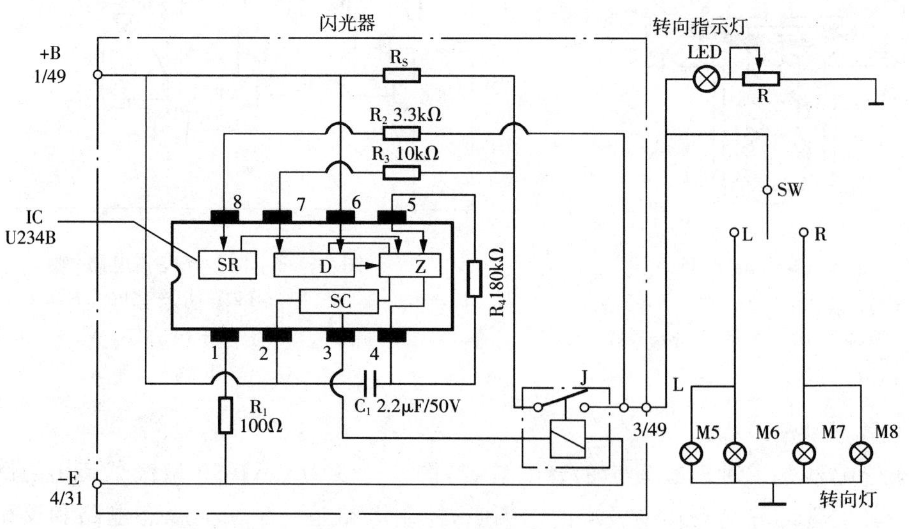


图 6－31　集成电路闪光器

SR—输入检测器　D—电压检测器　Z—振荡器　SC—输出级　$R_S$—取样电阻　J—继电器

振荡电路工作时，输出电路控制继电器线圈的电路，使继电器触点反复开、闭，于是转向信号灯和转向指示灯便以 80 次/min 的频率闪烁。如果一只转向信号灯烧坏，则流过取样

电阻 $R_s$ 的电流减小，其电压降减小，经电压检测电路识别后，输出电路控制振荡电路电压比较器的参考电压，从而改变振荡（即闪光）频率，则转向指示灯的闪光频率加倍，以示需要检修更换灯泡。

有些汽车还利用闪光器作危险警告之用。当汽车出现危险情况时，只要接通危险警告灯开关，则汽车前、后、左、右的转向信号灯同时闪烁，以示警告。

## 第六节　倒车信号装置

汽车倒车时，为了警告车后的行人及其他车辆，在汽车的后部常装有倒车灯、倒车蜂鸣器或语音倒车报警器，它们均由装在变速器盖上的倒车开关自动控制。

1. 倒车开关

倒车开关的结构如图 6－32 所示。当把变速挡拨到倒车挡时，由于倒车开关中的钢球 1 被松开，在弹簧 5 的作用下，触点 4 闭合，于是倒车灯、倒车蜂鸣器或语音倒车报警器便与电源接通，使倒车灯发出闪烁信号，蜂鸣器发出持续的鸣叫声，语音倒车报警器发出“请注意，倒车”的声音。

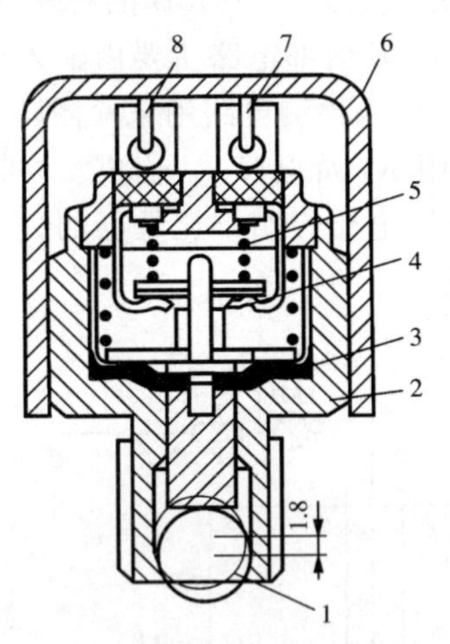


图 6－32　倒车开关

1—钢球　2—壳体　3—膜片　4—触点　5—弹簧　6—保护罩　7、8—导线

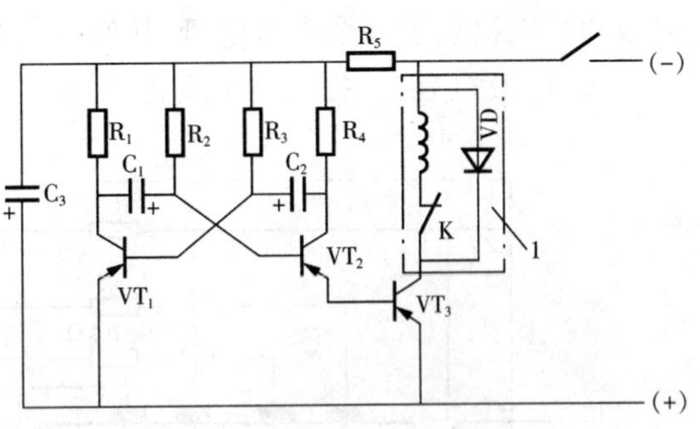


图 6－33　倒车蜂鸣器电路

$R_1$—1.5kΩ　$R_2$、$R_3$—10kΩ　$R_4$—15kΩ　$R_5$—100kΩ　$VT_1$、$VT_2$—3A31A　$VT_3$—3AX31B　VD—2CP13　$C_1$、$C_2$、$C_3$—33μF　1—小喇叭

2. 倒车蜂鸣器

倒车蜂鸣器是一种间歇发声的音响装置，图 6－33 为 CA1090 型汽车装用的倒车蜂鸣器电路。其发音部分是只功率较小的电喇叭，控制电路是一个由无稳态电路和反相器组成的开关电路。

晶体管 $VT_1$、$VT_2$ 组成一个无稳态电路（又叫多谐振荡器）。由于 $VT_1$ 和 $VT_2$ 之间采用电容器耦合，所以 $VT_1$ 与 $VT_2$ 只有两种暂时的稳定状态：或 $VT_1$ 导通、$VT_2$ 截止，或 $VT_1$ 截止、$VT_2$ 导通。$VT_3$ 在电路中起开关作用，它与 $VT_2$ 直接耦合，$VT_2$ 的发射极电流

就是 $VT_3$ 的基极电流。当 $VT_2$ 导通时，$VT_3$ 基极有足够大的基极电流也导通。电流便从电源“+”极，经 $VT_3$、蜂鸣器的常闭触点 K、线圈流回电源“-”极。线圈通电后，使线圈中的铁芯磁化，吸动衔铁，带动膜片变形，产生声音。当 $VT_2$ 截止时，$VT_3$ 无基极电流也截止，于是线圈断电，铁芯退磁，衔铁与膜片回位。如此周而复始，$VT_3$ 按照无稳态电路的翻转频率不断导通、截止，从而使得倒车蜂鸣器发出间歇性的鸣叫。

3. 语音倒车报警器

随着集成电路技术的发展，将语音信号压缩储存于集成电路中已成为可能，从而出现了使用专用集成电路的会说话的倒车报警器即语音倒车报警器当汽车倒车时，能重复发出“请注意，倒车”的声音，以此提醒路过行人避开车辆而确保安全倒车。

语音倒车报警器的电路如图 6 - 34 所示。HFC5209 是存储语音信号的集成电路，LM386N 是功放集成电路，稳压管 VD 用于稳定 HFC5209 的工作电压。为防止电源电压接反，在电源的输入端使用了由四个二极管组成的桥式整流电路，这样无论它怎样接入 12V 电源，均可保证正常工作。

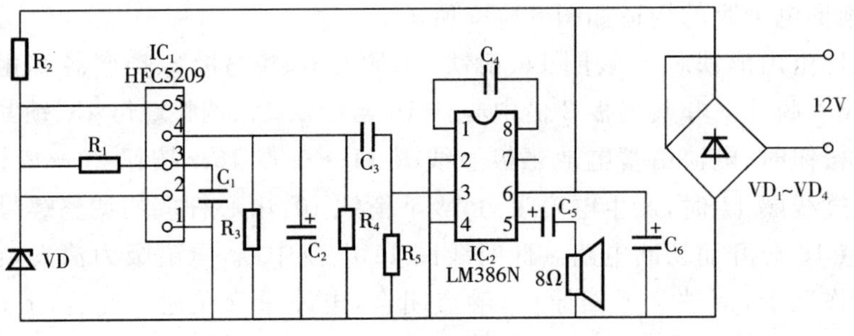


图 6 - 34 语音倒车报警器

当汽车挂入倒车挡时，倒车开关接通电源，电源便由四个二极管（$VD_1 \sim VD_4$）组成的桥式整流电路输入，存储语音信号的集成电路 $IC_1$（HFC5209）的输出端便输出一定幅度的语音信号电压，此语音信号电压经 $C_2$、$C_3$、$R_3$、$R_4$、$R_5$ 组成的阻容电路消除杂音，改善音质，并耦合到集成放大电路 LM386N 的输入端，经 LM386N 功率放大后，通过喇叭输出，即可发出清晰的“请注意，倒车！”的声音。

这种语音倒车报警器体积小，价格低廉，声音清晰，正在得到广泛使用。

## 第七节 电喇叭

1. 电喇叭的作用与分类

汽车上都装有喇叭，用来警告行人和其他车辆，以引起注意，保证行车安全。喇叭按发音动力的不同分为气喇叭和电喇叭两类；按外形分为螺旋形、筒形、盆形（见图 6 - 35）三类；按声频分为高音和低音两种；按接线方式分为单线制和双线制。

气喇叭是利用气流使金属膜片振动产生音响，其外形一般为筒形，多用在具有空气制动装置的重型载重汽车上。电喇叭是利用电磁力使金属膜片振动产生音响，其声音悦耳，广泛使用于各种类型的汽车上。

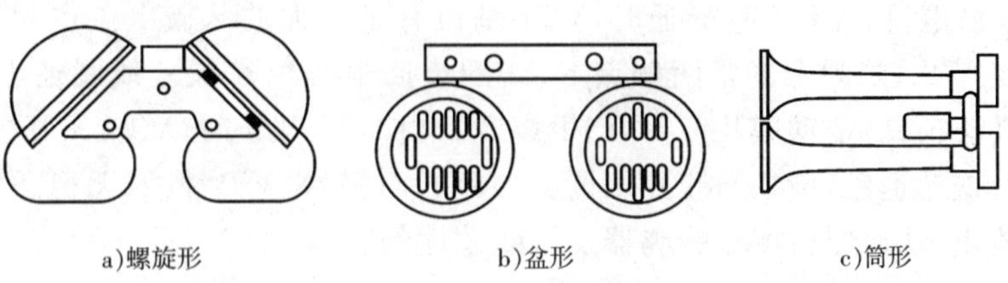

a)螺旋形　　b)盆形　　c)筒形

图 6－35　喇叭外形

电喇叭按有无触点可分为普通电喇叭和电子电喇叭。普通电喇叭主要是靠触点的闭合和断开，控制电磁线圈激励膜片振动而产生声响的；电子电喇叭中无触点，它是利用晶体管电路激励膜片振动产生的音响。在中小型汽车上，由于安装位置的限制，多采用螺旋形和盆形电喇叭。盆形电喇叭具有体积小、重量轻、指向好、噪声小等优点。

2. 普通电喇叭的构造与工作原理

(1)筒形、螺旋形电喇叭

筒形、螺旋形电喇叭的构造如图 6－36 所示。

其主要机件由山形铁芯 5、线圈 11、衔铁 10、膜片 3、共鸣板 2、扬声器 1、触点 16 以及电容器 17 等组成。膜片 3 和共鸣板 2 借中心杆 15 与衔铁 10、调整螺母 13、锁紧螺母 14 连成一体。当按下按钮时，电流由蓄电池正极→线圈 11→触点 16→按钮 20→搭铁→蓄电池负极。当电流通过线圈 11 时，产生电磁吸力，吸下衔铁 10，中心杆上的调整螺母 13 压下活动触点臂，使触点 16 分开而切断电路。此时线圈 11 电流中断，电磁吸力消失，在弹簧片 9 和膜片 3 的弹力作用下，衔铁又返回原位，触点闭合，电路重又接通。此后，上述过程反复进行，膜片不断振动，从而发出一定音调的声波，由扬声器 1 加强后传出。共鸣板与膜片刚性连接，在振动时发出陪音，使声音更加悦耳。为了减小触点火花，保护触点，在触点 16 间并联了一个电容器(或消弧电阻)。

(2)盆形电喇叭

盆形电喇叭工作原理与上述相同，其结构特点如图 6－37 所示。

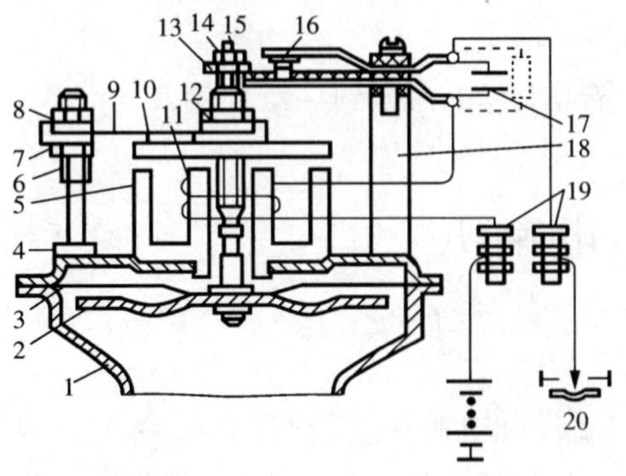


图 6－36　筒形、螺旋形电喇叭

1—扬声器　2—共鸣板　3—膜片　4—底板　5—山形铁芯　6—线螺柱　7、13—调整螺母　8、12、14—锁紧螺母　9—弹簧片　10—衔铁　11—线圈　15—中心杆　16—触点　17—电容器　18—触点支架　19—接线柱　20—按钮

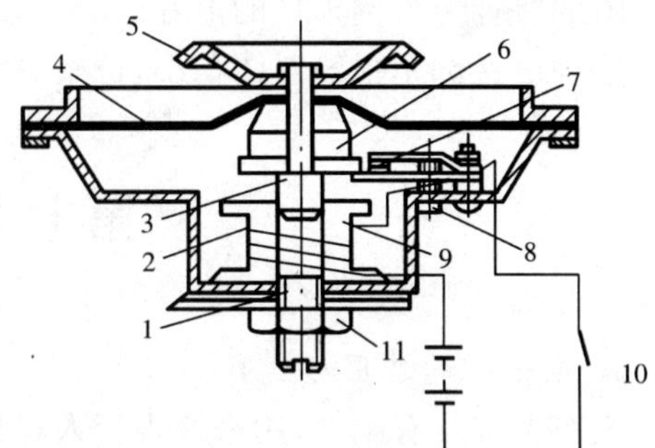


图 6－37　盆形电喇叭

1—下铁芯　2—线圈　3—上铁芯　4—膜片　5—共鸣板　6—衔铁　7—触点　8—调整螺母　9—铁芯　10—按钮　11—锁紧螺母

电磁铁采用螺管式结构，铁芯 9 上绕有线圈 2，上、下铁芯间的气隙在线圈 2 中间，所以能产生较大的吸力。它无扬声器，而是将上铁芯 3、膜片 4 和共鸣板 5 固装在中心轴上。当电路接通时，线圈 2 产生吸力，上铁芯 3 被吸下与下铁芯 1 碰撞，产生较低的基本频率，并激励与膜片一体的共鸣板 5 产生共鸣，从而发出比基本频率强得多，且分布又比较集中的谐音。为了保护触点，在触点 7 之间同样也并联了一只电容器（或消弧电阻）。

3. 电动气喇叭

电动气喇叭主要由电动气泵和气喇叭两部分组成（见图 6－38），按下喇叭按钮时，直流电动气泵运转，产生压缩空气，压缩空气直接通入气喇叭使喇叭发音。

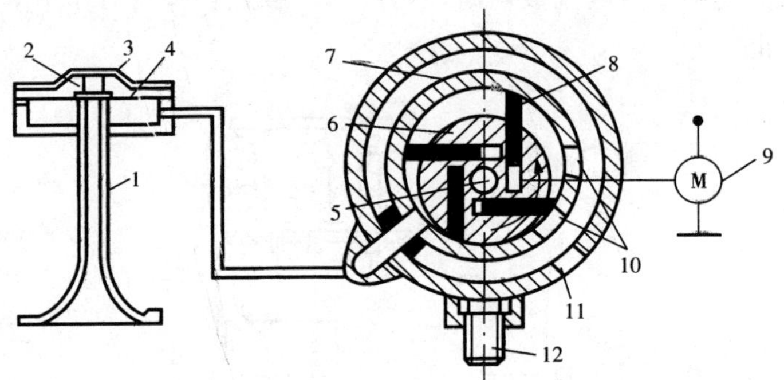


图 6－38　电动气喇叭

1—传心筒　2—弹簧　3—盖板　4—膜片　5—电动机轴　6—转子　7—偏心腔体　8—叶片　9—电动机　10、11—进气口　12—螺钉

4. 电子电喇叭

电子电喇叭的结构如图 6－39 所示，图 6－40 是其原理电路图。

当喇叭电路接通电源后，当晶体管 VT 加正向偏压而导通时，线圈中便有电流通过，产生电磁力，吸引上衔铁，连同绝缘膜片和共鸣板一起动作。当上衔铁与下衔铁接触直接搭铁时，晶体管 VT 失去偏压而截止，切断线圈中的电流，电磁力消失，膜片与共鸣板在弹力作用下复位。上、下衔铁又恢复为断开状态，晶体管 VT 又重新导通，如此周而复始地动作，膜片不断振动便发出响声。

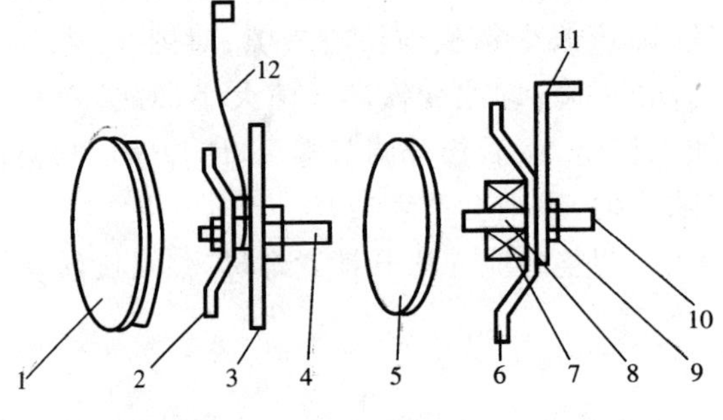


图 6－39　盆形电子电喇叭的结构

1—罩盖　2—共鸣板　3—绝缘膜片　4—上衔铁　5—绝缘垫圈　6—喇叭体　7—线圈　8—下衔铁　9—锁紧螺母　10—调节螺钉　11—托架　12—导线

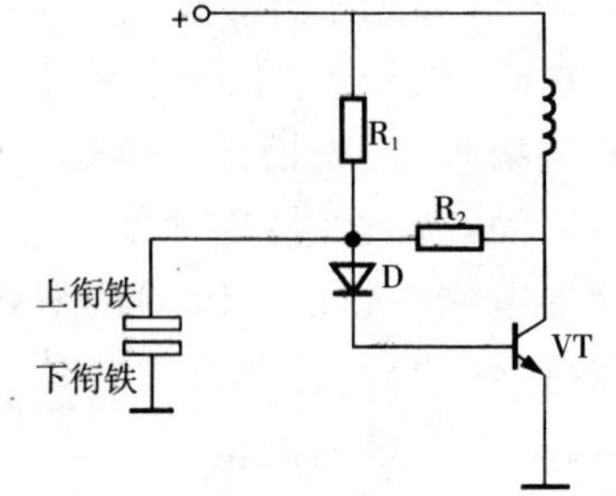


图 6－40　WD－120G 型电子电喇叭电路

$R_1$—100Ω　$R_2$—470Ω　D—2CZ　V—D478B

5. 喇叭继电器

为了得到更加悦耳的声音，在汽车上常装有两个不同音调（高、低音）的喇叭。其中高音喇叭膜片厚，扬声筒短，低音喇叭则相反。有时甚至用三个（高、中、低）不同音调的喇叭。装用单只喇叭时，喇叭电流是直接由按钮控制的，按钮大多装在转向盘的中心。当汽车装用双喇叭时，消耗电流较大（15～20A），用按钮直接控制时，按钮容易烧坏。为了避免这个缺点，采用喇叭继电器，其构造和接线方法如图 6-41 所示。当按下按钮 3 时，蓄电池电流便流经线圈 2（因线圈电阻很大，所以通过线圈 2 及按钮 3 的电流不大），产生电磁吸力，吸下触点臂 1，因而触点 5 闭合接通了喇叭电路。因喇叭的大电流不再经过按钮，从而保护了喇叭按钮。当松开按钮时，线圈 2 内电流被切断，磁力消失，触点在弹簧力作用下打开，即可切断喇叭电路，使喇叭停止发音。

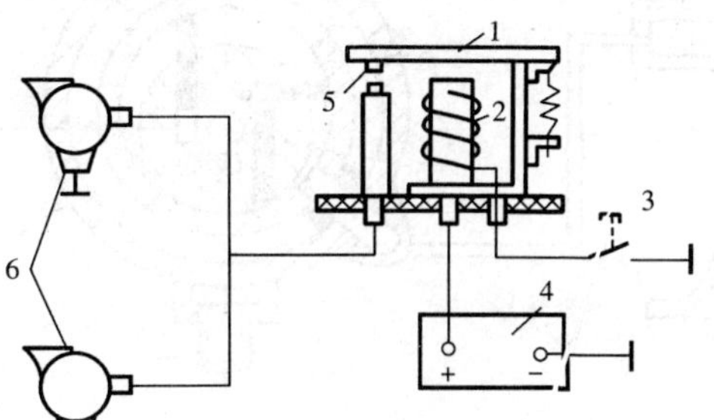

图 6-41 喇叭继电器

1—触点臂 2—线圈 3—按钮 4—蓄电池 5—触点 6—喇叭

6. 电喇叭的调整

电动气喇叭一般制成不可调式。螺旋形、盆形电喇叭调整包括音调和音量的调整。

（1）喇叭音调的调整

电喇叭音调的高低与铁芯气隙（即衔铁与铁心间的气隙）有关，铁芯气隙小时，膜片的振动频率高（即音调高）；气隙大时，膜片的振动频率低（即音调低）。铁芯气隙值（一般为 0.7～1.5mm）视喇叭的高、低音及规格型号而定，如 DL34G 为 0.7～0.9mm，DL34D 为 0.9～1.05mm。

筒形、螺旋形电喇叭铁芯气隙的调整部位和调整方法如图 6-42 所示。对图 6-42a 所示的电喇叭，应先松开锁紧螺母，然后转动衔铁，即可改变衔铁与铁心气隙；对图 6-42b 所示的电喇叭，松开上、下调节螺母，可使铁芯上升或下降，即改变铁芯气隙大小；对图 6-42c 所示的电喇叭，可先松开锁紧螺母，转动衔铁加以调整，然后松开调节螺母，使弹簧片与衔铁平行后紧固。调整时，应使衔铁与铁芯间的气隙均匀，否则会产生杂音。

盆形电喇叭铁芯气隙的调整如图 6-43 所示，调整时应先松开锁紧螺母，然后旋转音调调整螺母（铁芯）进行调整。

（2）喇叭音量的调整

电喇叭音量的大小与通过喇叭线圈中的电流大小有关。当触点预压力增大时，流经喇叭线圈的电流增大，使喇叭发出声音的音量增大；反之音量减小。

触点压力是否正常，可通过检查喇叭工作电流与额定电流是否相符来判断。如工作电流等于额定电流，则说明触点压力正常；如工作电流大于或小于额定电流，则说明触点压力

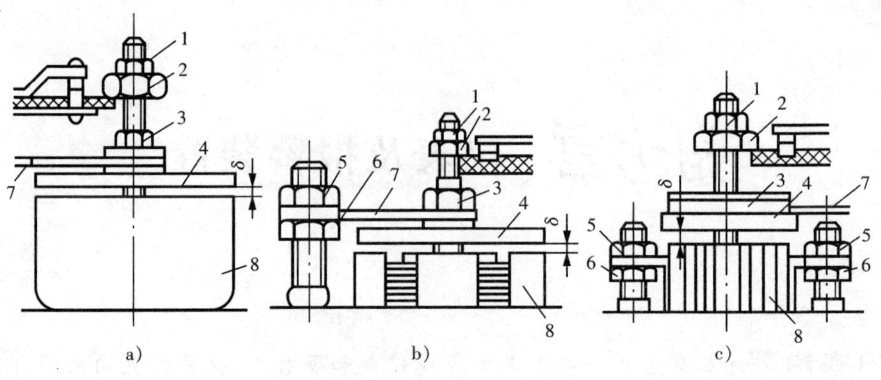


图 6-42　筒形、螺旋形电喇叭的调整部位

1、3—锁紧螺母　2、5、6—调节螺母　4—衔铁　7—弹簧片　8—铁芯　δ—铁芯气隙

过大或过小，应予调整。

对于图 6-42 所示的筒形、螺旋形电喇叭应先松开锁紧螺母，然后转动调节螺母（逆时针方向转动时，触点压力增大，音量增大）进行调整；对于图 6-43 所示的盆形电喇叭，可旋转音量调节螺钉（逆时针方向转动时，音量增大）进行调整。调整时不可过急，一般每次转动调节螺钉不多于 1/10 圈。

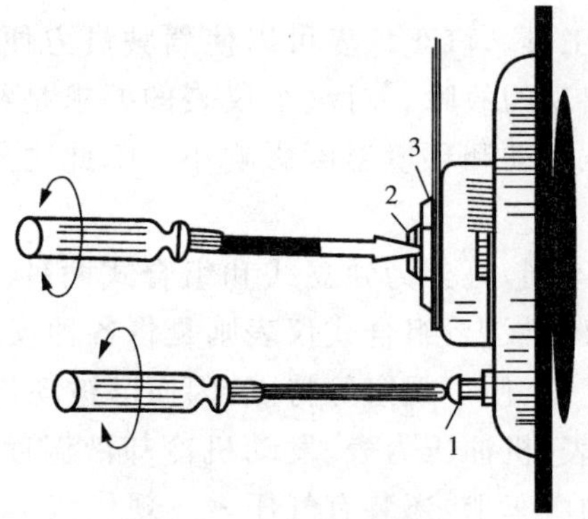


图 6-43　盆形电喇叭的调整

1—音量调整螺钉　2—音调调整铁芯　3—锁紧螺母

电喇叭音量和音调调整并不是完全独立的，它们两者实际上是相互关联的。因此两者需反复调试才会获得最佳效果。汽车喇叭声级在距车前 2m、离地面 1.2m 处测量时，其值应为 90～115dB(A)。

## 思考与练习

6-1　前照灯的用途及要求是什么？

6-2　卤钨灯泡是利用什么原理制成的？它的基本过程是怎样？

6-3　哪些灯具属照明用灯具？哪些灯具属信号及标志用灯具？

6-4　闪光器有哪些类型？各有何特点？

6-5　普通筒型电喇叭的工作原理是什么？喇叭继电器有何作用？

# 第七章 仪表及报警装置

**内容提要**：本章主要介绍了汽车常规仪表和警告灯、报警装置的功用、组成、结构和工作原理。

## 第一节 汽车仪表

汽车仪表是为驾驶员提供汽车运行中重要信息的装置，同时也是汽车使用人员和维修人员发现和排除故障的重要工具。汽车仪表可以使驾驶员方便正确地使用汽车，提高行车安全，及时发现和排除可能出现的故障。对汽车仪表的要求是结构简单、工作可靠、显示清晰准确、指示值受电源的电压波动和环境温度影响小。除此之外，仪表的抗震、耐冲击性能也要好。

汽车仪表按其结构形式不同，可分为独立式和组合式两种。独立式仪表是各种仪表都有各自的壳体，单独安装在仪表板上；组合式仪表则是将各种仪表封装在一个壳体内。由于组合式仪表具有结构紧凑、美观、便于观察等特点，因而已被现代汽车广泛采用。

传统的仪表系统由电流表、机油压力表、发动机冷却液温度表、燃油表及车速里程表等组成，在一些采用气压制动的汽车上，还装有气压表。现代汽车大都装有发动机转速表。

### 一、电流表

1. 电流表的作用与类型

电流表用于指示蓄电池充电或放电时的电流值。驾驶员可通过电流表的示值情况判断充电系统工作是否正常。电流表串接在发电机充电电路中，刻度盘上中间的示值为“0”，两侧分别标有“＋”、“－”标记，电流表指针指在“＋”侧表示对蓄电池充电，电流表指针指在“－”侧表示蓄电池放电。考虑到电流表的量程和指示的稳定性，对工作电流较大、短时间或断续工作的用电设备，其放电电流均不通过电流表。比如，启动机电磁开关、转向灯、电喇叭等的放电电流都不经过电流表。

汽车上所使用的电流表主要有电磁式和动磁式两种，其工作原理基本相同。

2. 电磁式电流表工作原理

电磁式电流表的组成及工作原理如图 7－1 所示。

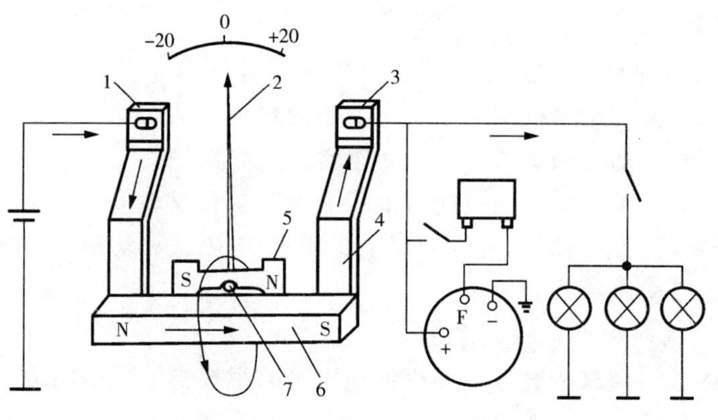


图 7-1　电磁式电流表工作原理

1、3—接线柱　2—指针　4—U 形黄铜板条　5—软钢转子　6—永久磁铁　7—转轴

固定在绝缘底板上的 U 形黄铜板条 4 通过其两端的接线柱 1 和 3，分别与蓄电池、发电机及用电设备连接，黄铜板条的下端固定有条形永久磁铁 6，在其内侧的转轴 7 上还装有带指针 2 的软钢转子 5。软钢转子 5 在永久磁铁 6 的作用下被磁化，由于其磁场的方向与永久磁铁的磁场方向相反，在无电流通过电流表时，指针 2 保持在中间位置，示值为零。

当从蓄电池流向用电设备的放电电流通过电流表时，流经 U 形黄铜板的电流将产生一个垂直于永久磁铁磁场的环形磁场，形成向逆时针方向偏转的合成磁场，使软钢转子也向逆时针方向偏转一个角度，指针指向“－”侧。放电电流越大，合成磁场越强，转子偏转角度越大，指针指示值也就越大。当发电机向蓄电池充电时，流经电流表的电流方向相反，合成磁场偏转的方向相反，使指针向“＋”侧偏转。

3. *动磁式电流表工作原理*

动磁式电流表的结构如图 7-2 所示，导电板 2 固定在绝缘底板上，两端与接线柱 1 和 3 相连接，中间夹有磁轭 6，与导电板 2 固装在一起的针轴上指针（磁钢指针）5 组成动磁式电流表总成。

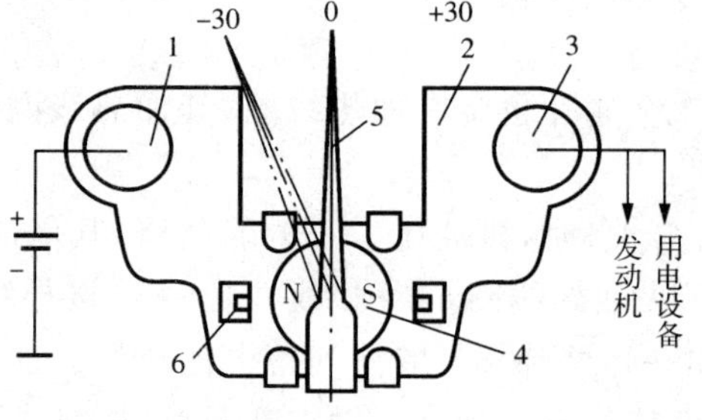


图 7-2　动磁式电流表

1、3—接线柱　2—导电板　4—永久磁铁转子　5—指针　6—磁轭

当无电流流过电流表时，永久磁铁转子 4 通过磁轭 6 构成磁回路，使指针保持在中间“0”的位置。当电流由接线柱 1 通过导电板 2 流向接线柱 3 时，周围产生磁场使导电板中心的磁钢指针发生偏转。电流越大，偏转角度越大；如果电流反方向通过，指针也反方向偏转。

## 二、机油压力表

1. 机油压力表的作用与类型

机油压力表用于指示发动机润滑系统主油道内机油压力的大小，驾驶员可根据机油压力表的示值情况判断发动机润滑系工作是否正常。

机油压力表由装在发动机主油道的机油压力传感器和仪表板上的油压指示表两部分组成，按指示表和传感器的结构原理可分为双金属片式、电磁式和动磁式几种。传统的汽车发动机机油压力表以双金属片式的居多。

2. 双金属片式机油压力表的工作原理

指示表与传感器均为双金属片式的机油压力表的组成与原理如图 7-3 所示。

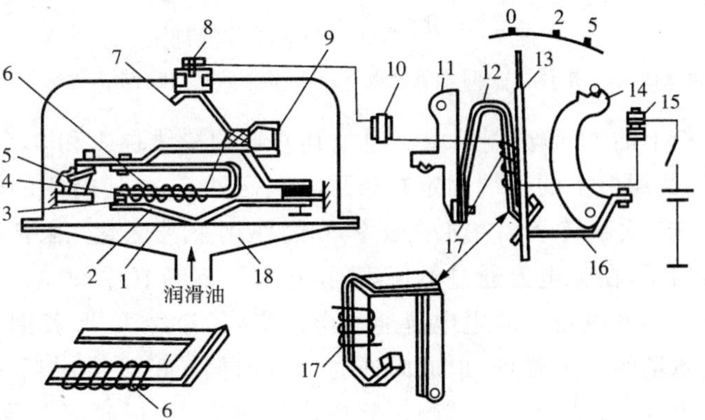


图 7-3　双金属片式机油压力表

1—膜片　2—带触点弹簧片　3—触点　4、12—双金属片　5、11、14—调节齿轮　6、17—加热线圈　7—接触片　8、10、15—接线柱　9—校正电阻　13—指针　16—弹簧片　18—机油压力腔

机油压力表传感器内部膜片 1 的下腔 18 与发动机主油道相通，机油压力通过膜片 1、弹簧片 2 作用到触点 3 上。传感器内双金属片 4 上的加热线圈 6 经触点与搭铁相连。加热线圈不通电时，双金属片处在伸直的位置，触点处于闭合状态。加热线圈通电时，产生的热量加热双金属片，双金属片温度升高时会向上弯曲而使触点张开。触点张开时，加热线圈的搭铁通路就被断开。

机油压力指示表中的双金属片也绕有加热线圈，其加热线圈通电产生的热量会使双金属片弯曲，并带动指针偏摆。

接通点火开关（或电源开关）时，机油压力表电路通路，其电流从蓄电池正极→点火（电源）开关→接线柱 15→指示表加热线圈 17→接线柱 10→连接导线→接线柱 8→接触片 7→传感器加热线圈 6→触点 3→弹簧片 2→搭铁到蓄电池负极。加热线圈 6 通电后产生的热量使双金属片 4 受热弯曲而使触点 3 断开。触点断开后，加热线圈电流被切断，双金属片 4 又逐渐冷却伸直，使触点又重新闭合。加热线圈再次通电发热，使双金属片 4 再次弯曲变形，触点再断开，如此循环，使机油压力表电路形成如图 7-4 所示的脉动电流。

机油压力低时，油压通过膜片 1 及弹簧片 2 作用于触点的压力小，双金属片稍有受热弯曲就可使触点断开，触点闭合时间相对较短，使得电路中的电流脉宽较小（图 7-4a）。该电流通过指示表加热线圈，使指示表内的双金属片 12 受热弯曲变形小，指针的偏摆角度小，油压指示值低。

机油压力高时，通过膜片 1 及弹簧片 2 作用于触点的压力大，加热线圈需通电较长时间，使双金属片受热得到较大的弯曲后触点才能断开，而触点断开后只需较短的时间又可闭合，使得电路中的电流脉宽增大（图 7－4b）。此脉冲电流同时通过油压指示表内的加热线圈，使油压指示表内的双金属片受热弯曲变形大，带动指针偏摆的角度也大，油压指示值高。

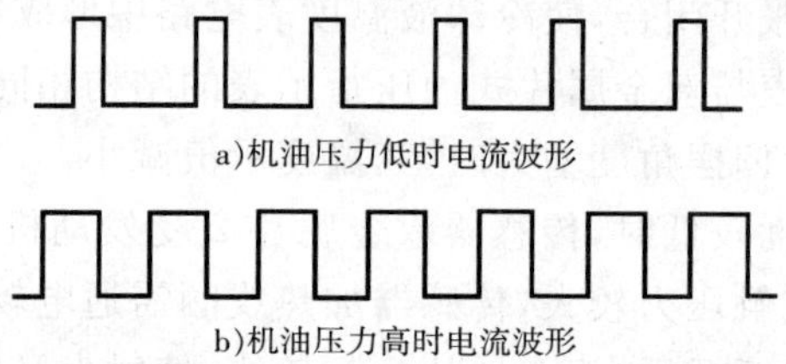

a)机油压力低时电流波形

b)机油压力高时电流波形

图 7－4　双金属片式机油压力表工作电流波形

传感器中的双金属片制成 U 形是为了使机油压力表示值不受外界温度的影响。双金属片绕有电热线圈的一侧为工作臂，另一侧为补偿臂。当外界温度升高而使工作臂弯曲变形时，补偿臂的弯曲变形则正好补偿了工作臂的变形，使得油压的示值不因环境温度的变化而改变。此种传感器壳体上有一箭头作为安装标记，安装时，箭头应向上，其偏斜不应超过垂直位置 30°，以确保工作臂在补偿臂的上方。否则，工作臂加热线圈所产生的热量会对补偿臂产生影响而造成指示误差。

**三、发动机冷却液温度表**

1. 发动机冷却液温度表的作用与类型

发动机冷却液温度表用于指示发动机冷却液的温度，驾驶员可根据温度表的示值了解发动机的温度情况，并判断发动机及发动机冷却系统是否正常。

发动机冷却液温度表由安装在仪表板上的温度指示表和安装在发动机汽缸盖水套上的温度传感器组成。温度指示表有双金属片式和电磁式两种，所用的传感器有双金属片式和热敏电阻式等不同形式。

2. 双金属片式发动机冷却液温度表的工作原理

温度指示表和温度传感器均为双金属片式的发动机冷却液温度表如图 7－5 所示。

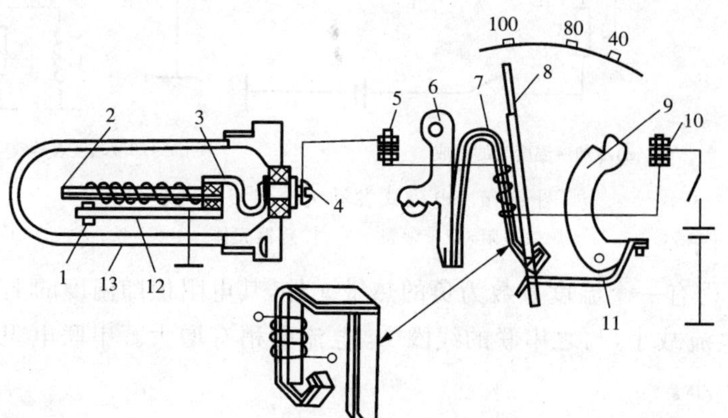


图 7－5　双金属片式冷却液温度表

1－触点　2、7－双金属片　3－连接片　4、5、10－接线柱　6、9－调节齿轮　8－指针

11－弹簧片　12－底板　13－传热套筒

双金属片式温度传感器的传热套筒 13 置入发动机冷却液中，发动机冷却液的热量通过传热套筒传入传感器内部，使双金属片 2 受热向上弯曲，因而传感器触点 1 的接触压力会随发动机冷却液温度的上升而减小。双金属片 2 上的加热线圈也是通过触点搭铁，加热线圈通电加热双金属片后，也会使双金属片向上弯曲而使触点断开。因此，当接通点火开关后，传感器内的触点会不断地张开闭合，使冷却液温度表电路中形成脉动电流。

双金属片式温度指示表与双金属片式油压指示表的结构相同，其工作原理也相似，仅示值刻度不同，指示表的指针偏摆角度增大时，其温度示值减小。

在发动机冷却液的温度较低时，传感器双金属片 2 受发动机冷却液温度影响所产生的弯曲较小，其触点的初始接触压力较大，传感器加热线圈需通电较长的时间才能使双金属片向上弯曲至触点断开；触点断开后，双金属片冷却较快，使触点又很快闭合。因此，在发动机温度较低时，传感器触点闭合的时间相对较长，冷却液温度表电路中的电流脉宽较大，使温度指示表内的双金属片 7 受热变形大，指针 8 的偏转角大，指示较低的温度值。

当发动机冷却液的温度升高时，传感器双金属片 2 周围空气温度也升高，使其向上弯曲而降低了触点的接触压力。这时，传感器加热线圈通电较短的时间就可使触点断开，而双金属片的冷却则变慢，使触点的相对闭合时间缩短。这样就使发动机冷却液温度表电路中的电流脉宽随温度的上升而减小，温度指示表内的的双金属片变形量随之减小，指针偏转角减小，温度指示值增大。

3. 电磁式冷却液温度表的工作原理

采用电磁式指示表、热敏电阻式温度传感器的发动机冷却液温度表如图 7 - 6 所示。

电磁式温度指示表内装有互成一定角度的两个铁心，铁心上分别绕有电磁线圈，其中 $L_2$ 匝数较少，与传感器串联，$L_1$ 匝数较多，与传感器并联，两个铁心的下端设置带指针的衔铁 4。两电磁线圈通电产生的磁力吸动衔铁转动，带动指针偏摆。

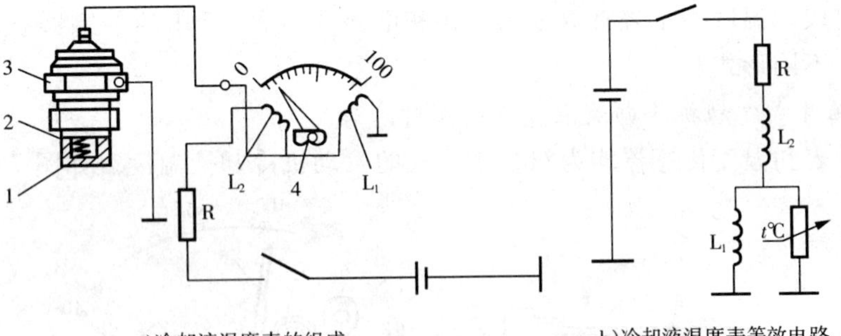


a)冷却液温度表的组成　　b)冷却液温度表等效电路

图 7 - 6　电磁式发动机冷却液温度表

1—热敏电阻　2—弹簧　3—传感器壳体　4—衔铁

温度传感器内有一个温度系数为负的热敏元件，其电阻值随温度的上升而减小，使与之并联的线圈 $L_1$ 电流减小，与之串联的线圈 $L_2$ 电流则稍有增大。串联电阻 R 用于限制流经线圈 $L_2$ 的电流大小。

当发动机冷却液的温度较低时，传感器的热敏电阻阻值较大，流经 $L_1$ 和 $L_2$ 线圈的电流相差不多，但由于 $L_1$ 匝数多，产生磁场强，两线圈的合成磁场吸引衔铁 4 使指针向低温指示方向偏，温度表指示低温。

当发动机冷却液的温度升高时，传感器的热敏电阻阻值减小，其分流作用增强，使流经$L_1$的电流减小，其磁力减弱。这时两线圈合成磁场的方向变化，使衔铁4转动某个角度，带动指针向高温方向偏摆。

有些汽车上的冷却液温度表其指示表为双金属片式，采用热敏电阻式温度传感器。这种双金属式指示表的温度示值也是随指针偏摆角度增大而增大。

## 四、燃油表

### 1. 燃油表的作用与类型

燃油表用于指示燃油箱中所储存的燃油量。驾驶员根据燃油表的示值可估计汽车续驶里程，判断是否需要加油。

燃油表由装在仪表板上的燃油指示表和装在燃油箱上的油面传感器组成，传统的燃油指示表有电磁式和双金属片式，传感器均采用滑片电阻式。现代汽车上使用电子燃油表的逐渐增多，电子燃油表的指示表有发光二极管显示方式和数字显示方式等不同形式。

### 2. 电磁式燃油表的工作原理

电磁式燃油表的组成与工作原理如图7-7所示。

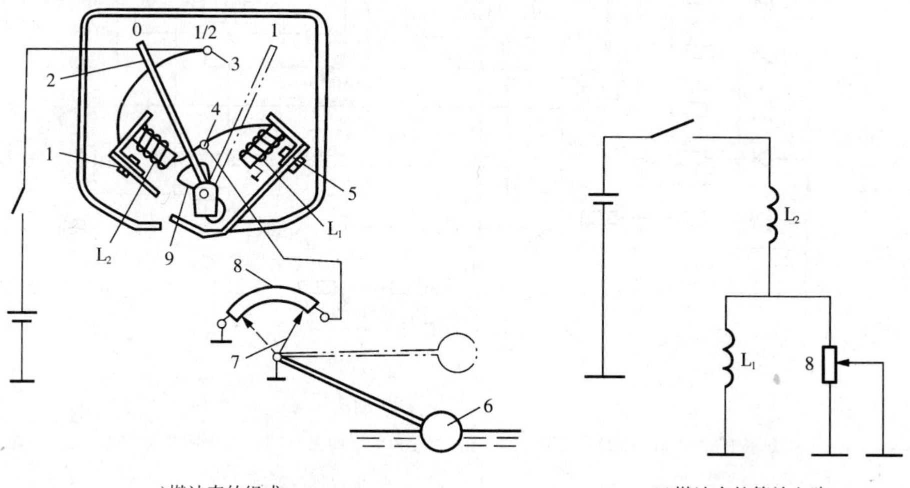


图7-7 电磁式燃油表

1—左导磁片 2—指针 3、4—指示表接线柱 5—右导磁片 6—浮子 7—滑片 8—滑片电阻 9—衔铁

电磁式燃油表其指示表的结构和工作原理与电磁式冷却液温度表相似，也是通过其内部左线圈($L_2$)和右线圈($L_1$)所产生的磁力吸引衔铁转动，带动指针摆动。

传感器实际上是一个滑片式变阻器，当浮子6随燃油箱内的油面上下移动时，会带动滑片7滑动，使串入燃油表电路中的电阻值随之改变。

当油箱中无油时，浮子就会下沉至最低位置，滑片电阻被滑片短路。此时接通电路后，与滑片电阻8并联的右线圈$L_1$被短路，无电流通过；与滑片电阻8串联的左线圈$L_2$电流达到最大，$L_2$产生的电磁力吸动衔铁使指针指示在“0”的位置。

当油箱装满燃油时，浮子在最高位置，滑片电阻串入电路的电阻值最大。此时接通电路后，$L_1$、$L_2$两线圈的电流相差不多，两线圈所产生的合成磁场吸引衔铁转动的位置使指针指

向“1”位。

随着油箱油面下降，随油面下移的浮子 6 带动滑片 7 滑动，使滑片电阻 8 接入电路的阻值减小，右线圈 $L_1$ 电流减小，左线圈 $L_2$ 的电流则稍有增大，两线圈产生的合成磁场吸引衔铁转动的角度使指针向“0”位一侧靠近。

滑片与电阻之间如果出现接触不良就会产生电火花，容易造成火灾事故。将滑片电阻的左端接地是为了减小滑片滑动时可能产生的电火花，以提高使用的安全性。

3. 电子式燃油表的工作原理

采用发光二极管显示，配用浮子式可变电阻传感器的电子式燃油表电路如图 7－8 所示。

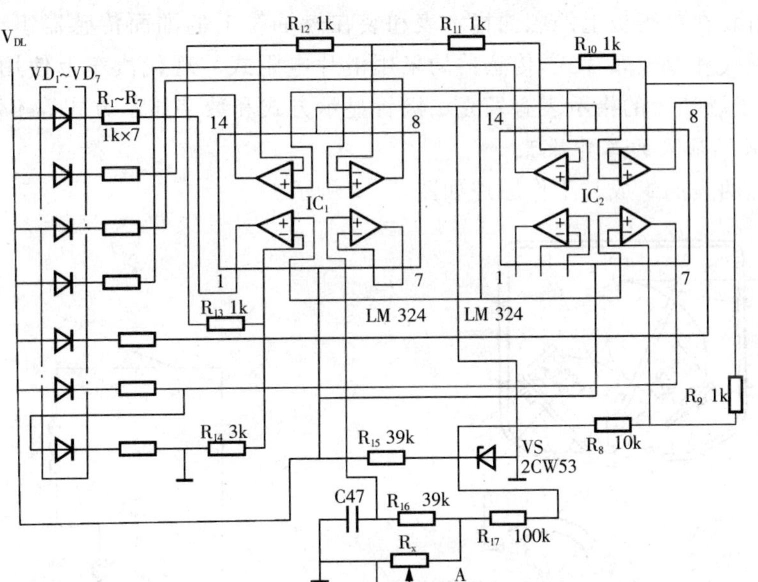


图 7－8　电子式燃油表

$R_X$－传感器电阻　$VD_1$～$VD_7$－发光二极管（自下而上）　$IC_1$、$IC_2$－集成电路

在油箱无油时，燃油传感器电阻 $R_X$ 电阻值约 100Ω，而在油箱满油时，电阻值约为 5Ω。稳压管 VS 和电阻 $R_{15}$ 组成稳压器，通过电阻 $R_8$～$R_{13}$ 分成多级基准电压，送到各电压比较器的反向输入端。传感器电阻 $R_X$ 由 A 端输出电压信号，经电容 C(47μ)和电阻 $R_{16}$ 组成的缓冲器后，加到 $IC_1$ 和 $IC_2$ 各电压比较器的同向输入端，电压比较器将此电压信号与反相端的基准电压进行比较、放大，然后控制各自对应的发光二极管，以显示油箱内燃油量的多少。

当油箱中加满油时，$R_X$ 电阻值最小，A 点电位最低，$IC_1$、$IC_2$ 中的电压比较器均输出低电平，使六只绿色发光二极管 $VD_2$～$VD_7$ 全亮，而红色发光二极管 $VD_1$ 因其正极电位低而不亮，这表示燃油已满。随着油箱中油面的下降，$R_X$ 电阻值逐渐增大，A 点的电位逐渐升高，六只绿色发光二极管依 $VD_7$、$VD_6$、$VD_5$、$VD_4$、$VD_3$、$VD_2$ 的次序逐个熄灭，以示油量的减少。当油箱中无油时，$R_X$ 电阻值最大，A 点电位最高，$IC_2$ 的第 5 脚电压高于第 6 脚的基准电压，第 7 脚输出高电位，此时红色发光二极管亮，表示燃油已用完，必须加油。

电容器 C 和电阻 $R_{16}$ 组成延时缓冲电路，以使发光二极管的显示不受燃油波动的影响。

## 五、车速里程表

1. 车速里程表的作用与类型

车速里程表用来指示汽车行驶速度和累计行驶里程数。车速里程表由车速表和里程表两部分组成。

车速里程表按获取车速信号的方式分，有机械式和电子式两种；按指示表的结构原理分，车速表主要有磁感应式（也称涡流式）和电子式两大类，里程表也有机械式和电子式两种。

电子式车速里程表无需软轴传动，仪表示值较为稳定，在现代汽车上的使用日渐增多。

2. 机械式车速里程表的结构与原理

机械式车速里程表通过软轴将变速器的输出轴转速传递给指示表的主动轴，其组成如图 7-9 所示。

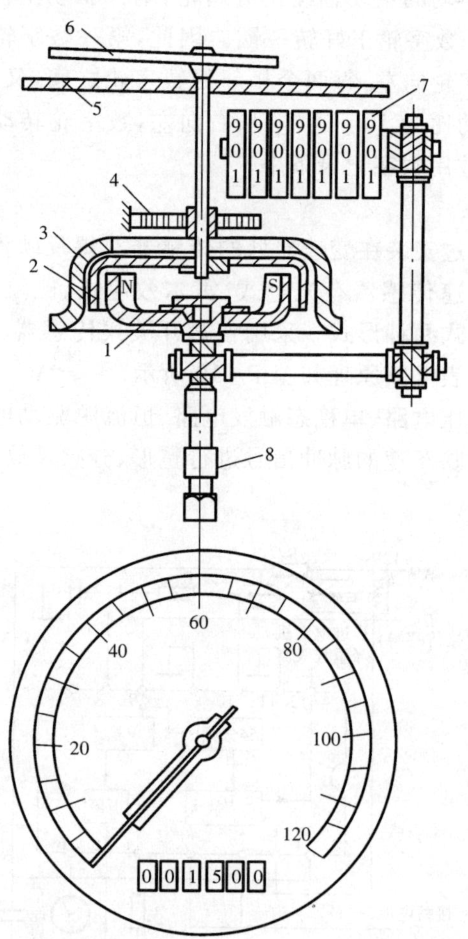


图 7-9 机械式车速里程表

1—永久磁铁 2—铝罩 3—罩壳 4—盘形弹簧 5—刻度盘

6—车速表指针 7—里程表数字轮 8—车速表主动轴

车速里程表的主动轴 8 由变速器或分动器（四轮驱动汽车）传动蜗杆经软轴驱动。车速表为电磁式，主要由与主动轴固定在一起的 U 形永久磁铁 1、带有转轴和指针 6 的铝罩 2、

罩壳 3 以及固定在车速里程表外壳上的刻度盘 5 等组成；里程表为机械式，由蜗轮蜗杆传动机构和数字轮（十进位齿轮计数器）组成，每个数字轮上均布有 0～9 的数字。

（1）电磁式车速表的工作原理

汽车未行驶时，车速表的盘形弹簧 4 使铝罩 2 保持在初始位置，使车速表指针 6 指示零位。当汽车在行驶时，经软轴驱动的主动轴带动永久磁铁 1 转动，铝罩在永久磁铁旋转磁场的作用下产生涡流，铝罩涡流所产生的磁场与永久磁铁磁场相互作用而产生一个转矩，使铝罩克服盘形弹簧的弹力向着永久磁铁转动的方向旋转，直至与盘形弹簧弹力相平衡。指针随铝罩偏转某个角度后，指示相应的车速示值。车速提高，永久磁铁旋转加快，铝罩上产生的涡流增大，作用于铝罩的转矩也增大，使铝罩偏转的角度增大，带动指针指示的车速示值也相应增大。

（2）机械式里程表的工作原理

汽车行驶时，由软轴驱动的主动轴经三对蜗轮、蜗杆驱动里程表最右边的第一数字轮，使汽车行驶 0.1km 时第一数字轮正好转一圈。因此，第一数字轮上的 0—9 每上升一个数字为 0.1 km。从第一数字轮向左，每两个相邻的数字轮之间，又通过本身的内齿和进位数字轮传动齿轮传动，其传动比为 10。这样，从右向左，数字轮转动所显示的数以 10 进位递增，将汽车累计行驶里程数用数字记录下来。

3. 电子式车速里程表

电子式车速里程表通过安装在变速器处的传感器获得反映汽车车速的脉冲信号，再由电子电路驱动指示表。车速传感器有光电式、霍尔效应式、磁阻式及舌簧开关式等多种类型，指示表有指针式、数字式两种形式。采用舌簧开关式传感器、指针式车速指示表和数字轮里程指示表的车速里程表电路原理如图 7－10 所示。

电子电路主要包括稳压电路、单稳态触发电路、恒流源驱动电路、64 分频电路和功率放大电路等。其作用是将反映车速的脉冲信号进行整形、分频及放大等处理后，驱动车速表和里程表。

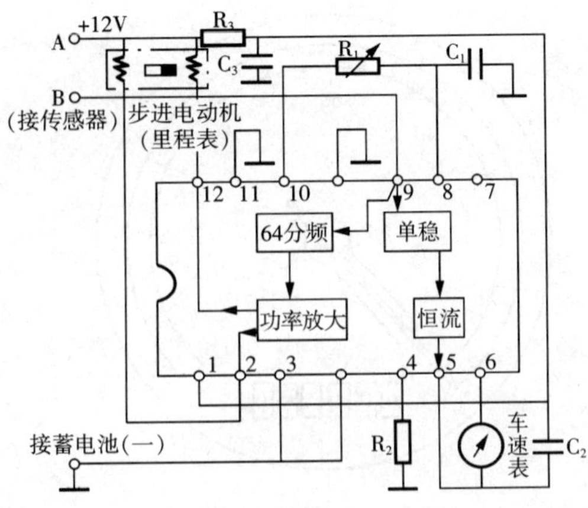


图 7－10　电子式车速里程表的电路原理

（1）车速表工作原理

车速指示表是一个电磁式电流表。传感器的脉冲信号经单稳态触发电路和恒流源驱动

电路的处理后，输出平均电流与车速成正比的脉动电流，驱动车速表指针偏摆，指示相应的车速。

(2)里程表工作原理

里程表由数字轮和步进电动机组成，数字轮也是一个十进位的齿轮计数器，步进电动机是一种由脉动电流驱动、按步转动且转动步长恒定的特殊电动机。传感器的脉冲信号经64分频电路分频处理，再经功率放大电路进行功率放大后，驱动步进电动机转动，数字轮随步进电动机转动，记录汽车的累计行驶里程。

## 六、发动机转速表

### 1. 发动机转速表的作用与类型

发动机转速表用于显示发动机的转速，驾驶员可根据发动机转速表的示值监视发动机的工作状况和更好地掌握换挡时机。在检查与调整发动机时，常常也需要通过发动机转速表获得发动机转速参数。

发动机转速表按获取转速信号的方式分，也有机械式和电子式两大类。机械传动的转速表按指示表结构与工作原理分，则有电磁式、动磁式等不同类型；电子式转速表按其显示的方式分有指针式和数字式两种。

电子式转速表具有指示平稳、结构简单、安装方便等优点，所以已被广泛采用。

### 2. 电子式发动机转速表

电子式发动机转速表有多种结构形式。指针显示、转速信号取自点火线圈“－”低压接线柱的单稳态多谐振荡式电子转速表的电路原理如图7－11所示。

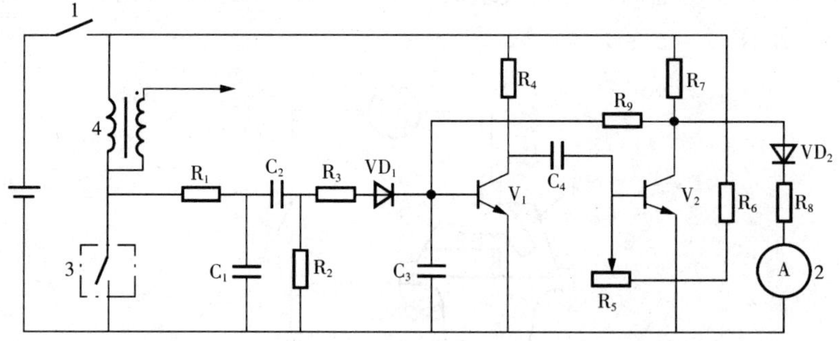


图7－11 电子式发动机转速表

1—点火开关 2—转速表 3—继电器或电子点火器 4—点火线圈

$R_1$、$R_3$、$C_1$、$C_3$组成滤波电路，用于滤除输入脉冲信号的高频谐波；$V_1$、$V_2$及相应的电阻和电容组成单稳态多谐振荡电路，用于产生脉宽和脉幅恒定的电压脉冲，振荡电路由点火线圈“－”接线柱输入的脉冲电压信号触发工作。

发动机未转动时，接通点火开关，$V_2$通过$R_5$处于正向偏置而导通，当$V_2$饱和导通后$V_1$和$VD_2$就不能导通。因此，转速表读数为零。

发动机转动后，当第一个信号脉冲经滤波电路滤波后到达$V_1$的基极，使$V_1$导通后，$C_4$放电，$V_2$的基极电位下降而截止(非稳态)，$V_2$的集电极电位迅速升高，通过$R_9$反馈到$V_1$的基极，使$V_1$迅速饱和导通。在$V_2$截止这段时间内，$VD_2$导通，转速表2有电流通过。$V_2$的截止时间取决于$C_4$的放电时间。随着$C_4$放电电流的逐渐减小，$V_2$基极电位升高，当达到其导通电压时，$V_2$导通，其集电极电位下降，又通过 $R_9$的反馈使 $V_1$迅速截止、$V_2$饱和导通（稳态）。当第二个信号脉冲经滤波电路到达 $V_1$的基极时，$V_1$才第二次导通。

单稳态多谐振荡电路输出的脉冲幅度和脉冲宽度一定，通过转速表的有效电流只与发动机转速成正比。发动机的转速上升，单稳态多谐振荡电路输出脉冲的频率增加，通过转速表的有效电流增大，转速表的示值相应增大。

## 第二节　汽车的指示报警装置

汽车的指示报警装置——指示灯，主要用于指示汽车某些参数的极限情况和某些非正常情况的报警。汽车指示灯系统通常设有冷却液温度过高指示灯、机油压力过低指示灯、气压过低警告灯、充电指示灯、燃油液面过低指示灯、制动液位面过低指示灯、手刹制动器未松警告灯等。在一些汽车上还装有制动蹄片磨损警告灯、空气滤清器堵塞警告灯等。使用了电子控制装置的汽车上还装有各种电控装置故障警告灯。

由于指示灯系统用来指示汽车某系统或部件的极限情况或用于异常情况报警，因此要求指示系统的各种灯光必须醒目，以便容易引起驾驶员的注意。指示灯系统的灯光一般为红色，少数指示灯则采用黄色。为提高警示作用，有的指示灯还同时配有蜂鸣器协助工作。

### 一、机油压力过低指示灯

机油压力过低指示灯用于润滑系统压力过低报警，其电路由仪表板上的红色指示灯和安装在发动机润滑主油道上的压力开关组成。采用薄膜式压力开关的机油压力过低报警灯电路如图 7－12 所示。

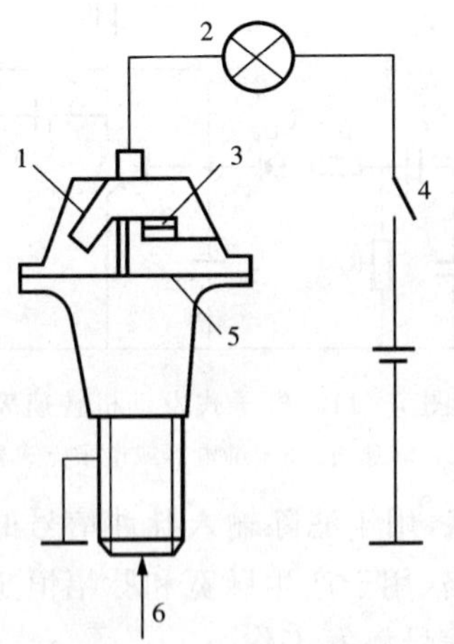


图 7－12　机油压力过低报警灯电路

1—弹簧片　2—指示灯　3—触点　4—点火开关　5—薄膜　6—润滑主油道油压

压力开关内的弹簧片 1 使触点 3 保持在闭合状态，当接通点火开关但未启动时，仪表板上的机油压力过低报警灯亮起。发动机启动后，发动机润滑主油道压力上升至正常值时，机油压力推动薄膜向上移动，通过推杆将触点顶开，报警灯熄灭；发动机工作时若出现机油压力过低的情况，触点就会在弹簧力的作用下闭合，使机油压力过低报警灯亮起，以示警告。

## 二、制动气压不足报警灯

采用气压制动的汽车装有气压不足报警灯，用于气压制动系统压力过低时的报警。气压不足报警灯电路由安装在制动系贮气筒或制动阀压缩空气输入管路中的气压开关和安装在仪表板上的报警灯组成。采用膜片式气压开关的制动气压不足报警灯电路如图 7－13 所示。

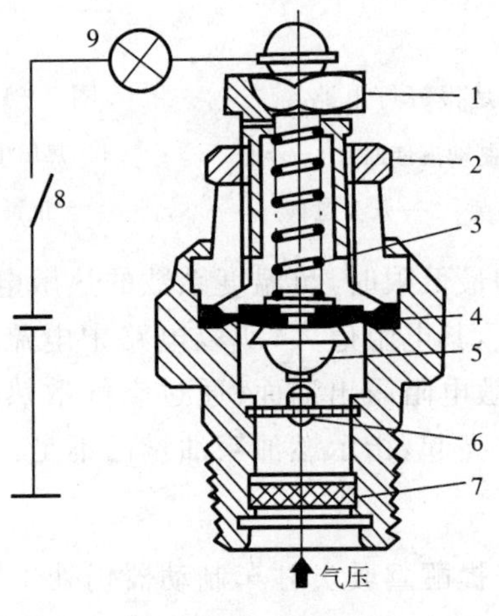


图 7－13 制动气压不足报警灯电路

1—调整螺栓 2—锁紧螺母 3—回位弹簧 4—膜片 5—动触点
6—固定触点 7—滤清器 8—点火(电源)开关 9—警报灯

气压开关内的触点由弹簧力使其保持闭合状态，在制动气压正常的情况下，气压推动膜片上移而使触点断开，气压过低警报灯不亮。当制动系贮气筒内的气压不足(降低到 0.34～0.37MPa)时，膜片便在回位弹簧力的作用下向下移动，使触点闭合。这时如果点火开关处于接通状态，制动气压不足报警灯电路就通路，报警灯亮起以示警告。

## 三、制动液面不足报警灯

采用液压制动的汽车装有制动液面不足报警灯，用于制动液面低于设定值时的报警。制动液面不足报警电路由仪表板上的报警灯和安装在制动液储液罐中的传感器组成，采用舌簧开关式液面传感器的制动液面不足报警灯电路如图 7－14 所示。

传感器的主要部件是带永久磁铁的浮子和舌簧开关。在制动液液面正常时，固定在浮子上的永久磁铁离传感器壳体内的舌簧开关距离较远而不能吸合舌簧开关，制动液面正常，报警灯不亮。当浮子随着制动液面下降到设定的低限时，永久磁铁离舌簧开关的距离较近而将舌簧开关吸合。这时若点火开关处于接通状态，制动液面不足，报警灯就会亮起，以示警告。

## 四、燃油量不足报警灯

燃油存油量不足报警灯用于指示燃油箱内燃油已快要耗尽，以提醒驾驶员及时加油。燃油量不足报警灯电路由仪表板上的报警灯和安装在燃油箱内的液面传感器组成。采用热敏电阻式液面传感器的燃油量不足报警灯电路如图 7－15 所示。

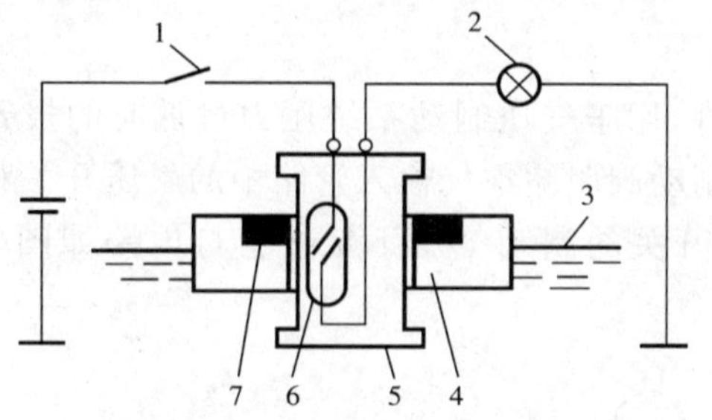


图 7-14　制动液面不足报警灯电路

1—点火开关　2—报警灯　3—制动液液面　4—浮子
5—传感器外壳　6—舌簧开关　7—永久磁铁

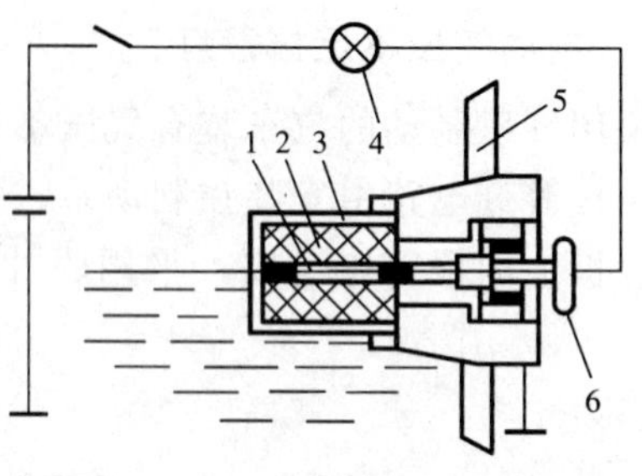


图 7-15　燃油量不足报警灯电路

1—热敏电阻　2—防爆金属网　3—外壳
4—报警灯　5—油箱外壳　6—接线柱

当燃油箱油面高于设定的最低限时，负温度系数的热敏电阻还浸没在燃油中，热敏电阻通过燃油散热较快而温度较低，其电阻值大，所以电路中电流很小，指示灯不亮。当燃油箱油面降到设定的最低限时，热敏电阻露出油面，通过空气散热较慢而温度升高，其电阻值减小，使电路中电流增大，报警灯亮起，指示燃油箱油量已不足。

**五、驻车制动未松报警灯**

驻车制动未松报警灯用于提醒驾驶员驻车制动器仍处于制动位置。驻车制动未松报警灯电路由仪表板上的报警灯和安装在驻车制动操纵杆处的机械控制开关组成。一些汽车的驻车制动未松报警灯同时还用于制动液面过低报警或制动液压过低报警，报警灯由两个或三个并联的开关控制。兼有驻车制动未松报警和双制动管路失效报警功能的控制电路如图 7-16 所示。

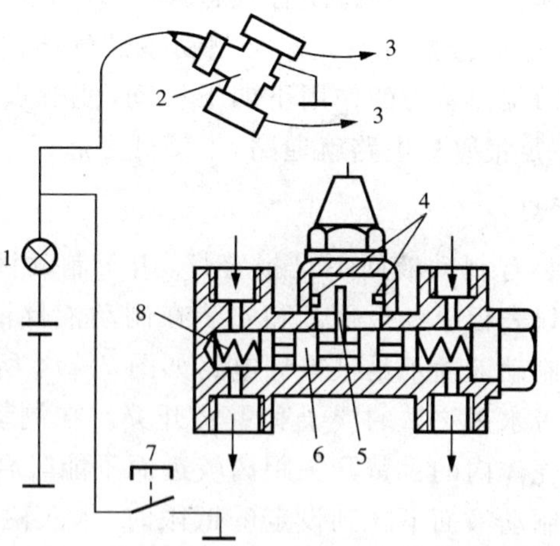


图 7-16　驻车制动未松及制动失效报警装置

1—报警灯　2—差压开关　3—制动管路　4—固定触点　5—活动触点
6—活塞　7—驻车制动开关　8—平衡弹簧

当驻车制动器处于制动位置时，驻车制动开关 7 处于闭合位置。若接通点火开关，则警告灯亮，用以提醒驾驶员在挂挡起步之前，松开驻车制动器。当松开驻车制动器后，指示灯即熄灭。

差压开关 2 连接双制动管路，当双制动管路制动均正常时，差压开关中的活塞处于由平

衡弹簧控制的中间位置,报警灯不亮。如果任一管路失效而压力下降,且其压差大于 1MPa 时,活塞便会向一侧移动而使触点闭合,报警灯亮起以示警告。

### 六、制动蹄片磨损报警灯

制动蹄片磨损报警灯的作用是提醒驾驶员制动摩擦片磨损已到使用极限。两种不同形式的制动蹄片磨损报警灯电路原理如图 7-17 所示。

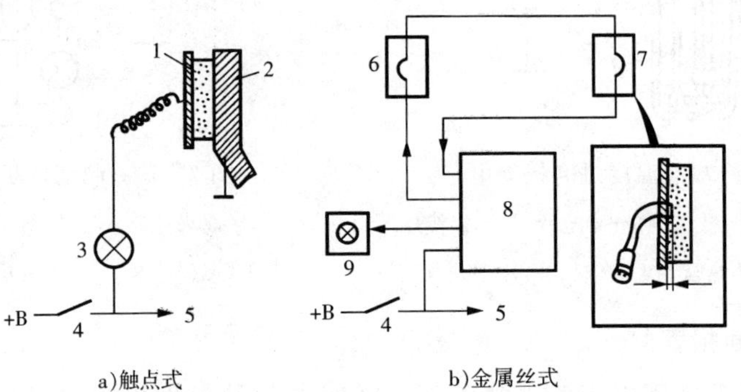


图 7-17 制动蹄片磨损报警电路

1—带触点的摩擦片 2—制动盘 3、9—警报灯 4—点火开关
5—接点火系统 6、7—带线环摩擦片 8—电子控制装置

触点式制动蹄片磨损报警电路是将一个金属触点埋在摩擦片的适当位置(图 7-17a),当摩擦片磨损至使用极限厚度时,金属触点就会与制动盘(或制动鼓)接触而接通警告灯电路,使仪表板上的警报灯亮起,以示警告。

金属丝式制动蹄片磨损报警电路则是在摩擦片的适当位置埋设了一段导线(图 7-17b),该导线与电子控制装置 8 相连。当接通点火开关后,电子控制装置向摩擦片内埋设的导线通电数秒钟进行检查,如果摩擦片已磨损到使用极限厚度而将埋设的导线磨断,电子控制装置则会使警报灯 9 亮起,以示警告。

### 七、冷却液温度过高报警灯

冷却液温度过高报警灯用于发动机过热报警,冷却液温度过高报警电路由仪表板上的温度报警灯和安装于发动机缸体冷却水道处的温度开关组成。采用双金属片式温度开关的冷却液温度过高报警电路如图 7-18 所示。

温度低或正常时,温度开关内的双金属片不弯曲或弯曲较小,触点处于断开状态,报警灯 5 不亮。当发动机温度达到或超过设定的高限时,温度开关内双金属片 7 受热弯曲使触点闭合,接通冷却液温度过高报警电路,报警灯 5 亮起,以示警告。

### 八、制动灯断丝报警灯

制动灯断丝报警指示灯在制动灯的灯丝烧断而熄灭时亮起,用以提醒驾驶员及时排除制动灯不亮故障。舌簧开关式制动灯断丝指示灯电路如图 7-19 所示。

驾驶员踩下制动踏板,制动灯开关接通制动灯电路,制动灯亮起。这时舌簧开关两侧电磁线圈同时通电,产生的磁力相互抵消,舌簧开关保持在断开位置,报警灯不亮。如果某一制动灯因断丝而不亮时,舌簧开关只有单侧电磁线圈通电,其产生的磁力会使舌簧开关闭合,接通报警灯电路,报警灯亮起,以示报警。

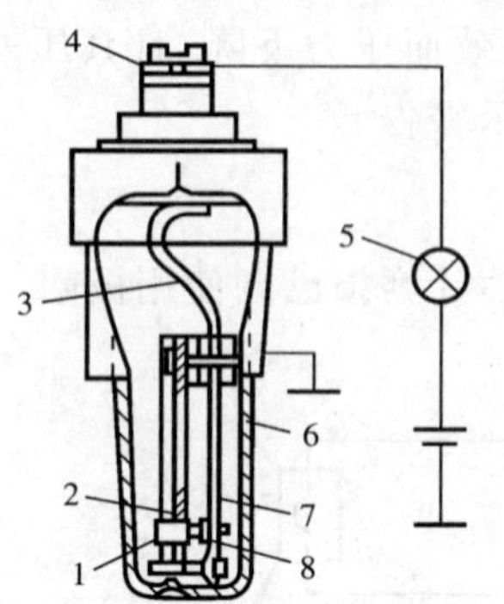


图 7-18　冷却液温度过高报警电路

1—调节螺钉　2—支架　3—导电片　4—接线柱

5—报警灯　6—传热套管　7—双金属片　8—触点

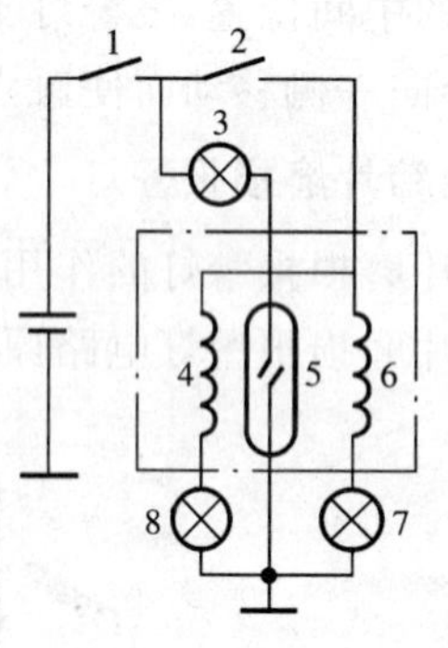


图 7-19　制动灯断丝报警电路

1—点火开关　2—制动开关　3—报警灯

4、6—电磁线圈　5—舌簧开关　7、8—制动灯

## 九、蓄电池液面报警灯

蓄电池液面报警灯用来当蓄电池液面下降时向驾驶员发出警告，以便维护。蓄电池液面报警系统利用电极式液面高度传感器测量液面高度，如图 7-20 所示，该传感器由装在蓄电池盖板上作为电极的铅棒构成。蓄电池液量低于规定量时报警灯点亮，从而向驾驶者发出蓄电池液量不足的报警信号。

当把传感器的电极置于蓄电池电槽中时，在该电槽中具有与蓄电池阴极板相同的作用，也将产生电动势。如使其电极长度与规定液面位置下限处吻合，实际液面高于该位置则产生电动势，低于该位置时不产生电动势。这种电极式液面位置传感器在蓄电池液量正常时可产生电压信号，异常时不产生电压信号。

蓄电池液量正常时，电路如图 7-21 所示。传感器浸入蓄电池电解液中产生电动势，晶体管 $VT_1$ 处于 ON 导通状态。蓄电池电流按图中箭头方向从正极经过点火开关、晶体管 $VT_1$，流向蓄电池负极。由于 A 点电位接近于零，晶体管 $VT_2$ 处于 OFF 截断状态，报警灯不亮。

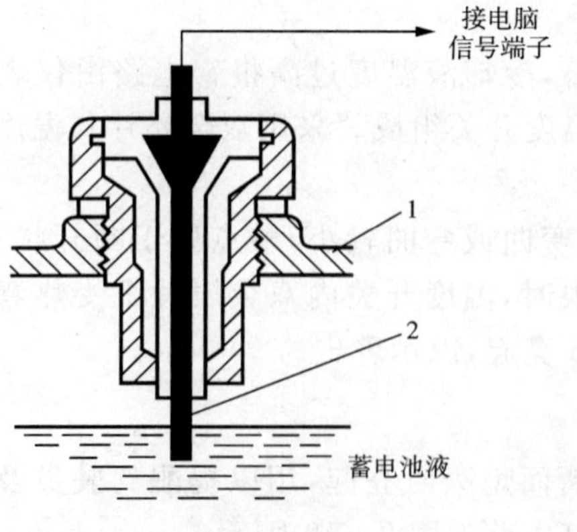


图 7-20　蓄电池液面报警灯

1—蓄电池上盖板　2—电极

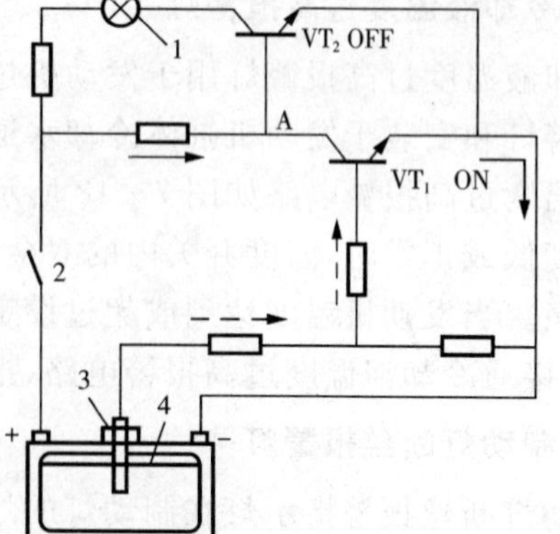


图 7-21　蓄电池液面正常时的电路

1—报警灯　2—开关　3—传感器　4—液面

蓄电池液量不足时，电路如图 7-22 所示。由于此时传感器未浸入蓄电池液中，不能产生电动势，晶体管 $VT_1$ 处于 OFF 状态。同时，又由于 A 点电位升高，电流按箭头方向流过

晶体管 $VT_2$ 基极，从而使 $VT_2$ 处于 ON 状态，报警灯亮，警告驾驶者蓄电池液量不足。

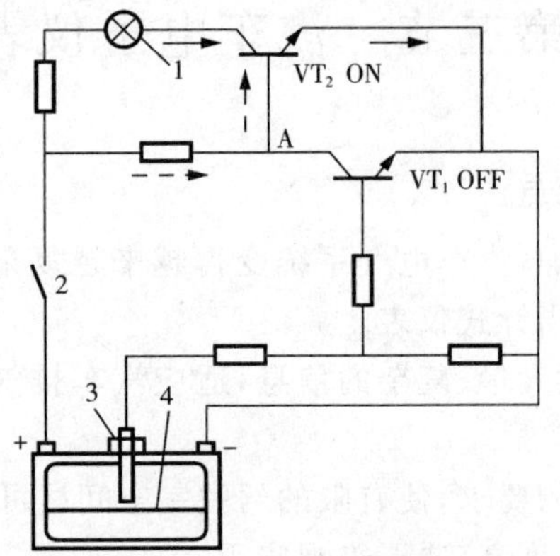


图 7-22　蓄电池液面不足电路

1—报警灯　2—开关　3—传感器　4—液面

## 十、空气滤清器堵塞报警灯

进气管的进气畅通与否，直接影响充气效率。空气滤清器堵塞报警灯用来在进气管堵塞时，点亮报警灯，以示警告，主要用在货车上。如图 7-23 所示为东风汽车的空气滤清器堵塞报警传感器内部结构，由外壳 6、膜片 7、触点 4 和 5、弹簧座 10、导电插片 2 等组成。外壳的前部装有感受压力差的膜片 7，并靠底板 8 压固，底板上开有三个小孔与大气相通，外壳的后部设有通气管，通过管与空气滤清器的下部相通，从而使其壳内成为一个气盒。

空气滤清器堵塞时，气盒内产生真空，当其真空度达到 51kPa 时，在大气压力的作用下，膜片推动弹簧座移动，使触点闭合，点亮报警灯。

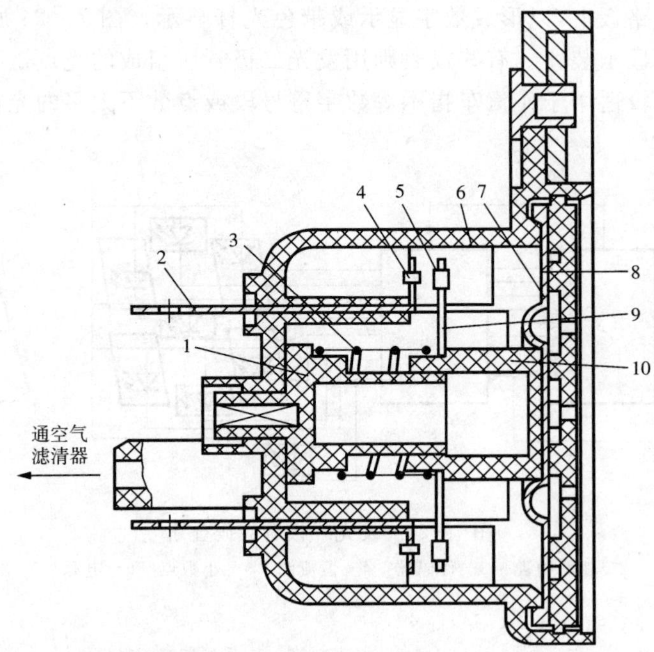


图 7-23　空气滤清器堵塞报警传感器

1—螺栓　2—导电插片　3—弹簧　4、5—触点　6—外壳　7—膜片　8—底板　9—导电片　10—弹簧座

# 第三节　汽车电子仪表

## 一、汽车仪表电子化的优点

随着电气设备的不断增加，汽车电气系统变得越来越复杂。汽车电子显示装置因具有如下优点将逐步取代常规的指针式仪表。

(1)电子显示装置能提供大量、复杂的信息，适应汽车排气净化、节能、安全性和舒适性的要求。

(2)能满足小型、轻量化的要求，使有限的驾驶室空间尽可能地宽敞些。

(3)显示图形设计的自由度高，造形美观实用。

(4)具有高精度和高可靠性，免除机电式仪表中的那些可动部分。

(5)具有一“表”多用的功能，用一组显示器进行分时显示，并可同时显示几个信息，使组合仪表得以简化。

## 二、常用电子显示器件

电子显示器件大致分为两大类，即发光型和非发光型。发光型的显示器件有发光二极管(LED)、真空荧光管(VFD)、阴极射线管(CRT)、等离子显示器件(PDP)和电子发光显示器件(ELD)等；非发光型的有液晶显示器件(LCD)和电致变色显示器件(ECD)等，这些均可作为汽车电子显示器件使用。

### 1. 发光二极管(LED)

发光二极管发出的颜色有红、绿、黄、橙，可单独使用，也可用来组成数字。在使用中，常把它焊接到印制电路板上，以形成数字显示或带色光杆显示。图 7-24 所示为用七只发光二极管组成的数码显示装置。有些仪表则用发光二极管所组成的光点矩阵型显示器。LED(发光二极管显示)较适用于作汽车指示等数字符号段或点数不太多的光杆图形显示。

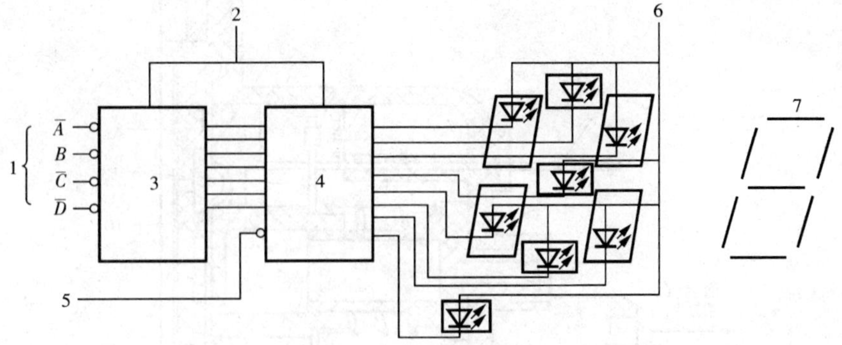


图 7-24　发光二极管数码显示

1—输入　2—逻辑电路　3—译码器　4—恒流源　5—小数点　6—电源　7—“8”字形

### 2. 真空荧光管(VFD)

真空荧光管实际上是一种低压真空管，它由玻璃、金属等材料构成。真空荧光显示是一

种主动显示,其发光原理与电视机中的显像管相似。真空荧光管的结构和工作原理如图7-25所示。图示为汽车用的数字式车速表的真空荧光显示屏,三位数字。其阳极为20个字形笔画小段,上面涂有荧光体(或用光体),各与一个接线柱相接,且笔画内部相互连接;其阴极为灯丝,在灯丝与笔画小段(阳极)之间插入栅格,其构造与一般电子管相似。整个装置密封在一个被抽空了的玻璃罩内。当阳极(字形)接至电源"+"极,而阴极(灯丝)与电源"一"极相接时,便获得一定的电源电压。其灯丝作为阴极发射电子(在电场力的作用下),栅格便控制着电子流加热并加速,使其射向阳极(字形)。由于玻璃管(罩)内抽成真空,前面装有平板玻璃并配有滤色镜,故能使通过栅格轰击阳极(字形)的电子激发出亮光来,因而能显示出所要看到的内容。

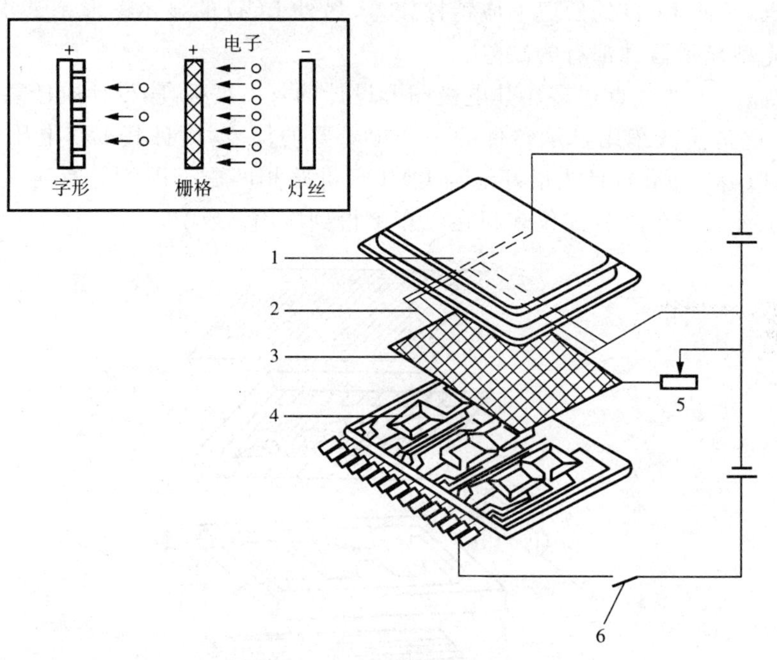


图 7-25 真空荧光管的结构

1—前玻璃罩 2—灯丝 3—控制栅格 4—笔画小段 5—电位器 6—微机控制电子开关

VFD(真空荧光显示)具有色彩鲜艳、可见度高、立体感强等特点,是最早引入汽车仪表中的发光型显示器件。但由于做成大型的多功能VFD,成本较高,故现在大多由一些单功能小型的VFD组成汽车电子式仪表盘。VFD的缺点是:

(1)其发光的荧光粉接近于白色,使显示段与非显示段之间的对比度降低。

(2)由于VFD是一种真空管,为保持一定的强度,必须采用一定厚度的玻璃外壳。故体积和质量较大。

(3)驱动电路与显示器件难以一体化,实现大容量显示的难度较大。

作为汽车用显示器件,还必须克服它的某些缺点,设法组成多功能复合型显示装置。目前国外已经试制成功大型的VFD,它能构成显示汽车车速、发动机转速等信息的彩色显示器。

### 3. 液晶显示器件(LCD)

液晶是一种有机化合物，它由长杆形分子构成。在一定范围内，它具有普通液体的流动性质，也具有晶体的某些特征。

液晶显示器件(LCD)是一种新型的非发光型平板显示器件，其结构如图 7-26 所示。它有两块厚约 1mm 的玻璃基板，基板上涂有透明的导电材料，以形成电极图形。两基板间注入一层 2～5mm 厚的液晶，再在两玻璃基板的外表面分别贴上前偏振片和后偏振片，并将整个显示极完全密封，以防湿气和氧侵入，这便构成透射式 LCD。若在后玻璃基板的后面再加上反射镜，便组成反射-透射式 LCD。

由于 LCD 为非发光型显示，所以夜间显示必须采用照明光源，这便削弱了它所具有的低功耗的优点；其次 LCD 的低温响应特性较差；另外 LCD 的显示图形不够华丽明显，这也是所有非发光型显示器件都有的缺陷。

但是，液晶显示的优点很多。其电极图形设计的自由度极高，设计成任意显示图形的工艺都很简单，这是作汽车用显示器件的一个很重要的优点，而且其工作电压低，一般为 3V 左右，功耗小($1\mu W/cm^2$)，且能很好地与 CMOS 电路相匹配。因为它有这些优点，LCD 常作为汽车电子钟和彩色光杆式仪表板在汽车上得到应用。

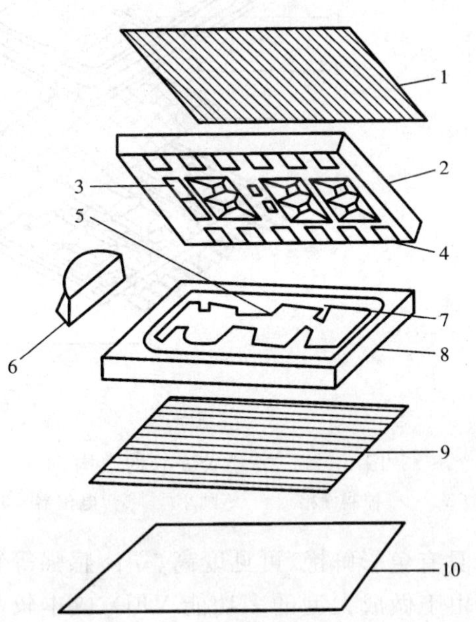


图 7-26　液晶显示器件结构

1—前偏振片　2—前玻璃板　3—笔画电极　4—接线端　5—背板
6—反射光　7—密封面　8—玻璃背板　9—后偏振片　10—反射镜

### 4. 阴极射线管(CRT)

阴极射线管(CRT)也称为显像管或电子束管，它是一种特殊的真空管。其结构、原理与家用及办公用电脑彩色显示器相同。

CRT 具有全彩色显示、图像显示的灵活性大、分辨率和对比度高等特点，且具有 −50～100℃的工作温度范围，具有微秒级以下的响应速度，是目前显示图像质量最高的一种显示器件。但是，CRT 作为汽车仪表盘显示用器件体积太大，即便扁平型的 CRT 作为汽车上

用,也还存在一些缺点。随着现代汽车向高度信息化显示的方向发展,CRT已进一步小型化,一些大汽车公司已推出了彩色阴极射线管(CRT)的汽车信息中心。

## 三、汽车电子仪表

汽车电子仪表比通常的机械式模拟仪表更精确,模拟仪表显示的是传感器检测值的平均值,而电子仪表刷新速度较快,显示的是即时值。汽车电子仪表采用的数字显示仪表通常都能提供英制单位或米制单位值的显示,并能一表多用,驾驶员可通过按钮选择仪表显示的内容。大多数汽车电子仪表都有自诊断功能,每当打开点火开关时,电子仪表便进行一次自检,也有的仪表采用诊断仪或通过按钮进行自检。自检时,通常整个仪表板会发亮,同时各显示器都发亮。自检完成时,所有仪表均显示出当前的检测值。如有故障,便以警告灯或给出故障码提醒驾驶员。

上述分装式汽车仪表具有各自独立的电路,具有良好的磁屏蔽和热隔离,相互间影响较小,具有较好的可维修性。缺点是不便采用先进的结构工艺,所有仪表加在一起体积过大,安装不方便。有些汽车采用组合仪表,其结构紧凑,便于安装和接线,缺点是各仪表间磁效应和热效应相互影响,易引起附加误差,为此要采取一定的磁屏蔽和热隔离措施,还要进行相应的补偿。

### 1. ED-02型电子组合仪表

ED-02型电子组合仪表的结构如图7-27所示。它的主要功能有:

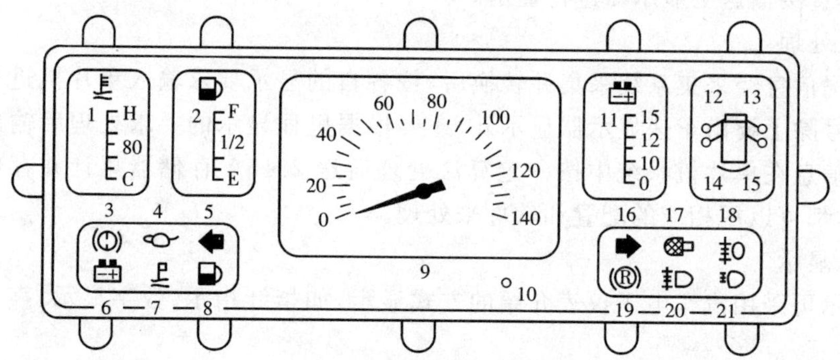


图7-27　ED-02型电子组合仪表

(1)车速测量范围为0~140km/h,仍采用模拟显示。

(2)冷却液温度表采用具有正温度系数的RJ-1型热敏电阻为传感器,显示器采用发光二极管杆图显示。其中最小刻度C为40℃,最大刻度H为100℃。从40℃起,冷却液温度每增加10℃,就点亮一个发光二极管。

(3)电压表采用发光二极管杆图显示,最小刻度电压为10V,最大刻度电压为16V。从10V起,蓄电池电压每增加1V,点亮一个发光二极管。该表能较好地指示蓄电池的电压情况,包括汽车启动时的蓄电池电压降、蓄电池充电和放电情况等。

(4)燃油表也采用发光二极管杆图显示,刻度为E—1/2—F。当油箱内的燃油约为油箱容量的一半时,1/2指示段点亮。加满油时,F指示段点亮。

(5)当有汽车车门未关好时,相应的车门状态指示灯发光报警。

(6)当燃油低于下限时,燃油报警灯点亮。

(7)当冷却液温度到达上限时,水温报警灯点亮。

(8)当润滑油压力过低时,机油压力报警灯点亮。

(9)当制动系统出现问题时,制动报警灯点亮。

(10)设置有左右转向、灯光远近、倒车、雾灯、手制动、充电等状态信号指示灯。指示灯均为蓝色,报警灯均为红色。

2. 汽车智能组合仪表

单片机控制的汽车智能组合仪表由汽车工况采集、单片机控制及信号处理、显示器等系统组成。

(1)信息采集

汽车工况信息通常分为模拟量、频率量和开关量三类。

① 模拟量。汽车工况信息中的发动机冷却液温度、油箱燃油量、润滑油压力等,经过各自的传感器转换成模拟电压量,经放大处理后,再由模/数转换器转换成单片机能够处理的二进制数字量,输入单片机进行处理。

② 频率量。汽车工况信息中的发动机转速和汽车速度等,经过各自的传感器转换成脉冲信号,再经单片机相应接口输入单片机进行处理。

③ 开关量。汽车工况信息中的由开关控制的汽车左转、右转、制动、倒车、各种灯光控制、各车门开关情况等,经电平转换和抗干扰处理后,根据需要,一部分输入单片机进行处理,另一部分直接输送至显示器进行显示。

(2)信息处理

汽车工况信息经采集系统采集并转换后,按各自的显示要求输入单片机进行处理。如汽车速度信号除了要由车速显示器显示外,还要根据里程显示的要求处理后输出里程量的显示。车速信息在单片机系统中按一定算法处理后送2816A存储器累计并存储。汽车其他工况信息,都可以用相应的配置和软件来处理。

(3)信息显示

信息显示可采用汽车电子仪表介绍的方式显示,如指针指示、数字显示、声光和图形辅助显示等。

除了显示装置以外,汽车仪表系统还设有功能选择键盘,微机与汽车电气系统的接头和显示装置连接。当点火开关接通时,输入信号有蓄电池电压、燃油箱传感器、温度传感器、行驶里程传感器、喷油脉冲以及键盘的信号,微机即按相应汽车动态方式进行计算与处理。除了发出时间脉冲以外,尚可用程序按钮选择显示出瞬时燃油消耗、平均燃油消耗、平均车速、距离、时间和外界温度等各种信息。

## 思考与练习

7-1 现代汽车对仪表和指示灯系统有哪些要求?

7-2 电热式机油压力表是如何工作的?

7-3 电热式、电磁式冷却液温度表是如何工作的?

7-4 电磁式燃油表是如何工作的?

7-5 机械式和电子式车速里程表是如何工作的?

7-6 常见的汽车指示灯和报警装置有哪些?其作用和工作原理如何?

# 第八章　汽车的辅助电气设备

**内容提要**：本章主要介绍了汽车各类辅助电气设备的电路图、构造及工作原理。

## 第一节　电动刮水器及其控制电路

为保证汽车在雨天或雪天行驶时有良好的视线，确保行车安全，在汽车的挡风玻璃上装有刮水器。一般汽车的前挡风玻璃上都装有两个刮水片，有些汽车的后车窗也装有一个刮水片，还有些豪华轿车的前照灯上也装有刮水器。

汽车上采用的刮水器种类很多，根据其动力不同，可分为真空式、气动式和电动式三种。由于电动刮水器具有动力大、工作可靠、容易控制、不受发动机工况影响等优点，因而在汽车上得到广泛应用。

### 一、电动刮水器的结构

电动刮水器是由微型直流电动机驱动，通过联动机构，使挡风玻璃外表面上的刮水片来回摆动，从而扫除挡风玻璃上的雨水或雪。

电动刮水器由刮水电动机和一套传动机构组成，如图 8-1 所示。电动机 11 旋转时，通过蜗杆蜗轮减速，使与蜗轮偏心相连的拉杆 8 做往复运动，通过拉杆 7、3 和摆杆 2、4、6 带动左、右两刷架 1、5 做往复摆动，使固定其上的橡皮刷刷去风窗玻璃上的雨水、雪或灰尘。

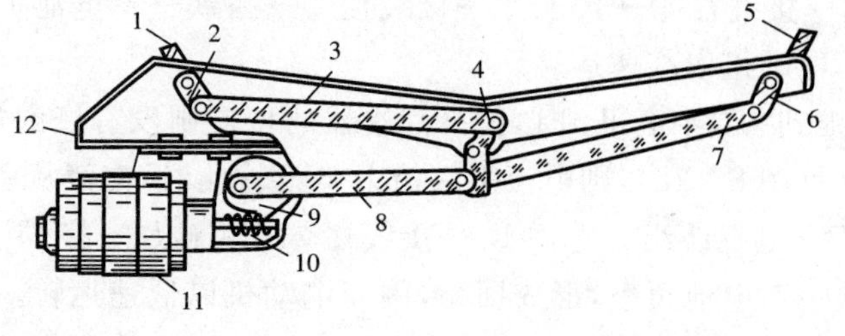


图 8-1　电动刮水器

1、5—刷架　2、4、6—摆杆　3、7、8—拉杆　9—蜗轮　10—蜗杆　11—电动机　12—底板

刮水电动机是一只微型直流电动机，有激磁式和永磁式两种，其工作电压为 12V 或 24V。永磁式刮水电动机与激磁式刮水电动机的结构基本相同，只是永磁式刮水电动机的

磁场由永久磁铁制成。

汽车风窗玻璃刮水器的电动机一般采用永磁三刷电动机，其上装有三只电刷。刮水器工作时，利用电动机的三个电刷来改变正负电刷之间串联的线圈数，以实现电动机的变速。

永磁式三刷电动机的磁极为铁氧体永久磁铁。铁氧体具有陶瓷的脆性、硬性和不耐冲击的特点，但它不易退磁，价格便宜，所以在汽车上得到广泛使用。

## 二、刮水电动机的控制

为了不影响驾驶员的视线，要求刮水器片能够自动复位，即不管在什么时候切断电源，刮水器的橡皮刷都能自动停止在风窗玻璃的下部。

图 8－2 是双速刮水电动机的控制电路示意图。通过控制开关，可实现刮水器的低速运转、高速运转及停机复位等功能。其结构及工作原理如下：在图 8－2 中，直流电动机减速器的蜗轮 8（由尼龙制成）上嵌有铜环 9，此铜环分为两个部分，其中面积较大的一片铜环 9 与电机外壳相连接而搭铁。触点臂 3、5 用磷铜片制成（有弹性），其一端分别铆有触点 4、6，与蜗轮端面或铜环 7、9 接触。

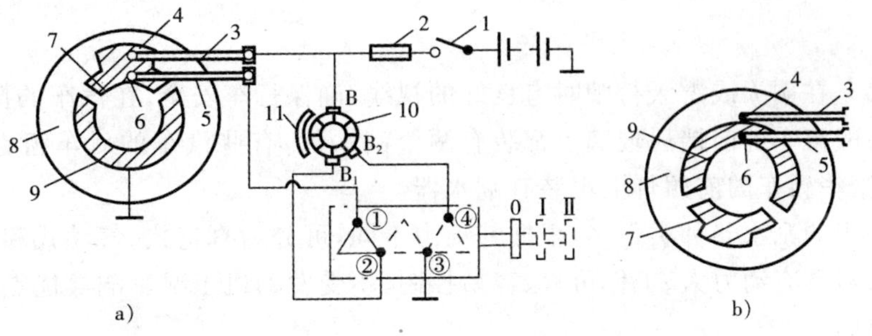


图 8－2　刮水电动机控制电路图

1—电源总开关　2—熔断丝　3、5—触点臂　4、6—触点　7、9—铜环　8—蜗轮　10—电枢　11—永久磁铁

当电源总开关 1 接通，刮水器开关拉到“Ⅰ”挡（低速）时，电流从蓄电池正极→开关 1→熔断丝 2→电刷 B→电枢绕组→电刷 $B_1$→接线柱②→接触片→接线柱③→搭铁，二电刷之间导线匝数多，电动机以低速运转。

当刮水器开关拉到“Ⅱ”挡（高速）时，电流从蓄电池正极→开关 1→熔断丝 2→电刷 B→电枢绕组→电刷 $B_2$→接线柱④→接触片→接线柱③→搭铁→蓄电池负极，形成回路，二电刷之间导线匝数少，电动机以高速运转。

当刮水器开关推到“0”挡（停止）时，如果刮水器的橡皮刷没有停到规定的位置，由于触点 6 与铜环 9 接触（见图 8－2b），则电流继续流入电枢。此时，电流从蓄电池正极→开关 1→熔断丝 2→电刷 B→电枢绕组→电刷 $B_1$→接线柱②→接触片→接线柱①→触点臂 5→触点 6→铜环 9→搭铁→蓄电池负极，形成回路，因而电动机以低速运转。直至蜗轮转到如图 8－2a 所示的特定位置，触点 4 和触点 6 通过铜环 7 接通。由于电枢转动时的惯性，电机不能立即停下来，电动机以发电机方式运行而发电。因为电枢绕组所产生的反电动势的方向与外加电压的方向相反，所以电流从电刷 B→触点臂 3→触点 4→铜环 7→触点 6→触点臂 5→接线柱①→接触片→接线柱②→电刷 $B_1$，形成回路，产生制动转矩，电动机迅速停止转动，使橡皮刷复位到风窗玻璃的下部。

# 第二节　风窗玻璃洗涤器

为了及时消除风窗玻璃上的尘土和污物，使驾驶员有良好的视野，在有些汽车上还装有风窗玻璃洗涤器，与刮水器配合工作。

## 一、组成

风窗玻璃洗涤器如图 8－3 所示，它主要由洗涤液罐、洗涤器泵、聚氯乙烯软管、刮水器开关、三通管接头、喷嘴等组成。

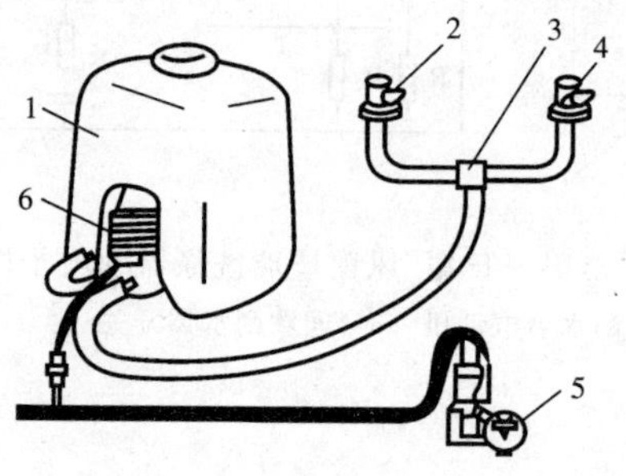


图 8－3　风窗玻璃洗涤器

1—洗涤液罐　2、4—喷嘴　3—三通管接头　5—刮水器　6—洗涤液泵

电动泵由永磁直流电动机和离心式叶片泵组成一体（如图 8－4）。喷射压力为 70～88kPa。喷嘴安装在风窗玻璃下面，其喷嘴方向可以调整，使水喷射在风窗玻璃的适当位置。电动泵连续工作时间一般不超过 1min，且应先开动电动泵，后开动刮水器。当喷水停止后，刮水器应继续刮 3～5 次，这样配合使用才能达到良好的洗涤效果。所以洗涤器的电路一般都是与刮水器开关联合工作的。

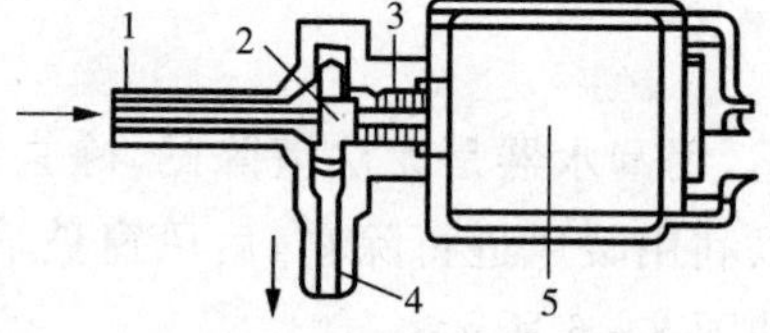


图 8－4　洗涤器电动机与洗涤液泵总成

1—进液口　2—叶轮　3—泵体　4—出液口　5—永磁直流电动机

## 二、控制电路

图 8－5 所示为日本“丰田一日冕”汽车风窗玻璃洗涤器和刮水器配合使用电路。当关闭刮水器电源时，刮水器开关 $S_3$ 在位置“0”挡，刮水器的复位开关 $S_2$ 和继电器 K 的常闭触点使 $M_2$ 的电枢短路，这时电容器 C 经继电器线圈及 $VD_3$、$R_6$、$R_7$ 充电。玻璃洗涤器开关 $S_1$ 接通，电动泵 $M_1$ 启动，开始向风窗玻璃喷水。电容器 C 经电阻 $R_7$ 和 $S_1$ 放电。当接通 $S_1$ 时，继电器 K 的绕组经二极管 $VD_4$ 和 $S_1$，搭铁形成回路，继电器 K 动作，常开触点闭合。当打开刮水器电源开关时，$S_3$ 处于“I”档，继电器 K 绕组的电感引起一定的延时，电流流经

继电器闭合触点和电阻 $R_4$、$R_3$、$R_2$ 组成的分压器，使 $VT_1$ 导通。所以只有在 $S_1$ 关闭时，电流才能流经继电器 K。当切断开关 $S_1$ 时，电容器经电阻 $R_6$ 和 $R_7$ 重新充电。当电容器 C 的电压充到足够使 $VT_2$ 导通时，$VT_2$ 导通。这时在由 $R_4$、$R_3$、$R_2$ 组成的分压器网络下部，经导通的 $VT_2$ 补充一个电阻 $R_1$，使 $VT_1$ 的基极电位低于门限值，$VT_1$ 截止，继电器 K 断电，刮水器电动机 $M_2$ 停止工作。由电容器 C 和电阻 $R_6$ 及 $R_7$ 组成的延迟网络，决定着切断电动机 $M_2$ 的延迟时间。二极管 $VD_1$、$VD_2$ 和 $VD_3$ 起保护作用。

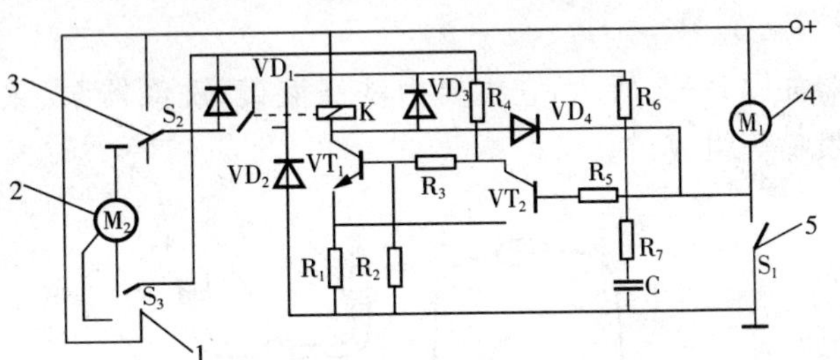


图 8-5 “丰田—日冕”风窗玻璃洗涤器和电子雨刮器电路

1—刮水器开关 2—刮水器电动机 3—间歇刮水器开关 4—电动泵 5—自停开关

# 第三节 暖风、除霜装置

## 一、暖风装置

为了防止冬季风窗玻璃结冰和驾驶室内取暖，用以改善冬季驾驶员的工作条件，提高舒适性，现代汽车上几乎都装有暖风设备。国产汽车均采用内循环水式暖风装置，它是利用发动机冷却水作为热源(水温为 80℃～90℃)，在风窗玻璃下方设置暖风管，利用暖风电机向驾驶室内及风窗玻璃送暖风，以获得提高驾驶室温度和防冻霜的双重效果。

## 二、除霜装置

冬季风窗玻璃上易结冰霜，用刮水器是无法清除的，除去冰霜有效的方法是加热玻璃。前风窗玻璃和侧风窗玻璃可以利用暖风进行除霜，后风窗玻璃一般利用由电热丝组成的电栅加热除霜，即电热式除霜，如图 8-6 所示。

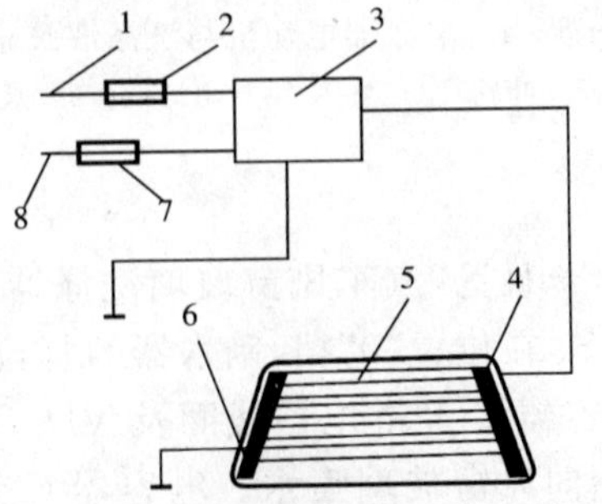


图 8-6 电热式后风窗玻璃除霜器电路原理图

1—接蓄电池 2、7—熔断器 3—开关 4—接线柱 5—电热丝电栅 6—搭铁接线柱 8—接点火开关

后风窗玻璃除霜器一般是在玻璃成型过程中，将很细的电热丝烧结在玻璃表面上。它由一组平行的含银陶瓷电热丝组成，在玻璃两侧有汇流条，各自焊有一个接线柱，其中一个用来供电，另一个是搭铁接线柱。这种除霜器的工作电流较大，因此电路中除设置有开关外，还设置了一个定时继电器。这种继电器在通电 10min 后即能自动断电，如果霜还没有除净，驾驶员可以再次接通开关，但在此之后每次只能通电 5min。除霜器的电阻值随温度的变化而变化，具有正温度系数。温度低时，电阻值减小，电流增大；温度高时，电阻值增大，电流减小。因此，除霜器自身具有一定的调节功能。

# 第四节　汽车空调

## 一、汽车空调的工作原理

为了改善汽车驾驶员的工作环境和乘客的旅行环境，现代汽车上基本都安装了汽车用空气调节装置，即汽车空调器。目前采用的汽车空调器有两种：在冬季用来给车厢供暖气的空调器和在夏季用来给车厢供冷气的空调器。本节仅以冷气空调器为例，简要介绍其工作原理。

物质有三种状态即气态、液态和固态，物质由液态变为气态时要吸收热量，由气态变为液态时则要放出热量。现代汽车上所用的冷气空调器，都是根据液体挥发致冷的原理来工作的，这种液体通常用氟里昂。

闭合空调器专用开关，压缩机的电磁离合器动作，发动机便带动压缩机旋转。与此同时，鼓风机也通电工作。压缩机将密封系统内的氟里昂吸入，升温至 80℃～90℃，变为高温高压气体进入冷凝器。经冷凝器的散热作用使温度下降，并放出大量的热，形成出口处的常温高压液体，沿密封管道进入贮液干燥器把水分清除，滤去杂质。洁净的氟里昂液体再经膨胀阀进入蒸发器，由于蒸发作用而气化，吸收周围空气的热量使空气变冷，最后由鼓风机将这些冷气从蒸发器吹到室内空间，达到降温调节的目的。

蒸发器内吸收大量热的氟里昂，再次被压缩机吸入，又开始下一次制冷循环过程。如此周而复始地工作，就能连续不断地提供冷气，实现空气调节。

制冷程度，也就是供出冷气的降温能力，可由专设在鼓风机旁的恒温开关进行冷量调节，也可以由膨胀阀的恒温器自动控制。可以按需要冷却车厢，使之保持在相应最适宜的气温。蒸发器置于需要空调的地方，可根据制冷能力的大小和汽车车厢的容积合理选配。

## 二、汽车空调的构成及各部件的作用

汽车空调系统主要由制冷压缩机、电磁离合器、冷凝器、贮液干燥器、膨胀阀、蒸发器、控制电路及保护装置组成。

1. 制冷压缩机

压缩机的功用是吸进低压制冷剂的蒸气，并将其压缩到所需压力后排放到冷凝器。由于吸收和排放作用，使制冷剂在空调管路中按一定方向流动，完成制冷循环。压缩机的缸数有双缸或多缸，气缸布置有直列、V 型和环型多种，活塞有的由连杆驱动，有的用旋转斜盘驱动。

2. 电磁离合器

电磁离合器的作用是根据需要接通和断开发动机与压缩机之间的动力传递。它是汽车空调控制系统中最重要的部件之一，受温度控制器、空调 A/C 开关、空调放大器、压力开关等元器件的控制。

电磁离合器一般安装在压缩机前端而成为压缩机总成的一部分，主要由电磁线圈、皮带轮、压盘、轴承等零部件组成，如图 8-7 所示。皮带轮通过皮带由发动机曲轴前端的皮带轮驱动；压盘通过三只片簧或橡胶弹簧与压盘轮毂相连接，压盘轮毂则通过一只平键与压缩机前端的伸出轴相连接；电磁线圈固定在皮带轮内压缩机前端盖上。当电磁线圈不通电时，在三只片簧的作用下使压盘与皮带轮外端面之间保持一定的间隙(0.4～1.0mm)，皮带轮在曲轴皮带带动下而空转，压缩机不工作；当电磁线圈通电时，在皮带轮外端面产生很强的电磁吸力，将压盘紧紧地吸在皮带轮端面上，皮带轮便通过压盘带动压缩机轴一起转动使压缩机工作。

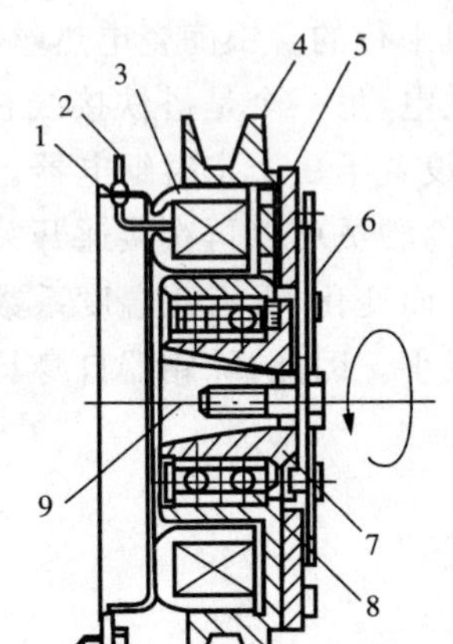

图 8-7 电磁离合器结构

1—压缩机前端盖 2—电磁线圈引出线 3—电磁线圈 4—皮带轮 5—压盘 6—片簧 7—压盘轮毂 8—轴承 9—压缩机轴

3. 冷凝器

冷凝器由排管道和冷却散热板组成，它起热交换器的作用。图 8-8 是其工作原理图。从压缩机来的高温、高压制冷剂蒸气流入冷凝器的排管，在通过冷凝器时被空气冷却，制冷剂蒸气向外部的空气释放热量，因而使制冷剂冷凝成液态。

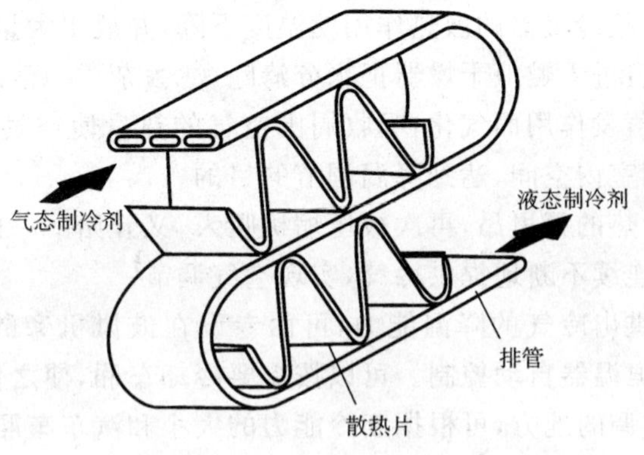

图 8-8 冷凝器动作原理

4. 贮液干燥器

贮液干燥器如图 8-9 所示。主要有以下三个作用：

(1)作为制冷剂的存贮器，能以一定的流量向膨胀阀输送液态制冷剂。

(2)其中装有干燥剂(如氧化硅)，能吸收少量的潮气，使制冷剂干燥。

(3)通过观察玻璃观察制冷剂填充量。

在贮液干燥器上还有一个安全装置——可熔塞，如图 8-10 所示。因制冷剂散热量减少或其他原因使制冷剂温度急剧上升，当贮液干燥器内部压力达 2.94MPa、温度达 100℃～

104℃时，可熔塞上的焊锡就会熔化，向外排泄高压的制冷剂，防止系统受损。

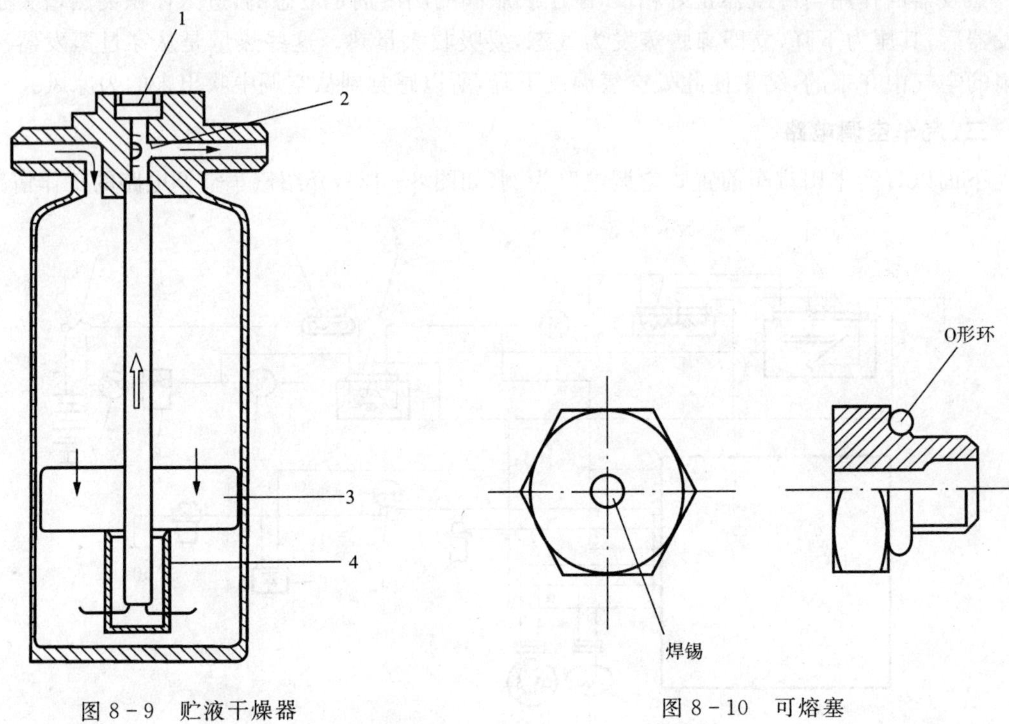


图 8－9　贮液干燥器

1—观察玻璃　2—可熔塞　3—干燥剂

4—过滤器

图 8－10　可熔塞

5. 膨胀阀

膨胀阀用于调节系统中制冷剂的流量。空调系统中为了使供液稳定，制冷剂从冷凝器流出后，先贮存在贮液干燥器中，再经膨胀阀到蒸发器。膨胀阀的构造如图 8－11 所示。蒸发器出口处安装了感温包，便于检测蒸发器出口处温度。如果该处温度偏高，表明制冷不足，这时感温包内封装的敏感物质压力升高，将弹性膜片向下压，膜片通过顶杆把球阀顶离阀座，液体制冷剂的通道面积增大，让更多的制冷剂流入蒸发器，增加制冷量。反之，若蒸发器出口温度偏低，流入蒸发器的制冷剂将减少，制冷量减少。如果感温包测得的温度近于结冰温度(0℃)，球阀便关闭，切断制冷剂供液通道，空调就停止制冷。可见，膨胀阀能在一定范围内自动调节空调的制冷量。

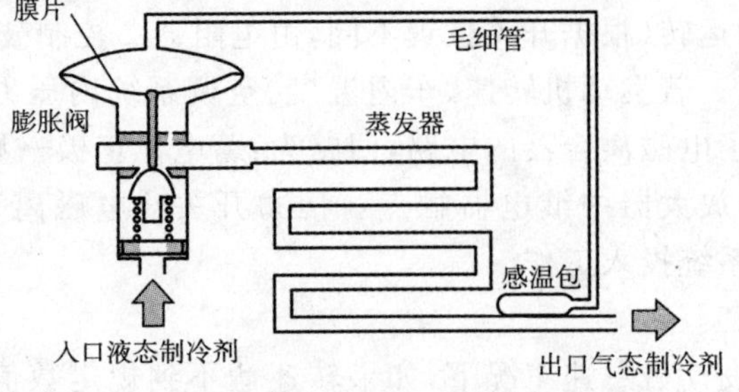


图 8－11　膨胀阀基本结构

6. 蒸发器

蒸发器的作用与冷凝器正好相反，刚出膨胀阀的制冷剂是液态的，进入体积突然增大了的蒸发器后，其压力下降，立即沸腾蒸发为气态，要吸收大量热。这些热量是从穿过蒸发器冷却风扇的空气中夺来的，结果使此处空气温度下降，所以感觉到从空调中吹出来的为凉风。

## 三、汽车空调电路

下面以日产丰田汽车前置式空调电路为例(如图 8－12)，介绍汽车空调电路的工作情况。

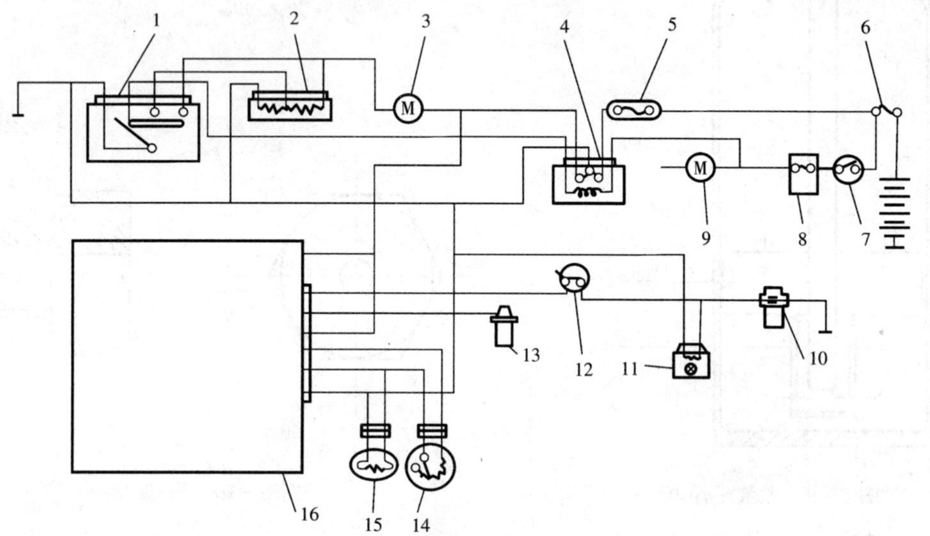


图 8－12　日产丰田汽车前置式空调电路

1—鼓风机开关　2—电阻器　3—冷气装置鼓风机　4—继电器　5—熔断丝　6—易熔接线　7—点火开关　8—熔断丝盒　9—暖气装置鼓风机　10—压缩机电磁离合器　11—真空转换阀　12—压力开关　13—点火线圈　14—热敏电阻开关　15—热敏电阻　16—放大器

1. 空调不工作时

点火开关 7 接通后，若将鼓风机开关 1 置于 OFF，则继电器 4 的线圈电路未接通，常开触点仍打开，鼓风机电路未被接通。同时放大器、电磁离合器电源也切断，空调不工作。

2. 空调正常工作时

接通点火开关 7，在发动机工作时，若将鼓风机开关 1 置于非 OFF 状态，继电器 4 的线圈通电，回路为：蓄电池正极→点火开关 7→熔断丝盒 8→继电器线圈→鼓风机开关 1→搭铁→蓄电池负极。由于继电器线圈产生电磁吸力使常闭触点打开，常开触点闭合，冷气鼓风机 3 的电路被接通开始运转(根据开关位置不同，由电阻器 2 控制鼓风机以不同速度运转)，同时放大器电路被接通。若发动机转速、车内温度、空调系统内压力均正常，则放大器中的继电器触点闭合，接通了电磁离合器的电路，回路为：蓄电池正极→易熔接线 6→熔断丝 5→继电器 4 的常开触点→放大器中继电器触点→压力开关→电磁离合器→搭铁→蓄电池负极。空调压缩机运转，系统投入工作。

3. 转速、温度控制

(1)转速控制。在发动机怠速工况下，如果转速达不到规定数值，在不带真空转换阀的车辆上，为了防止发动机过热或熄火，控制电路(放大器)要将电磁离合器电路切断，使空调

系统自动停止工作。反之，当发动机转速达到规定数值时，电磁离合器电路被接通，空调压缩机运转，系统制冷。

(2)温度控制。当车厢内温度过低时，空调控制电路也能自动切断电磁离合器电路，使空调系统自动停止工作。

改变热敏电阻开关的位置，该电阻数值即发生变化，而它又接在温度控制电路中，这就改变了测温电路的电阻值。该电阻与不同温度下的热敏电阻共同作用，限制车厢内的最低温度，达到调节车厢温度的目的。

4. 压力开关控制与发动机怠速的自动调整

(1)压力开关控制。串联在电磁离合器回路中的压力开关的作用是当制冷系统内制冷剂压力高于规定压力时，开关动作，切断电磁离合器电路，使压缩机停止运转，避免压缩机及制冷系统因内部压力过高而损坏。

(2)发动机怠速的自动调整。装有 18R 型发动机的汽车空调电路上还装有真空转换阀，它的作用是在发动机怠速运转时，适当提高其运转速度，使空调系统既能工作，又不使发动机过热或熄火。

## 第五节　柴油机、汽油机启动预热装置

汽车发动机在低温和寒冷冬季，机油黏度增高，使启动阻力矩增大，蓄电池也因低温而使放电能力降低，燃料的汽化困难。尤其是柴油机因进气温度低，压缩后达不到燃料自燃温度而无法启动，因此必须设有低温启动加热装置。

### 一、柴油机的启动预热装置

根据柴油机的功率、工作环境及用途的不同，所用的进气加热装置的结构类型也不同。除进气加热装置外，还有油底壳加热装置、油泵加热装置、蓄电池加热装置和缸体缸盖加热装置等。其主要的进气加热装置有以下几种。

1. 电热塞

电热塞的作用是对进入燃烧室内的空气进行加热，一般都安装在缸盖上或涡流室及预燃室内，其结构如图 8－13 所示。用铁镍铝合金制成的电热丝 2，一端焊在中心杆 9 上，另一端焊在耐高温不锈钢制造的发热体钢套 1 的底部。在中心螺杆与外壳 5 之间有瓷质绝缘体 7，黏合剂 8 将中心螺杆固定于绝缘体上。为固定好电热丝 2 的空间位置，在钢套内装有具有一定的绝缘性能、导热好、耐高温的氧化铝填充剂 3。各电热塞中心螺杆用导线并联后和蓄电池连接。

在启动发动机以前，接通电热塞电路，电热丝很快使发热体钢套烧红，使燃烧室内空气被加热，有利于混合气的发火燃烧。必须注意：电热塞的通电时间不要超过 1min，发动机启动后，立即将电热塞断电。如果启动失败，必须间隔 1min 后再给电热塞通电，否则将会影响电热塞使用寿命。

2. 热胀式电火焰预热器

热胀式电火焰预热器常作为中、小功率柴油机的进气预热装置，其结构如图 8－14 所示。外表绝缘的空心阀体 2 是由线膨胀系数较大的金属材料制成，其一端与进油管接头 3 相连。另一端有内螺纹与有外螺纹的阀芯 5 相连，阀芯的锥形端在预热器不工作时将油管

接头的进油孔堵塞。阀体外有外表绝缘的电热丝1。柴油机启动前接通热胀式电火焰预热器电路后，电热丝通电发热，并加热阀体，使阀体受热伸长，带动阀芯移动。阀芯锥形端离开进油孔，燃油流入阀体内腔受热而汽化，并从阀体的内腔喷出，被炽热的电热丝点燃生成火焰，使进气得到加热。当启动后关闭预热器电路时，电热丝冷却，阀体也变冷收缩，阀芯锥形端又堵住进油孔而停止燃油的流入，火焰熄灭，预热终止。

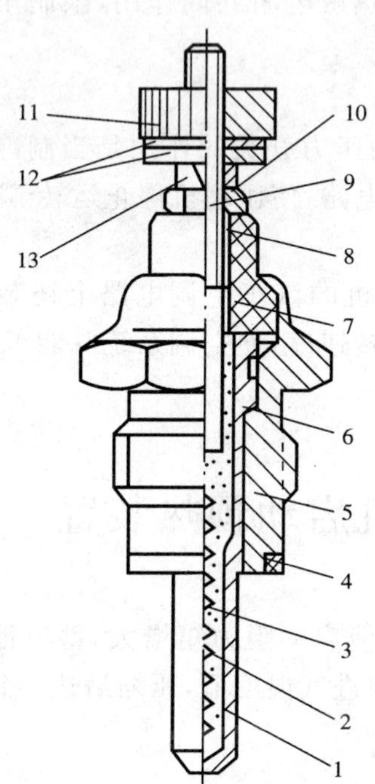


图 8-13　电热塞

1—发热体钢套　2—电热丝　3—氧化铝填充剂　4—密封垫圈　5—外壳　6—垫圈　7—绝缘体　8—黏合剂　9—中心螺杆　10—固定螺母　11—压紧螺母　12—压紧垫圈　13—弹簧垫圈

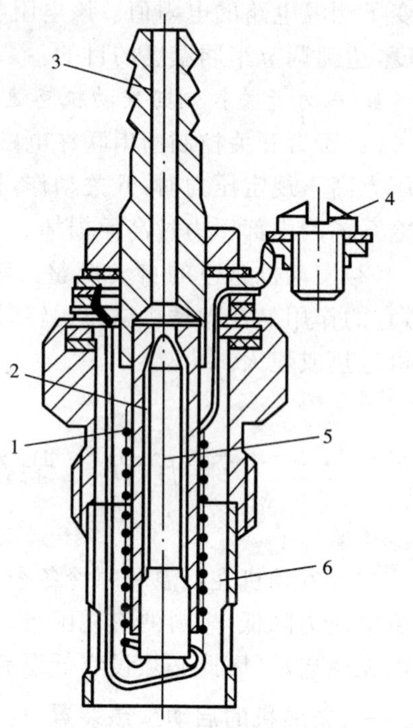


图 8-14　热胀式电火焰预热器

1—电热丝　2—阀体　3—进油管接头　4—接线螺钉　5—阀芯　6—稳焰罩

## 二、汽油机低温预热装置

为保证汽油机在低温时，不出现化油器结冰并能顺利启动，在化油器中设计了加热及防结冰装置，常见的电加热装置有以下几种。

1. 化油器电加热器

在化油器下面设电加热器，以加热冷启动时的进气，使冷机时容易启动。采用带有温度控制开关的电加热方式，即加热器受水套内热敏开关控制。冷启动时通电加热，当水温达到65℃时热敏开关断开，电加热器停止通电工作，以避免影响发动机的充气效率。

2. 电加热式自动阻风门

电加热式自动阻风门可使冷启动后阻风门自动逐渐开启。如图 8-15 所示的电加热式自动阻风门是用镍铬电阻丝将双金属式扭簧包围加热。加热室有通风孔与真空管路相通，以控制加热室内温度不致过高，而将热空气不断吸入节气门下方，可起到防止节气门上结冰的作用。如果每次一启动就通电加热，在不能顺利启动的情况下，几次启动之后，双金属式

扭簧就会受热弯曲而使阻风门部分开启，使阻风门失去阻风作用而使启动困难。为避免这种情况发生，在加热电路中增装了继电器，受发电机电压控制。只有当发动机转速高于400r/min，发电机建立工作电压后，继电器线圈的电磁力才能吸合触点，使电热丝通电加热双金属式扭簧。有的电加热器控制电路中则串联机油压力开关，当发动机主油道中油压稳定在100kPa以上时，才接通加热器电路。

目前在化油器上已较多地使用了电镀陶瓷片式加热器，其特点是自动控制0.8A的恒定电流，从而达到恒温效果。

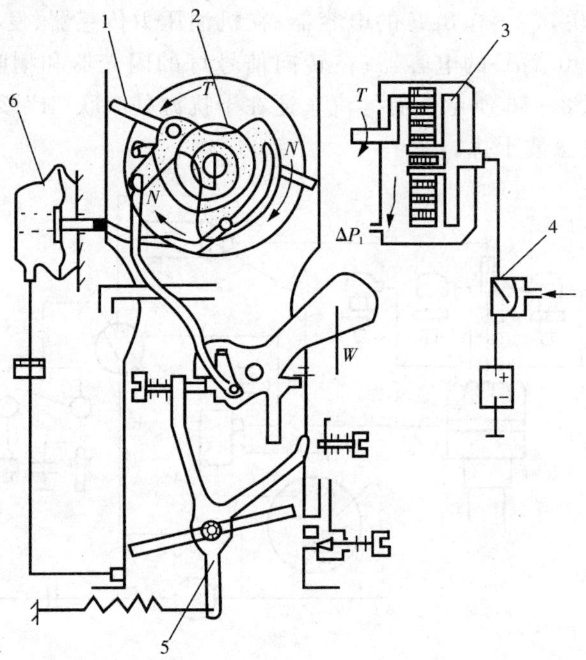


图8－15　压力雾化火焰预热装置示意图

1—偏置阻风门　2—双金属扭簧　3—快怠速联动机构
4—油压开关　5—节气门　6—真空拉力器

## 第六节　无线电防干扰装置

汽车电器设备中，有许多导线、线圈和电子元件，它们具有不同的电容和电感，而任何一个具有电感和电容的回路都会形成振荡回路，产生电磁振荡，对汽车上及周围数百米范围内的收音机、电视机和其他无线电装置的正常工作，产生不同程度的干扰。

为了提高无线电设备的精确度和灵敏度，使其处于正常可靠的工作状态，有必要对干扰采取有效措施加以减少和防止。一方面，在无线电设备本身的设计制造上采用抗干扰技术；另一方面，必须在产生干扰电磁波的汽车电器上采取抑制措施。

1. 易受电磁波干扰的电器总成的防干扰措施

随着电子工业的发展，车内易受电磁波干扰的电器总成将会越来越多。汽车上现在普遍装备有收录机、电视机、车载无线电话等，将来还要装备卫星定位、巡航和导航装置、遥控

装置等。这些装置本身都没有防干扰的措施，因此，需采取一些措施防干扰，如在天线上加扼制线圈、在电源上加滤波器、选择合理的安装位置以及用金属罩屏蔽等。

2. 对产生电磁波的电器元件的抑制措施

这是最重要的减少和消除电磁波干扰的方法。其方法有以下几种：

(1)并联电容器

在可能产生电火花的电器处并接一个电容器，以吸收电火花，从而削弱高频振荡电磁波的产生和发射。比如，在发电机调节器的"蓄电池"接线柱与搭铁之间，或者在发电机"电枢"接线柱与搭铁之间并联 0.2～0.8$\mu$F 的电容器；在机油压力传感器、发动机冷却液温度传感器的触点间并联 0.1～0.2$\mu$F 的电容器；在转向信号灯的闪光器和喇叭的触点处并联大于 0.5$\mu$F 的电容器，如图 8-16 所示。有的汽车还在干扰源处串联"Π"形或"Γ"形低通滤波器等，以便有效地抑制电磁波干扰。

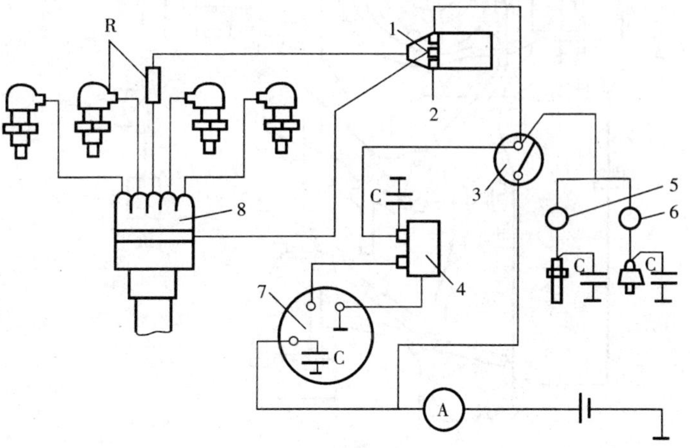


图 8-16　汽车上防干扰系统示意图

1—点火线圈　2—启动机开关　3—点火开关　4—调节器　5—发动机冷却液温度表　6—机油压力表　7—交流发电机　8—分电器

(2)串联阻尼电阻

在点火系统的高压电路中串联一个阻尼电阻，以消弱电火花产生的高频振荡，从而减少电磁波的干扰强度。而且串接阻尼电阻值和抑制效果成正比例，但阻尼电阻值过大会影响火花塞的跳火能量。因此，综合各种因素，一般串联的阻尼电阻值不应超过 20k$\Omega$。通常阻尼电阻装在点火线圈的高压导线引出端或火花塞上，大都采用线芯为 $\phi$0.1mm、由镍铬铅合金丝构成的高压阻尼线，它相当于电感、电容、电阻三者的复合体，抑制效果很理想。

(3)用屏蔽遮掩防止电磁波传播

把汽车上能产生电磁波干扰的电气元件、总成全部用金属罩密封起来，其连接导线也用金属网或金属管遮盖起来，并保证使它们良好牢固地搭铁。这样产生干扰的高频电磁波在屏蔽的金属罩内产生涡流，变成热能消耗掉，使电磁波不能发射传播，因此也就消除了对电气设备的干扰。

这种方法尽管成本较高，而且要求各屏蔽的金属罩之间以及金属罩与车体之间一定要接触良好，使之具有同一电位，以防止另外附加的火花产生，但由于防干扰效果好，因而得到广泛应用。

# 第七节　汽车电子防盗装置

汽车制造厂装设的点火锁和手控锁都不能有效地防止汽车被偷盗，所以现代汽车有的安装有专用防盗装置，装在用户的汽车上。

汽车防盗装置的任务，必须达到使偷盗者放弃偷盗汽车的企图。理想的防盗装置的电路应安装在隐蔽的地方，当偷窃者一进入汽车或企图发动汽车时，汽车应发出一种音频信号，给偷盗者一种心理上的冲击。另外，防盗装置应能使盗窃者不能开动汽车。

如图 8－17 所示防盗装置的电路图，能够达到上述两方面的要求。当车门被打开或有一附件电路被接通时，在蓄电池上就会出现一个小的负脉冲。该电路靠其高灵敏度的可控硅导通特性工作，其尺寸很小，容易装在隐蔽的地方。当人离开汽车时，该电路能自动地起作用。

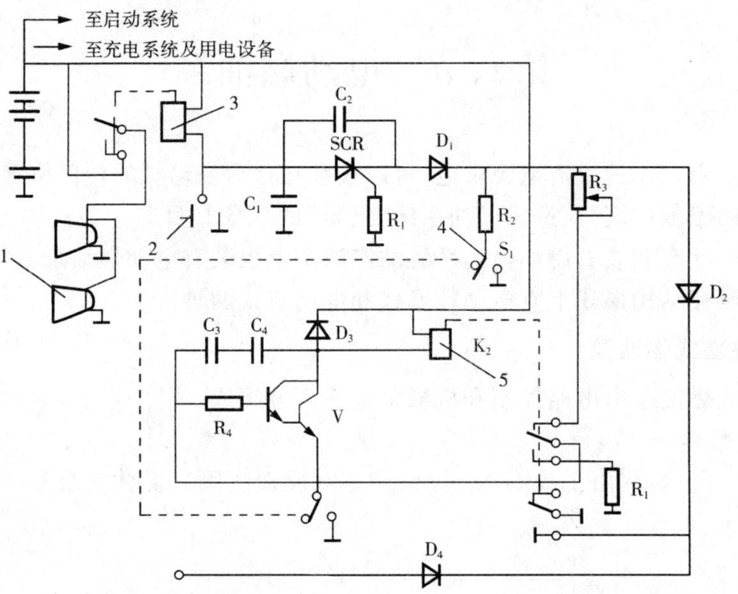


图 8－17　电子防盗系统电路图

1－电喇叭　2－喇叭按钮　3－喇叭继电器　4－开关　5－继电器

可控硅与喇叭继电器线圈串联，实际上是与喇叭开关并联，可控硅触发极经 $R_1$ 搭铁，其阴极经 $D_1$、$R_2$ 及 $S_1$ 搭铁成回路，使它的电位高于触发极 0.6V。如果 $S_1$ 接通，则电源经喇叭继电器线圈将 12V 电压加在可控硅阳极上。但由于触发极搭铁，所以不导通。现在，如果有一附件通电（如顶灯），则低的灯泡电阻产生一瞬间的负的瞬变过程经过蓄电池，这个负的尖峰信号通过喇叭继电器线圈及与可控硅并联的电容 $C_2$ 耦合，使可控硅的阴极电压瞬时低于地电位，其触发极就出现正电位，可控硅被触发导通，12V 电压就通过 $D_1$、$R_2$ 构成回路。但由于 $R_2$ 有足够高的电阻，使喇叭继电器上通过的电流不足以使其触点闭合，因而导通的可控硅就使 12V 电压通过 $K_2$ 的常闭触点加到延时驱动复合晶体管 V，通过 $R_3$ 向 $C_3$、$C_4$ 充电，并通过高增益晶体管的集电极—发射极泄漏电阻构成回路。大的时间常数 $RC$ 使

基极—发射极电压缓慢上升，$R_4$ 限制基极电流。当基极—发射极电压超过门限值时，V 就导通，使 $K_2$ 继电器线圈通过该电路构成回路。当 $K_2$ 继电器触点一闭合，$C_3$、$C_4$ 被 $R_5$ 及 V 的导通状态分路，使储存的电荷按控制的速率释放。这时，$K_2$ 的第二对触点使 $D_1$ 的阴极通过 $D_2$ 搭铁，喇叭继电器通过可控硅及 $D_2$ 就有足够的电流通过，使喇叭继电器触点闭合。同时，点火继电器的触点被 $D_4$ 及 $K_2$ 闭合的触点分路。因此，在 $K_2$ 闭合的瞬间，喇叭就响。由于继电器的触点被断路，使发动机不能工作，起到防止汽车被偷盗的作用。

当 $C_3$、$C_4$ 放电至低于 V 的门限电压时就截止，$K_2$ 继电器触点断开，喇叭不响，点火继电器触点也不被短路。因此，导通的可控硅开始对 $C_3$、$C_4$ 进行另一充电循环，使在另一延时周期之后，继电器 $K_2$ 再重新闭合，这样重复循环，直到车主回来把隐藏的 $S_1$ 开关断开为止。由于延时的时间比较长，而喇叭响的时间及继电器触点被短路的时间比较短，蓄电池不会造成过度的消耗。另外，盗窃者即使把喇叭线拆除，继电器触点短路部分也仍然工作，仍可防止汽车开动。

# 第八节　电动燃油泵

电动燃油泵由汽车的直流电源供电，可以安装在远离发动机的任何位置，这就避免了由于发动机罩下的温度过高，而造成供油系统“气阻”的现象。目前一些汽车把它当作辅助燃油泵使用。在柴油车和装有燃油喷射系统的汽油车上也装有电动燃油泵。

电动燃油泵在结构形式上有电动柱塞式和电动机式两种。

## 一、电动柱塞式燃油泵

电动柱塞式燃油泵由电路控制和机械泵油两部分组成。

### 1. 电路控制部分

如图 8－18 所示，它由主线圈 $N_1$、副线圈 $N_2$（反馈线圈）、晶体三极管 V、电阻 R 组成。其工作情况如下：

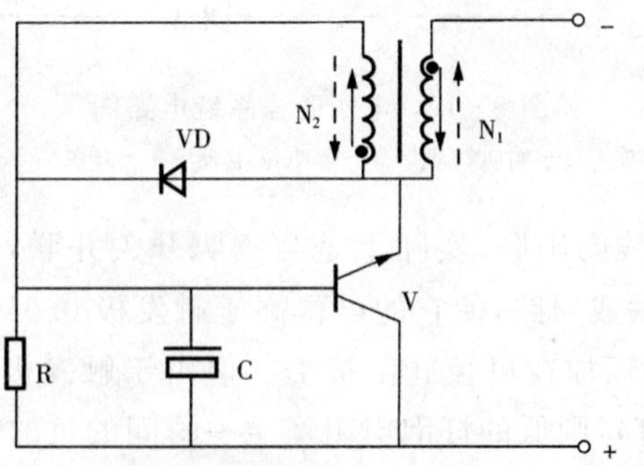


图 8－18　电动柱塞式燃油泵控制电路

当电源接通时，三极管 V 的发射极和基极之间通过偏流 $I_b$，在线圈 $N_1$ 和三极管的发射极与集电极之间便产生电流 $I_c$，这个电流是由小向大变化的，因而在线圈 $N_1$ 和 $N_2$ 中产生感应电动势，方向如实线箭头所示。

$N_1$ 的感应电动势和 $I_c$ 相反，而 $N_2$ 的感应电动势是加在三极管基极与发射极之间，产生正反馈作用，使三极管基极电位下降，基极电流 $I_b$ 增大，进一步便使集电极电流 $I_c$ 增大，直至饱和。

三极管导通达到饱和状态时，$I_c$ 便不再增大，在线圈 $N_1$ 和 $N_2$ 中的感应电动势也下降为零。于是基极电位上升，$I_c$ 减小，此时在线圈 $N_1$ 和 $N_2$ 中又产生与前相反的感应电动势，方向如虚线箭头所示。线圈 $N_1$ 的感应电动势企图阻止 $I_c$ 的减小，而线圈 $N_2$ 的感应电动势则使基极电位更高，$I_c$ 更小，直至截止。这是与前相反的反馈过程。

在基极电位升高过程中（也就是 $I_c$ 减小的过程），线圈 $N_1$、$N_2$ 中的感应电动势叠加向电容 C 充电（$N_1$ 通过 $N_2$），电容器的极性如图所示。当三极管完全截止时，基极电位不再升高，电容器充电停止，接着电容器储存的电荷便通过 R 放电，于是电容器的端电压下降，三极管的基极电位也下降。当基极电位低于发射极电位时，三极管又重新导通，重复上述过程。

综上所述，晶体管导通和截止过程，是通过反馈线圈 $N_2$ 的作用来加速的，而导通与截止的间隙过程则是电容 $C$ 和电阻 $R$ 的乘积（时间常数）来决定的。通过主线圈 $N_1$ 的电流及其所产生的磁场，以每分钟约 1000 次的频率进行交变，所以改变 $C$ 和 $R$ 的数值，就可以改变其振荡频率。

2. 机械泵油部分

电动燃油泵的机械泵油部分基本结构如图 8－19 所示。在泵筒的外部绕有主、副线圈 $N_1$、$N_2$，当晶体管导通时，反馈线圈 $N_2$、电阻 R 和电容 C 被短路，此时 $N_1$ 中的电流最大，产生的吸引力吸引柱塞克服弹簧张力而向下使吸油阀关闭。排油阀开启，将进入两阀间泵筒中的燃油，经排油阀压入泵上室的出油管。

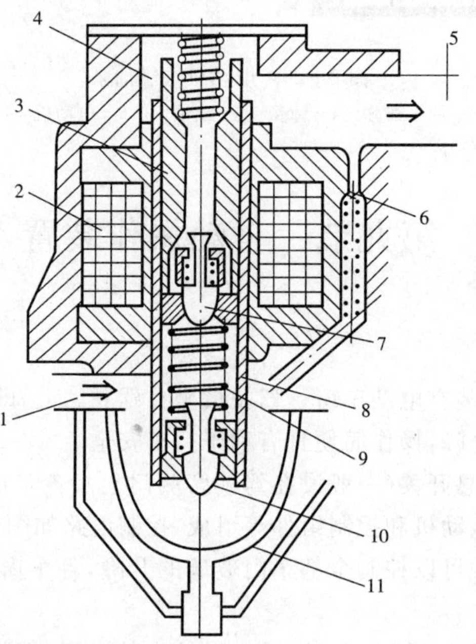


图 8－19　电动柱塞式燃油泵的结构

1—进油口　2—线圈　3—柱塞　4—泵上室　5—出油口　6—回油阀　7—排油阀　8—泵筒
9—回位弹簧　10—进油阀　11—油杯

当晶体管截止时，因 $N_1$ 中的磁力消失，柱塞被弹簧向上压回原位，这时排油阀关闭，吸油阀打开，燃油即从油杯吸入两阀间的泵筒中。

由于控制电路不断地被接通和切断，柱塞也不断地往复运动，使燃油不断地从油箱通过油管进入油泵，以后被压入油路，供给化油器或喷油器。

当汽车在怠速或部分负荷时，由于用油量较少而排油阀排出的油量不变，致使燃油过剩而压力升高，当压力达到一定数值时，顶开回油球阀，使多余燃油流回油杯。调整 R、C 的参数可以改变柱塞往复运动频率，从而可以调节供油量的大小。

### 二、电动机式燃油泵

电动机式燃油泵应用于燃油喷射系统。其结构如图 8-20 所示。它由永磁式电动机、滚柱式油泵组成。油泵部分主要由偏心安装的转子 9、滚柱 8 和外壳 7 组成。当电机带动转子 9 转动时，滚柱 8 受离心力作用靠向泵的外壳 7，并在转子带动下沿外壳移动。由于转子、滚柱及外壳围成的空间从进油口到出油口是逐渐减小的，燃油被加压后顶开出油阀 5，流向燃油管路。当燃油泵停止工作时，主油阀在其弹簧作用下关闭，保持油管中的压力一定。当油管堵塞或燃油压力超过规定值时，回油阀 2 开启，过量的燃油返回油箱，防止超载损坏。

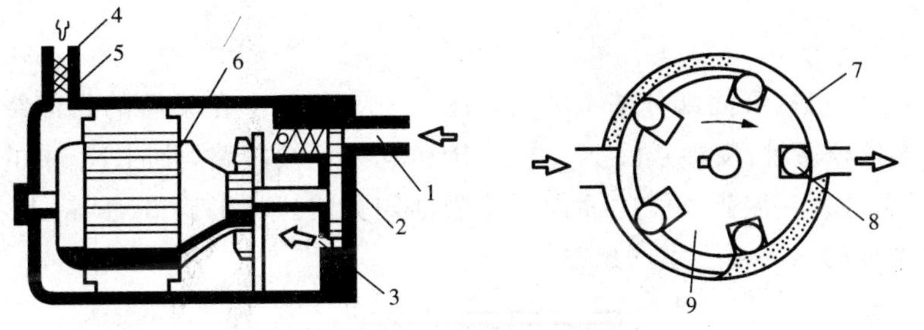


图 8-20　电动机式燃油泵

1—进油口　2—回油阀　3—油泵部分　4—弹簧　5—出油阀　6—电动机　7—外壳　8—滚柱　9—转子

## 第九节　自动操作装置

### 一、电动车窗

目前，小轿车普遍配装有电动车窗。驾驶员坐在驾驶席上，即可利用控制开关或遥控开关使所有车门玻璃自动升降，操作简便且有利于行车安全。

电动车窗由继电器、总开关（一般设在驾驶席侧门上）、各车窗开关、单手柄自动控制组件、玻璃升降机构、升降电动机和控制组件等组成，控制电路如图 8-21 所示。

驾驶席侧面的总开关可以控制全部车门玻璃的升降，各车窗升降开关可以单独控制各自车门玻璃的升降。

当点火开关处于 ON（接通）状态时，综合组件内的时间与开关回路控制车窗升降机构继电器线圈电流接通，产生电磁吸力将继电器触点吸闭，使控制组件和各开关的电源接通。此时根据各车窗玻璃升降需要，分别操纵总开关处的各个开关或操纵各车窗玻璃升降开关，

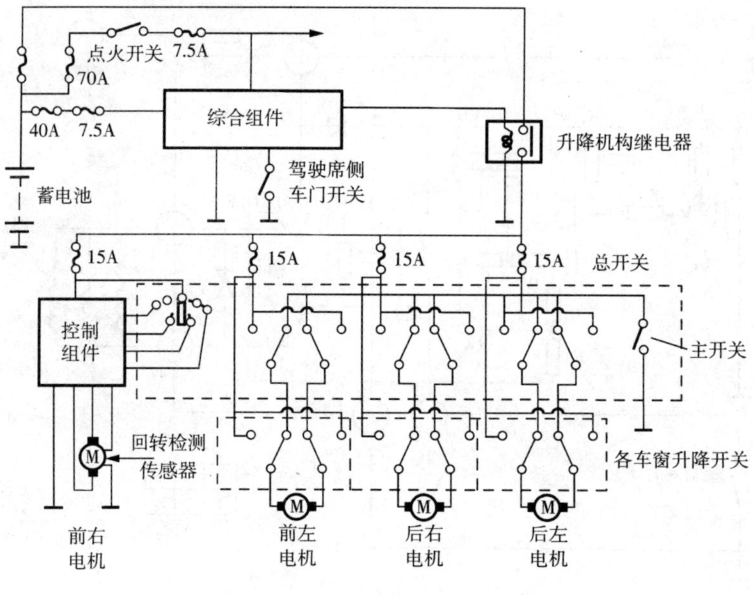


图 8-21 电动车窗的控制电路

就可使升降电机两端分别输入正向或反向电压，从而使电机正向或反向旋转。升降电机旋转时，就会通过联动机构使玻璃升高或降低。

当点火开关处于 OFF(断开)状态时，只有在驾驶员侧的车门开关 ON(接通)30s 后，玻璃升降机构才能进行升降动作，实现车门玻璃升降。

## 二、自动门锁

自动门锁是用电动机控制的自动车门锁定机构，现代汽车都安装了中央门锁系统，装置中央门锁后可以实现下列功能：

(1)将驾驶员车门锁扣按下时，其他几个车门及行李仓门都能自动锁定；如用钥匙锁门，也可同时锁好其他车门和行李仓门。

(2)将驾驶员车门锁扣拉起时，其他几个车门及行李仓门锁扣都能同时打开；用钥匙开门，也可以实现该动作。

(3)在车室内个别车门需打开时，可分别拉开各自的锁扣。

中央门锁的形式有多种，通常使用的门锁执行器有电磁线圈、直流电动机、永磁型旋转电动机等，它们都是通过改变极性转换其运动方向来实现门锁的开、关动作的。直流电动机式中央门锁主要由双向电动机、导线、继电器及连杆操纵机构组成，还有一种是利用双向空气压力泵产生压力和真空，通过膜盒来完成门锁的开关动作。

下面以电磁线圈式中央电动门锁为例介绍其工作过程。

电磁线圈式中央门锁电路见图 8-22，它由驾驶员侧车门锁制开关、开锁开关、换向继电器、回转式电磁线圈等组成，工作过程如下：

1. 锁制车门

当按下车门锁制开关时，蓄电池通过 $V_1$ 发射极→$R_3$→$VD_1$→$C_1$→锁制开关→搭铁。$C_1$ 充电的瞬间，$V_1$ 导通，$V_2$ 导通，$L_1$ 通电，触点 $S_1$ 吸到 ON 位置。蓄电池电流经熔断器→

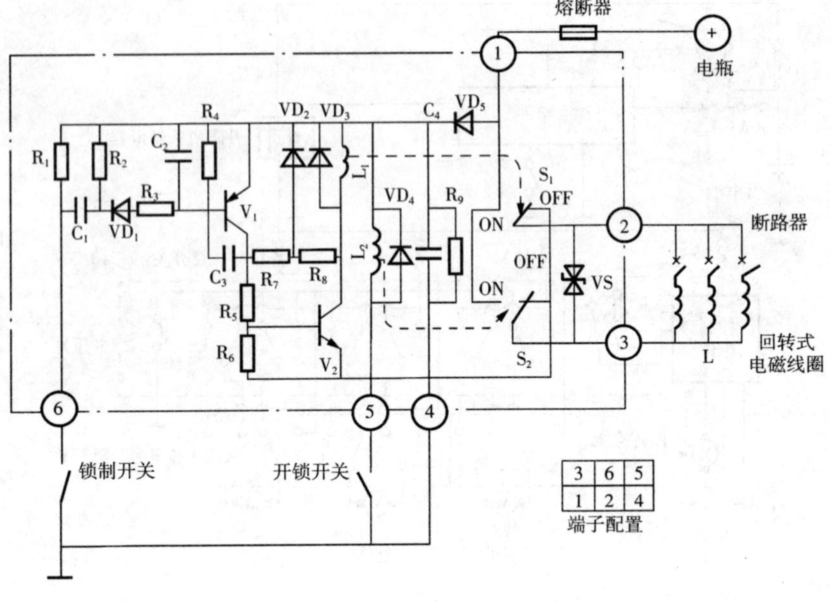


图 8-22 中央电动门锁电路

$V_1$、$V_2$—三极管 $L_1$、$L_2$—继电器线圈 $S_1$、$S_2$—继电器触点 L—电磁线圈

①→$S_1$(ON)→②→L→③→$S_2$(OFF)→④→搭铁，回转式电磁线圈 L 正向通电，电磁吸力拉下车门锁扣杠杆，锁制车门。$C_1$ 充电完毕，$L_1$ 断电，$S_1$ 回到 OFF 位置。

2. 打开车门

当拉起驾驶员车门锁扣或用钥匙开门时，车门开锁开关闭合，$L_2$ 通电，$S_2$ 处于 ON 位置，蓄电池的电流经熔断器→①→$S_2$(ON)→③→L→②→$S_1$(OFF)→④→搭铁→蓄电池负极。由于通过回转式电磁线圈的电流方向与车门锁制时相反，车门锁扣杠杆拉起，车门锁被打开。

## 思考与练习

8-1 试述永磁式三刷电动机的变速原理。

8-2 试述电动刮水器自动复位及间歇式电动刮水器的工作原理。

8-3 汽车空调是由哪几部分构成？各部分的作用是什么？并概述汽车空调的工作原理。

8-4 柴油机的启动预热装置中通常有哪几种预热装置？它们各有什么优缺点？

8-5 汽车上采用的无线电抗干扰措施有哪些？

8-6 晶体管电动燃油泵有何优点？使用中应该注意的事项有哪些？

8-7 电动车窗用电动机与调整器有几种连接形式？它们是如何工作的？

8-8 使用自动门锁系统有哪些优越性？并叙述自动门锁的构造和工作原理。

# 第九章　汽车的电子控制装置

**内容提要**：本章详细介绍了电子控制燃油喷射系统的组成和基本原理、汽车防抱死制动系统的控制方法和电子控制自动变速器的原理与维修。

## 第一节　电子控制燃油喷射系统

### 一、电子控制燃油喷射装置的基本原理

燃烧过程影响内燃机的经济性、动力性以及排气污染的程度，与汽车的噪声、振动、启动性能和使用寿命也有重要关系。燃烧过程最主要的影响因素是混合气浓度及点火提前角，电控汽油喷射系统实际上是对混合气浓度加以控制的装置。

混合气中空气与燃油的比例，称为空燃比（A/F）。理论上，1kg 燃油完全燃烧需要 14.7kg 空气，空燃比 A/F＝14.7 称为理论空燃比。实际上，内燃机提供的空气量往往不等于理论空气量，燃烧 1kg 汽油实际提供的空气量 $L$ 与理论上所需空气量 $L_0$ 之比，称为过量空气系数 $\alpha=L/L_0$。由内燃机原理知，当 $\alpha=0.8\sim0.9$ 时，火焰传播速度最快，功率最大，适用于汽油机以全负荷运行时的工况；当 $\alpha=1.03\sim1.2$ 时，氧气充足，燃烧完全，汽油机经济性最好；当 $\alpha=1.3\sim1.4$ 或 $\alpha=0.4\sim0.5$ 时，火焰难以传播，汽油机不能工作。

电子控制燃油喷射装置的作用就是准确地控制燃油量，随发动机工况的变化自动调整空燃比，同时配合电子控制点火在最佳时刻点燃可燃混合气。喷到进气歧管里的汽油量，由喷嘴的横截面面积、汽油的喷射压力和喷油的持续时间来决定。为了便于控制，喷嘴的横截面面积和喷油压力都是恒定的，汽油喷射量只取决于喷射时间。汽油喷射的时刻及延续时间的长短，由发动机的各种参数确定。这些参数由传感器传给电子控制器，再经电子控制器转化为时间长短不一的电脉冲信号，传到喷油嘴，控制喷油嘴的打开时刻及延续时间长短，使之准确地工作。如图 9－1 是电子控制汽油喷射系统的基本原理。

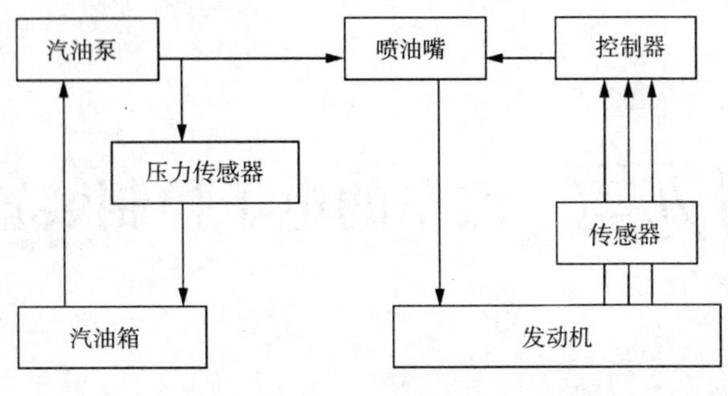


图 9-1　电子控制燃油喷射装置的基本原理框图

## 二、电子控制燃油喷射装置的类型

电喷系统发展至今，已有多种类型，根据其结构特点分为以下几种类型。

1. 按照喷嘴数目的不同分类

(1)单点喷射(SPI)　是把喷油器安装在节气门上方，用一个或两个喷油器喷入进气流，形成混合气进入进气歧管，再分配到各个汽缸中。单点喷射又称为节气门喷射或中央燃油喷射，属于前段喷射。

(2)多点喷射(MPI)　是在每缸进气口处装有一只喷油器，由电控单元(ECU)控制顺序地进行分缸单独喷射或分组喷射，汽油被直接喷射到各缸进气门前方，与空气一起进入汽缸形成混合气。多点喷射又称进气门喷射，属于后段喷射。

单点喷射系统结构简单，成本低，但相邻汽缸存在进气行程重叠、混合气分配不均的缺陷，其控制的准确度和性能不如多点喷射。多点喷射的控制更为精确，它使发动机无论处于何种状态，其过渡过程的响应和燃油经济性都是最佳的。但是，多点喷射系统结构复杂，成本高，故障源也较多。目前，单点喷射系统主要应用于小排量普通轿车，多点喷射多用于高级轿车和赛车。

2. 按照系统控制模式的不同分类

(1)开环系统　是把根据实验确定的发动机各种运行工况所对应的最佳供油量的数据事先存入计算机中。发动机在实际运行过程中，主要根据各个传感器的输入信号，判断发动机所处的运行工况，再找出最佳供油量，并发出控制信号。控制信号经功率放大器放大后，再驱动电磁喷油器动作，由此控制混合气的空燃比，使发动机处于最佳运行状态。开环控制系统不带氧传感器等反馈传感器，只受发动机运行工况参数变化和事先设定在计算机 ROM 中的实验数据流控制。开环控制的原理如图 9-2 所示。

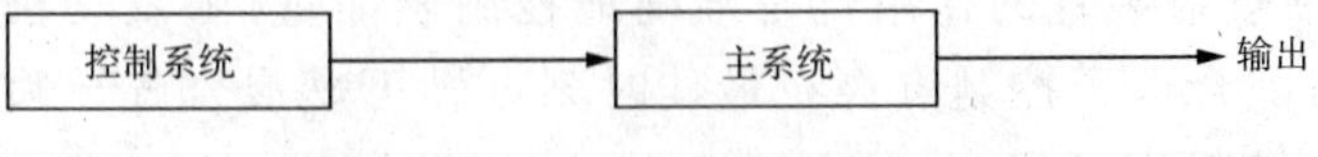

控制系统 → 主系统 → 输出

图 9-2　开环控制原理图

(2)闭环系统　又称为反馈控制系统，特点是加入了反馈传感器，输出反馈信号，反馈给控制器，以随时修正控制信号。闭环控制系统在排气管上加装了氧传感器，可根据排气管中氧含量的变化，测出发动机燃烧室内混合气的空燃比值，并把它输入计算机中与设定的目标空燃比值进行比较，将偏差信号经功率放大器放大后再驱动电磁喷油器喷油，使空燃比保持在设定的目标值附近。闭环控制的原理如图 9-3 所示。

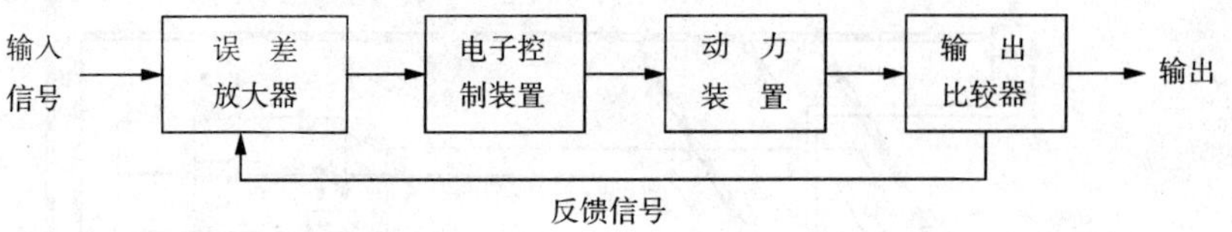


图 9-3　闭环控制原理图

3. 按检测进气量方式的不同分类

(1)压力型(D)　压力型以进气管压力为主要控制参数。它根据进气管内的压力传感器所测得的进气管压力和发动机转速来控制喷嘴的喷油量。压力传感器装在节气门后面，用以测量进气管内的压力。该处的压力低于大气压并随节气门开度而变化，它反映了发动机负荷的大小，故可作为电子控制系统确定喷油量的依据。压力型空气流量控制系统如图 9-4 所示。

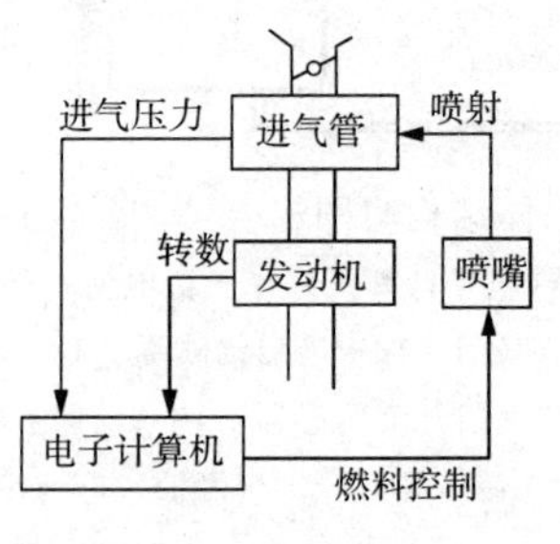


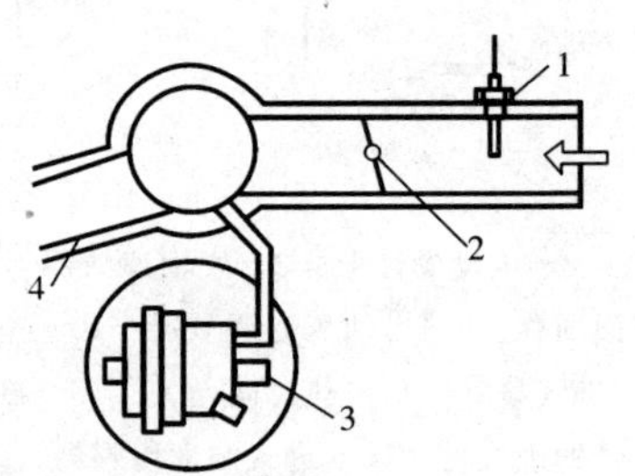


图 9-4　压力型空气流量控制系统

1—空气温度传感器　2—节气门　3—压力传感器　4—进气歧管

(2)流量型(L)　流量型以空气流量为主要控制参数。该系统在发动机进气管处安装空气流量传感器，直接测定进入发动机的空气量，电子控制器可根据进气量信息和发动机转速来确定其喷油量，从而得到较准确的空燃比，使排气污染较小，装置较简单。流量型控制系统如图 9-5 所示。

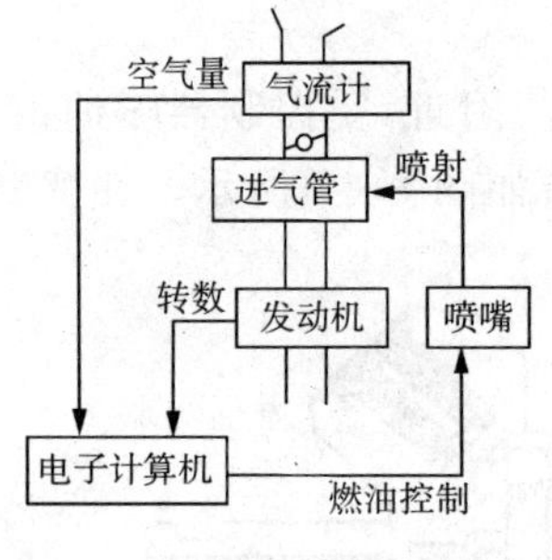


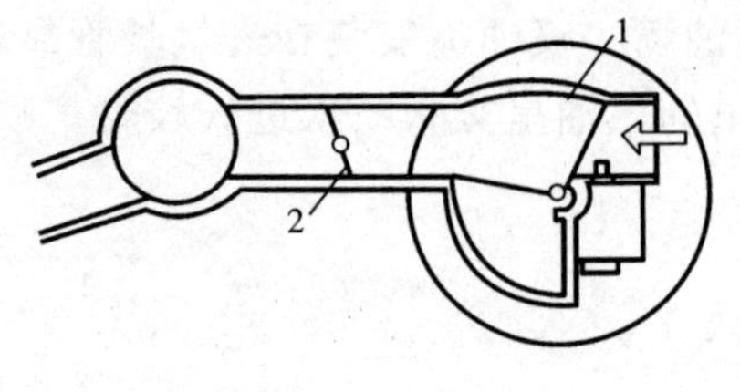


图 9-5　流量型空气流量控制系统

1—空气流量传感器　2—节气门

## 三、电子控制燃油喷射装置的组成和工作原理

电子控制燃油喷射系统主要由供油系统、进气系统和电子控制系统三大部分组成，如图 9-6 所示。

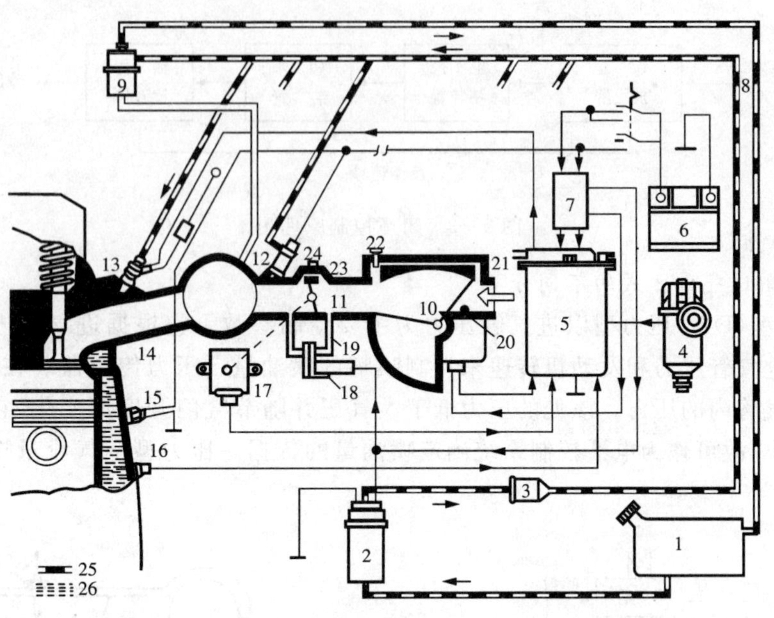


图 9-6　电子控制燃油喷射装置的总体结构简图

1—油箱　2—电动燃油泵　3—燃油滤清器　4—分电器　5—控制器(电子计算机)　6—蓄电池　7—继电器　8—回油管　9—燃油压力调节器　10—空气流量传感器　11—节气门　12—冷启动喷嘴　13—喷嘴　14—进气歧管　15—热时间开关　16—冷却水温传感器　17—节气门开度传感器　18—辅助空气阀　19—辅助进气管　20—进气温度传感器　21、23—旁通道　22、24—调节螺钉　25—燃油　26—冷却水

1. 供油系统

供油系统包括油箱、电动汽油泵、燃油滤清器、燃油压力调节器、喷油器和冷启动喷嘴喷油器等。电动汽油泵将燃油从油箱吸出，经过燃油滤清器、输油管送到喷油器。油路中安装燃油压力调节器的作用是保持输油管的供油压力为规定值(0.3MPa)，并能确保喷油器内外压力差不变。若供油压力超过规定值时，油压调节器内的减压阀打开，汽油便经过回流管流回油箱，使输油管油压降低。燃油滤清器的作用是除去燃油中的污物，以防阻塞喷油器。此外，为改善发动机低温启动性能，有些车辆在进气歧管上安装冷启动喷嘴喷油器，喷油时间由热时间开关或者 ECU 控制。

(1)喷油嘴　喷油嘴安装在进气歧管靠近各缸进气门附近，受控制器喷油信号的控制，从而将适量的汽油呈雾状喷入进气歧管。喷油嘴的构造如图 9-7 所示。在筒状外壳内装

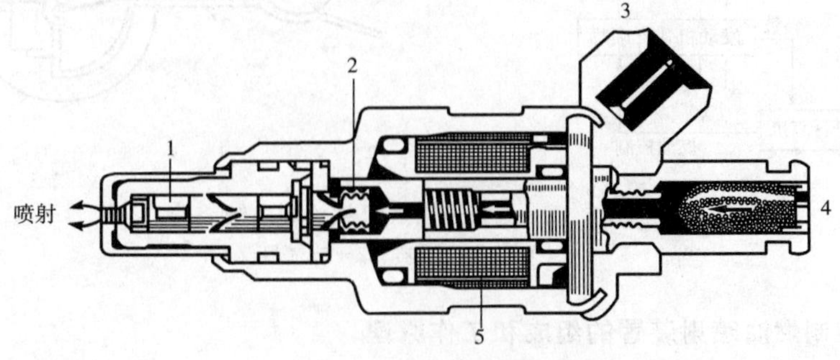


图 9-7　喷油嘴

1—针阀　2—柱塞　3—电线接头　4—输油管　5—励磁线圈

有励磁线圈、柱塞、复位弹簧和针阀。柱塞和针阀共同装成一体，在复位弹簧的压力下，针阀紧贴在阀座上，将喷孔封闭。当励磁线圈、有电流通过时，柱塞和针阀在电磁力吸引下向上移动，打开喷孔，于是喷出汽油。喷嘴针阀开启后的延续时间，取决于励磁电流的脉冲宽度，其脉冲宽度由控制器根据空气流量等参数来控制。

(2)电动汽油泵　电动汽油泵的构造如图 9－8 所示，油泵 6 和驱动油泵的永磁电动机 3 合为一体。油泵 6 由偏心安装的转子 8、外壳 9 及滚子 7 组成。当电动机带动转子 8 旋转时，滚子 7 被离心力推向泵外壳，起密封作用，并沿泵的外壳移动。由于转子 8、滚子 7、外壳 9 所围成的空间周期性地增加和减少，使汽油自进油口吸入，出油口压出，流向燃油管路。当油泵停止工作时，单向阀 2 在弹簧的作用下关闭，使油管中的汽油保持一定的压力，防止“气阻”，以利于启动。当油路堵塞，油压超过一定值时，安全阀 4 打开，过量的汽油返回油箱，防止油压过高而损坏油泵。

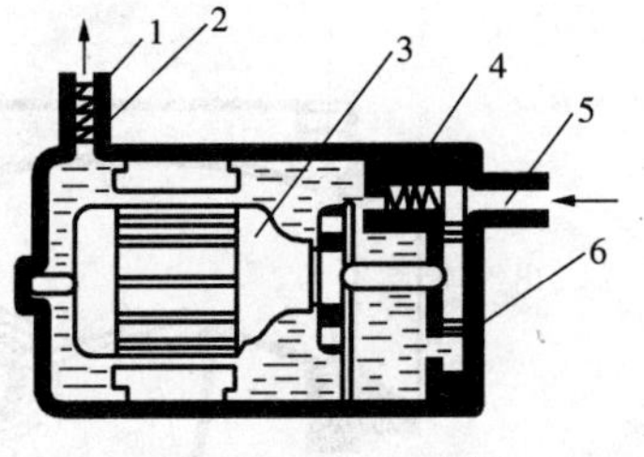


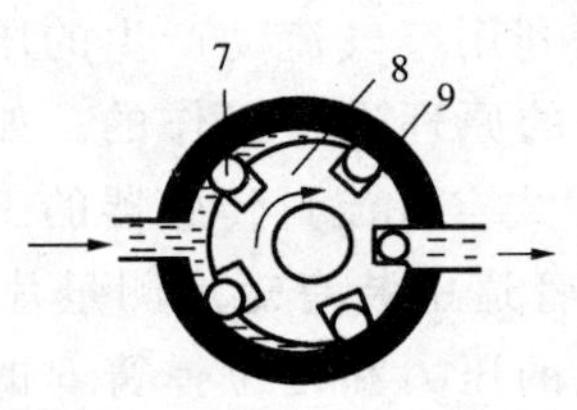


图 9－8　电动汽油泵

1—出油口　2—单向阀　3—永磁电动机　4—安全阀

5—进油口　6—油泵　7—滚子　8—转子　9—外壳

(3)冷启动喷嘴　冷启动喷嘴是为改善低温启动性能而设置的，在发动机冷态启动时，提供较浓混合气，其构造如图 9－9 所示。它由电磁线圈 1、柱塞 5、螺旋喷口等组成。柱塞 5 在复位弹簧 6 作用下，紧贴在阀门上，使阀门闭合。当电路接通电磁线圈且有电流流过时，电磁吸力将柱塞吸上，阀门打开，汽油经横向、纵向孔流至螺旋喷口，在螺旋喷口处靠两个切线入口管道引起旋转，汽油便以极细的雾状喷出。

(4)热时间开关　热时间开关感受发动机冷却水的温度，是控制冷启动喷嘴动作的电热式开关，如图 9－10 所示。它由双金属片 3、触点 5 及绕在双金属片上的加热电阻线圈 2 和 4

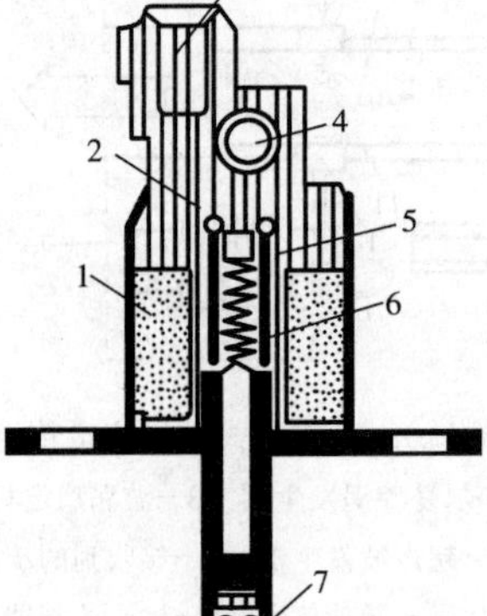

图 9－9　冷启动喷嘴

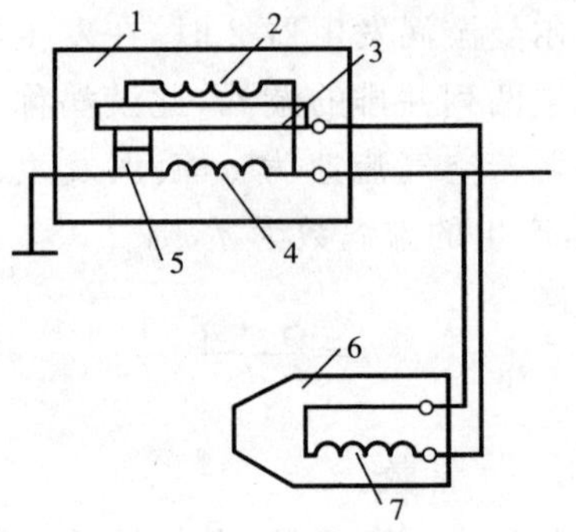


图 9－10　冷启动喷嘴与热时间开关工作示意图

组成。冷启动喷嘴与热时间开关联合工作。当发动机启动、冷却水温很低时，热时间开关的触点 5 闭合，电流从电源经冷启动喷嘴的电磁线圈 7、双金属片 3、触点 5 搭铁构成回路。冷启动喷嘴的电磁线圈有电流通过，产生吸力，吸动柱塞打开阀门使雾状的汽油喷出。当冷却水温度上升到截止温度时，触点被打开，线圈 7 的电流被切断，喷油停止。线圈 2 和 4 用来加热双金属片 3，线圈 2 起迅速加热作用。

2. 进气系统

进气系统包括空气滤清器、空气流量传感器、进气门、进气歧管、附加空气阀等。空气由空气流量计计量，经节气门进入进气歧管，再分别供给各个汽缸。一般行驶时，空气的流量由进气系统中的节气门来控制。踩下加速踏板时，节气门打开，进入的空气量增多；怠速时，节气门关闭，空气由旁通气道通过。怠速转速的控制由怠速调整螺钉和怠速空气调整器通过调整流经旁通气道的空气量来实现。

(1)叶片式空气流量传感器　叶片式空气流量传感器是利用空气流动产生的压力差将测量片推开的原理进行工作的。如图 9-11所示为叶片式空气流量传感器的工作原理图。在矩形管道中装有矩形测量片 2，此片在流动空气的压力和复位弹簧 6 的作用下，可转到一定的角度。其转动的角度由同轴连接的电位器 8 转变为电信号，输入到控制器内，作为检测发动机负荷状态的重要参数。测量片的开度大，电位高；开度小，电位低。除了测量片以外，还安装了一个补偿片 5，它起阻尼作用，可减少由活塞运动所引起的进气歧管内压力波动对测量片的影响，从而保证测量精度。

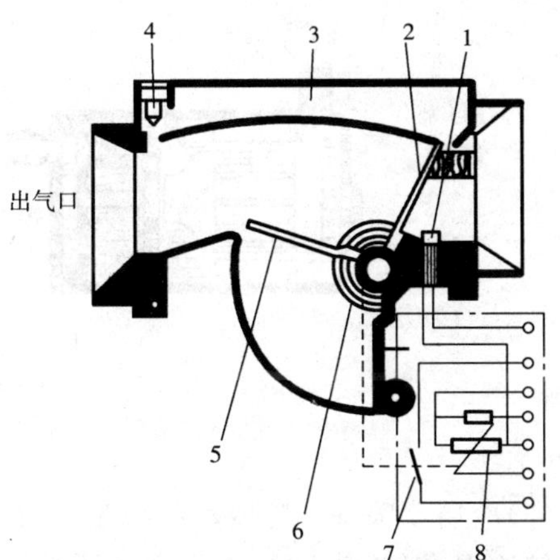

图 9-11　空气流量传感器

1—空气流量传感器　2—测量片　3—旁通道　4—调节螺钉　5—补偿片　6—复位弹簧　7—燃油泵开关　8—电位器

(2)卡尔曼(Karman)漩涡式空气流量传感器　其内部由空气通路中的卡尔曼漩涡发生器 2、超声波发生器 5、超声波发射器 4 和超声波接收器 10 等部件组成。当空气流过卡尔曼漩涡发生器 2 时，在发生器的后面便产生两列并排的漩涡，此漩涡称为卡尔曼漩涡。若空气流速为 $u$，漩涡发生器的宽度为 $d$，产生的漩涡数为 $f$，则

$$f=\frac{S_t \cdot u}{d} \tag{9-1}$$

式中：$S_t$——常数。

从公式(9-1)可见，卡尔曼漩涡数 $f$ 与空气流速 $u$ 成正比，只要测出 $f$ 数，便可算

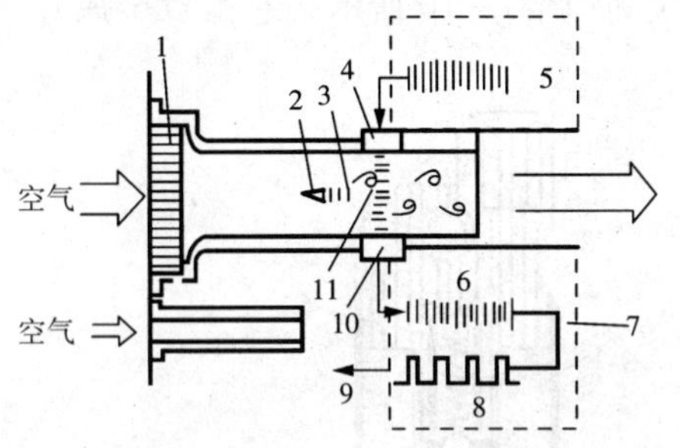

图 9-12　卡尔曼(Karman)漩涡式空气流量传感器

1—整流栅　2—卡尔曼漩涡发生器　3—漩涡稳定板　4—超声波发射器　5—超声波发生器　6—接收到的疏密波　7—整理放大电路　8—脉冲信号　9—输入控制器　10—超声波接收器　11—卡尔曼漩涡

出空气流量，进而可确定所必需的汽油喷射量。

漩涡数 $f$ 是采用超声波来测定的。其方法是：在卡尔曼漩涡发生区空气通道的两侧，分别装上超声波发射器 4 和超声波接收器 10，发射器 4 沿涡流的垂直方向发射超声波，由于涡流使超声波的传播速度发生变化。超声波受到周期性的调制，使其振幅、相位频率发生变化。这种调制后的波，被接收器 10 接收后，变换成相应的电压，再经过整形、放大电路，形成与漩涡数目相应的矩形脉冲信号，然后送入控制器作为空气流量信号。进而成为确定喷油量的主要参数。卡尔曼漩涡式流量计没有可动部件，特点是结构简单，反应灵敏，测量精度高，现已被广泛采用。

(3)热线式空气流量传感器　热线式空气流量传感器，如图 9-13 所示。这种传感器是把通电受热的铂制热线装在节气门的上方，将热线置于空气流中。热线是一发热体，由于热量被空气吸收，发热体本身变冷。发热体周围通过的空气流量越多，被带走的热量也越多。热线式空气流量计就是利用发热体和空气之间的这种热传递现象进行空气流量测量的。热线的温度，可通过调节电流大小保持恒定。当空气流过热线时，热线被冷却，为了维持热线的恒定温度，须增大电流。从而根据流经热线的电流大小，便可测定进入汽缸的空气流量。为了清除使用中热线上附着的胶质积炭对测量精度的影响，启动时可由控制器控制通过热线的电流，将积炭烧净，以免影响其测量精度。

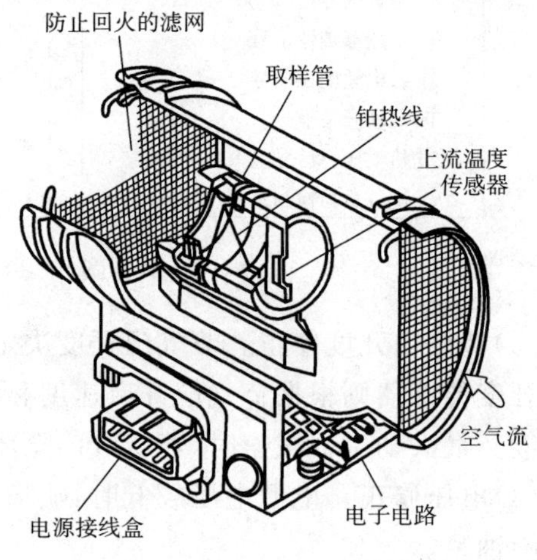


图 9-13　热线式空气流量传感器

除以上三种流量传感器外，还有涡流式、离子偏流式、超声波式等流量传感器。

3. 电子控制系统

电子控制系统是汽油喷射系统的控制中枢，主要由电子控制器(ECU)以及各种传感器组成。传感器是信号转换装置，安装在发动机的各个部位，其功用是检测发动机运行状态的电量参数、物理参数和化学参数等，并将这些参数转换成计算机能够识别的电信号输入ECU。检测发动机工况的传感器有：水温传感器、进气温度传感器、曲轴位置传感器、节气门位置传感器、车速传感器、氧传感器、爆燃传感器、空调离合器开关等。控制系统如图 9-14所示。各种传感器反映的发动机工况的信号输入电子控制器，经过电子控制器综合评判与计算，确定喷油器的开启和持续时间，得到基本喷油量。然后再根据下列参数对每一工作循环的基本喷油量进行不断修正。

(1)进气温度修正。进气量的多少与当时吸入空气的密度有关，但直接测量空气的密度较为困难，而空气的密度与进气温度成比例，所以可根据传感器检测出进气温度信号，对基本喷油量进行修正。即温度升高，空气密度下降时，缩短喷嘴的打开时间；温度降低则相反。

(2)发动机冷却水的温度修正。低温时由于汽油汽化不良，要求使用较浓的混合气，即需要增加喷油量，因此在发动机低温启动和升温期间，须根据冷却水温传感器送来的发动机冷却水温度信号，对喷油量进行修正。

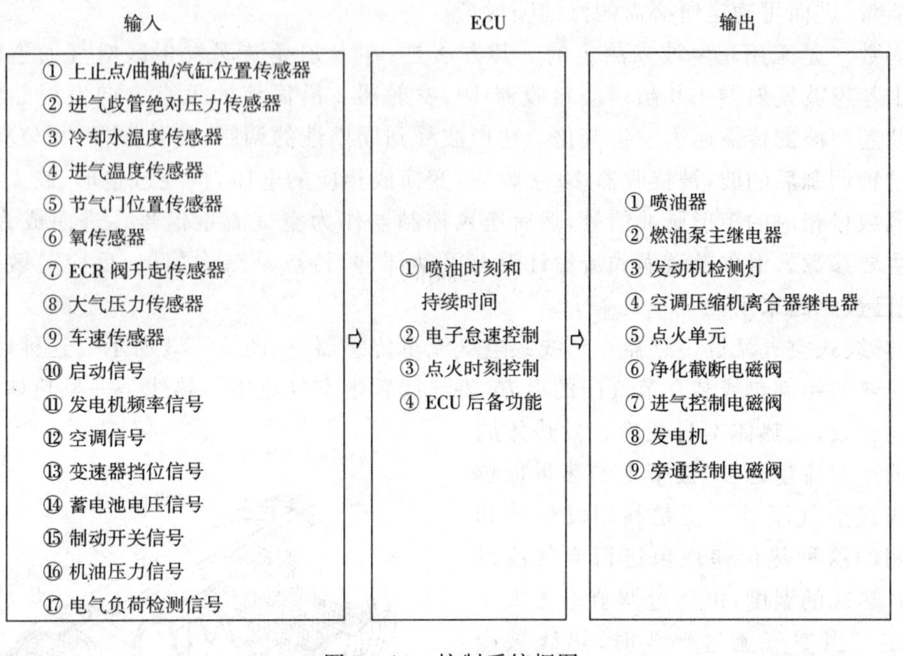


图 9-14　控制系统框图

(3)节气门开度修正。节气门开度决定发动机的负荷和转速。加速时，节气门全开，节气门开度传感器则根据节气门开启速度和开启状况对喷油量进行修正，以保证所要求的加速性能及最大功率。减速时，若节气门全闭，发动机转速低于规定值时，则停止喷油。

(4)电压修正。电源电压较低时，喷嘴开启时间短，喷油量少，因此应延长喷射信号，以修正喷油量。

ECU 还可对多种信息进行处理，实现 EFI 系统以外其他诸多方面的控制，如点火控制、怠速控制、废气再循环控制、防抱死控制等。

## 四、电控汽油喷射系统的实例

### 1. HONDA-ACCORD 汽车 EFI 系统简介

HONDA-ACCORD(本田—雅阁)汽车的 EFI 系统，没有空气流量传感器，是靠检测进气歧管压力来间接测量吸入的空气量，属于压力型燃油喷射系统，图 9-15 为系统组成。

(1)喷油时刻和持续时间的控制(Fuel Injection Time Control)

ECU 储存有发动机各种转速和进气歧管压力下基本的喷油持续时间，根据发动机转速和进气歧管压力从计算机存储器中读出基本喷油时间，然后进一步根据各传感器送来的信息进行修正，得到最终的喷油时间。

(2)点火时间控制(Ignition Time Control)

ECU 的 ROM 中储存有发动机各种转速和进气歧管压力下基本的点火时间，点火时间是根据发动机冷却水温度进行修正。

(3)电子空气控制阀(Electronic Air Control Valve 简称 EACV)

当发动机温度较低时，如果空调压缩机开启，传动啮合或发电机对蓄电池充电时，ECU 控制电流送给 EACV 电磁阀，以增加空气量，维持发动机正确的怠速，又称怠速控制阀。

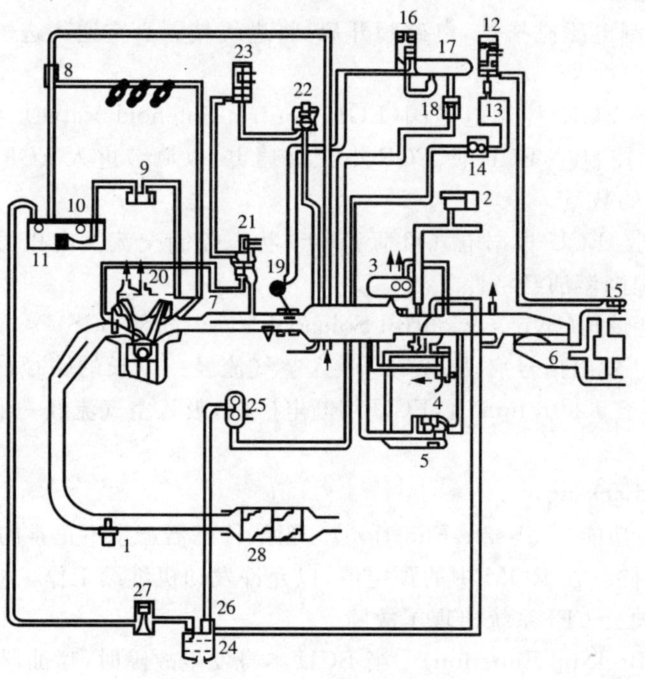


图 9-15　本田—雅阁 EFI 系统组成

1—氧传感器　2—进气歧管绝对压力传感器　3—EACV 电子空气控制阀　4—快怠速阀　5—空气增加阀　6—空气滤清器　7—燃油喷射器　8—压力调节器　9—燃油滤清器　10—燃油泵　11—燃油箱　12—进气控制电磁阀　13—空气室　14—单向阀　15—进气控制膜片阀　16—旁通控制电磁阀　17—空气室　18—单向阀　19—旁通控制膜片阀　20—PCV 阀　21—EGR 阀　22—稳定真空控制阀　23—EGR 控制电磁阀　24—活性炭罐　25—净化截断电磁阀　26—净化控制膜片阀　27—两通阀　28—催化转换器

(4)其他控制功能

① 启动控制(Starting Control)　当发动机启动时，ECU 供给浓混合气，以利于发动机启动。

② 燃油泵控制(Fuel Pump Control)　当点火开关刚开始接通时，ECU 使主继电器提供搭铁，从而向燃油泵供电 2s，以提高燃油系的压力。当发动机运转后，ECU 使主继电器搭铁，继续向燃油泵供电，而当发动机停转、点火开关仍接通时，ECU 切断主继电器搭铁电路从而切断燃油泵电流。

③ 燃油切断控制(Fuel Cut Off Control)　当节气门关闭汽车减速行驶期间，在发动机转速超过 1500r/min 时，ECU 切断喷油器电流，以改善汽车燃油经济性。当发动机转速超过 6300r/min 时，ECU 也关断喷油器电流，以防止发动机超速。

④ 空调压缩机离合器继电器控制　当 ECU 接到从空调开关来的对制冷的要求时，ECU 抑制空调压缩机的供电，以保证空调机的平滑过渡。

⑤ 净化截断电磁阀(Purge Cut Off Solenoid Valve)　当冷却水温低于 75℃时，ECU 给净化截断电磁阀供电，以切断到净化控制膜片阀的真空，停止活性炭罐中的汽油蒸气进入进气管。

⑥ 进气控制电磁阀(Intake Control Solenoid Valve) 当发动机转速低于 3500r/min 时,ECU 使进气控制电磁阀搭铁,电磁阀开启,将进气歧管真空通入进气控制膜片阀,以减少进气量。

⑦ 废气再循环(EGR)控制电磁阀(EGR Control Solenoid Valve) 当 EGR 系统需要对 $NO_x$ 的排放进行控制时,ECU 使 EGR 电磁阀通电,以调节进入 EGR 阀的真空,从而控制参与废气再循环的数量。

⑧ 发电机控制 ECU 根据电气负荷和驱动状态控制交流发电机发出的电压,以减少发电机负载,从而提高燃油经济性。

⑨ 旁通控制电磁阀(Bypass Control Solenoid Valve 简称 BCSV) 当发动机转速低于 5000r/min 时,ECU 发出信号启动 BCSV,吸入空气流经一个长的路径,于是发动机输出高的扭矩。在转速高于 5000r/min 时,ECU 切断电磁阀,吸入空气流经一个短的路径,以减少进气阻力。

(5)后备功能(Back-up)

① 故障—保险功能(Fail-safe Function) 当从传感器产生不正常的信号时,ECU 不管该信号而采取一个储存在 ROM 中的预定值,以允许发动机继续工作。但 ECU 要点亮故障指示灯,以告知驾驶员 EFI 系统出现了故障。

② 后备功能(Back-up Function) 当 ECU 本身发生故障时,喷油器、点火器、燃油泵将由后备的独立电路进行控制,以允许汽车以最低速度行驶。

③ 自诊断功能(Self-diagnosis Function) 当从传感器产生不正常信号时,ECU 点亮故障指示灯,并将故障代码储存在 RAM 中以备读取。当点火开关开始接通后,ECU 给故障指示灯供电 2s,以确认灯泡是否完好。

2. HONDA-ACCORD 汽车 EFI 系统的工作原理

(1)燃油供给系统(Fuel Supplies System) 燃油供给系统由燃油箱、燃油泵、主继电器、燃油滤清器、压力调节器、喷油器和喷油器电阻组成。燃油泵将燃油输送经燃油滤清器和压力调节器调压后供给喷油器。当发动机停转时,截断燃油供给。

① 喷油器电阻 喷油器电阻用以降低喷油器线圈的电流,以防止损坏线圈,同时使喷油器响应的速度加快。喷油器电阻的阻值为 5~7Ω,因此,可以测量 A 端与 B、C、D、E 各端的电阻值,以判定喷油器电阻有无故障。

② 主继电器 主继电器安装在发动机罩的左侧,实际上包含两个单个继电器 $S_1$ 和 $S_2$,见图 9-16。当点火开关打开时,$S_1$ 的线圈 $L_1$ 中随时都有励磁电流,$S_1$ 的触点闭合将蓄电池电压供给 ECU,同时 $S_1$ 还供电给喷油器(通过喷油器电阻)和 $S_2$ 的励磁绕组。当点火开关刚打开时,$S_2$ 的线圈 $L_2$ 激磁 2s,使燃油泵工作,以利发动机启动。当发动机运转时,$S_2$ 的触点一直闭合给燃油泵供电,若发动机停转而点火

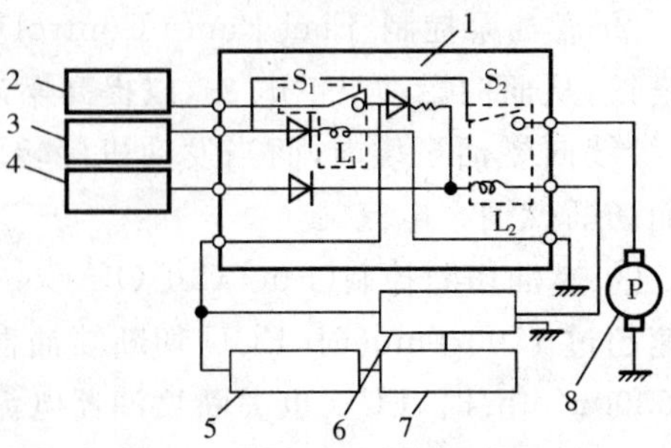


图 9-16 主继电器电路

1—主继电器 2—蓄电池电压 3—点火开关

4—启动信号 5—喷油器电阻

6—ECU 7—喷油器 8—燃油泵

开关仍接通时,ECU 断开 $L_2$的搭铁电路,触点分离,停止给燃油泵供电。

(2)进气系统(Air Intake System)　进气系统供给发动机所有需要的空气。它由进气管、节气门体、电控空气控制阀(EACV)、旁通控制系统和进气歧管组成。

① 节气门体(Throttle Body)　节气门体是一个单筒、平吸式阀体,节气门体下部由汽缸盖的冷却液加热。一边连接怠速调节螺钉,用以增加或减少旁通空气量;另一边连接节气门位置传感器,该传感器采用电位器式节气门位置传感器。净化通气口固定在节气门的顶部,燃油箱汽油蒸气经滤毒罐后从此口进入汽缸燃烧,如图 9-17 所示。

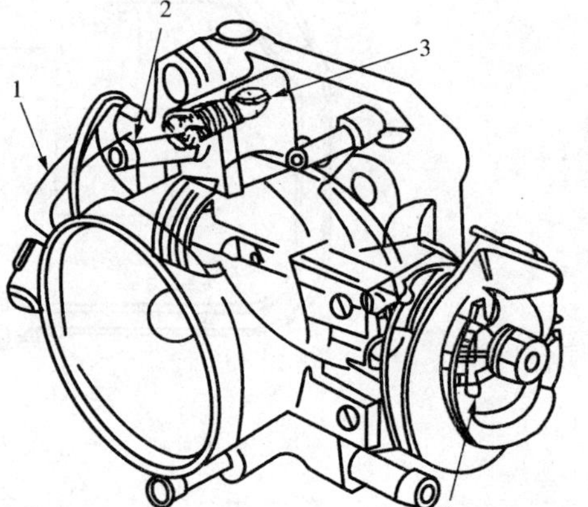


图 9-17　节气门体

1—节气门位置传感器　2—滤毒罐通气口　3—怠速调节螺钉　4—节气门限位螺钉

② 旁通控制系统(Bypass Control System)　旁通控制系统有两条进气通路供给进气歧管,允许对给定的发动机转速选择一条最有利的进气路径,以达到满意的动力特性。当发动机转速低于 4700r/min 时,旁通阀 6 关闭,得到低转速大扭矩性能;相反,在发动机转速高于 4700r/min 时,旁通控制电磁阀 3 关闭,切断旁通控制膜片阀 7 的真空,旁通阀 6 在弹簧作用下处于开启位置,此时得到高转速和高功率,如图 9-18 所示。

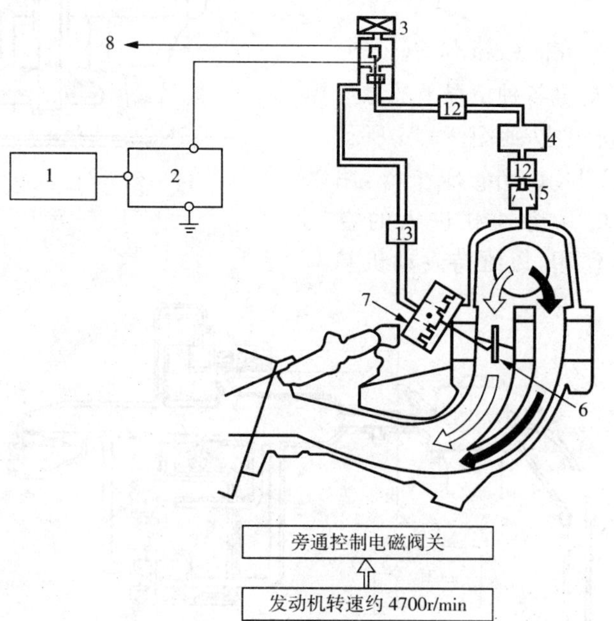


图 9-18　旁通控制系统

1—上止点　2—ECU　3—旁通控制电磁阀　4—真空室　5—单向阀

6—旁通阀　7—旁通控制膜片阀　8—保险丝

③ 进气控制系统(Intake Control System)　进气控制系统如图 9-19 所示,进气控制系统用以降低空气吸入噪声。当发动机转速低于 3500r/min 时,ECU 供电给进气控制电磁阀,将进气歧管的真空送入进气控制膜片阀,以关闭一侧进气通路。

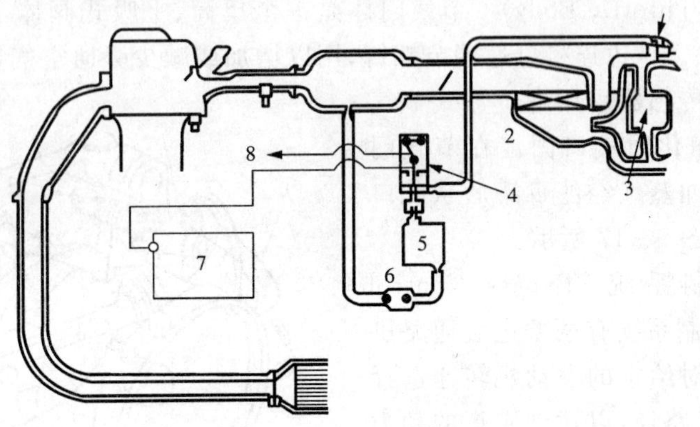

图 9-19　进气控制系统

1—进气控制膜片阀　2—空气滤清器　3—谐振室　4—进气控制电磁阀
5—空气室　6—单向阀　7—ECU　8—保险丝

④ 空气增加阀(Air Boost Valve)　当启动发动机时,空气增加阀供给附加空气到进气歧管使发动机易于启动。空气增加阀的构造如图 9-20 所示。

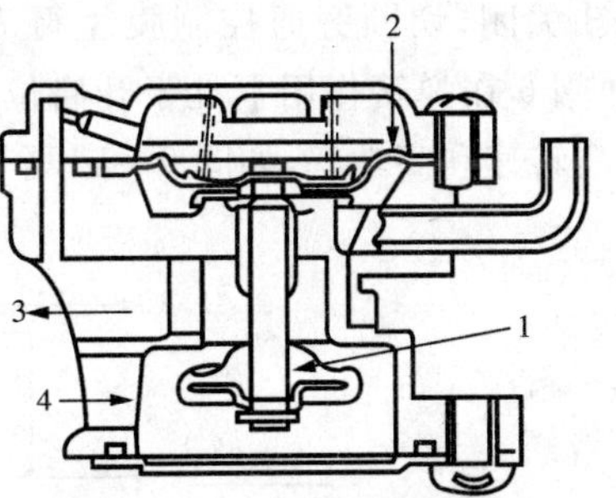

图 9-20　空气增加阀

1—阀门　2—膜片　3—到进气歧管
4—从空气滤清器来的附加空气

⑤ 怠速控制系统(Idle Control System)　怠速控制系统用于发动机各种情况下的怠速控制,主要由三个子系统组成,如图 9-21 所示。

怠速调节螺钉(Idle-justing Screw),用以调节当节气门关闭时从旁通孔进入的空气量,它与喷油器联合作用,以维持发动机基本

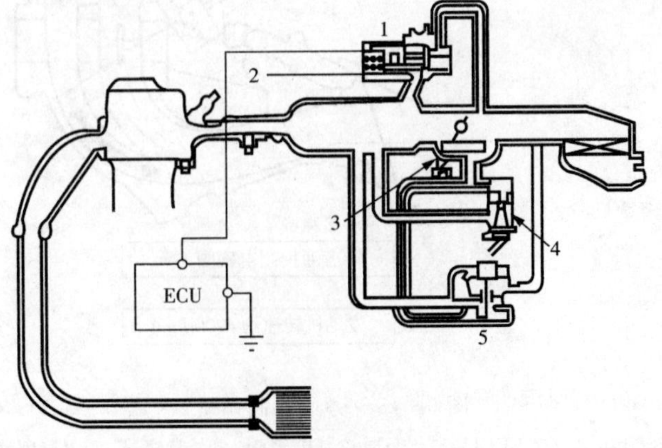

图 9-21　怠速控制系统

1—EACV 阀　2—主继电器　3—怠速调节螺钉　4—快怠速阀　5—空气增加阀

的怠速转速。快怠速阀(Fast Idle Valve),当发动机暖机时,由于发动机冷却水温较低,石蜡收缩,旁通阀打开,附加空气从旁通阀进入进气歧管,于是发动机怠速转速较高。当发动机达到正常温度时,石蜡膨胀,旁通阀关闭,减少空气进入进气歧管,维持正常的怠速。

⑥ 电子空气控制阀(Electronic Air Control Valve 简称 EACV)　EACV 用于控制发动机怠速转速,它根据 ECU 送来的控制电流大小,改变由 EACV 进入进气歧管的空气量,以维持适当的怠速转速。ECU 主要由以下传感器信号来控制 EACV 的电流,从而维持适当的怠速。

a. 空调开关信号。当空调开启时,需维持较高的怠速,为此,ECU 送电给 EACV 线圈,EACV 阀开启,以增加进气量。

b. 发电机负荷信号。当发电机负荷增加时,需提高怠速转速。

c. 变速器挡位信号。

d. 启动发动机信号。

e. 动力转向负荷信号。

(3)排放控制系统(Emission Control System)　EFI 系统的主要任务之一就是降低汽车的排放污染。本田一雅阁有一套较为完善的排放控制系统,它包括三元催化转换器和热氧传感器组成的闭环控制系统、废气再循环系统、曲轴箱强制通风系统、燃油箱汽油蒸气控制系统。

① 三元催化转换器(3-Way Catalytic Converter)　用于将废气中的 HC、CO 和 $NO_x$转化为 $CO_2$、$N_2$和水蒸气($H_2O$),它必须与热氧传感器联合工作,形成闭环控制系统,才能充分发挥 HC、CO 和 $NO_x$的转换效率。

② 废气再循环系统[Exhaust Gas Recirculation(EGR)System]　设立 EGR 系统是为减少废气中 $NO_x$的含量。由于废气通过 EGR 阀经进气歧管进入燃烧室,以降低燃烧温度,从而减少 $NO_x$的排放。该系统由 EGR 阀、CVC 阀、EGR 控制电磁阀、ECU 和各种传感器组成,如图 9－22 所示。

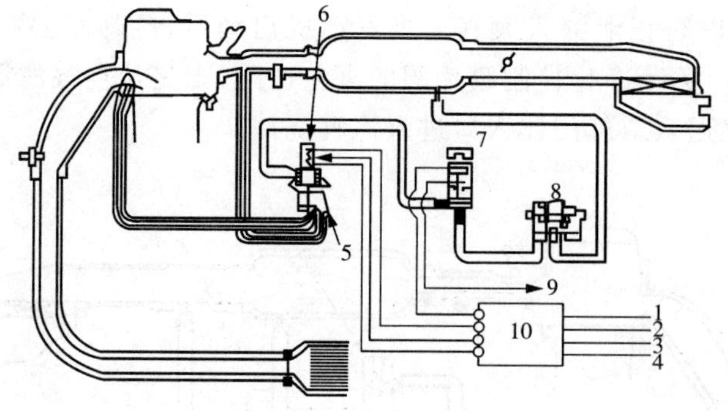


图 9－22　EGR 系统

1—进气歧管压力传感器　2—上止点　3—节气门转角传感器　4—水温传感器　5—EGR 阀　6—EGR 阀升程传感器　7—CVC 阀　8—EGR 控制电磁网　9—到 2 号保险丝　10—ECU

ECU 的 ROM 中储存有各种运行条件下理想的 EGR 阀升起高度,即参与废气再循环的废气量。EGR 阀上升传感器检测 EGR 阀升起的数值,并输送给 ECU。ECU 于是把理想的 EGR 阀升起值与传感器送来的信号所确定的升起高度进行比较,如果两者不符,ECU 发出指令,截断或接通 EGR 控制电磁阀的电流,以改变供给 EGR 控制膜片阀的真空度,使 EGR 阀升起高度达到理想值,从而控制参与再循环的废气数量。

③ 曲轴箱强制通风系统(Positive Crankcase Ventilation System 简称 PCVS)　防止窜入曲轴箱中的 HC 泄漏到大气中。图 9－23 为 PCV 系统图，当发动机运行时，部分新鲜空气进入曲轴箱，PCV 阀的柱塞在进气歧管真空的吸引下，克服弹簧力而开启与进气歧管真空度相应的开度，窜入曲轴箱中的气体便直接经进气歧管进入燃烧室燃烧。

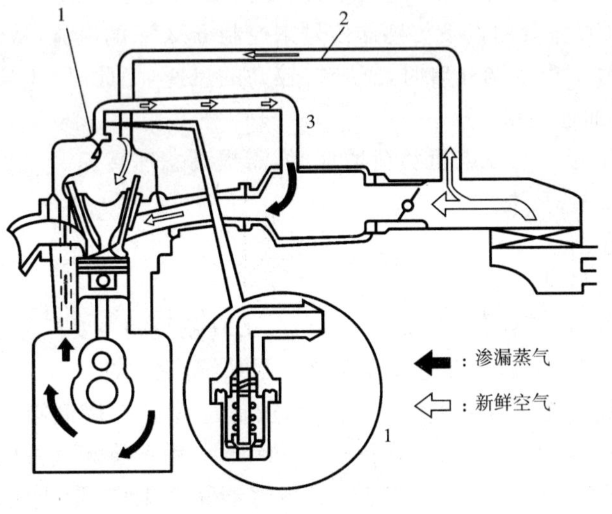


图 9－23　PCV 系统图

1—PCV 阀　2—吸气软管　3—PCV 软管

(4)汽油蒸气排放控制系统[Evaporative Emission Control(EEC)System]　EEC 系统使燃油蒸气泄漏到大气的量减少，其组成如图 9－24 所示。EEC 系统由活性炭罐、蒸气净化控制系统和燃油箱蒸气控制系统三个部分组成。其工作原理如下：当燃油箱里的燃油蒸气压力超过二通阀设置的压力时，二通阀打开，调节流入活性炭罐的燃油蒸气，活性炭吸附汽油蒸气暂时储存，以防止泄漏入大气。当发动机启动后，冷却水温高于 75℃时，ECU 向净化截断电磁阀供电，关断净化控制膜片阀的真空通路，于是从空气滤清器来的新鲜空气通过膜片阀将燃油蒸气送入节气门体入口进入汽缸烧掉。

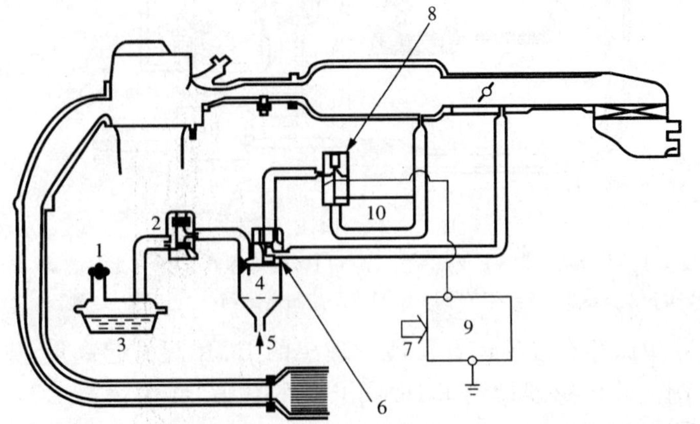


图 9－24　EEC 系统图

1—燃油滤清器　2—二通阀　3—燃油箱　4—活性炭罐　5—新鲜空气　6—净化控制膜片阀　7—传感器信号　8—净化截断电磁阀　9—ECU　10—到 2 号保险丝

3. HONDA-ACCORD 故障诊断

由于 EFI 系统的复杂性，需要有 EFI 系统故障的自我诊断能力，又由于 EFI 系统本身有微机管理系统，因而使这种需要成为可能，故本田—雅阁汽车与其他电控汽油喷射汽车一样，具有 EFI 系统故障的自我诊断功能。

图 9－25 为喷油器故障诊断流程图。

用跳线连接维修检测接头代码被指示
→ 将 ECU 复原
→ 启动发动机并怠速运转（注：如果发动机不能启动，可以摇转曲轴 10 s 以建立代码）
→ 发动机指示灯亮并指示代码 16否？
　否 → 这时系统完好，检查喷油器及喷油器电阻与 ECU 接头是否松动或导线脱落
　是 → 启动发动机并听各喷油器有无咔嗒声（注：用听诊器）
→ 关点火开关
→ 从喷油器上拆下 2 针插头于是咔嗒声消失
→ 测量喷油器两个端子间电阻
→ 是 1.5~2.5Ω 否？
　否 → 更换那些不是 1.5~2.5Ω 电阻值的电阻
　是 → 打开点火开关
→ 测量 2 针插头中红/黑(+)端子与车身搭铁间电压

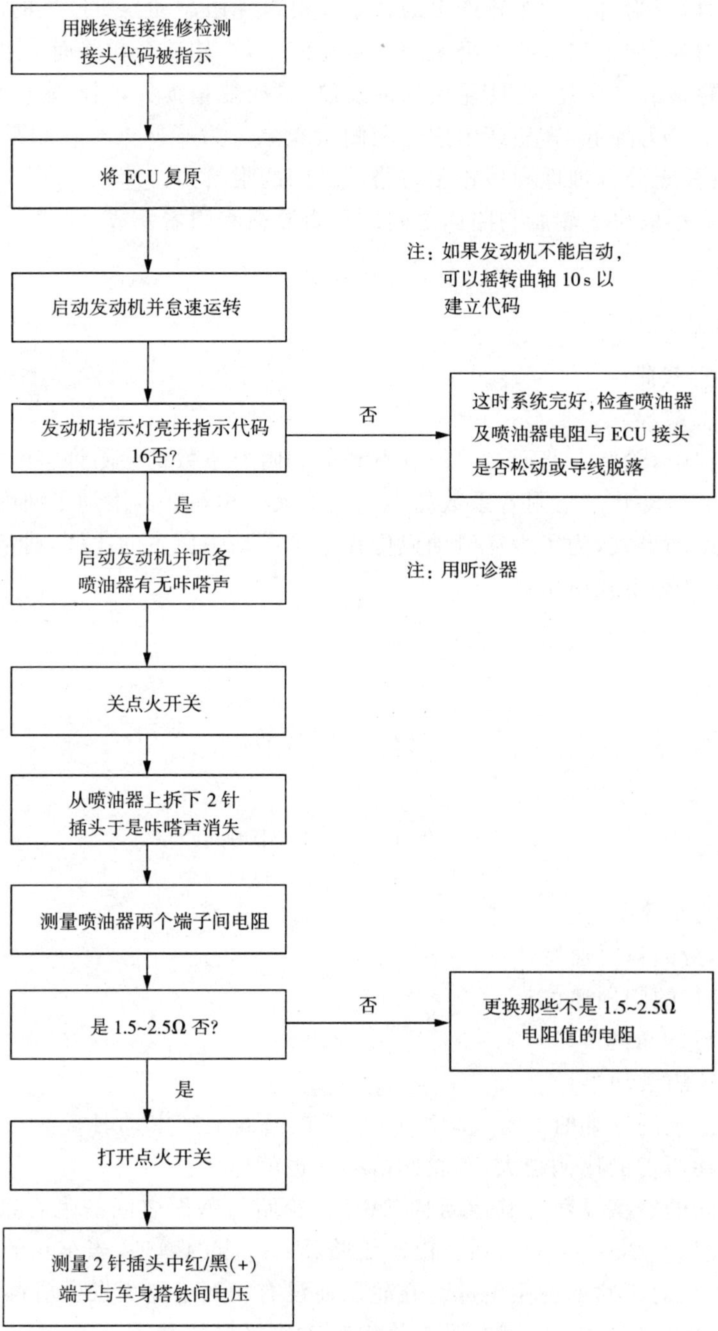

图 9－25 喷油器故障诊断流程图

## 第二节　汽车防抱死制动系统

### 一、汽车路面附着性能

汽车制动时，当附着力对车轮产生的转矩不足以克服制动器所产生的制动转矩时，车轮就会发生制动抱死，如果汽车此时仍未完全制动停车，车轮就会在路面上进行滑移。汽车在高速行驶时车轮被制动抱死，会使轮胎局部发热，造成能量损失，同时附着系数减少，使得汽车纵向和侧向附着力降低，容易产生摆尾和侧滑现象。为了使汽车在制动过程中获得良好的行驶性能，就要充分合理地利用轮胎与路面之间的附着力。

附着力的大小取决于轮胎与路面之间的垂直载荷和附着系数，即

$$F=\varphi Z \tag{9-2}$$

式中：$F$——附着力；

$Z$——垂直载荷；

$\varphi$——附着系数。

在制动过程中，轮胎与路面之间的垂直载荷和附着系数都会随许多因素而变化，其中车轮相对于路面的运动状态对附着系数的影响就很大。车轮在其滚动平面内相对于路面有滚动和滑动两种运动形式，为了表征滑动成份在车轮运动中所占的比例，通常引入滑移率的概念，滑移率的定义如下式所示：

$$\begin{aligned}S&=\frac{v_1-v_2}{v_1}\times 100\%\\&=\left(1-\frac{v_2}{v_1}\right)\times 100\%\\&=\left(1-\frac{\omega r}{v_1}\right)\times 100\%\end{aligned} \tag{9-3}$$

式中：$S$——车轮的滑移率；

$v_1$——车身的瞬时速度；

$v_2$——车轮的圆周速度；

$\omega$——车轮的角速度；

$r$——车轮的滚动半径。

车轮在路面上纯滚动时 $v_1=v_2$，$S=0$；车轮在路面上纯滑动时 $v_2=0$，$S=100\%$。车轮运动形式中滑动所占的比例越大，车轮的滑移率也就越大。

由于物体间的摩擦系数与其运动状态相关，轮胎与路面之间的附着系数与车轮的滑移率也存在着如图 9-26 所示的关系。由于轮胎具有一定的弹性，当车轮的滑移率达到 20% 左右时，轮胎才相对于路面发生滑移。在轮胎还没有相对于路面发生滑移时，轮胎与路面间的附着系数 $\varphi_x$ 表现为静摩擦系数，即随着相对滑移趋势的增大而增大；在轮胎相对于路面即将发生滑移时，附着系数 $\varphi_x$ 就达到了最大的静摩擦系数值；轮胎在路面上开始滑移后，附

着系数 $\varphi_x$ 就表现为动摩擦系数。由于动摩擦系数总是小于静摩擦系数，所以，车轮在制动抱死（$S=100\%$）时，轮胎与路面之间的附着系数也就小于轮胎即将开始在路面上滑移（$S=20\%$左右）时的附着系数，通常它们相差可达 20%～30%。将出现峰值附着系数时的滑移率称为最佳滑移率 $S_{opt}$。

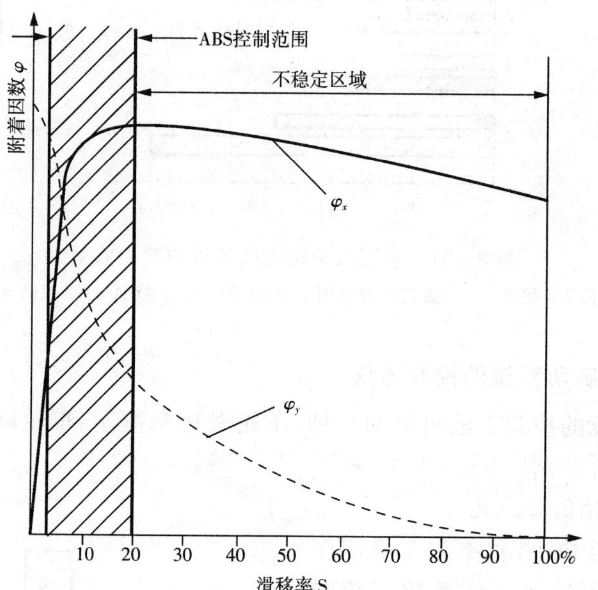


图 9－26　附着系数与滑移率

从图中还可以看出滑移率对车轮抵抗外界横向力作用的能力的影响。随着滑移率的增大，轮胎与路面之间的附着力在车轮转动平面内的分力越来越大，车轮抵抗外界横向力作用的能力也就越来越小，在垂直于车轮转动平面方向的横向附着系数 $\varphi_y$ 也就越来越小，车轮被制动抱死后，轮胎与路面之间的附着力将全部作用在车轮的转动平面内，车轮将完全丧失抵抗外界横向力作用的能力，即横向附着系数 $\varphi_y$ 几乎减小到 0。

总之，车轮被制动抱死后，不仅不能产生最大的制动力，而且如果受到横向力的作用还会产生横向滑移。这不仅会延长汽车的制动距离，还会使汽车丧失方向稳定性，失去转向操纵能力。另外，制动时车轮发生抱死还会导致轮胎过度的不均匀磨损，同时也增加了驾驶员在制动时的紧张程度。

## 二、汽车防抱死制动系统（ABS）的优点

防抱死制动系统就是在常规制动系统中增设一套能够对被控车轮制动轮缸的制动压力进行自适应调节的系统，目的是在车速较高的情况下进行制动时防止车轮发生制动抱死，并将车轮的滑移率控制在最佳滑移率的附近范围内，使车轮既能产生最大的制动力，又具有较高的抗横向滑移的能力。世界上第一个研制出这个系统的是德国博世公司，开发了利用电子电路自动控制车轮制动力的装置。这种装置可以充分发挥制动器的制动效能，提高制动减速度和缩短制动距离，并能有效提高车辆制动时的方向稳定性，防止制动时车辆侧滑和甩尾，以减少车祸的发生。

如图 9－27 所示为装有电子防抱死制动装置的汽车和没有装的汽车，以 80km/h 的车速在各种路面上行驶时的紧急制动距离的对比。

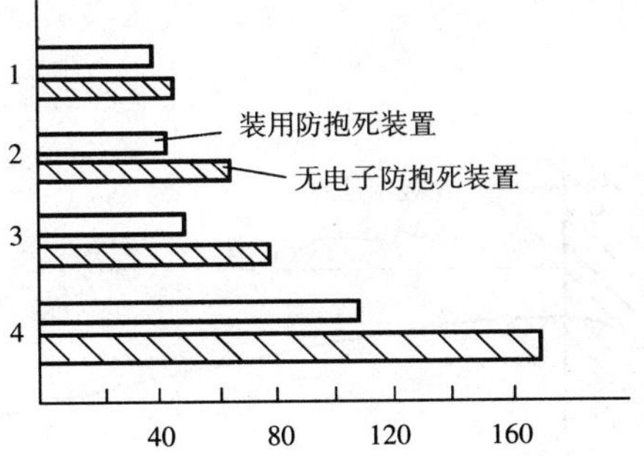


图 9－27　装用电子防抱死装置的制动效果

1—干燥混凝土路面　2—湿的沥青路面　3—湿的混凝土路面　4—湿的玄武岩路面

## 三、汽车防抱死制动系统的控制方法

汽车防抱死系统的控制方法可分为三种：车轮滑移率控制、车轮减速度控制、车轮滑移率与车轮减速度混合控制。

### 1. 车轮滑移率控制防抱死

由滑移率公式可知，滑移率与车身速度和车轮速度有关。车轮速度需要用车轮速度传感器测量，车身速度的测量相对复杂，现在一般采用多普勒雷达测量。多普勒雷达测速原理如图 9－28 所示。

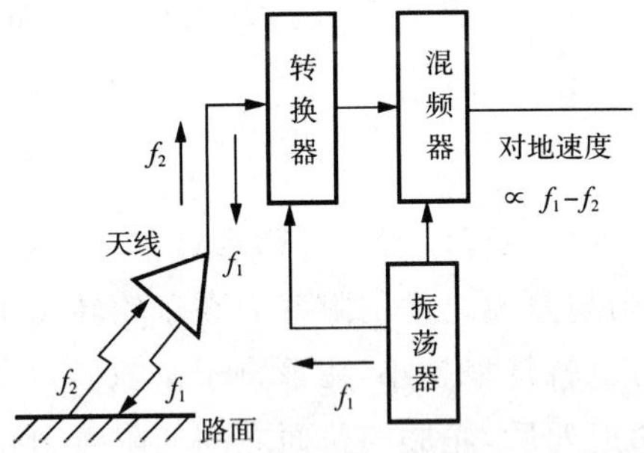

图 9－28　多普勒雷达工作原理

振荡器产生频率为 $f_1$ 的等幅振荡连续波，其频率一般为几十千兆赫兹，经转换器输送至天线，再以一定的倾角向地面发射。当汽车行驶时，雷达天线在单位时间内接收到的地面反射波频率为 $f_2$，它与发射频率 $f_1$ 之间将有一差值 $f_1-f_2$，其公式为：

$$f_d=f_1-f_2=\frac{2v_1}{\lambda}\cos\theta$$

由于多普勒频率 $f_d$ 与汽车车身速度 $v_1$ 成正比，因而可用多普勒频率 $f_d$ 作为车身速度信息。由滑移率 $S$ 的公式可知，可采用双输入信息到控制器中，经过计算求得滑移率与最佳滑移率进行比较。当滑移率高于 0.2 时，控制器发出指令，使电磁线圈接通通电，降低制动油压，制动力被解除，车轮转速升高，滑移率下降。当车轮滑移率低于最佳值时，控制器又发出指令，切断电磁线圈电流，制动油压又迅速增大，重新进行制动，使车轮转速下降。如此反复，直至汽车完全停止。

多普勒雷达防抱死制动装置实现了滑移率控制，防抱死制动性能好，但制动系统需增加一个测速雷达，因而其电路结构复杂、成本高。

2. 汽车减速度控制防抱死

图 9－29 表示一个车轮制动时的受力分析，由理论力学知：

$$I\frac{d\omega}{dt}=Z\varphi(S)r-M(t)$$

$$\frac{d\omega}{dt}=\frac{Z\varphi(S)r}{I}-\frac{M(t)}{I} \quad (9-4)$$

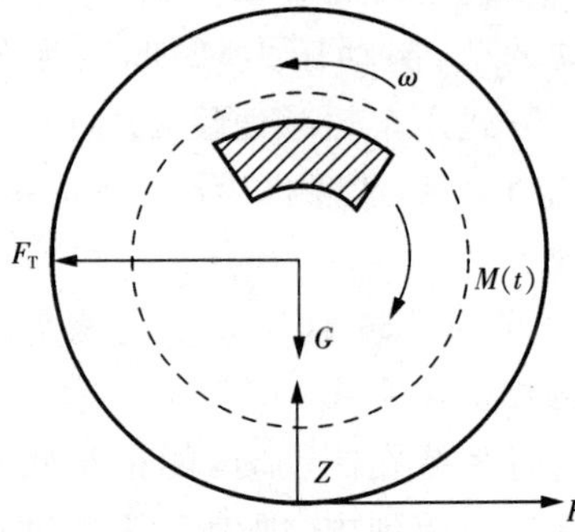

图 9－29　制动时车轮的受力

式中：$Z$——车轮的法向反力；

$\varphi(S)$——附加系数，是车轮滑移率 $S$ 的函数；

$I$——车轮的转动惯量；

$r$——车轮半径；

$M(t)$——车轮制动器制动力矩，是时间 $t$ 的函数。

由公式(9－4)可知，$\frac{Zr}{I}$是只与车辆及车轮结构参数有关的常数，所以车轮减速度对制动器制动力矩的变化有强烈的敏感性。试验表明，在制动过程中，车轮抱死总是出现在相当大（即减速度大）的时刻，因此可以预选一个减速度门限值，当实测的 $d\omega/dt$ 超过此预选值时，控制器发出指令，开始释放制动系压力，使车轮得以加速旋转。再预选一个加速度门限值，当车轮的加速度达到此值时，控制器又发出指令，使制动压力又开始增大，车轮作减速运转。所以可用一个车轮速度传感器测量车轮的角速率，即单信号输入，同时在电子电路中设置合理的加、减速度门限值，就可以实现防抱死制动的工作循环。

图 9－30 为防抱死调节制动时车轮速度的变化曲线。当踩下制动踏板时，制动压力迅速上升，车辆开始减速，当减速度达到 A 点（减速度门限值）时，控制器发出指令，使制动压力迅速下降，车轮惯性地减速一段时间后，转速开始上升，因为这时车轮的瞬时速度大，附着力矩大于制动力矩。车轮加速后，当加速度达到 B 点（加速度门限值）值时，控制器又发出指令，使制动压力迅速上升，车轮又惯性地加速一段时间之后，转速开始下降，车辆减速。当减速到 C 点时，车轮减速度又达到门限值，控制器又发出指令，减小制动压力，车轮转速又开始上升。如此反复多次，便可得出如图 9－30 所示曲线。

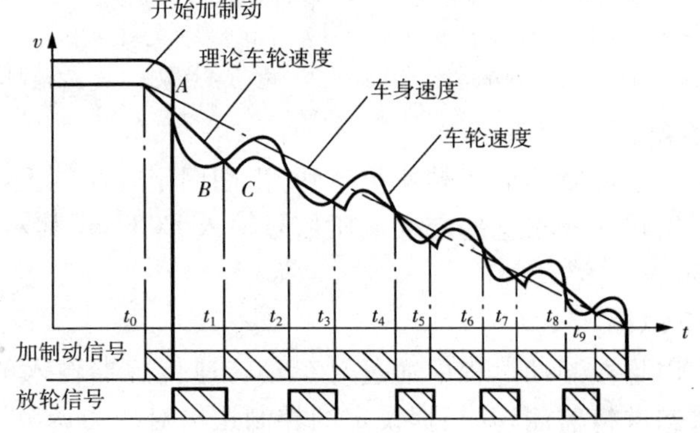


图 9－30　电子控制防抱死制动控制原理曲线

当车辆速度低于某一值时，停止制动力的自动调节，制动压力增加，直至停车。这种控制方式用车轮减速度信号作比较量，控制的精度较差，但测量及控制系统简单，易于实现。

3. 车轮滑移率与车轮减速度混合控制的防抱死制动系统

这种系统在制动时，能把车轮的速度控制在一定的范围内，即使车轮速度围绕最佳值上下波动，且波动的幅度值越小越好，如图 9－31 所示。

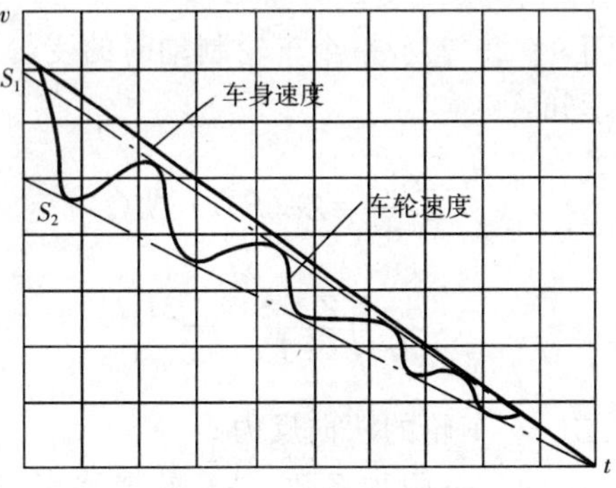

图 9－31 车轮速度变化曲线

## 四、典型的 ABS 控制系统

电子控制防抱死制动装置由车轮转速传感器、制动压力调节装置和控制器 ECU 构成。如图 9－32 所示为典型的 ABS 组成图。

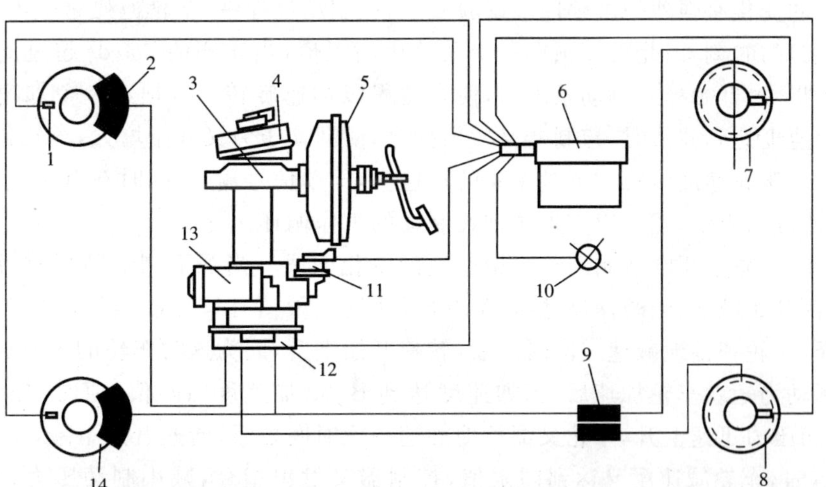

图 9－32 典型的 ABS 系统结构图

1—车轮转速传感器 2—右前制动器 3—制动主缸 4—储液室 5—真空助力器
6—电子控制装置(ECU) 7—右后制动器 8—左后制动器 9—比例阀 10—ABS 警示灯
11—储液器 12—调压电磁阀总成 13—电动泵总成 14—左前制动器

1. 车轮转速传感器

在车轮上各安装一个电磁感应式转速传感器，齿圈固定在车轮上与车轮同步转动，传感器将产生的频率与车轮转速成正比的交变电压信号输入 ECU，供其对车轮的运动状态进行监测，如图 9－33 所示。

2. 电子控制器(ECU)

电子控制器的作用是在制动过程中通过对车轮转速传感器输入的信号进行运算处理，从而对车轮的运动状态进行监测，并根据设定的控制逻辑对压力调节装置进行控制。另外，当判断系统存在故障时，ECU 会将防抱死系统自动关闭，使制动系统恢复为常规的制动系统，并将 ABS 警告灯点亮，向驾驶员发出警告信号。

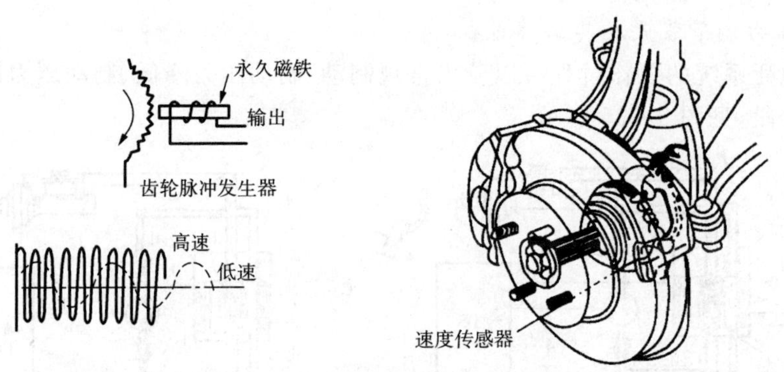


图 9－33　车轮角速度传感器

电子控制器的输入和输出信号如图 9－34 所示，图中的标号为电子控制器插接器中的端子序号。电子控制器主要由输入电路、微处理器(CPU)、只读存贮器(ROM)、随机存贮器(RAM)和输出电路等组成。输入电路将各输入信号进行放大、整形、模/数转换后输入微处理器。电子控制器中有两个完全相同的微处理器，它们按照存贮在只读存贮器中的程序对相同的输入信号进行同样的运算处理，在两个微处理器之间通过交互式通讯对其产生的中间结果和最终结果进行比较，以确保形成的控制指令正确可靠。微处理器还根据存贮在只读存贮器中的自检程序对系统的工作状态进行判别，必要时形成关闭系统的控制指令，随机存贮器用于临时存贮各种数据。输出电路将微处理器形成的控制指令进行数/模转换和放大后，向各执行元件输出控制信号。

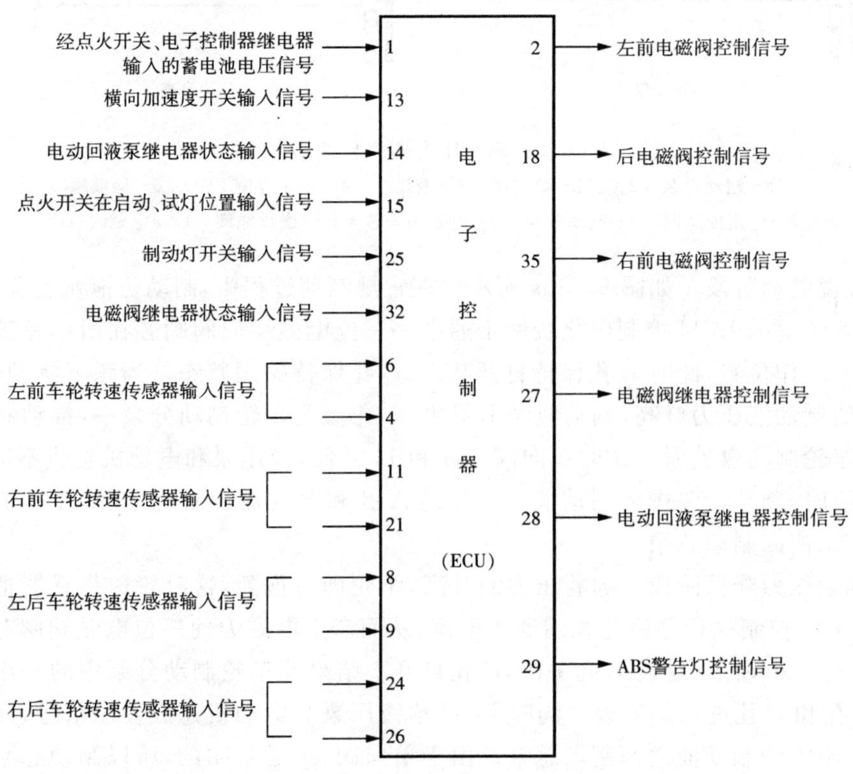


图 9－34　电子控制器的输入和输出信号

3. 制动压力调节装置及其工作过程

制动防抱死系统的工作过程可以分为常规制动、制动压力降低、制动压力保持和制动压力升高 4 个阶段，见图 9－35 所示。

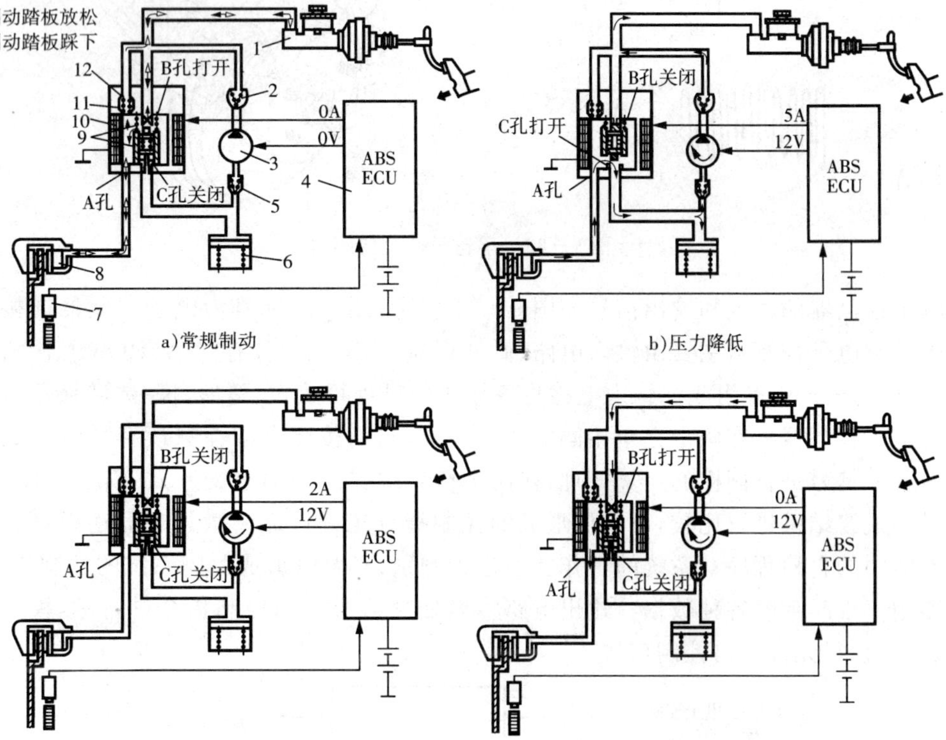

a)常规制动

b)压力降低

c)压力保持

d)压力升高

图 9－35 制动压力调节装置工作过程

1—制动总泵 2、5、11—单向阀 3—液压泵 4—电子控制 ECU 6—储液罐 7—轮速传感器 8—制动分泵 9—电磁阀阀芯 10—磁化线圈 12—电磁阀总成

(1)常规制动阶段 如图 9－35a 所示。在常规制动过程中，制动防抱死装置不起作用，制动防抱死装置的 ECU 控制磁化线圈不通电。三位电磁换向阀阀芯在回位弹簧推动下处于最下端的工作位置，此时 B 孔保持打开状态，C 孔保持关闭状态。当踩下制动踏板时，制动总泵中的制动液压力升高，制动液经 B 孔和 A 孔流至车轮制动分泵中，推动制动分泵中的柱塞将车轮制动盘夹紧。这时单向阀 2、5 和 11 关闭，液压泵和电动机总成不工作。当松开制动踏板时，制动分泵中的制动液一部分经 A 孔和 B 孔流回制动总泵，另一部分经 A 孔和单向阀 11 流回制动总泵。

(2)制动压力降低阶段 随着压力的升高，车轮即将抱死，这时轮速传感器把该信号传给 ECU，ECU 控制执行器磁化线圈通入电流，从而产生电磁力使三位电磁阀阀芯移动到上端。如图 9－35b 所示，这时 B 孔关闭，C 孔打开。结果使车轮制动分泵中的一小部分制动液通过 A 孔和 C 孔进入储液罐。同时 ECU 给液压泵和电动机总成发出信号，使其开始工作，将储液罐中的制动液送回制动总泵。由于单向阀 11 是关闭的，所以制动总泵中的制动液不能进入三位电磁换向阀中，因此车轮制动分泵中的制动液压力降低，从而达到防止车轮

抱死的目的。

(3)制动压力保持阶段　当制动分泵中的制动管路压力降低(或在升压过程中压力升高),使轮速达到预定值时,轮速传感器给 ECU 传送相应信号,ECU 控制磁化线圈通入较小的电流,磁化线圈产生的磁力将相应减小,三位电磁换向阀阀芯在回位弹簧的作用下移至中间位置。如图 9－35c 所示,则 B 孔和 C 孔都关闭,同时单向阀 2、5 和 11 也都关闭,所以制动分泵中的制动液被封闭,压力得以保持。

(4)制动压力升高阶段　只有制动分泵中的制动液压力升高时,才能产生更大的制动力,从而使车速尽快降低。为此 ECU 使磁化线圈断电,三位电磁换向阀被回位弹簧拉下,如图 9－35d 所示。此时 B 孔打开,C 孔关闭,制动总泵中的制动液经 B 孔和 A 孔流至车轮制动分泵中,从而使制动分泵中的制动液压力升高,制动力增大。

当制动力增大到一定程度时,车轮又会出现即将抱死的状态,这时又需对制动分泵降压,从而开始下一个降压—保压—升压循环。制动防抱死装置是以脉冲的形式(频率为 4～10Hz)对制动压力进行调节,始终将车轮的滑移率控制在 10%～30%的范围内,防止车轮抱死,最大限度保证了制动时汽车的稳定性,缩短了制动距离。

# 第三节　电子控制自动变速器

电子控制自动变速器(AT)在汽车行驶过程中,能根据发动机的转速、道路状况、驾驶员的愿望以及其他运行条件的变化改变车速,不需驾驶员手动换挡和脚踏离合器,目前已作为普通轿车选装设备甚至标准设备。

## 一、电子控制自动变速器各组成部件工作原理

电子控制自动变速器主要由液力变矩器、辅助变速器、电液控制系统等几个部分组成。

*1. 液力变矩器*

液力变矩器位于自动变速器的最前端,安装在发动机的飞轮上。它将来自发动机的动力通过泵叶轮的旋转变换为流体的动能,并将该流体动能传动到涡轮,使输出轴旋转,实现动力的传递(图 9－36)。图 9－37 是变矩器的性能曲线,变矩比 $t$ 表示输出轴扭矩和输入轴

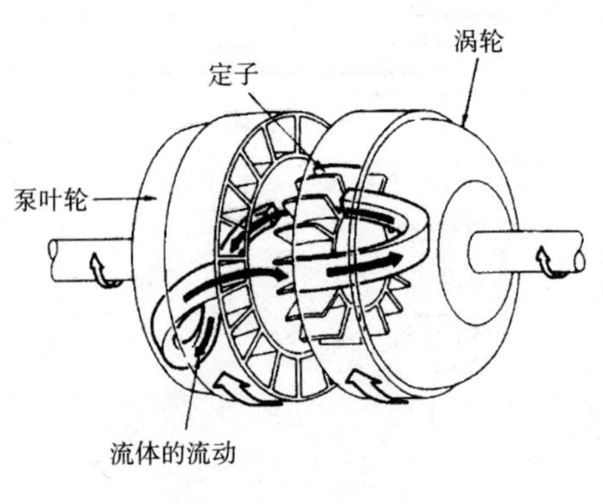

图 9－36　变矩器

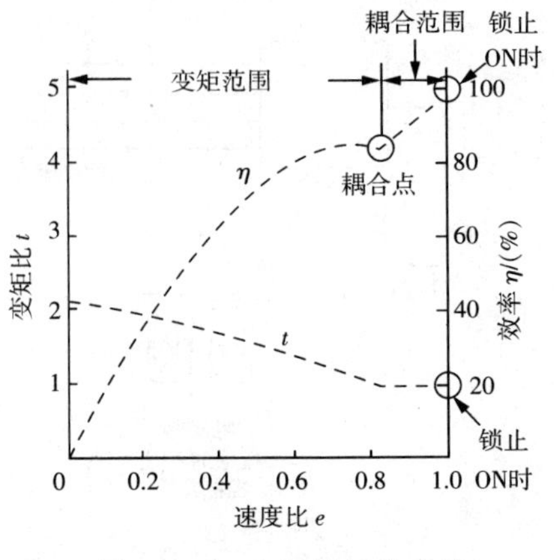

图 9－37　变矩器性能曲线

扭矩之比，速度比 $e$ 为泵叶轮和涡轮的速度之比。$e$(输出轴转数/输入轴转数)在达到 0.85 之前，变矩器作为“扭矩变换器”发挥作用。当泵叶轮和涡轮的旋转速度相差较大时，从涡轮流出的流体向妨碍泵轮旋转的方向流动，需在其中间设置定子，利用定子的叶片将流体的流动变换到促进泵旋转的方向。随着速度比的加大，变矩比减小，转矩变换器的传动效率提高。当速度比超过耦合点时，变矩器作为“流体连接器”发挥作用。为了防止流体和叶片之间的滑移造成动力的损失，设置了直接连接输入轴和输出轴的锁止离合器机构。

液力变矩器是通过液体动量矩的变化来改变转矩的传动元件，具有无级连续改变速度与转矩的能力，它对外部负载有良好的自动调节和适应性能，从根本上简化了操作；它能使车辆平稳起步，加速迅速、均匀、柔和；由于用液体来传递动力，进一步降低了尖峰载荷和扭转振动，延长了动力传动系统的使用寿命，提高了乘坐舒适性和车辆平均行驶速度及安全性和通过性。

2. 辅助变速器

液力变矩器的无级变速性能虽然很好，但它不能完全满足车辆改变速度和变化动力两方面的要求，故需与齿轮传动系统串联或并联，以扩大其传动比与高效率工作范围。齿轮传动有行星齿轮式与定轴式两种。行星齿轮传动易于实现自动化、结构紧凑、质量轻，尤其是具有实现功率分流的长处，故目前 AT 中多为此型。自动变速器上采用体积小而变速比大的行星齿轮，通过与多片式离合器、多片式制动器、单向离合器等换挡执行机构组合，可以实现 3～4 个前进挡和 1 个倒挡。

3. 油压回路

油压回路使变速器的离合器、制动器动作，由油压控制阀、电磁阀和连接它们的油路组成。图 9－38 说明了在各离合器和制动器上施加油压而动作的油路。

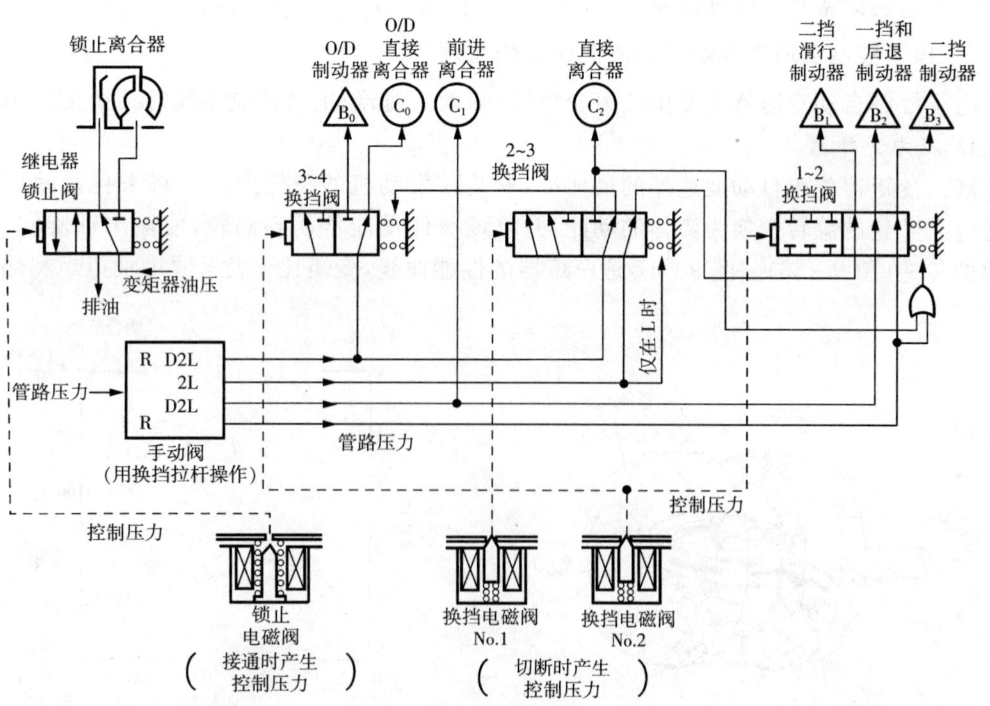


图 9－38　油压回路

(1)手动阀　与司机座位的变速杆联动而动作，利用切换管路压力的阀门进行前进、空挡、后退(P、R、N、D、2、L)的基本油路切换。

(2)换挡阀　在前进四挡的自动变速器中，有 3 个换挡阀。由 1～2 和 2～3 换挡阀控制前后行星齿轮系统的离合器和制动器，由 3～4 换挡阀控制 O/D 行星齿轮系统的离合器和制动器。

(3)继电器锁止阀　切换通过变矩器锁止离合器流体的流动，通过连通锁止电磁阀，向集油盘排油而将作用于锁止离合器前盖的变矩器油压与变矩器直接机械连接。

(4)电磁阀　No. 1 控制 2～3 换挡阀，No. 2 控制 1～2 和 3～4 换挡阀。电磁阀通电时，排出控制油压，不通电时，控制油压分别作用于各自的换挡阀。

4. 电子控制系统

电子控制式自动变速器通过控制组装在油压回路中的电磁阀的通电状态，可以任意控制变速器的变速和变速时的过渡特性。图 9 - 39 表示了 ECU 的输入与输出信号之间的关系。

(1)变速点控制　对于自动变速器来说，变速器的变速比可以自动切换的位置称为变速点。如图 9 - 40 所示的图形称为变速线图。变速线图变速点由发动机的油门开度和车速二维决定。在车速上升时的变速点(升挡)和车速下降时的变速点(降挡)之间设有差值(滞后)，以防止行驶中在变速点附近频繁变速造成的行驶不稳定。另外，与升挡线相比，低速端还设置了降挡线。

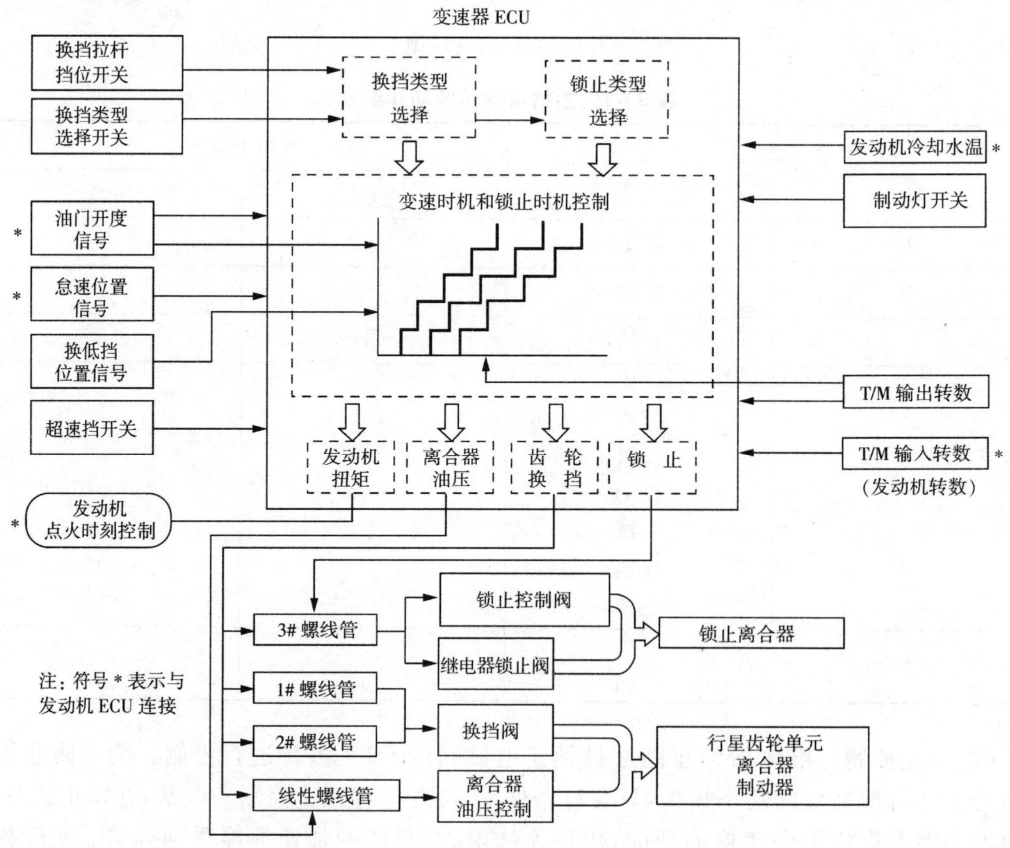


图 9 - 39　自动变速器 ECU 框图

电子控制的变速点，根据分割为八部分的油门开度信号(或者与开度成正比的信号)和车速信号的关系，将电磁阀 No. 1 和 No. 2 按表 9－1 的组合进行 ON/OFF 切换(注：表中○代表通电 ON；空白代表不通电 OFF)。电子控制的变速点可以将变速点取任意的值，控制自由度较大。想在低油耗下行驶时，如图 9－40a(经济型)所示，可以尽早置于升挡的变速线，而需要充分调动发动机的输出扭矩时，如图 9－40b(动力型)所示，可在车速提高之前使用低速齿轮，将升挡点扳向高速端。只要预先将几种变速类型存储于 ECU 中，在行驶中切换“类型选择开关”，即可选择任意的变速线图。

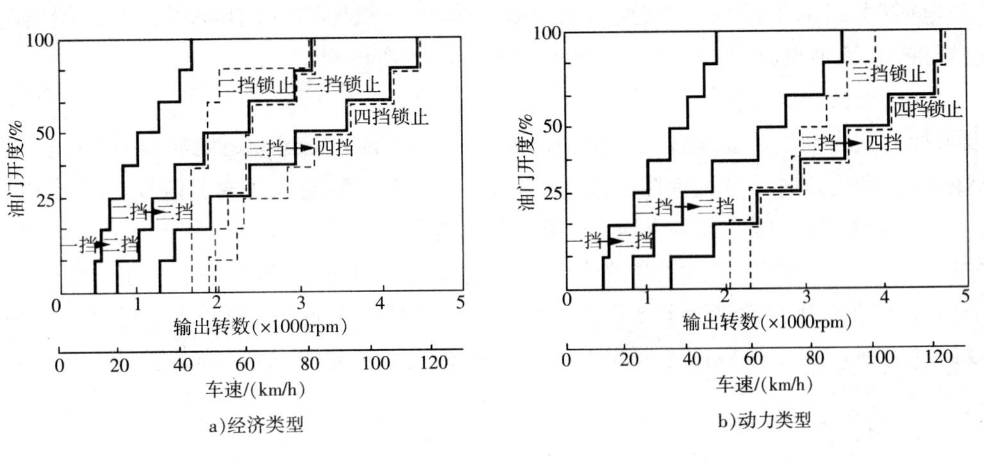


图 9－40　变速线图

**表 9－1　换挡电磁阀的动作组合**

| 挡位 | | 换挡电磁阀 No. 1 | 换挡电磁阀 No. 2 |
|---|---|---|---|
| P | 停车 | ○ | |
| R | 后退 | ○ | |
| N | 空挡 | ○ | |
| D | 一挡 | ○ | ○ |
| | 二挡 | ○ | ○ |
| | 三挡 | | |
| | O/D | | |
| 2 | 一挡 | ○ | |
| | 二挡 | ○ | ○ |
| | 三挡 | | ○ |
| L | 一挡 | ○ | |
| | 二挡 | ○ | ○ |

(2)锁止控制　继电器锁止阀通过锁止电磁阀的 ON/OFF 进行控制。为了防止变矩器内的流体打滑造成的功率损失，只要有条件，尽可能进行锁止控制。但是，在锁止状态下，变矩器不能发挥扭矩变换器的功能，扭矩无法增大，车辆的加速性能受到损害。实际操作中，当采用动力类型重视行驶性能等时，锁止点置于车速高的一方；当采用经济类型重视行

驶油耗时，锁止点置于车速低的一方，同时可以设定为低速齿轮动作。

(3)变速时过渡特性控制　变速器行星齿轮装置在进行变速动作时，通过离合器和制动器等频繁进行固定和释放的切换。此时，由于分担各种要素的扭矩的变化和旋转部分惯性力的影响，输出轴的扭矩也会发生变动。这种变动造成车辆的加速度变化(变速冲击)，给乘客带来不适感。为了缓和变速冲击，需要控制变速时尽量减少扭矩的变动，同时也必须考虑作为扭矩传动系统的车身整体的振动。

(4)发动机扭矩控制　变速时通过延迟发动机的点火时刻，暂时降低发动机的输出扭矩而使离合器顺利连接。在图 9－41 中，当在驱动状态下升挡时，输出变速信号后，输入轴转数(来自发动机转数或变速器、输入速度传感器的旋转信号)降低 $\Delta N_1$ rpm 以上时，向发动机 ECU 提出延迟控制要求，点火时间从标准位置延迟。另外，可以缓和离合器结合时的结合油压，以抑制剧烈的扭矩变动。当输入轴转数和目标转数(离合器结合结束后所达到的转数)之差在 $N_2$ rpm 以内时，点火延迟量慢慢开始返回标准值，其差在 $\Delta N_2$ rpm 以内时结束控制。图中虚线所示的扭矩变动就是没有进行控制时所出现的。

(5)离合器油压控制　发动机扭矩控制是通过降低离合器动作时所传动的扭矩而抑制变速时的扭矩变动，离合器油压控制则是通过调节离合器结合时的动作油压以控制结合力，从而减少扭矩变动。离合器动作油压与蓄压器相连，利用蓄压器控制阀微调该蓄压器的背压。蓄压器控制阀通过线性电磁阀(产生与螺线管流过的电流成正比的油压)所调节的油压进行动作，通过控制在螺线管上施加的电压占空比进行电气控制。如图 9－42 所示，当输出换挡信号而离合器开始结合时，因输出端的负荷而使输入轴转数开始降低。ECU 把扭矩变动较小的理想离合器结合动作的状态作为输入轴转数的变化状态(目标转数)加以存储，根据输入轴转数和目标转数之差控制施加在螺线管上的电压占空比为 0～100％。在离合器的结合结束之前的期间内，一边监视输入轴转数，一边通过线性电磁阀将离合器油压控制到最佳值，以减小变速时的扭矩变动。这样一来，通过控制蓄压器背压就可以修正离合器的油压特性和摩擦材料特性的离差，从而得到稳定的变速特性。

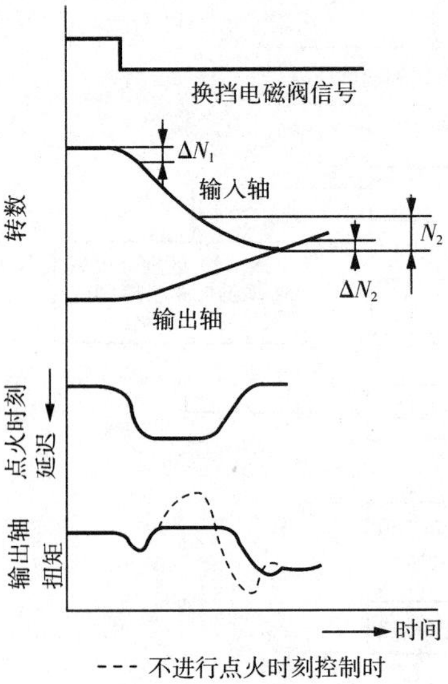

换挡电磁阀信号
$\Delta N_1$
输入轴
转数
$N_2$
$\Delta N_2$
输出轴
点火时刻延迟
输出轴扭矩
时间
--- 不进行点火时刻控制时

图 9－41　变速时的发动机扭矩控制

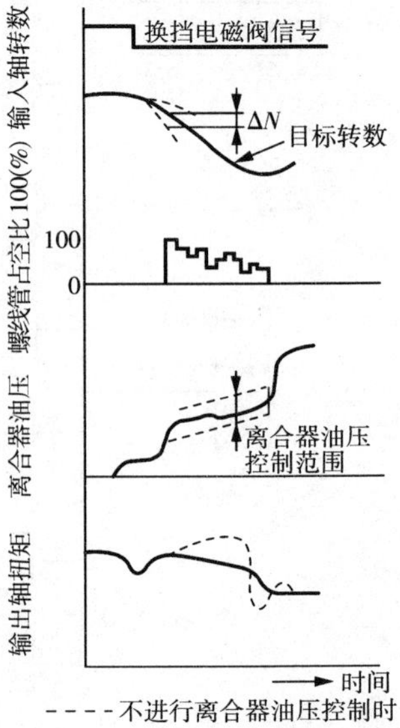

输入轴转数
换挡电磁阀信号
$\Delta N$
目标转数
螺线管占空比 100(%)
100
0
离合器油压
离合器油压控制范围
输出轴扭矩
时间
---- 不进行离合器油压控制时

图 9－42　变速时的离合器油压控制

(6)变速时锁止控制　在锁止离合器动作中进行变速时，将无法吸收变矩器的流体驱动造成的扭矩变动，所以扭矩变动的冲击将传动给车身。为此，变速时将暂时放松锁止离合器的结合，从而减轻扭矩变动。当在驱动状态下升挡时，如图 9－43 所示，待发出变速换挡信号(换挡阀 No.1 或 No.2)后，延迟某个时间，切断锁止电磁阀而释放离合器；变速结束后，再次结合锁止离合器，圆滑地改变发动机转数。当锁止离合器的释放早于变速时，如图 9－43 中的点划线所示，发动机的旋转迅速变快；反之，晚于变速时，如图 9－43 中虚线所示，输出轴扭矩将发生很大变动。

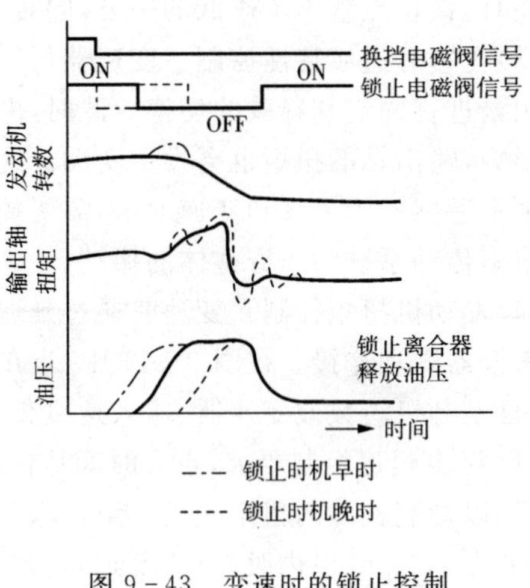


图 9－43　变速时的锁止控制

电子控制系统可存储与处理多种换挡规律，做到一机多能，实现更复杂、更合理的控制；电控系统改变规律或参数时，仅调整局部电路，即可适应要求的性能，开发周期短；并且系统无惯量、控制精度高、反应快、动作准确；结构紧凑，质量轻。另外，电子控制自动变速器 ECU 与发动机 ECU 同样具有较多传感器信号和指向发动机控制的反馈项目，它们的相互关系密切，在多数情况下，两者是一体化的。

## 二、电子控制自动变速器的维修

1. 故障诊断流程

自动变速器故障诊断流程如图 9－44 所示。

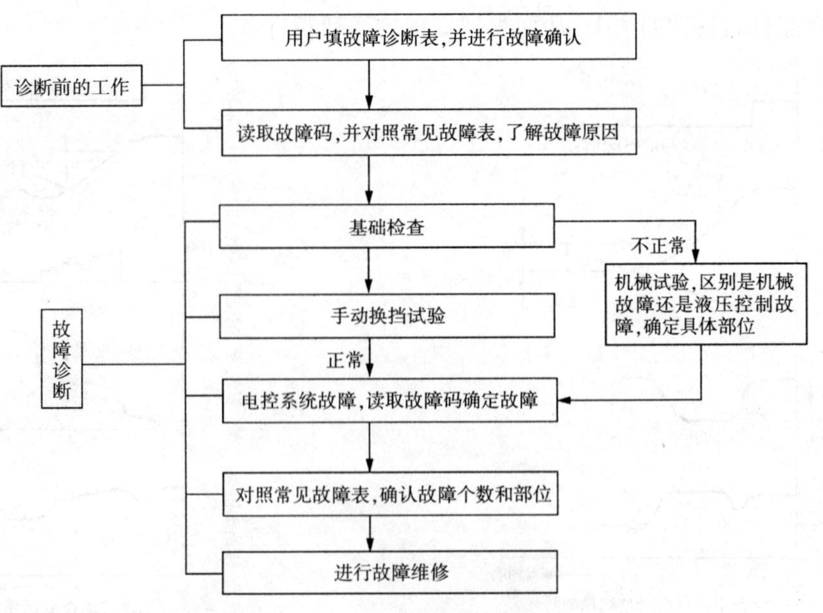


图 9－44　自动变速器故障诊断流程

(1)首先对自动变速器作基本检查,排除油位不正确、油质变坏、连动机构及发动机本身故障引起的变速器不正常。

(2)区别故障是由电控系统引起,还是由机械操纵系统或液压系统引起,提取故障码是发现电控系统故障的有效方法。

(3)机械操纵系统和液压控制系统故障的区别,可通过各种试验(即油压试验、失速试验、道路试验、时滞试验等)进行判断。

(4)各种自动变速器修理手册上均有故障诊断表,通过查看故障诊断表可以大大缩小故障范围,提高诊断准确性和诊断效率。

2. 典型故障的诊断与维修

(1)汽车不能行驶　无论操纵手柄位于倒挡、前进挡或低挡,汽车均不能行驶,或冷车行驶一小段路程,热车就不能行驶。

故障原因及排除:

① ATF 泄漏严重。检查油底壳、ATF 散热器及管道有无泄漏,修复后加液油。

② 操纵手柄和手动阀摇臂之间的连杆拉索松脱。把手动阀保持在空挡或停车挡位置,进行检修调整。

③ 油泵进油滤网堵塞。拆除油底壳,检查滤网,将其清洁或更换。

④ 主油路严重泄漏。拆除主油路测压孔螺塞,启动发动机,观察孔内有无 ATF 流出。若有大量油喷出,说明正常;若有一定油压,热车后明显下降,说明油泵磨损过甚,应更换油泵;若有极少油流出且无压力,则检查油底壳内滤网是否堵塞,若不堵则检查手动阀及油泵。必要时可分解自动变速器、更换油泵等。

(2)自动变速器打滑　起步或加速时踩下加速踏板,发动机转速很快升高而车速升高缓慢,平路行驶基本正常,但上坡无力,发动机转速异常高。

故障原因及排除:

① 油面太低或太高。太高会产生气泡,影响离合器接合。检查油面,恢复其正常高度。

② 离合器或制动器摩擦片、制动带磨损过甚或烧焦。通过路试检查,确定打滑的挡位和程度,根据换挡规律判断打滑发生在哪一个执行元件。对于打滑故障,先要测主油压,找出打滑原因。若各挡均打滑,原因往往是主油压低。若主油压正常,则只更换磨损、烧蚀的摩擦元件即可;若主油压不正常,则拆卸变速器,对油泵或阀板进行检修,更换变速器所有密封圈和密封环。

(3)换挡冲击大　起步或行驶中挂挡,汽车振动较严重或有明显闯动。

故障原因及排除:

① 发动机怠速过高,调整到规定怠速转速。节气门拉索或节气门位置传感器调整不当,使主油压过高,应调整至适当油压。

② 升挡过迟。若作道路试验发现升挡过迟,可能是离合器或制动器打滑,应拆卸分解变速器修理。

③ 主油压调压阀有故障,导致主油压过高,应检查主油压。若怠速时主油压过高,可能是主油压调压阀或节气门阀有故障,如弹簧力过大、阀芯卡滞等;若怠速时主油压正常,但起步升挡时有较大的冲击,则可能是前进离合器或倒挡及高挡离合器的进油单向阀钢球损坏或漏装,应拆卸阀板进行修理。

④ 减压器(蓄能器)卡住,不能起减振作用,可检测换挡时的主油路油压。正常情况下,换挡时主油路油压会有瞬时的下降。如果换挡时主油路油压没有下降,则说明活塞卡滞,应检修阀板和减振器。

⑤ 电控自动变速器出现换挡冲击过大的故障,应检查油压电磁阀的线路以及油压电磁阀工作是否正常,检修线路或更换油压电磁阀。如果电控单元在换挡瞬间没有向油压电磁阀发出控制信号,则说明电控单元有故障,应更换电控单元。

(4)频繁跳挡　行驶中加速踏板位置不动,自动变速器仍会经常突然降挡;而发动机转速异常升高,产生换挡冲击。

故障原因及排除:

① 先进行故障自诊断,如有故障码,查找原因排除。

② 检查节气门位置传感器、车速传感器,如有异常则更换。

③ 检查控制系统电路、接地线是否可靠接地,并修整。

④ 换挡电磁阀接触不良,可拆开油底壳检查电磁阀插接情况。

(5)异响　行驶中自动变速器始终有异常响声,停车挂空挡,则异响消失。

故障原因及排除:

① 油泵磨损严重或油面过高、过低而产生异响,调整油面,更换油泵。

② 变矩器因锁止离合器、导轮单向离合器损坏而产生异响,行星齿轮机构异响,换挡执行元件异响。可把汽车在举升器上举起,启动发动机,在空挡、前进挡、倒挡等状态下检查自动变速器发生异响的部位和时刻。若任何挡位都有连续异响,通常为油泵或变矩器异响,检查变矩器内有无大量摩擦粉末:若有,则更换、拆修变矩器;若正常,则检修、更换油泵。若自动变速器只在行驶时才有异响,则为行星齿轮机构异响,应拆检变速器,检查其行星齿轮机构、单向离合器、轴承及推垫片等零部件,若异常应更换。

## 第四节　其他电子控制装置

### 一、电子控制转向系统

理想的动力转向系统应在停车状态时能提供足够的助力,使原地转向容易,而随着车速的增加助力逐渐减小,以保证驾驶员有足够的“路感”。为此,欧美国家的汽车公司研制出了电子控制式液压动力转向系统,其结构是在原有的液压动力转向系统基础上再附加电子控制器件。

1. 电动转向的特点

(1)电动转向用电动机代替了液压缸,电动机由汽车电源供电。当驾驶员转动方向盘时,电动转向系统中的传感器检测出其运动情况,使电动机产生足够的动力带动转向轮做适当的偏转。电动转向系统中用电子开关代替了液压动力转向系统中的液压分配阀。

(2)电动转向系统能根据不同的情况产生适合各种车速的动力转向,且不受发动机停止运转的影响。在停车时,驾驶员也可以获得最大的转向动力;在行驶过程中,电子控制部分可调整电动机的助力以改善“路感”。此外还具有以下特点:零部件少,重量轻,电动转向系统的重量可比液压转向系统轻25%;设计紧凑,所占空间较小;由于该动力转向装置不是由发动机直接驱动的,电动机只是在转向时才接通,因而节省燃油。

2. 组成结构

(1)基本组成　电子转向系统由电子控制器、电动机、减速机构等组成。电动机输出扭矩由减速齿轮放大,并通过万向节、转向机中的助力齿轮把输出扭矩送到齿条以便向车轮提供助推扭矩。电子控制器根据各传感器送来的信号,确定助力扭矩的大小和方向,通过控制器去驱动电动机。系统中的扭矩传感器、转向角传感器和车速传感器作为助力扭矩的信号源。扭矩传感器和转向角传感器安装在转向器内,车速传感器安装在仪表盘内。扭矩传感器可以测量转向轮一侧小齿轮轴上的负载扭矩。如图 9-45 所示为扭矩传感器的结构,由负载力矩引起的扭矩扭转角位移被测出并转换为电位计的电阻变化。转子上的这个电信号经滑环由定子传递出来。转向角传感器可根据齿条的位移量和位移方向测出转向角。该传感器是由啮合在齿条上的磁铁和固定在转向器上的磁性探测器(敏感传感器)组成,如图 9-46所示。

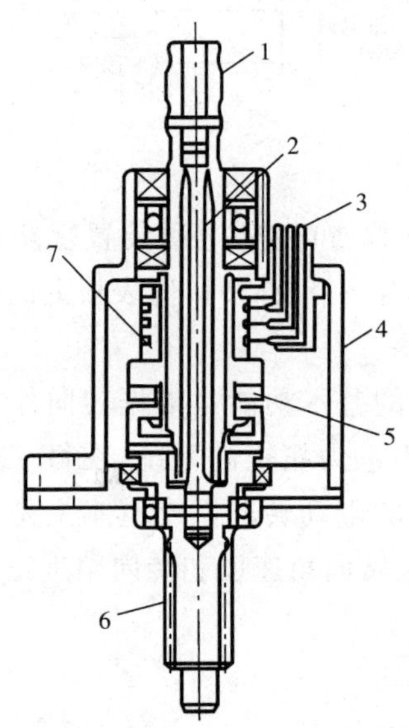

图 9-45　扭矩传感器

1—轴　2—扭杆　3—输出端　4—外壳
5—电位计　6—转向器主动小齿轮　7—滑环

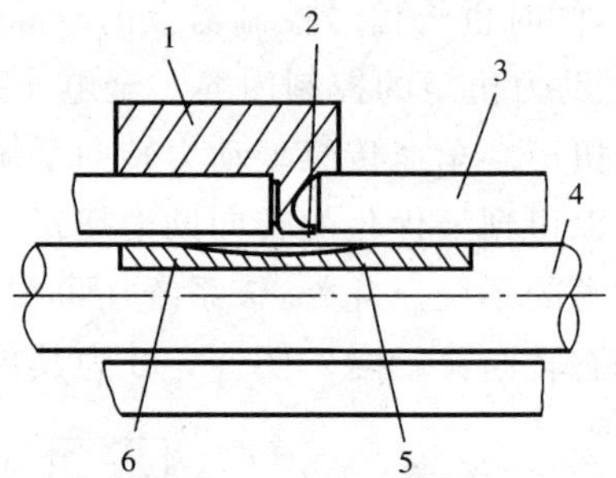

图 9-46　转向角传感器

1—磁性敏感传感器　2—霍尔元件　3—转向器壳体
4—齿条　5—磁铁S极　6—磁铁N极

(2)控制系统

① 控制电路　该系统的输入信号,除了扭矩、转向角和车速这三个控制助力扭矩所必须的参数外,还有电动机电流、动力装置温度、蓄电池端电压、启动机开关电压和交流发电机端电压等输入信号。如图 9-47 为控制电路框图。控制电路的核心是一个具有 256 个字节 RAM 的 8 位单片机。外围电路包括一个 10 位 A/D 转换器,一个 8 位 D/A 转换器和一个 8k 字节的 ROM。

助力扭矩控制信号流程如下:扭矩和转向角信号经过 A/D 转换器后输入计算机,计算机根据这些信号和车速计算出最优化的助力扭矩。控制器把输出的数字量经 D/A 转换器转换为模拟量,再将它输出到电流控制电路。电流控制电路把来自计算机的电流命令值同电机电流的实际值进行比较,产生一个差值信号。该差值信号被送到电机驱动电路,驱动动力装置并向电动机提供控制电流。

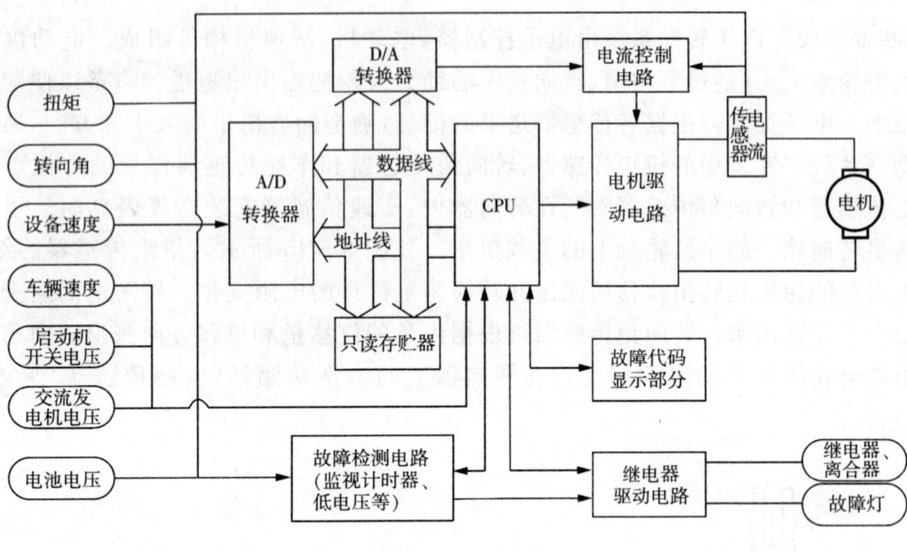

图 9-47　控制电路框图

与安全功能有关的信号流程如下：当由电池电压过低检查电路、电源装置短路检查电路、时钟监督电路和其他检查电路(硬件)或由计算机检测出一个故障时，仪表板上的故障灯被点亮，同时也将信号控制器上的故障代码显示灯点亮。

② 助力扭矩的控制内容　全电子控制电动转向系统的基本功能是根据转向作用力产生助力扭矩。车速传感型动力转向系统是由车速控制产生助力扭矩的系统，在每一种车速下都可以得到最优化的转向助力扭矩。因此，全电子控制的电动转向系统基本上是一个车速响应类的系统。此外，该系统还可根据转向扭矩变化率、转向角速度和转向角进行控制以改善瞬态转向灵敏度。图 9-48 为其控制框图。

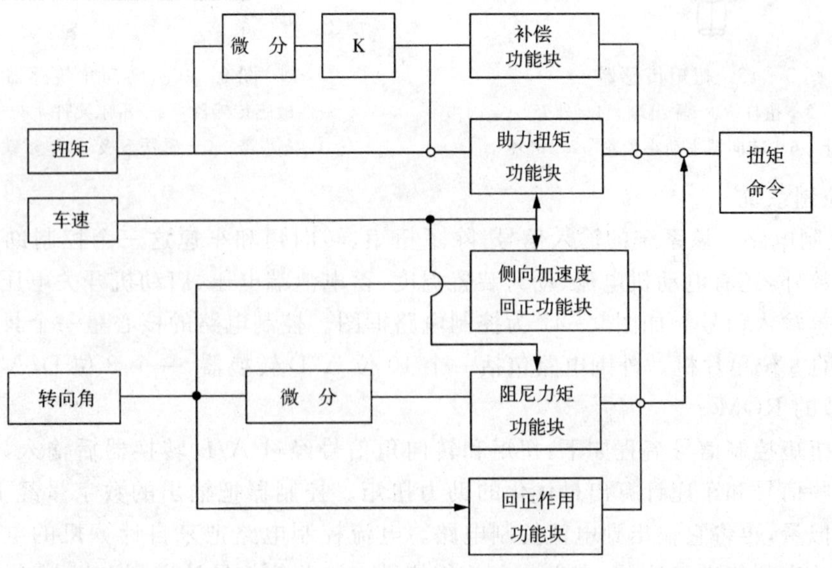

图 9-48　电动转向控制框图

该系统具有回正作用装置。系统可根据转向角传感器输入的转向角信号，产生回正作用力。该作用力沿某一方向起作用而使转向轮返回到中间位置。因为助力扭矩是对车速的响应，同样也可以使回正作用响应车速。系统可以根据转向角和车速计算出车辆的侧向加速度，并可根据计算出来的侧向加速度产生回正力矩。系统利用产生的阻尼扭矩提供阻尼控制，阻尼扭矩的方向同转向角速度的方向相反。阻尼控制允许转向系统调整回正速度。此外，阻尼扭矩还随车速变化而变化，使得从低速到高速整个范围内都可以得到最优化的转向回正和保持车辆的稳定性。系统还可根据转向作用力变化率，沿力矩变化的方向生成补偿力矩。这种控制可以预防由于微机取样、电机感应等引起的控制系统的延迟所造成的自激振荡，所以，可以确保系统稳定运行。电动机的惯性补偿可以限制在正常转向操作过程中转向作用力的变化及急速转向时转向作用力上升情况下所产生的任何不规则的传感信号。

## 二、电子控制安全气囊

### 1. 安全气囊的种类与特点

安全气囊按传感形式的不同，可分为机械式和电气式两类，它们都是将气体发生器和气囊安装在汽车转向盘内，如图 9－49a 所示。当汽车时速超过 30km/h 发生前碰撞事故时，气囊就会迅速充气膨胀，冲破缓冲垫（装饰板）填在驾驶员和转向盘之间，如图 9－49b 所示。由于从传感器接收信号到气囊张开仅需 50ms，而驾驶员撞向转向盘的时间约为 60ms，故在发生碰撞时，能有效地保护驾驶员，避免了驾驶员直接撞向转向盘的危险。

a)安装示意图

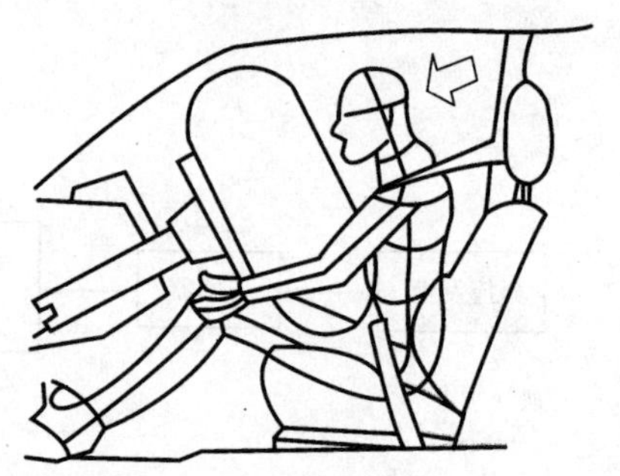

b)气囊充气

图 9－49　气囊安装示意与作用

1—转向盘　2—气囊　3—缓冲垫　4—金属辐心　5—气体发生器

### 2. 电气式安全气囊系统的组成

电气式安全气囊系统主要由传感器、电子控制器、气体发生器和气囊等部分组成。

（1）传感器

有电量式、无摩擦滚轴式、黏性阻尼式、弹性元件阻尼式，最新的是压电陶瓷式传感器，采用 PZT 压电陶瓷材料制成。当汽车发生撞车事故时，能立刻输出电信号，触发气体发生器，使气囊迅速充气。碰撞传感器一般是安装在车身最前端，也有的是装在发动机室隔离板上或转向盘内。

（2）电子控制器（ECU）

安全气囊系统的电子控制器一般包括微处理器和监测系统两部分。

微处理器的作用是接收来自碰撞传感器的信息，并加以处理，以判断是否有必要启动气

囊。监测系统的主要功能是当气囊系统出现故障时，将仪表板上的警告灯点亮，向驾驶员报警，并具有诊断功能，车辆每启动一次，自诊系统就检查一次，另外还能记录与事故有关的某些参数。

(3)气体发生器

气体发生器是一种爆炸装置。它由点火器、燃烧剂、燃烧推进剂、渣状过滤屏等组成。其作用是：点火器使燃烧剂点燃后，冲撞（或粉碎）燃烧推进剂，产生大量气体（主要是氮气）；气体经渣状过滤屏过滤后，从喷口充入气囊。上述气体发生器的燃烧推进剂为氮化钠 $NaN_3$，燃烧产生的气体主要成分是氮，但 $NaN_3$ 不能完全转化成气体，其固体残渣有毒。另外还有一种杂合型气体发生器，仍用点火器引发，但填充的气体是压缩空气或氩，因此无毒性和残留物之类的缺点。

3. 安全气囊的工作原理

当汽车时速超过 30km/h 发生前碰撞事故时，由碰撞传感器将撞击信息传给微处理器，经微处理器判断撞击的严重程度，并在几毫秒内决定是否启动气囊。若需要则发出点火信号，使气体发生器在极短的时间内向气囊充气（气体的数量是经过严格设计计算的）。当人体脸部一接触气囊，气囊的泄气孔就逐渐泄气，从而起到对驾驶员的缓冲保护作用。

安全气囊从触发到充气膨胀，再到驾驶员头部陷入气囊，直至气囊被压扁的全过程，不超过 110ms。图 9－50 为安全气囊的工作框图。

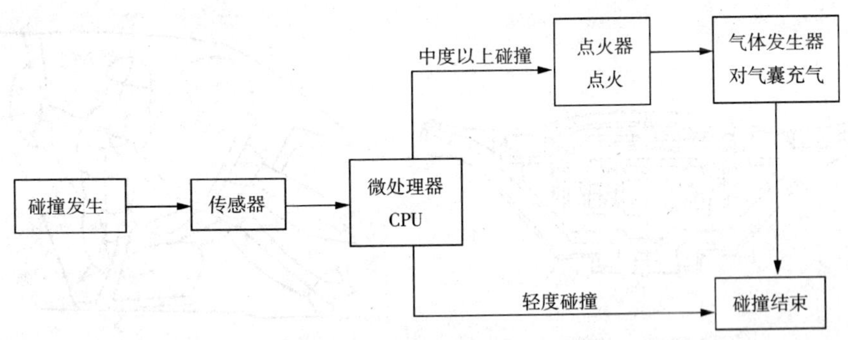


图 9－50　安全气囊工作框图

## 思考与练习

9－1　试述电喷装置的基本原理。

9－2　电子控制燃油喷射装置的分类方法有哪些？

9－3　举例说明电子控制燃油喷射装置的组成特点。

9－4　汽车防抱制动系统有哪几种控制方法？

9－5　简述汽车防抱制动压力调节装置的工作过程。

9－6　简述自动变速器的组成特点，说明各部分工作原理。

9－7　自动变速器的维修步骤是什么？

9－8　电控转向系统的特点是什么？

9－9　试述安全气囊的工作原理。

# 第十章　汽车电气设备总线路

**内容提要**　本章主要介绍了汽车电气线路基本元件、汽车电路识读的基本知识，还介绍了几种车型的全车电路线图识读、汽车电气设备线路故障诊断与检修和汽车仪表线路的检测实训。

## 第一节　概　述

汽车电气线路是将车上所有电气设备按照它们各自的工作特性以及相互间的内在联系，用各种导线、开关等配电装置连接起来的一个完整的供电、用电系统。随着汽车结构的改进与性能的不断提升，汽车上装用的电气设备的数量也在不断增加，在结构上也愈来愈复杂。

了解汽车电气线路的基本组成和电路特点，熟悉电气线路中的各种配电器件，对掌握汽车电气系统的故障诊断技术和检修要点，进而迅速分析和排除故障是十分重要的。

本章介绍了汽车电路的控制与保护装置、汽车电气系统的导线、插接器与线束，分析了全车总线路图。

### 一、汽车电气线路的组成

汽车电气线路通常由电源电路、启动电路、点火电路（柴油机除外）、照明与灯光信号电路、仪表信息系统电路、辅助装置电路和电子控制系统电路等组成。

(1)电源电路也称充电电路。它由蓄电池、发电机、调节器及充电指示装置等组成。电能分配（配电）及电路保护器件也可归入这一电路。

(2)启动电路。由启动机、启动继电器、启动开关及启动保护装置组成的电路。也可将启动预热装置及其控制电路归入这一电路。

(3)点火电路。是汽油发动机汽车特有的电路，由点火线圈、分电器、电子点火组件、火花塞及点火开关组成。微机控制的点火控制系统也可列入发动机电子控制系统中。

(4)照明及灯光信号电路。由前照灯、雾灯、示宽灯、转向灯、制动灯、倒车灯、车内照明灯及有关控制继电器和开关组成的电路。

(5)仪表电路。由仪表及其传感器、各种报警指示灯及控制器组成的电路。

(6)辅助电气装置电路。由为提高车辆安全性、舒适性等而设置的由各种电器装置组成的电路，因汽车车型不同而有所差异，汽车档次愈高，辅助电气装置便愈完善。它一般包括风窗刮水清洗装置、风窗除霜（防雾）装置、启动预热装置、空调装置及音响装置等。目前很多乘用车上还装有车窗玻璃电动升降装置、电控门锁、防盗报警装置、倒车雷达、电动座椅调节装置和电动遥控后视镜等，相信会有越来越多的附属装置在汽车上应用。

(7)电子控制系统电路。主要由发动机控制系统（包括燃油喷射、点火、怠速、排放等控制装置）、底盘控制系统（包括防抱死制动系统 ABS、驱动防滑控制系统 ASR、自动变速器电子控制系统、悬架控制系统、动力转向系统和四轮转向系统 4WS 等）、车身控制系统（主要是电子控制的汽车辅助装置）等电路组成。

**二、汽车电气线路的特点**

汽车上各种电气装置繁多，电路密集，纵横交错，尤其是现代汽车电气设备的数量日趋增多，电路复杂程度差异甚大，但从总体上看，不同车型的总线路也存在着以下许多共同之处：

(1)采用低压直流电

汽车电系的额定电压为直流 12V 和 24V 两种，目前汽油车和部分轻型柴油车的电气系统普遍采用 12V 电源，而中、重型柴油车则采用 24V 电源。原因是中、重型柴油发动机的启动机功率较大，采用直流 12V 电压时电流过大，使得启动机体积和重量都较大。

(2)汽车线路的单线制

表现在汽车上所有电气设备的正极（又称为火线）均用导线相互连接；所有的负极（又称为搭铁）则分别与车架的金属部分相连，其大部分支路中的电流都是从电源正极出发，经过导线流入用电设备，再由搭铁的负极通过车架导体流回电源而形成回路。

采用单线制设计电路具有节约导线、减轻质量、便于安装、线路简单以及易于诊断故障等优点，因此在各种类型的车辆中被广泛采用。对于某些电气设备，为了保证其工作的可靠性，提高灵敏度，仍然采用双线连接方式，例如发电机与调节器之间的连接、双线电喇叭等。对于带有电控单元的汽车，为了提高以电控单元为中心的传感器等的精度，也往往采用双线路。

(3)汽车线路为直流并联电路

汽车的两个电源之间，以及与所有的用电设备之间，都是正极与正极相连，从而形成并联的回路。采用并联电路，能发挥蓄电池和发电机两个电源的优势，能使任何一个用电设备的启用、停止都非常方便，能保证每个电器的正常工作并且不相互干扰。另外，当电路出现故障时，如局部的短路、断路，不会引起整车的故障，同时也易于检测、拆装。但也有个别电器以串联方式连接，如闪光器与转向灯等。

(4)汽车线路的搭铁方式

按我国标准 GB2261—71《汽车拖拉机用电设备技术条件》的规定，汽车电系已统一定为负极搭铁，这样可以减轻对车架或车身金属的电化学腐蚀，减小无线电干扰，且它对点火系统的点火电压要求也低（更有利于火花塞跳火）。

(5)汽车电气线路有颜色和编号特征

为了便于区别各线路的连接，汽车所有低压导线必须选用不同颜色的单色或双色线，并在每根导线上编号，编号由汽车生产厂家统一编定。

(6)设有保险装置

为了防止因短路或搭铁而烧坏线束，电路中一般设有保护装置，如熔断丝、易熔线等。

(7)汽车电气线路由各自独立的电气子系统组成

汽车电气线路元件和导线虽然较多,但大多互不干扰,因此可按其用途分为电源系、启动系、点火系、仪表和报警系统、照明和信号系统等,这样便于分析和研究。

# 第二节　汽车电气线路的连接器件

汽车电气线路连接器件包括导线、插接器和线束等。

## 一、导线

汽车的导线,主要根据它的绝缘性、通过电流的大小和机械强度三个方面来选择,有低压线、屏蔽线和高压线三种,如图 10-1 所示。

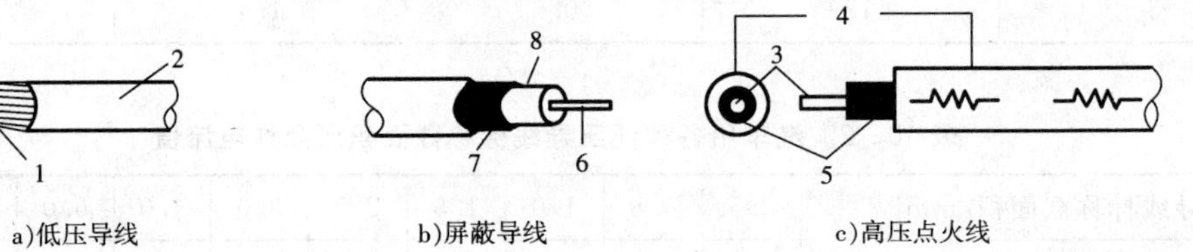


图 10-1　各种导线的结构

1、3、6—线芯　2、4、8—绝缘外皮　5—橡胶绝缘体　7—外导体(屏蔽层)

### 1. 低压导线

低压导线的截面积主要是根据用电设备的工作电流大小来选择,但是,对于功率很小的电器,为保证导线的机械强度,导线的截面积最小不得低于 0.5mm$^2$,汽车的低压导线可分为普通导线、启动电缆线和蓄电池搭铁电缆线三种。

普通低压导线的型号有两种,即用聚氯乙烯为护套的 QVR 型和用聚氯乙烯-丁腈复合物作绝缘护套的 QFR 型,两者都具有良好的耐寒性、柔软性、一定的耐油性和不延燃性,而 QFR 型则更为柔软,具有橡胶柔软感。

汽车用低压导线的规格和结构见表 10-1 所示;各种铜芯低压导线截面积允许负载电流值见表 10-2 所示;汽车 12V 电气系统主要电路选用导线截面积见表 10-3 所示。

表 10-1　汽车用低压导线的结构与规格

| 标称截面积/mm$^2$ | 线芯结构 | | 绝缘层标称厚度/mm | 导线最大外径/mm |
|---|---|---|---|---|
| | 根数/根 | 单根直径/mm | | |
| 0.5 | — | — | 0.6 | 2.2 |
| 0.6 | — | — | 0.6 | 2.3 |
| 0.8 | 7 | 0.39 | 0.6 | 2.5 |
| 1.0 | 7 | 0.43 | 0.6 | 2.6 |
| 1.5 | 7 | 0.52 | 0.6 | 2.9 |
| 2.5 | 19 | 0.41 | 0.8 | 3.8 |

（续表）

| 标称截面积/$mm^2$ | 线芯结构 | | 绝缘层标称厚度/mm | 导线最大外径/mm |
|---|---|---|---|---|
| | 根数/根 | 单根直径/mm | | |
| 4.0 | 19 | 0.52 | 0.8 | 4.4 |
| 6.0 | 19 | 0.64 | 0.9 | 5.2 |
| 8.0 | 19 | 0.74 | 0.9 | 5.7 |
| 10 | 49 | 0.52 | 1.0 | 6.9 |
| 16 | 49 | 0.64 | 1.0 | 8.0 |
| 25 | 98 | 0.58 | 1.2 | 10.3 |
| 35 | 133 | 0.58 | 1.2 | 11.3 |
| 50 | 133 | 0.6 | 1.4 | 13.3 |

**表 10－2　汽车用各种低压导线标称截面积所允许电流值**

| 导线标称截面积/$mm^2$ | 0.5 | 0.8 | 1.0 | 1.5 | 2.5 | 3.0 | 4.0 | 6.0 | 10 | 13 |
|---|---|---|---|---|---|---|---|---|---|---|
| 允许电流值/A | — | — | 11 | 14 | 20 | 22 | 25 | 35 | 50 | 60 |

**表 10－3　汽车 12V 电气系统主要电路导线截面积的推荐值**

| 电路名称 | 标称截面积推荐值/$mm^2$ |
|---|---|
| 尾灯、顶灯、指示灯、仪表灯、牌照灯、刮水器、电钟 | 0.5 |
| 转向灯、制动灯、停车灯、分电器 | 0.8 |
| 前照灯的近光、电喇叭（3A 以下） | 1.0 |
| 前照灯的远光、电喇叭（3A 以上） | 1.5 |
| 其他 5A 以上的电路 | 1.5～4 |
| 电热塞 | 4～6 |
| 电源电路 | 4～25 |
| 启动电路 | 16～95 |

随着汽车电气设备的增多，导线数量也不断增加，为了便于安装和检修，低压导线常以不同的颜色加以区分。其中截面积 $4mm^2$ 以上的采用单色，$4mm^2$ 以下的均采用双色，搭铁线一般用黑色。

汽车用低压导线的颜色与代号见表 10－4。汽车电气系统中各系统的主色见表 10－5。汽车用低压导线的颜色，必须符合国家的有关规定。单色线的颜色由表 10－4 所列的颜色组成，双色线中的颜色由表 10－5 所列的两种颜色配合组成。双色线中的主色所占的比例大些，辅助色所占的比例小些。双色线的标注第一色为主色，第二色为辅色。

在汽车电气设备的电路图中，导线上一般都标注有符号，该符号用来表示导线的截面积

和颜色。导线的截面积标注在颜色代码前面，单位为平方毫米时不标注，例如：1.25R 表示截面积为 1.25$mm^2$的红色导线；1.0GY 表示截面积为 1.0$mm^2$的双色导线，第一个字母 G 表示导线主色为绿色，第二个字母 Y 表示导线辅色为黄色。

表 10-4 汽车用低压导线的颜色与代号

| 线色 | 常用缩写 | 中文 | 线色 | 常用缩写 | 中文 |
|---|---|---|---|---|---|
| Black | BLK/B | 黑色 | Light Green | LT GRN | 浅绿 |
| Blue | BLU/BL | 蓝色 | Orange | ORG/O | 橙色 |
| Brown | BRN/BR | 棕色 | Pink | PNK/P | 粉红 |
| Clear | CLR/CL | 透明 | Purple | PPL/PP | 紫色 |
| Dark Blue | DK BLU | 深蓝 | Red | RED/R | 红色 |
| Dark Green | DK GRN | 深绿 | Tan | TAN/T | 褐色 |
| Green | GRN/G | 绿色 | Violet | VIO/V | 粉紫 |
| Gray | GRY/GR | 灰色 | White | WHT/W | 白色 |
| Light Blue | LT BLU | 浅蓝 | Yellow | YEL/Y | 黄色 |

表 10-5 汽车电气系统中各系统的主色

| 序号 | 系统名称 | 主色 | 颜色代号 |
|---|---|---|---|
| 1 | 电源系统 | 红 | R |
| 2 | 点火、启动系统 | 白 | W |
| 3 | 雾灯 | 蓝 | BL |
| 4 | 灯光、信号系统 | 绿 | G |
| 5 | 车身内部照明系统 | 黄 | Y |
| 6 | 仪表、报警系统、喇叭系统 | 棕 | BR |
| 7 | 收音机、电钟、点烟器等辅助系统 | 紫 | PP |
| 8 | 各种辅助电动机及电气操纵系统 | 灰 | GR |
| 9 | 搭铁线 | 黑 | B |

启动电缆线用来连接蓄电池与启动机开关的主接线柱。截面积有 25$mm^2$、35$mm^2$、50$mm^2$、70$mm^2$等多种规格。允许电流达 500A～1000A。为了保证启动机正常工作，并发出足够的功率，要求在线路上每 100A 电流的电压降不得超过 0.1V～0.15V。

蓄电池的搭铁电缆线是由铜丝编织而成的扁形软铜线，国产汽车常用的搭铁线长度有 300mm、450mm、600mm 和 760mm 四种。

2. 屏蔽导线

屏蔽导线也称同轴射频电缆，主要用作各种传感器和电子控制装置的信号线。这种导线内只有电压很低的微弱信号电流通过，为了不受外界的电磁干扰（如火花塞点火、电器开关开闭时产生的电磁干扰)，在其线芯外除了有一层绝缘材料外，还覆盖有一层屏蔽用的导体——屏蔽网(用金属纺织网管或很多股导线装在一层编织金属网内)，最外层为保护用的护套。

3. 高压点火线

用来传送高电压，其工作电压一般在 15kV 以上，但通过的电流强度较小。因此，高压导线的绝缘包层很厚，耐压性能好，但线芯截面积很小。

国产汽车用高压点火线有铜芯线和阻尼线两种，其型号和结构见表 10-6 所示。

**表 10-6　国产汽车用高压导线的型号和规格**

| 型号 | 名　称 | 线芯结构 | | 标称外径/mm |
|---|---|---|---|---|
| | | 根数/根 | 单线直径/mm | |
| QGV | 铜芯聚氯乙烯绝缘高压点火线 | 7 | 0.39 | 7.0±0.3 |
| QGXV | 铜芯橡胶绝缘聚氯乙烯护套高压点火线 | | | |
| QGX | 铜芯橡胶绝缘氯丁橡胶护套高压点火线 | | | |
| QG | 全塑料高压阻尼点火线 | 1 | 2.3 | |

注：QG——全塑料高压阻尼点火线，线芯是聚氯乙烯塑料加炭黑及其他辅料混炼塑料经注塑成型。

为了衰减火花塞点火产生的电磁波干扰，目前已广泛使用了高压阻尼点火线。高压阻尼点火线的制造方法和结构有多种，常用的有金属阻丝式和塑料芯导线式。

金属阻丝式又有金属阻丝线芯式和金属阻丝线绕电阻式两种。金属阻丝线芯式是由金属电阻丝疏绕在绝缘线束上，外包绝缘体制成阻尼线；金属丝线绕电阻式是由电阻丝绕在耐高温的绝缘体上制成电阻，再与不同形式的绝缘套配合构成。

塑料芯导线式是用塑料和橡胶制成直径为 2mm 的电阻线芯，在其外面紧紧地编织着玻璃纤维，最外面再包上高压 PVC 塑料或橡胶等绝缘体，电阻值一般为 6～25kΩ/m。这种结构形式在制造过程中易于实现自动化生产，成本低，且可制成高阻值线芯。美、日等国已大量生产，我国也已小批量生产。

## 二、插接器

插接器用于线束之间的连接。汽车线束中各导线的端头均焊有接线卡，导线与接线卡连接处套有塑料或橡胶绝缘管，以便于线束的布置、拆装和线路维修。目前插接式连接器(简称插接器)因其连接可靠、检修电路方便而被广泛使用。插接器的种类很多，按接线卡分有经常拆卸的接线卡，一般为开口式，而拆卸机会少的接线卡则常采用圆形闭口式。

插接器的插接件有插头和插座两部分组成，按使用场合的实际需要，其脚数多少不等。插接脚有矩形截面和圆形截面两种，如图 10-2 所示为两种不同形式的四脚插接器实物及其符号。

插接器接合时，应将其导向槽重叠在一起，使插头与插孔对准且稍用力插入，这样可以使器件十分牢固地连接在一起。所谓插接器的导向槽，是指插接器连接时，为了使其正确定位而设置的凸凹轨。由于导向槽的作用，一对插头、插座一般不可能插错，非成对的插头与插座因其脚数及外形不同，因此也不可能插错。插头与插座所对应导线的粗细、颜色、符号一般也是完全对称的，安装时应注意观察。

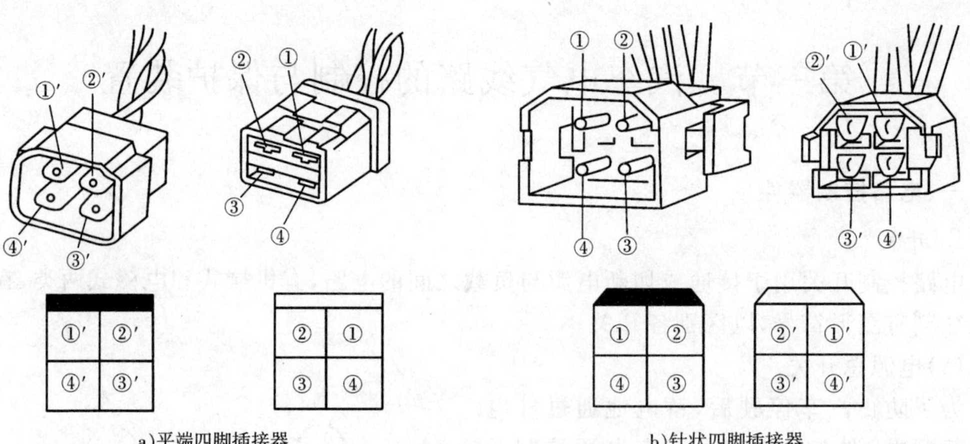

a)平端四脚插接器　　b)针状四脚插接器

图 10－2　一般用途的插接器

为了防止汽车行驶过程中插接器脱开，所有的插接器均在结构上设计有闭锁装置，如图 10－3 所示。当需要分开插接器时，应先按(压)下闭锁，使锁扣脱开，然后再将其拉开。不压下闭锁时绝不可用力猛拉导线，以防止拉坏闭锁或导线。

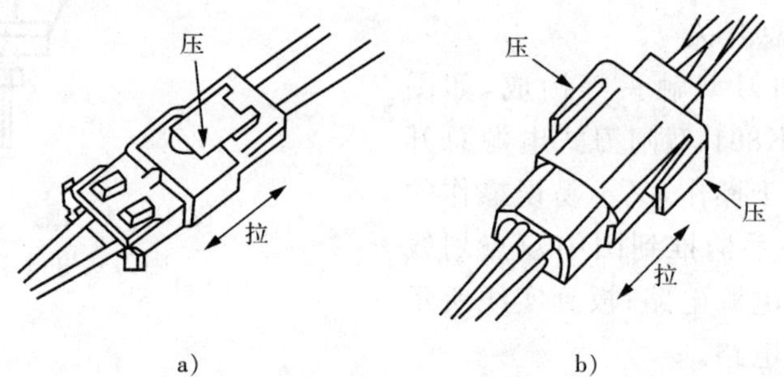

a)　　b)

图 10－3　插接器的闭锁装置及拆卸

## 三、线束

为了使汽车上的全车线路(除高压线以外)整齐美观不凌乱，接线安装方便，以及保护绝缘层不易损坏，汽车上都将同路的不同规格的导线用棉纱编织带或用聚氯乙烯塑料薄带包扎成束，称为线束。同一种车型的线束在制造厂里按车型设计制造好后，用卡簧或绊钉固定在车上的限定部位，其抽头恰好在各电器设备的接线柱附近，安装时按线号装在与其对应的接线柱上。各种车型的线束各不相同，同一车型的线束按发动机、底盘和车身部分也可以有多个。近年来，为了检修电线方便，也有用塑料制成开口软管，将线束包裹其中，检修时将开口撬开即可。

线束往车辆上安装时应注意以下几点：

(1)线束应按规定位置、走向铺放，用卡簧、绊钉或专用线卡固定，以免松动磨坏。

(2)安装时线束不能拉得太紧，尤其是在拐弯处更要注意。在绕过锐角或穿过孔、洞时，应使用专用橡皮或套管保护，否则容易磨坏线束发生短路、断路等故障。

(3)连接电器时，应根据插接器的规格以及导线的颜色或接头处套管的颜色，分别接于电器上，若不易辨别导线的头尾时，一般可用试灯区分，而不用刮火法。

# 第三节　汽车电气线路的控制与保护装置

## 一、电路控制器件

### 1. 开关

电路控制开关用于接通或切断电源与负载之间的电路，有机械式和电磁式两类，在开关上往往刻有图形符号，以区别各开关。

(1)电源总开关

为了防止汽车停驶后，蓄电池通过外电路自行漏电，在有些汽车上装有电源控制开关。目前，汽车上使用的电源控制开关有闸刀式和电磁式两种。前者靠手动接通或切断电源(如东风系列汽车)，后者则靠电磁吸力接通或切断电源。在有些货车上装有控制电源的总开关，现代轿车很少采用。

① 闸刀式电源总开关

由手柄、外壳和刀型触头等构成，如图10-4所示为国产JK861型闸刀式电源总开关，安装在驾驶员便于操作，又不易误操作的部位，使用时只需将手柄推到图中双点划线所示位置，即为接通电源电路；扳到实线所示位置，即为切断电源电路。

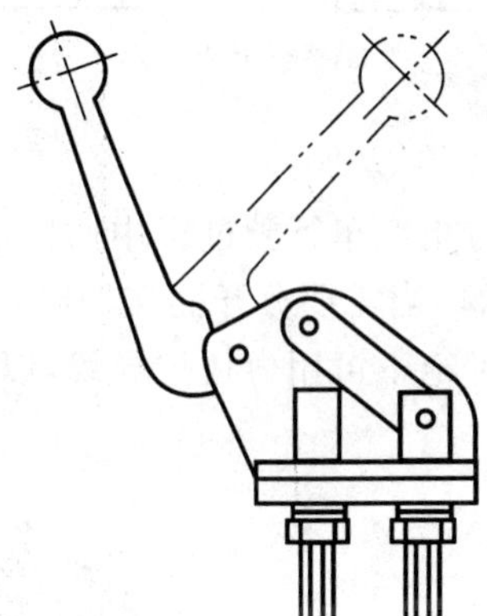

图10-4　国产JK861型闸刀式电源总开关

② 电磁式电源总开关

这种电源总开关也称蓄电池继电器，它是先利用点火开关控制其电磁线圈电路的通断，再由电磁线圈控制电源电路的通断。图10-5为国产TKL-20型电磁式电源控制开关。电源总开关的接通或断开，是通过点火开关操纵的。当点火开关6接通电路时，电流由蓄电池正极→蓄电池开关接线柱B→熔断器→点火开关6→线圈5→触点10→搭铁→蓄电池负极(此时线圈4被触点10短路)。由于线圈5的电阻很小($R=4.5\Omega$)，因而电流较大，产生很强的电磁吸力，吸动钢柱3，使接触桥8压缩弹簧7向下移动，接触桥8便与静触点1接触，接通主电路。同时，与接触桥固定为一体的触动器9将触点10断开，于是电流

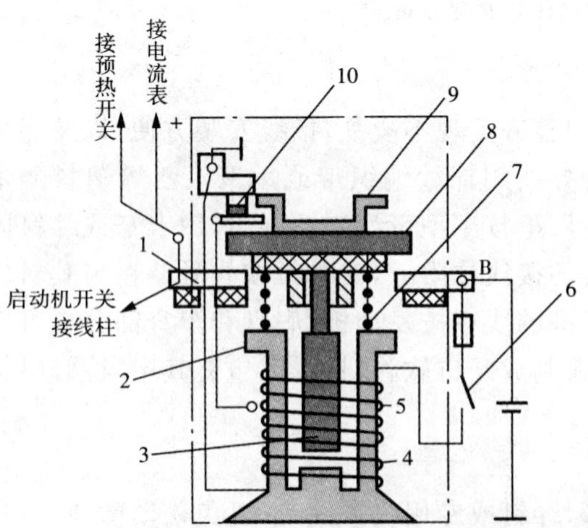


图10-5　国产TKL-20型电磁式电源总开关

1—静触点　2—铁心　3—钢柱　4、5—线圈　6—点火开关　7—弹簧　8—接触桥　9—触动器　10—触点

便经过线圈5、线圈4($R=70.5\Omega$)回到蓄电池。此时电路中增加了$70.5\Omega$的电阻，使电流显著下降。由于线圈4的匝数较多，因而电磁吸力仍能保证接触桥与静触点接触良好，所有用电设备均能投入工作。

当将点火开关断开时，线圈5和4中的电流被切断，弹簧7推开接触桥，使之与静触点脱离，切断了主电路，使蓄电池和所有用电设备断开。

该电源总开关如用在以柴油机为动力源的汽车上时，控制总开关的是电源钥匙开关。使用时，发动机正常运转后，不可将钥匙开关断开，否则将切断蓄电池电路，影响发动机正常工作。

(2)点火开关

汽车上的点火开关用于控制点火、仪表、发电机励磁电路和启动电路等，停车时用钥匙锁住。常用的点火开关多为三挡位式、四挡位式或五挡位式。三挡位式点火开关具有0、Ⅰ、Ⅱ(或LOCK、ON、START)三挡位。“0”挡时钥匙可自由插入或拔出，顺时针旋转40°至Ⅰ挡，继续再旋转40°为Ⅱ挡，外力消除后能自动复位到Ⅰ挡。现代汽车大量采用四挡位式点火开关，它具有0、Ⅰ、Ⅱ、Ⅲ(或LOCK、ACC、ON、START)四挡位，在三挡位的基础上增加了一个ACC电气附件元件(专用辅助电器，如收音机、点烟器等)工作挡，其他不变。而五接线柱式点火开关则在“ON”和“ST”之间增加了一个“HEAT”(预热)挡用于柴油机冷车启动前的预热。点火开关在电路图上通常采用触刀挡位图法和表格法来表示。如图10-6所示为五接线柱式点火开关的表示方法。

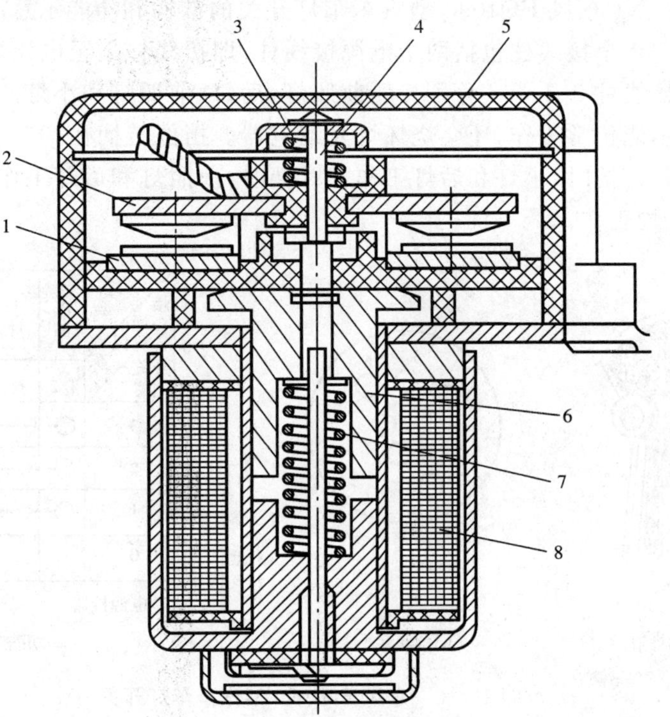


图10-6　五接线柱式点火开关

1—固定触点　2—活动触点　3—减震弹簧　4—中心杆
5—防尘罩　6—铁心　7—弹簧　8—线圈

(3)灯光开关

灯光开关的作用是:根据需要接通或切断各种灯光电路,以控制所需要的灯光。常用的灯光开关有推拉式和旋转式两种。一般安装在驾驶室转向盘的前方,以方便操作。

① 推拉式照明灯开关

这种开关用在解放、北京牌等汽车上。它主要由开关部分和熔断器组成,有双金属片熔断器式、可调电阻式和玻璃管熔断器式三种。图 10-7 所示为这三种开关的示意图。

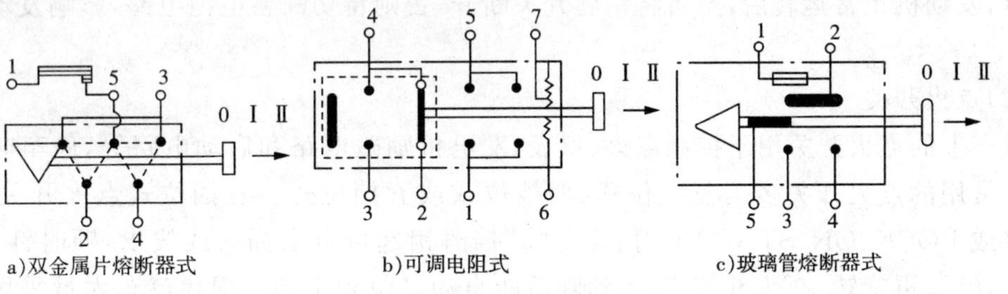


a)双金属片熔断器式　b)可调电阻式　c)玻璃管熔断器式

图 10-7　推拉式照明灯总开关

以图 10-7a 为例,1 号接线柱接火线,2 号接线柱接示宽灯,3 号接线柱接顶灯和仪表灯,4 号接线柱接大灯。灯光开关在“Ⅰ”挡位置,示宽灯亮,仪表灯与顶灯工作;灯光开关在“Ⅱ”挡位置,示宽灯灭,大灯亮,仪表灯与顶灯继续工作。

② 旋转式照明灯开关

图 10-8 所示为东风 EQ1090 型汽车车灯开关的结构和功能示意图,该开关有六个接线柱,四个挡位。六个接线柱包括两个电源接线柱,即接线柱 1 至电流熔断器,接线柱 2 至熔断器盒熔丝,接线柱 3、4、5、6 分别接侧前照灯、后灯、前照灯和小灯。两电源接线柱不能接反,否则侧灯不能正常工作,还会烧坏灯光继电器。挡位转柄在“0”挡时各灯线路均未接通,各灯均不亮;“1”挡时,小灯和后灯工作;“2”挡时,前照灯和后灯工作;“3”挡时,前照灯、侧前照灯和后灯均工作。

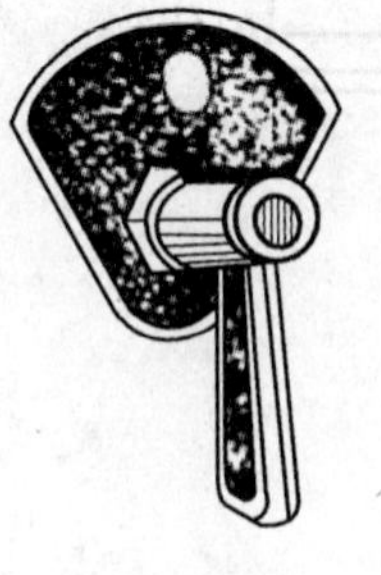

a)外形

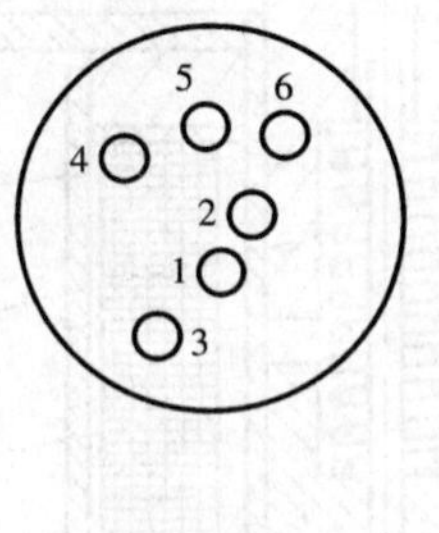


b)接线柱

| 线路 / 接通位置 / 开关挡位 | 电源 | 小灯 | 前照灯 | 侧照灯 | 后灯 |
|---|---|---|---|---|---|
| | 1、2 | 6 | 5 | 3 | 4 |
| 3 | ○ | | ○ | ○ | ○ |
| 2 | ○ | | ○ | | ○ |
| 1 | ○ | ○ | | | ○ |
| 0 | | | | | |

○电源接通

c)功能示意图

图 10-8　东风 EQ1090 型汽车车灯开关

(4)前照灯变光开关

变光开关的作用是根据汽车行驶的需要,变换前照灯的远光和近光。前照灯变光开关有机械式和光电式两种,使用较多的是机械式变光开关。

图 10－9 所示为机械式变光开关结构图。在外壳的绝缘板上，有电源、远光和近光三个接线柱，分别用导线接到灯光开关的前照灯接线柱和前照灯的远、近光灯丝上。外壳内有一个活动触点片，其一端始终与电源接线柱内的触点相接触；另一端与推杆的圆帽形的踏板开关连接。当踏动踏板开关时，推动活动触点片的一端时而和远光接线柱接触，时而和近光接线柱接触，从而适时地改变前照灯的远光和近光。

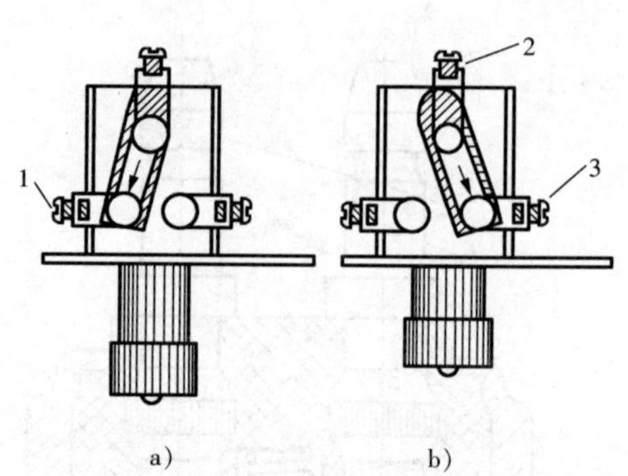


图 10－9　汽车前照灯机械式变光开关

1—近光接线柱　3—远光接线柱　2—电源接线柱

光电式前照灯变光器能自动将汽车前照灯的远光变为近光，当车辆会车后，又能自动将近光变为远光。国产 JQX－4 型汽车前照灯自动变光器的工作原理如图 10－10 所示，光电式前照灯变光器由光敏元件（CDS）和一个小型继电器等组成，继电器内有两对触点，常闭触点 $K_1$ 与远光灯丝相接，常开触点 $K_2$ 与近光灯丝相接。

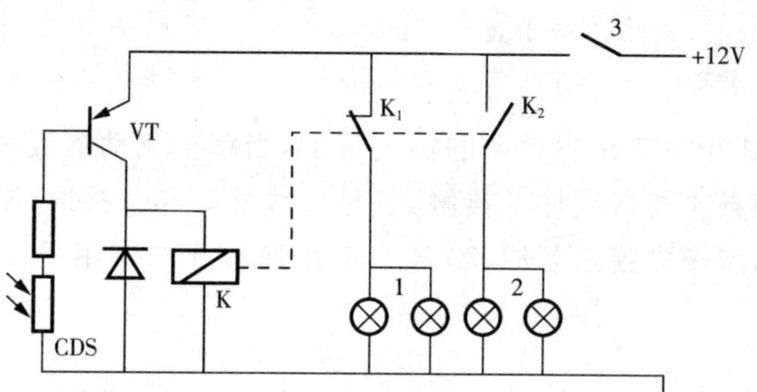


图 10－10　汽车前照灯自动变光器

1—远光灯　2—近光灯　3—前照灯开关

光敏元件（CDS）装在汽车前部左侧，当两车夜间相遇，对面车辆的灯光照射到 CDS 上时，CDS 的电阻值变小，晶体三极管 VT 导通。三极管导通时，继电器 K 中有电流通过，于是继电器工作，使触点 $K_1$ 打开，触点 $K_2$ 闭合，此时前照灯由远光变为近光。当对面车辆驶过后，射到光敏元件的光线减弱，其电阻值增大，三极管截止，继电器断电，使 $K_1$ 又闭合，$K_2$ 又打开，前照灯又由近光变为远光，实现了自动变光。

（5）制动灯开关

当汽车制动时，制动灯开关即将制动灯电路接通，使制动灯发亮，以引起后车注意。制动灯一般都和后灯装在一起，采用双丝灯泡，功率较大的为制动灯丝。但也有单独安装的。

汽车的制动信号灯开关有液压式和气压式两种，图 10－11 和图 10－12 所示分别为这两种开关的结构简图，是利用液压和气压的作用将开关中的两个触点接通，使制动灯通电发亮。

液压式制动信号灯开关装在制动总泵的前端，当踏下制动踏板时，制动系中液压增大，薄膜 3 拱曲，接触桥 5 接通接线柱 6 和 7，制动信号灯便通电发亮。当松开制动踏板时，液压降低，接触桥在弹簧 4 的作用下，恢复到原来的位置，制动信号灯即熄灭。

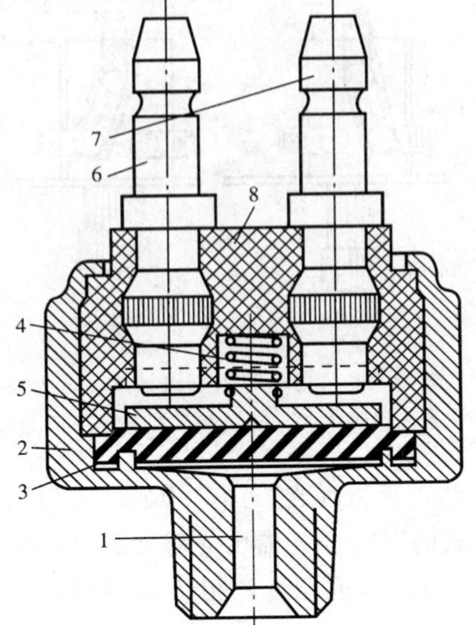


图 10－11　液压式制动信号灯开关

1—管接头　2—壳体　3—薄膜　4—弹簧

5—接触桥　6、7—接线柱　8—胶木底座

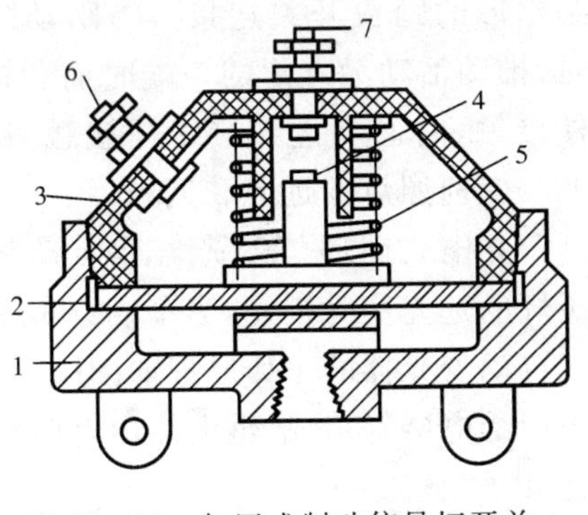


图 10－12　气压式制动信号灯开关

1—壳体　2—橡皮膜　3—胶木盖

4—铜质触点　5—弹簧　6、7—接线柱

气压式制动信号灯开关装在制动系的输气管上，当踏下制动踏板时，压缩空气进入开关将橡皮膜 2 拱曲，使触点 4 与接线柱 7 接触，于是接线柱 6 和 7 接通，制动信号灯发亮。

当松开制动踏板时，橡皮膜恢复原状，触点 4 在弹簧 5 的作用下回到原来位置，信号灯便熄灭。

(6)组合开关

目前，相当一部分汽车尤其是轿车采用了组合开关。它是将转向灯开关、小灯与大灯开关、变光开关、刮水器开关、洗涤喷水开关、喇叭开关等组装在一个组合体内，称之为组合开关。它具有操作灵活、使用方便等特点，也保证行车安全。

图 10－13 所示为东风 EQ1090F 汽车上装用的 JK320 型组合开关的外形图。

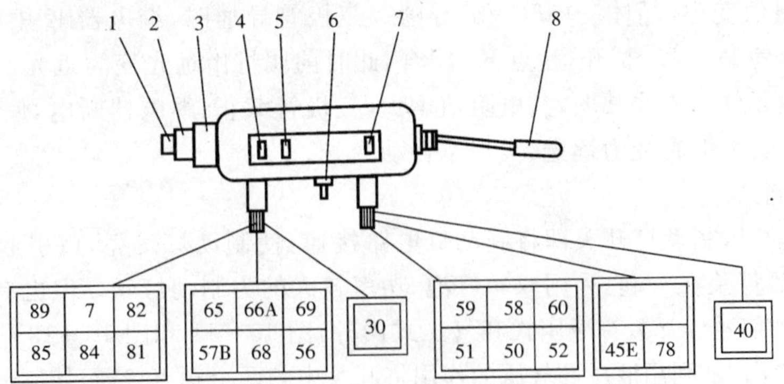


图 10－13　JK320 型组合开关

1—风窗洗涤器按钮　2—刮水器开关　3—车灯开关　4—前侧灯开关

5—后照灯开关　6—喇叭电刷　7—暖风开关　8—转向变光开光

表 10－7 所示为东风 EQ1090F 汽车上装用的 JK320 型组合开关的挡位通断表。

表 10－7 JK320 型组合开关挡位通断表

| 触点代号 | | | 50 | 51 | 52 | 58 | 60 | 59 | 30 | 56 | 18 | N1 | 65 | 66A | 57B | 69 | 45E | 78 | 89 | 7 | 85 | 84 | 82 | 81 | 40 |
|---|---|---|---|---|---|---|---|---|---|---|---|---|---|---|---|---|---|---|---|---|---|---|---|---|---|
| 额定电流/A | | | — | 10 | 10 | — | 20 | 20 | — | 10 | — | — | — | — | — | — | — | — | — | 5 | 10 | 10 | 10 | 10 | 1 |
| 开关挡位 | 转向 | 左 | ○ | ○ | | | | | | | | | | | | | | | | | | | | | |
| | | 中 | ○ | | | | | | | | | | | | | | | | | | | | | | |
| | | 右 | ○ | ○ | | | | | | | | | | | | | | | | | | | | | |
| | 超车 | 左 | ○ | ○ | | | | | | | | | | | | | | | | | | | | | |
| | | 右 | ○ | | ○ | | | | | | | | | | | | | | | | | | | | |
| | 变光 | 超车 | | | | ○ | ○ | | | | | | | | | | | | | | | | | | |
| | | 近光 | | | | ○ | ○ | | | | | | | | | | | | | | | | | | |
| | | 远光 | | | | ○ | | ○ | | | | | | | | | | | | | | | | | |
| | 灯光 | 断 | | | | | | | ○ | | | | | | | | | | | | | | | | |
| | | Ⅰ | | | | | | | ○ | ○ | | | | | | | | | | | | | | | |
| | | Ⅱ | | | | | | | ○ | ○ | ○ | ○ | | | | | | | | | | | | | |
| | 前侧灯 | 断 | | | | | | | | | | | ○ | | | | | | | | | | | | |
| | | 通 | | | | | | | | | | | ○ | ○ | | | | | | | | | | | |
| | 尾灯 | 断 | | | | | | | | | | | | | ○ | | | | | | | | | | |
| | | 通 | | | | | | | | | | | | | ○ | ○ | | | | | | | | | |
| | 暖风 | 断 | | | | | | | | | | | | | | | ○ | | | | | | | | |
| | | 通 | | | | | | | | | | | | | | | ○ | ○ | | | | | | | |
| | 雨刮 | 断 | | | | | | | | | | | | | | | | | | | | ○ | | ○ | |
| | | 间歇 | | | | | | | | | | | | | | | | | | ○ | ○ | ○ | | ○ | |
| | | 低速 | | | | | | | | | | | | | | | | | | ○ | | | | ○ | |
| | | 断 | | | | | | | | | | | | | | | | | | ○ | | | ○ | | |
| | 洗涤 | 断 | | | | | | | | | | | | | | | | | | ○ | | | | | |
| | | 通 | | | | | | | | | | | | | | | | | ○ | ○ | | | | | |
| | 喇叭 | | | | | | | | | | | | | | | | | | | | | | | | ○ |

2. 继电器

继电器又称电磁开关。继电器可分为功能继电器和电路控制继电器两种。功能继电器如闪光继电器、刮水器间歇继电器等。此处所指的继电器是电路控制继电器，它通过流经开关和继电器线圈的小电流，控制用电装置的大电流，起到减小开关电流负荷、保护开关触点不被烧蚀或实现电路的转换等功能。

继电器在结构上由电磁线圈、铁芯、衔铁和一组触点组成，如图 10－14 所示。当线圈两

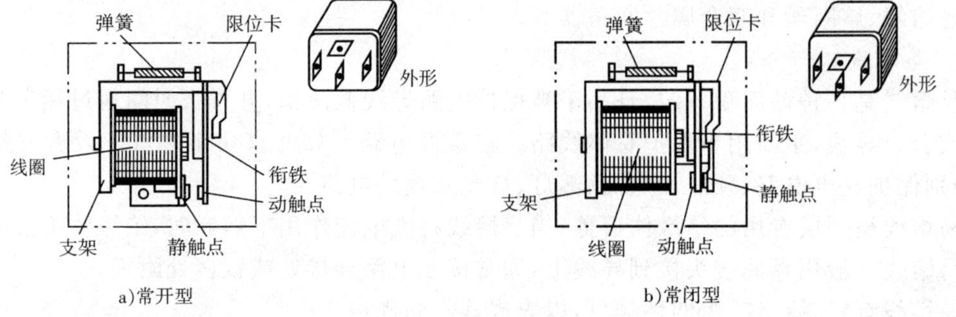


图 10－14 继电器

端加上一定电压时，线圈中会流过一定的电流，铁芯将产生一定的磁通并被磁化，衔铁会在电磁吸力的作用下克服弹簧的拉力吸向静铁芯，从而带动动触点与静触点闭合。线圈断电后，电磁吸力消失，衔铁以及动触点在弹簧作用下返回原来位置。

继电器按触点状态不同，分为常开型、常闭型和开闭混合型三类。在与电路连接方式上继电器可分为接线柱式和插接式。接线柱式继电器触点容量（负荷）可做得较大，在国产车的启动电路、喇叭电路中很常见，但是连接繁琐，正逐渐为插接式继电器所取代。插接式继电器因安装方便，体积较小，在国外和国产新型汽车上得到了广泛应用。

根据继电器所控制的电路不同，电路控制继电器又有电源继电器、启动继电器、喇叭继电器、前照灯继电器、雾灯继电器等类型。

图 10－15 所示为小型通用插接式继电器的内部电路及插座布置，通常插脚“86”为电源端，“85”接控制开关，“88”或“30”为电源端，“87”接负载。

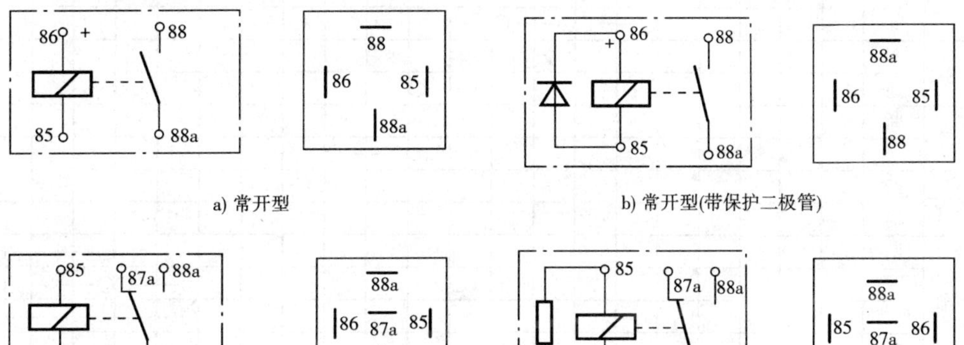

a) 常开型　b) 常开型(带保护二极管)　c) 混合型　d)混合型(带泄放电组)

图 10－15　小型通用插接式继电器的内部电路及插座布置示意图

继电器的检查方法简单：在线圈两端加上规定电压，正常时能听到吸合声，然后用万用表检查触点对应接点的通断情况。

## 二、电路保护器件

电路保护装置俗称保险器，串联在电源与用电设备之间。当用电设备或线路发生短路或过载时，切断电源电路，以免电源、用电设备和线路损坏。现代汽车上广泛使用的保险装置有易熔线、熔断丝和双金属片断路器等。

### 1. 易熔线

易熔线是一种截面积一定，且小于被保护电路导线截面积，并可长时间通过额定电流的铜线或合金导线，主要用于保护总体线路或较重要电路。如北京切诺基汽车设有五条易熔线，分别保护充电电路、预热加热器、雾灯、灯光及辅助电路。

易熔线被一层专用的绝缘体覆盖，当易熔线在大电流作用下熔断时，绝缘体不会燃烧。

易熔线一般用卷曲接头接到导线上，通常接在电路连接处或铰接处附近。

易熔线有棕、绿、红、黑四种颜色，以表现其不同规格。

2. 熔断丝

熔断丝俗称保险丝，常用于对局部电路进行保护，是最普通的电路保护装置。熔断丝的材料是锌、铅、锡、铜等金属的合金，一般装在玻璃管中或直接装在熔断器盒内。

熔断丝的熔断时间决定于流过的电流值的大小和其本身的结构参数。汽车用熔断丝，要求流过的电流超过额定电流的 10%时不熔断；流过的电流超过 35%时，在 60s 以内熔断；流过的电流超过 50%时，20A 以内的熔丝在 15s 以内熔断，30A 的熔丝在 30s 以内熔断。当增加汽车附件时，必须选用额定电流值正确的熔断丝。所需熔丝（保险丝）的额定电流值计算公式为：$I=P/U$，同时在选熔断丝时还要考虑浪涌电流（5%～10%）。

熔断丝按结构形式分，有金属丝式、管式、片式和平板式等多种形式，如图 10-16 所示。

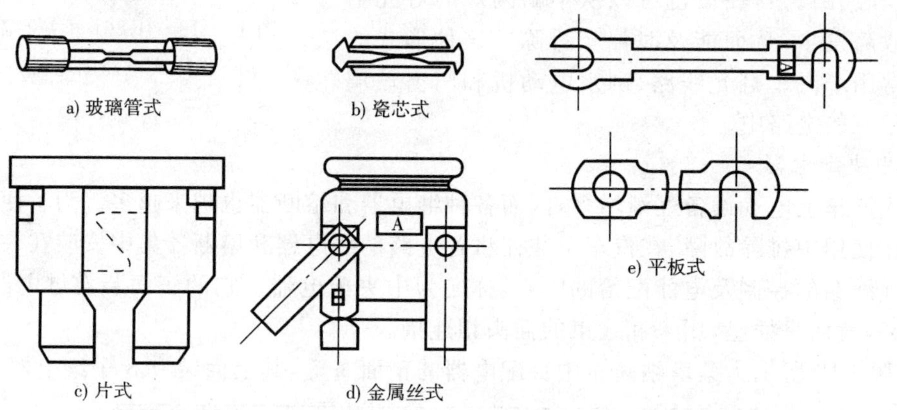


图 10-16　熔断丝的结构形式

熔丝是可换的元件，烧断后必须更换相同规格的熔断丝，切勿使用超过汽车厂规定的额定值的熔丝，否则，会损害或破坏电路。

3. 双金属片断路器

对于那些在平常工作时容易过载的电路，一般用电路断电器保护。与易熔线和熔断丝相比，其特点是可以重复使用。它的基本原理是利用一对受热敏双金属片控制的触点，受热变形使触点分离。双金属片断路器按作用形式分成一次作用式和循环作用式两种结构。

（1）一次作用式电路断电器

如图 10-17 所示，其中双金属片 3 是由两片线膨胀系数不同的金属材料制成，当负载电流超过限定值时，双金属片受热变形，向上弯曲，使触点分开，切断电路。若要重新接通电路，必须按一下按钮 5，使双金属片受压复位，方可继续工作。如果限制电流值不符合要求，可以旋松螺母 10，调节螺钉 11，以改变双金属片的挠度。

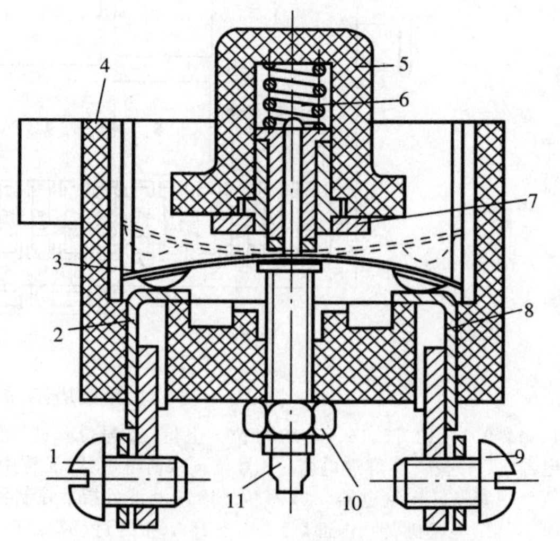


图 10-17　一次作用式电路断电器

1、9—接线柱　2、8—触点　3—双金属片　4—外壳　5—按钮　6—弹簧　7—垫圈　10—螺母　11—调节螺钉

(2)循环作用式电路断电器

推拉式照明开关上的双金属片电路断电器即为循环作用式电路断电器，如图 10-18 所示。其特点是膨胀系数较大的金属片在活动触点一面，当电路过载或短路时，较强的电流通过双金属片，双金属片受热膨胀并弯曲，使触点分开而切断电路。双金属片冷却后，又恢复到原来位置，会使触点重新闭合。如此循环不止，这样当电路中过载、短路或搭铁的故障尚未排除时，电路断电器使电路时而接通，时而切断，所以不会损坏电源、灯泡和线路。驾驶员也可以从不断闪烁的灯光中发现有故障发生，从而能及时停车排除。这种形式的断路器常用于汽车灯光线路、刮水电动机和门窗玻璃升降电动机的电路中。

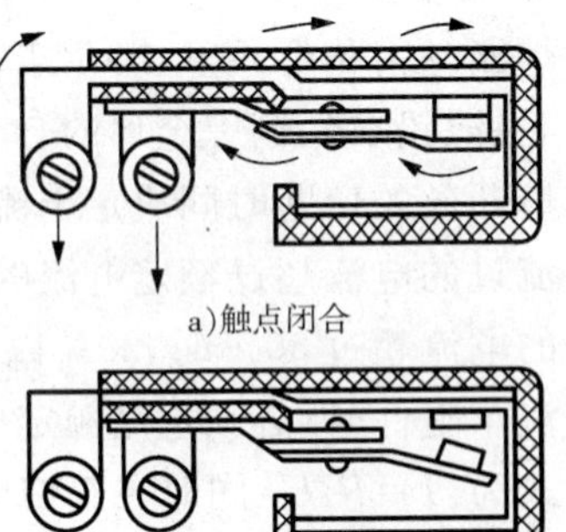
a)触点闭合

b)触点分开

图 10-18　JK861 开关上循环作用式电路断电器

4. 中央配电器

现代汽车上电气设备逐渐增多，因而各种继电器和熔断器也越来越多。为了便于检查、装配和在使用中排除故障，在汽车上往往将各电路的继电器和熔断器集中安装在一起，构成整车电气线路的控制及电能配给的中心，称之为中央配电器。它的正面装有继电器和熔断器的插头，背面是插座，用来和线束的插头相连接。

图 10-19 所示为桑塔纳轿车中央配电器的正面布置，其上面装有 8 个继电器、24 个熔

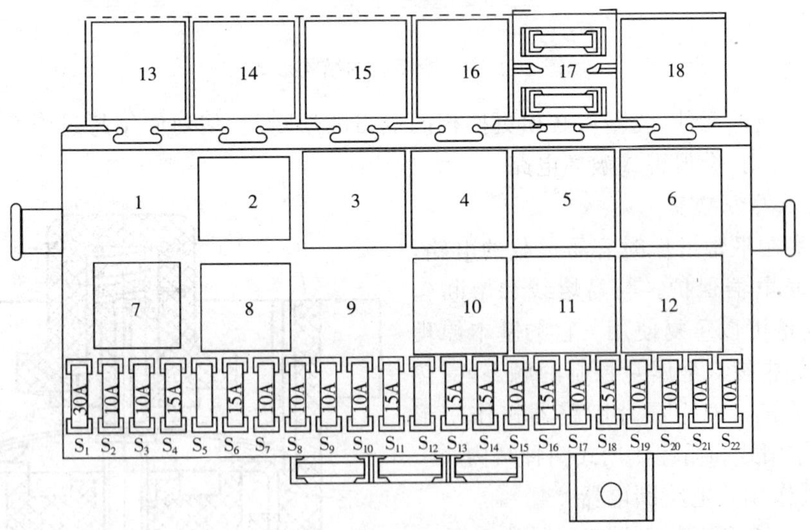


图 10-19　上海桑塔纳轿车中央配电器盒正面板布置

1、3、4、9、11、13、15、16、17、18 号位—空位　2 号位—进气预热继电器　5 号位—空调继电器　6 号位—高、低音喇叭继电器　7 号位—雾灯继电器　8 号位—减荷继电器(又称中间继电器)　10 号位—前风窗清洗刮水装置继电器　12 号位—报警及转向继电器　14 号位—冷却液不足指示控制器　$S_1$—30A(散热器风扇)　$S_2$—10A(制动灯)　$S_3$—10A(点烟器、收音机、钟、内部灯)　$S_4$—15A(报警灯、应急灯)　$S_5$、$S_{12}$—空位　$S_6$—15A(雾灯 A)　$S_7$—10A(尾灯、左侧灯)　$S_8$—10A(尾灯、右侧灯)　$S_9$—10A(右大灯远光)　$S_{10}$—10A(左大灯远光)　$S_{11}$—15A(刮水器及清洗装置)　$S_{13}$—15A(后风窗除霜器)　$S_{14}$—15A(空调鼓风机)　$S_{15}$—10A(倒车灯)　$S_{16}$—15A(喇叭)　$S_{17}$—10A(进气歧管预热热敏开关)　$S_{18}$—15A(喇叭、制动报警灯)　$S_{19}$—10A(转向信号灯)　$S_{20}$—10A(牌照灯、杂物箱灯)　$S_{21}$—10A(左大灯近光)　$S_{22}$—10A(右大灯近光)　$S_1$～$S_{22}$后的括号内为其保护的电器名称

断丝。熔断丝有30A、20A、15A、10A四种，外表分别涂有绿、黄、蓝、红颜色以示区别。熔断丝的额定电流与保护电路见表10-8。中央配电器的背面装有不同颜色的线束插座，其布置如图10-20所示，插座的颜色与用途见表10-9。

表10-8　熔断器的容量及保护电路

| 安装位置 | 容量(A) | 保护电路 | 安装位置 | 容量(A) | 保护电路 |
|---|---|---|---|---|---|
| 1 | 30 | 散热风扇 | 13 | 20 | 后窗除霜器 |
| 2 | 10 | 制动灯 | 14 | 20 | 空调(鼓风机) |
| 3 | 10 | 点烟器、内部灯 | 15 | 10 | 倒车灯 |
| 4 | 15 | 报警灯 | 16 | 15 | 信号喇叭 |
| 5 | — | 空位 | 17 | 10 | 化油器怠速截止阀 |
| 6 | 15 | 前雾灯 | 18 | 15 | 喇叭继电器、手制动灯 |
| 7 | 10 | 尾灯、示宽灯(左) | 19 | 10 | 转向信号灯 |
| 8 | 10 | 尾灯、示宽灯(右) | 20 | 10 | 牌照灯 |
| 9 | 10 | 前照灯远光(右) | 21 | 10 | 前照灯近光(左) |
| 10 | 10 | 前照灯远光(左) | 22 | 10 | 前照灯近光(右) |
| 11 | 15 | 刮水器与洗涤器 | 23 | 30 | 空调电磁离合器 |
| 12 | 15 | 后刮水器与洗涤器 | 24 | 10 | 后雾灯 |

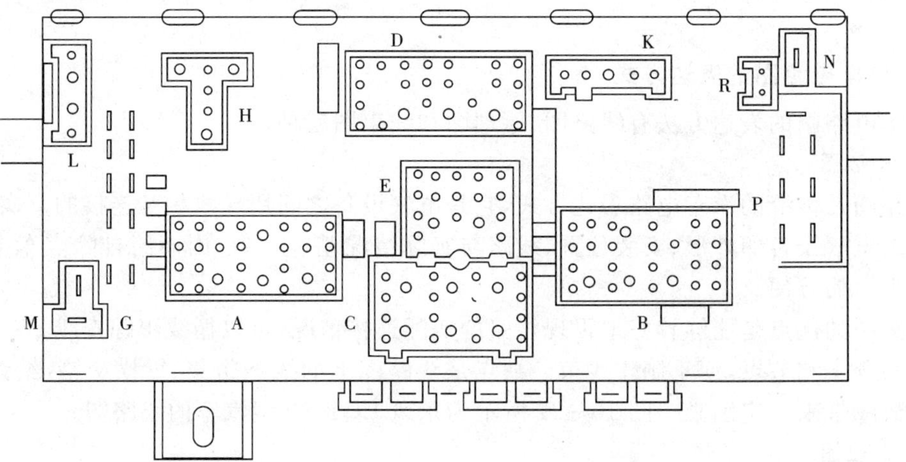


图10-20　上海桑塔纳轿车中央配电器盒背面板布置

A—用于连接仪表板线束(插件蓝色)　B—用于连接仪表板线束(插件红色)

C—用于连接发动机室左边线束(插件黄色)　D—用于连接发动机室右边线束(插件蓝色)

E—用于连接车辆后部线束(插件黑色)　G—用于连接单个插头(主要用于冷却液不足指示控制器)

H—用于连接空调装置的线束(插件棕色)　K、M、R—空位　L—用于连接双音喇叭等线束(插件灰色)

N—用于单个插头(主要用于进气管预热器的加热电阻的电源)

P—用于单个插头(主要用于蓄电池火线与中央线路板“30”的连接)

表 10-9 中央配电器背面插座的颜色与用途

| 插座代号 | 插座颜色 | 用于连接的线束插头 |
|---|---|---|
| A | 蓝 | 仪表板线束 |
| B | 红 | 仪表板线束 |
| C | 黄 | 发动机左线束 |
| D | 白 | 发动机右线束 |
| E | 黑 | 后灯线束 |
| G | 无 | 阻风门、手制动灯线束 |
| H | 棕 | 空调系统线束 |
| K | | 安全带报警系统线束 |
| L | 灰 | 喇叭线束 |
| M | 黑 | 灯开关接线柱 56 和闪光灯开关 56b 接线柱的插头 |
| N | 无 | 进气预热装置 |
| P | 红 | 蓄电池电源线 |
| R | | 空位 |

# 第四节 全车线路分析

## 一、汽车电路图的表达方式

汽车电路图的表达方法有线路图、原理图和线束图三种。

1. 线路图

线路图是传统的汽车电路表达方式，它是电气设备之间用导线相互连接的真实反映，它所表示的电气设备的外形、安装位置、线路与实际情况基本一致，因而给排除汽车电气故障提供了极大的方便。

线路图的优点是能够较好地再现线路的实际连接情况，可以循线跟踪查线，容易找到导线中间的分支和节点，便于制作线束。缺点是线路图上的线条密集、纵横交错，给读图和查找分析故障带来一定困难。图 10-21 所示为东风 EQ1090 型汽车的线路图。

2. 原理图

原理图又称线路简图，是用国家统一规定的简明图形符号按电路工作原理和连接状态将每个系统由上到下合理地连接起来，再将每个系统横向排列而成。图 10-22 为东风 EQ1090 型汽车的电路原理图。

汽车电路原理图是以表达汽车电路的工作原理和相互连接关系为重点，而不注重电气设备的形状、位置和导线走向等实际情况，是依据原车线路图、相关资料和实物改画成的，是对线路图的高度简化。因此电路图面清晰明了、通俗易懂，电路连接和控制关系清楚，对了解汽车电气设备的工作原理和迅速分析排除电气系统的故障十分有利。

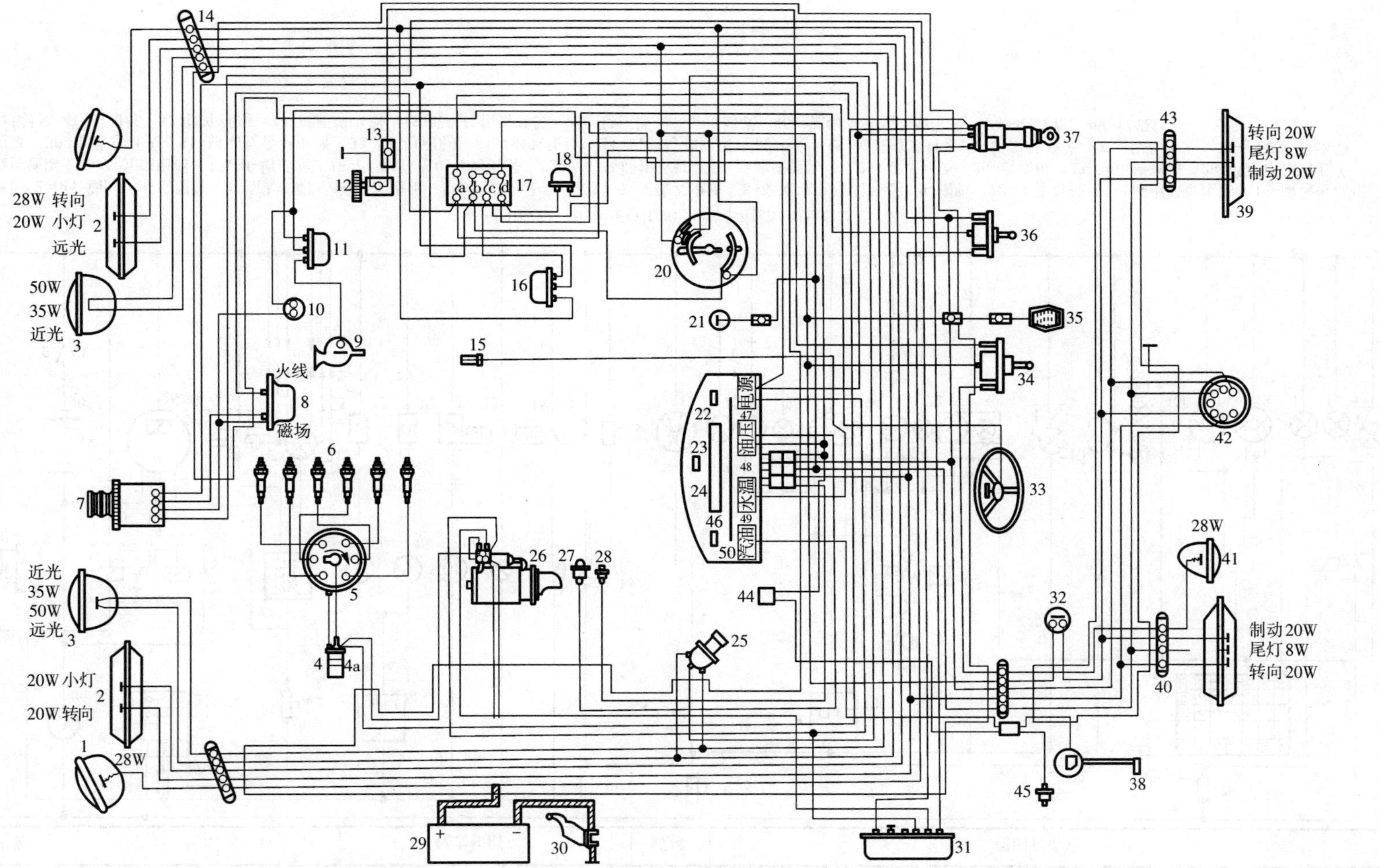

图 10-21　东风 EQ1090 型汽车线路图

1-前侧灯　2-组合前灯　3-前照灯　4-点火线圈　4a-附加电阻　5-分电器　6-火花塞　7-交流发电机　8-交流发电机调节器　9-喇叭　10-工作灯插座　11-喇叭继电器　12-暖风电动机　13-接线板　14-五线接线板　15-水温传感器　16-灯光继电器　17-熔断丝盒　17a~d-熔断丝　18-闪光器　20-车灯开关　21-发动机罩下灯　22-左右转向指示灯　23-低油压警告灯　24-车速里程表　25-变光开关　26-启动机　27-油压表传感器　28-低油压报警开关　29-蓄电池　30-电源总开关　31-启动复合继电器　32-制动灯开关　33-喇叭按钮　34-后照灯和暖风电动机开关　35-驾驶室顶灯　36-转向灯开关　37-点火开关　38-燃油表传感器　39-组合尾灯　40-四线接线板　41-后照灯　42-挂车插座　43-二线接线板　44-低气压蜂鸣器　45-低气压报警开关　46-仪表盘　47-电流表　48-油压表　49-水温表　50-燃油表

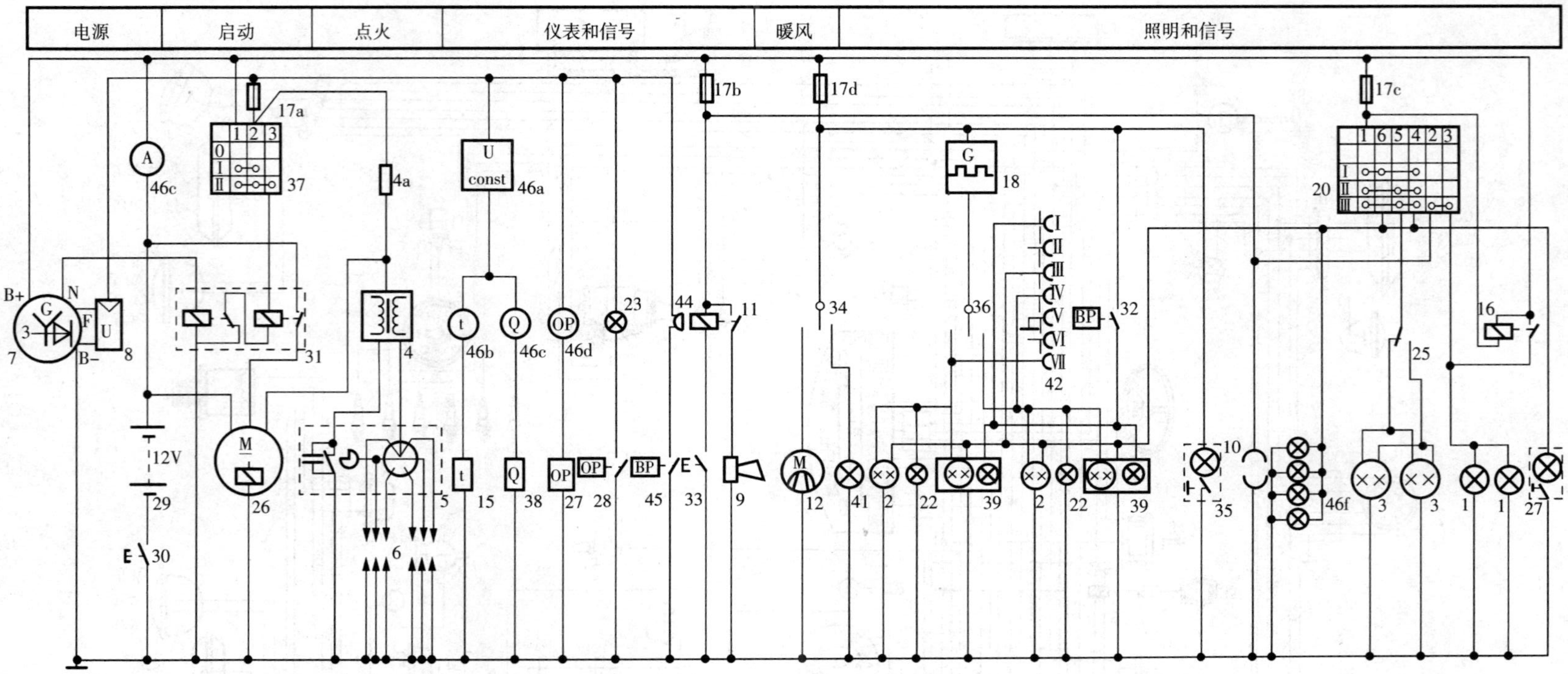

图 10-22　东风 EQ1090 型汽车电路原理图

1-前侧灯　2-组合前灯　3-前照灯　4-点火线圈　4a-附加电阻　5-分电器　6-火花塞　7-交流发电机　8-交流发电机调节器　9-喇叭　10-工作灯插座　11-喇叭继电器　12-暖风电动机　15-水温传感器　16-灯光继电器　17a~d-熔断丝　18-闪光灯　20-车灯开关　22-左右转向指示灯　23-低油压警告灯　25-变光开关　26-启动机　27-油压传感器　28-低油压报警开关　29-蓄电池　30-电源总开关　31-启动复合继电器　32-制动灯开关　33-喇叭按钮　34-后照灯和暖风电机开关　35-驾驶室顶灯　36-转向灯开关　37-点火开关　38-燃油表传感器　39-组合尾灯　41-后照灯　42-挂车插座　44-低压蜂鸣器　45-低气压报警开关　46a-稳压器　46b-水温表　46c-燃油表　46d-油压表　46e-电流表　46f-仪表灯

3. 线束图

汽车上的导线数量和种类很多，为保证安装可靠而将走向相同的各类导线包扎成电缆，即为线束。线束图是根据汽车线束在汽车上的布置、分段以及各分支导线端口的具体连接情况而绘制的电路图，它着重标明各导线的序号、连接电器的名称、接线柱的名称、各插接器插头和插座的序号等。

在进行安装操作时，只要将导线和插接器按图上标明的序号连接到相应的电器接线柱和插接器上，便可完成线路的安装，这种图给安装和维修带来了很大方便。该图的特点是不说明电器线路的走向和原理，因而线路简单。图 10－23 为东风 EQ1090F 型汽车线束图。

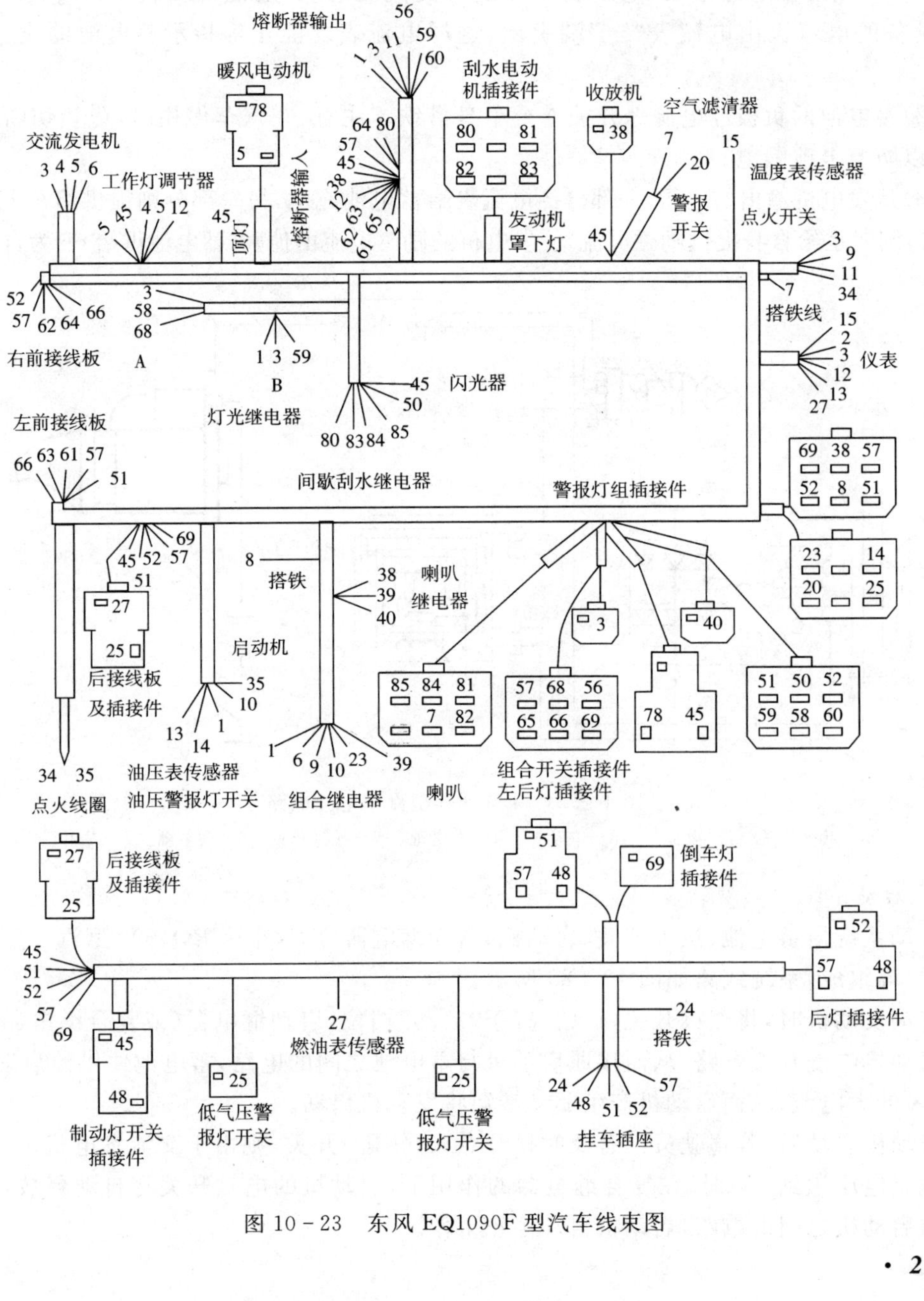

图 10－23　东风 EQ1090F 型汽车线束图

## 二、全车线路图分析

本节将以东风 EQ1090 型载货汽车为例，分系统介绍全车线路的组成与特点。由图 10－21可知，东风 EQ1090 型载货汽车的全车线路图主要由电源系统、启动系统、点火系统、仪表与喇叭系统、照明与灯光信号系统等组成。

1．电源系统

电源系统包括蓄电池、交流发电机、调节器、点火开关、电流表等，东风 EQ1090 汽车配装电子式电压调节器，电源线路如图 10－24 所示，其特点主要有：

(1)发电机与蓄电池并联，蓄电池的充、放电电流大小由电流表指示。接线时应注意电流表的“－”端接蓄电池正极，电流表“＋”端与交流发电机“电枢”接线柱 B(或“A”)连接。用电设备的电流也由电流表“＋”端引出，这样电流表才能正确指示蓄电池的充、放电电流值。

(2)蓄电池的负极经电源总开关连至车身搭铁。注意：在汽车停用时，应当切断电源总开关，以防蓄电池漏电。

(3)从发电机输出的电压，一部分经电流表给蓄电池充电，另一部分则提供给车上其他用电设备，同时也给自身提供励磁电流，使发电机的励磁电流由他励(蓄电池供给)变为自励。

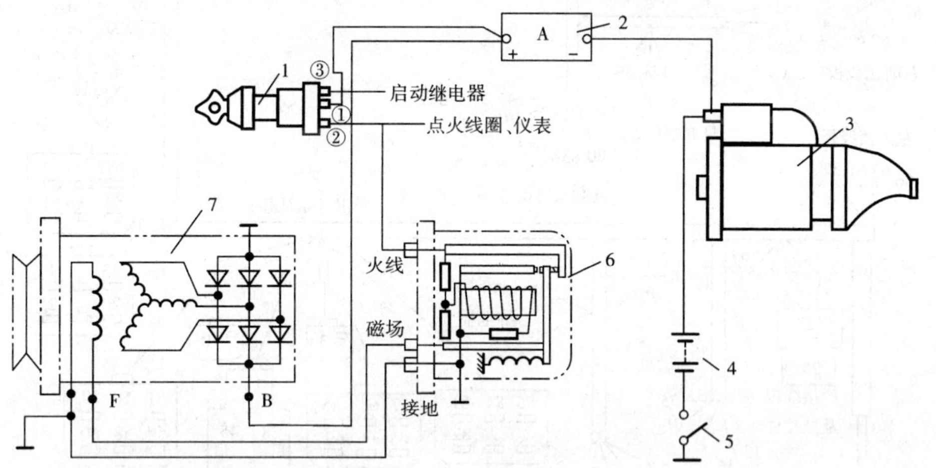


图 10－24　EQ1090 型汽车电源电路

1－点火开关　2－电流表　3－电动机　4－蓄电池　5－电源开关　6－调节器　7－发电机

2．启动系统

启动系统由蓄电池、点火开关、启动机、启动继电器(部分东风 EQ1090 型汽车配装复合继电器)等组成，系统线路如图 10－25 所示。

启动发动机时，将点火开关(钥匙)置于“启动”挡位，启动继电器(或复合继电器)工作，接通启动机电磁开关电路，从而接通启动机与蓄电池之间的电路，蓄电池便供给启动机 400～600A 的大电流，从而启动机产生驱动转矩将发动机启动。

发动机启动后，若驾驶员没有及时松开点火(钥匙)开关，则由于交流发电机电压升高，当中性点电压达到 5V 时，在复合继电器的作用下，启动机的电磁开关将自动释放，切断蓄电池与启动机之间的电路，启动机自动停止工作。

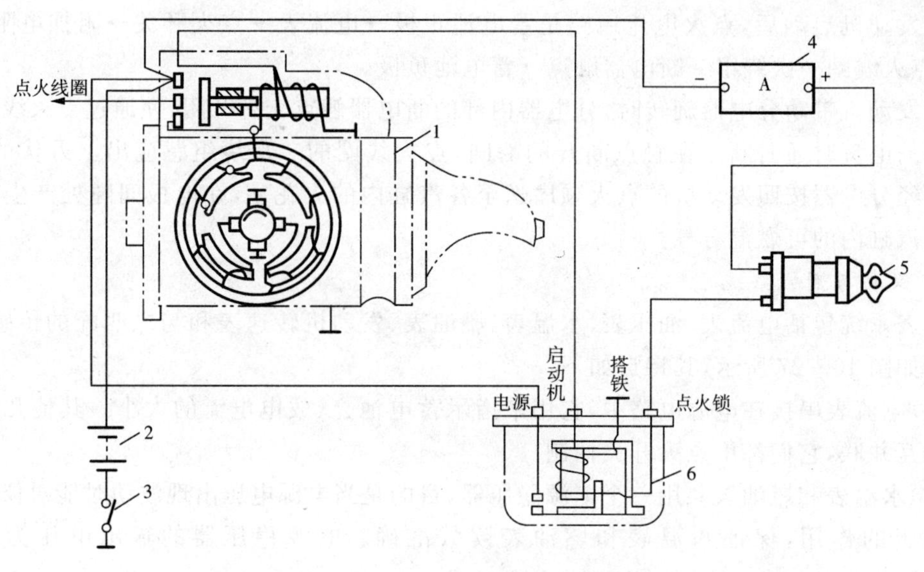


图 10-25　EQ1090 型汽车启动电路

1—启动机　2—蓄电池　3—电源开关　4—电流表　5—点火开关　6—启动继电器

根据国家标准 GB 9420—88 的规定，汽车用启动电动机电路的电压降（每百安培的电压差）：12V 电气系统不得超过 0.2V，24V 电气系统不得超过 0.4V。因此，连接启动电动机和蓄电池的电线必须使用具有足够大横截面积的专用电线并连接牢固，防止接触不良现象发生。

3. 点火系统

点火系统包括点火线圈、分电器、点火开关、附加电阻、火花塞、蓄电池等，系统线路如图 10-26 所示。

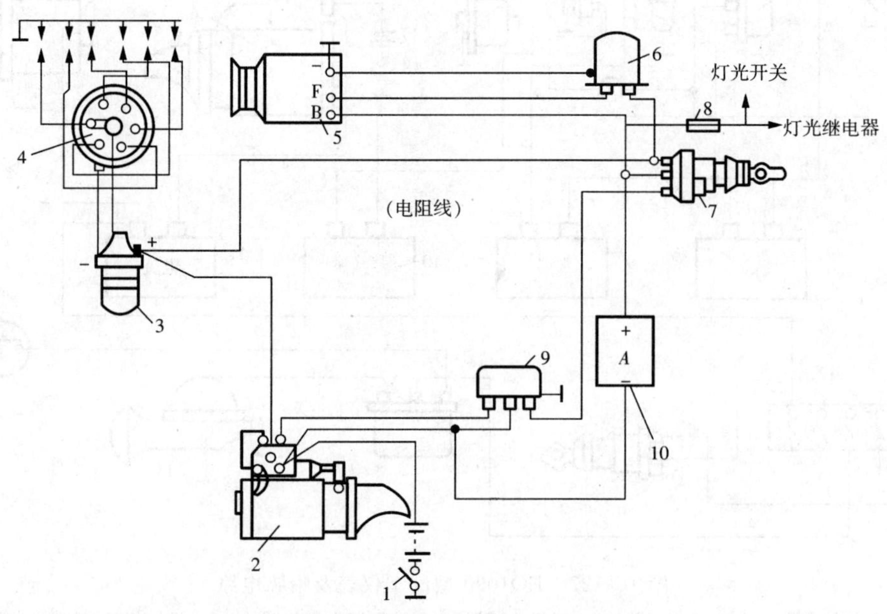


图 10-26　EQ1090 型汽车点火线路

1—电源总开关　2—启动机　3—点火线圈　4—分电器　5—发电机

6—调节器　7—点火开关　8—双金属保险器　9—启动继电器　10—电流表

当发动机启动后，点火电流通路是蓄电池正极→电流表→点火开关→附加电阻（电阻线）→点火线圈一次绕组→断电器触点→蓄电池负极。

当发动机带动分电器旋转时，分电器内部的断电器触点交替开闭，使通过点火线圈一次绕组中的电流时通时断。在触点断开的瞬间，点火线圈的二次绕组感应出上万伏的高压。此高压经分电器按照发动机的点火顺序送至各汽缸内的火花塞，在电极间隙处产生火花从而点燃汽缸内的可燃混合气。

4. 仪表与喇叭系统

仪表系统包括电流表、油压表、水温表、燃油表、发动机转速表和与之匹配的传感器，系统线路如图 10 - 27 所示，其特点如下：

（1）电流表串接在电源电路中，它用来指示蓄电池充、放电电流的大小。其他几种仪表之间相互并联，它们都由点火开关控制。

（2）水温表和燃油表共用一个电源稳压器，目的是当电源电压出现波动时能对仪表电源起到稳压的作用，保证水温表和燃油表读数准确。电源稳压器的输出电压为 8.64V ±0.15V。

（3）报警装置包括油压过低指示灯和气压过低蜂鸣器两种，分别由各自的报警开关控制。当机油压力低于 50～90 kPa 时，在油压传感器的作用下，油压过低报警开关触点闭合，油压过低指示灯电路接通发亮，指示发动机机油压力过低，应及时进行维修。东风 EQ1090 型汽车采用气压制动系统，当制动系统的气压下降到 340～370 kPa 时，气压过低蜂鸣器就会鸣叫，给予警告。

（4）电喇叭由喇叭按钮和喇叭继电器控制。

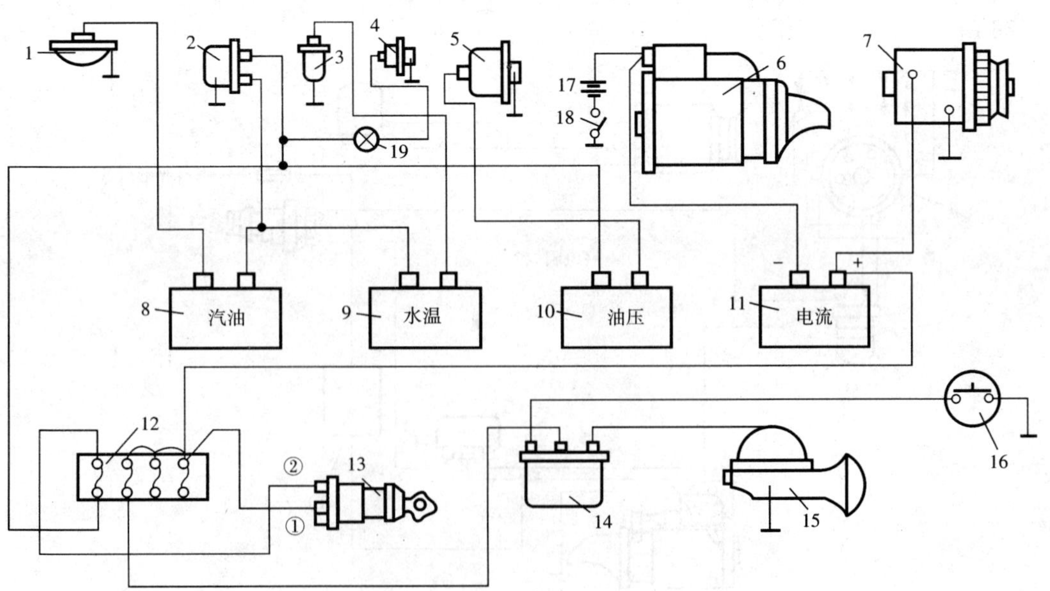


图 10 - 27　EQ1090 型汽车仪表及喇叭电路

1—燃油传感器　2—电源稳压器　3—温度传感器　4—油压警告灯传感器　5—机油传感器　6—启动机
7—发电机　8—燃油表　9—水温表　10—机油表　11—电流表　12—保险盒　13—点火开关
14—喇叭继电器　15—电喇叭　16—喇叭按钮　17—蓄电池　18—电源开关　19—油压警告灯

5. 照明与灯光信号系统

照明与灯光系统包括全车所有照明灯和灯光信号。系统线路如图 10－28 所示。

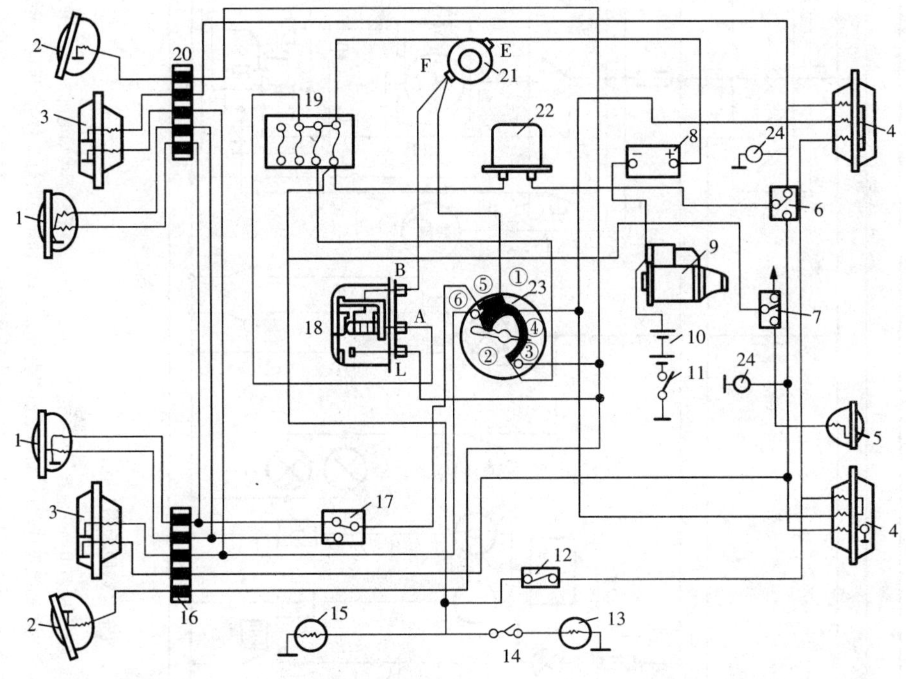


图 10－28　EQ1090 型汽车照明及闪光信号电路

1—前照灯　2—侧灯　3—前组合灯　4—后组合灯　5—后照灯　6—转向灯开关　7—暖风开关　8—电流表　9—启动机　10—蓄电池　11—电源开关　12—制动开关　13—顶灯　14—顶灯开关　15—罩下灯　16、20—接线板　17—变光开关　18—灯光继电器　19—保险丝盒　21—双金属片保险器　22—闪光器　23—灯开关　24—转向指示灯

其特点如下：

(1)前照灯为两灯制,采用双丝灯泡。

(2)前照灯外侧为前侧灯,前侧灯采用单灯丝,光轴与前照灯光轴成 20°夹角,即分别向左、右偏斜 20°。因此,在夜间行车时,如果前照灯与前侧灯同时点亮,汽车正前方和左、右两侧的较大范围内都有较好的照明,即使在汽车急转弯时,也能照亮前方的路面,从而大大改善了汽车在弯道多、转弯急的道路上行驶时的照明条件。

(3)前照灯、前侧灯、前小灯及尾灯都由手柄式车灯开关控制,转向信号灯受转向灯开关控制。

(4)设有灯光保护线路,能对各灯光电路进行电流过大保护。

(5)制动信号灯不受车灯总开关控制,它直接经熔断丝与电源相连接,只要踏下制动踏板,制动灯开关就会接通制动灯电路使制动灯发亮。

**三、汽车总线路图应用实例分析**

我们以夏利牌 TJ7100/7100U 型轿车电路为例介绍全车总线路图。夏利牌 TJ7100/7100U 型轿车的电路由电源电路、启动电路、点火电路、冷却风扇电路、仪表与警告电路、信号电路、照明电路以及空调电路等组成。电路原理图见图 10－29 所示。

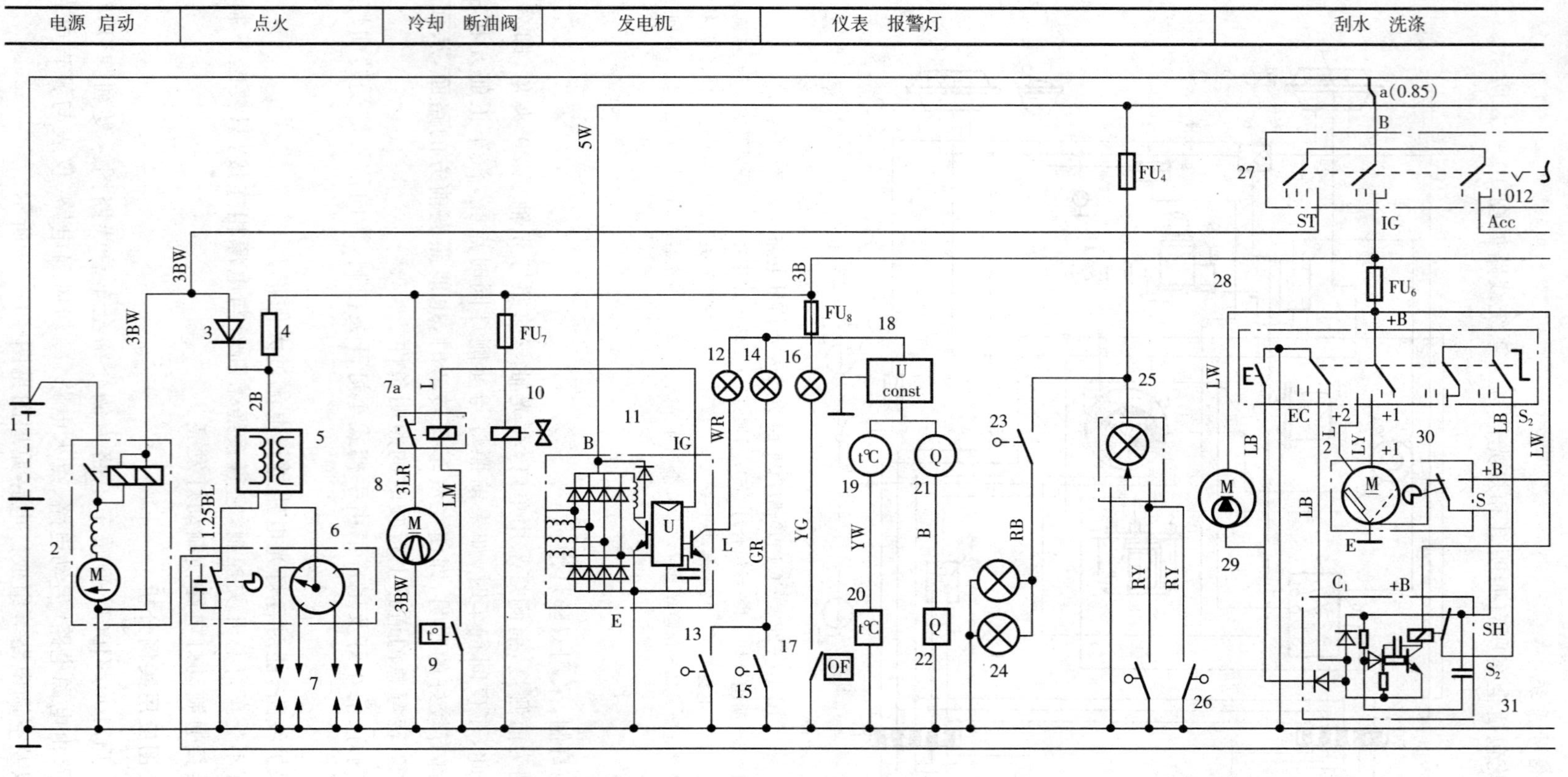


图 10-29 夏利 TJ7100/7100U 型汽车电路原理图(一)

a、b、c–易熔线 FU1~FU14–熔断丝 1–蓄电池 2–启动机 3–二极管 4–附加电阻 5–点火线圈 6–断电和分电器 7–火花塞 7a–继电器 8–散热器风扇电机 9 温控开关 10–燃油截断电磁阀 11–整体式交流发电机 12–充电指示灯 13–驻车制动开关 14–制动液面报警灯 15–制动液面报警开关 16–油压报警灯 17–油压报警开关 18–仪器稳压表 19–水温表 20–水温表传感器 21–燃油表 22–燃油表传感器 23–制动灯开关 24–制动灯 25–室内灯及其开关 26–门控开关 27–点火开关 28–刮水器开关 29–洗涤电动机 30–刮水电动机 31–刮水间歇继电器

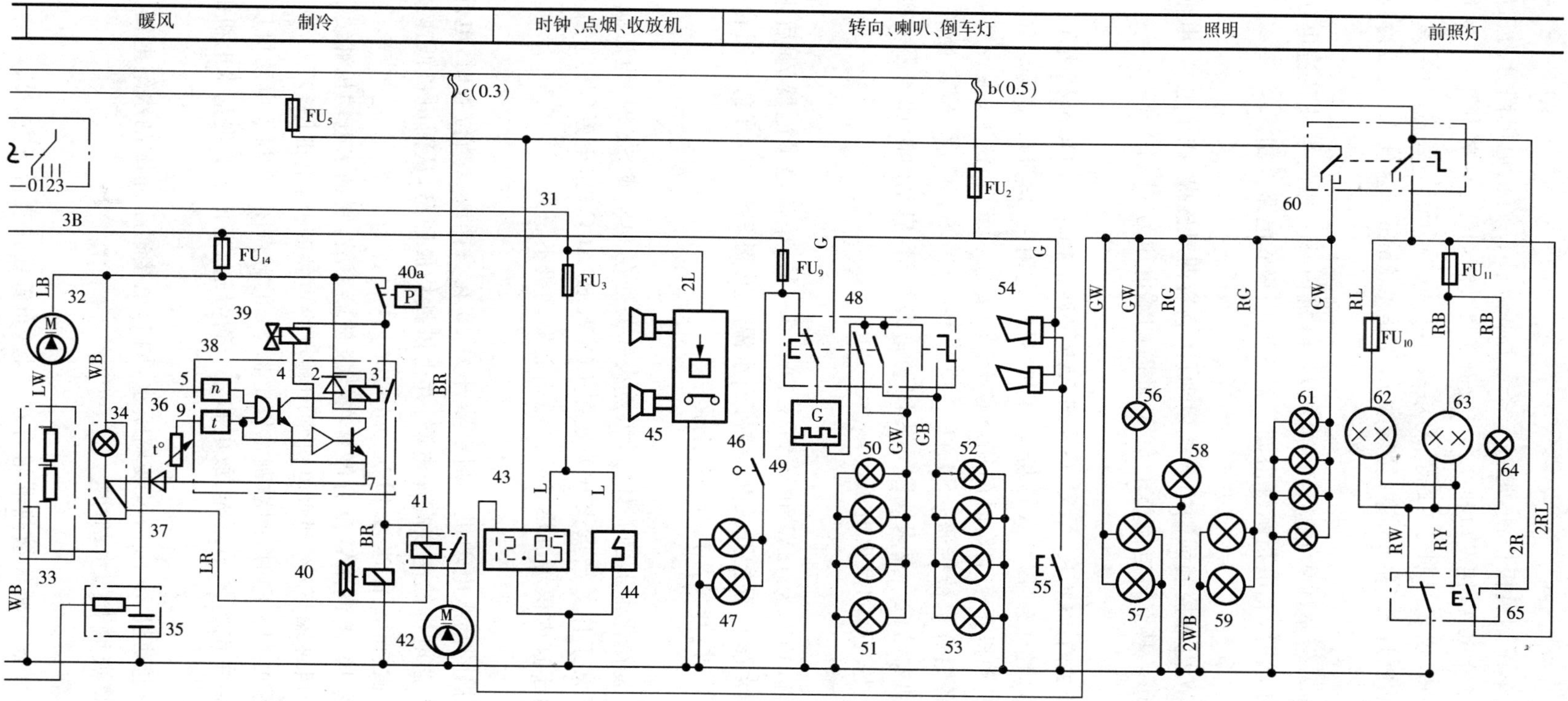

| 暖风 | 制冷 | 时钟、点烟、收放机 | 转向、喇叭、倒车灯 | 照明 | 前照灯 |
|---|---|---|---|---|---|

图 10-29 夏利 TJ7100/7100U 型汽车电路原理图(二)

32-暖风电动机 33-暖风变速滑移式开关 34-空调开关 35-转速信号滤波器 36-热敏电阻 37-二极管 38-空调放大器 39-真空电磁阀 40-空调压缩机 41-继电器 42-冷凝器风扇电动机 43-数显时钟 44-点烟器 45-收放机 46-倒车灯开关 47-倒车灯 48-转向灯与报警灯开关 49-转向闪光继电器 50-左转向指示灯 51-左转向信号灯 52-右转向指示灯 53-右转向信号灯 54-喇叭 55-喇叭按钮 56-暖风开关照明灯 57-前示宽灯 58-牌照灯 59-后示宽灯 60-照明灯总开关 61-仪表照明灯 62-左前照灯 63-右前照灯 64-远光指示灯 65-变光与超车信号开关

1. 电源电路

电源电压 12V，采用单线制负极搭铁，通过三条易熔线 a、b、c 将供电电路分为三路：易熔线 a，规格 0.85mm$^2$，容量 60A，接发电机 11、点火开关 27、制动灯 24、室内灯 25、时钟 43、点烟器 44、示宽灯 57 和 59、仪表照明灯 61 等；易熔线 b，规格 0.5mm$^2$，容量 40A，接转向信号灯 51 和 53、喇叭 54、前照灯 62 和 63 等；易熔线 c，规格 0.3mm$^2$，容量 20A，接冷凝器风扇电动机 42。

11 为装有 12V、45A 八管整体式硅整流发电机，发电机内某一相的半波整流电压为集成电路调节器的输入电压信号，充电指示灯由调节器内专用集成电路控制。

2. 启动机

2 为采用 12V、0.8kW 电磁控制强制啮合式启动机，它有两对磁极、四个电刷，电枢轴向间隙为 0.05mm～0.6mm。其空转电流小于 50A，此时的端电压为 11V。

3. 点火系统

27 为点火开关，该开关有 LOCK、ACC、ON、START 四个挡位。LOCK 挡表示电路不通且方向盘被锁住。ACC 挡表示 B－ACC 接通，此时只接通附件 43、44、45 等。ON 挡位时 B－IG－ST 接通，是发动机正常工作时的钥匙位置，它接通了点火、仪表、报警灯等重要的设备，同时 ACC 挡的各附件也被接通。START 挡时 B－IG－ST 接通，ACC 断开，此时接通启动机电路从而启动发动机。点火线圈 5 为闭磁路型线圈，启动时附加电阻 4 被二极管 3 短路，以使启动时产生较高的点火电压。

4. 冷却风扇电路

采用直流永磁电动机，功率为 45W，电流为 3.7A±0.6A。电流经继电器 7a 后进入散热器风扇电动机 8，继电器 7a 由温控开关 9 控制，当水温上升到 92℃时，开关 9 闭合，风扇运转。当水温下降至 82℃时，开关 9 打开，风扇停转。

5. 断油电磁阀电路

燃油截断电磁阀 10 装在化油器的壳体上，当点火开关处在 ON 或 ST 时，电磁阀工作，怠速油道打开，化油器正常工作。当点火开关处在 LOCK 或 ACC 时，电磁阀停止工作，怠速油道关闭，从而防止由于缸内积炭过热导致自燃引起发动机不熄火。

6. 刮水与洗涤电路

30 为两速式带间歇挡的刮水电动机。刮水器开关 28 在一挡或二挡位置时，电流经由刮水器开关 28，进入刮水器电机低速或高速电刷，并由搭铁构成回路，从而电机低速或高速转动。刮水臂高速为 70 次/min，低速为 48 次/min。

当刮水器开关打到零挡，若刮水臂没有停靠在挡风玻璃下沿，则刮水电动机继续低速运转，直到刮水臂停靠在挡风玻璃下沿，刮水电机常闭触点将电路断开，电机停转。

当刮水器开关在间歇挡(INT)时，间歇刮水继电器 31 的触点闭合，刮水电动机启动，刮水电动机运转中依靠电路中电容的不断充、放电和三极管导通、截止来实现刮水电机的间歇运动。

按下洗涤按钮，洗涤电动机 29 向挡风玻璃喷水，同时也接通了间歇刮水继电器 31，刮水电动机在间歇状态下将玻璃上的水刮净。

7. 空调系统控制电路

将暖风(电动)机、蒸发器和暖风散热器组合在一起，布置在仪表台下方。

暖风机 32 采用永磁式电动机为 12V、120W，受滑移式开关 33 控制，降压电阻丝装在暖风机风口处，阻值为 1.37Ω 和 2.1Ω。暖风机有低、中、高三种风速，其最大风量为 $330m^3/h$。

蒸发器安装在暖风机与暖风散热器之间，当风量为 $400m^3/h$ 时，制冷量为 1173kJ/h。

冷凝器安装在车头前脸内侧，当风量为 $759m^3/h$ 时，散热量为 11723kJ/h。42 为冷凝器风扇电动机，转速为 2710r/min±250r/min，工作电压为 12V，电流为 7A。

40 为空调压缩机，其工作容积为 121.7mL/r，制冷量为 1200kJ/h～1400kJ/h，最大连续转速为 7000r/min，润滑油容量为 120mL±20mL。压缩机电磁离合器型号为 SH－120，功率为 30W。

8. 数字显示石英表与点烟器电路

数显时钟 43 工作在蓄电池不断电（有电）的情况下。当点火开关 27 断开时，电流经由易熔线 a、熔断丝 $FU_5$ 提供，此时不显示时间；当点火开关接通时，电流经由点火开关、$FU_3$ 提供，此时发光显示时间。不发光显示时电流为 10mA，发光显示时为 160mA，工作电压为 12V，走时精度为±1.5s/d（秒/天）。H、M 按钮分别用来调整小时和分钟。

点烟器 44 与数字显示石英表并联，电流经由点火开关、$FU_3$ 供给。

9. 转向信号、危险警告信号电路

转向闪光器采用三接线柱（B、L、E）集成电路式，在 IC 电路中有放大器电路、继电器驱动电路和信号灯控制电路等，信号灯由继电器 49 的触点控制。

当需要发出警告信号时，按下危险警告灯开关 48，则左右两侧转向灯同时接到闪光器输出端而发出警告信号。危险警告信号电路电源不受点火开关控制，从而保证了应急停车时的需要。

10. 照明系统电路

前后示宽灯 57 和 59、牌照灯 58 和仪表照明灯 61 由照明灯光总开关 60 控制，开关由 0 挡打到 1 挡时以上各灯都接通；打到 2 挡时，上述各灯仍点亮同时前照灯 62、63 也点亮。远、近光灯丝的交换则由变光与超车信号开关 65 控制，由上可知前照灯电路实际上是双线制的，从而减少由于在钣金件上的搭铁接触不良引起的故障。当开关 65 的右侧部分接通时，可在灯光开关 60 断开时接通远光灯，形成忽明忽暗的超车信号。

## 第五节　CAN 总线

### 一、CAN 总线概述

现代汽车使用电子控制系统和通讯系统越来越多，如发动机电控系统、防抱死系统（ABS）、自动变速箱（AT）、自动巡航系统（ACC）和车载多媒体系统等。这些系统之间、系统和汽车显示仪表之间、系统和汽车故障诊断系统之间均需要进行数据交换，如此巨大的数据交换量，如仍然采用传统数据交换的方法，用导线进行点对点连接的传输方式将是很复杂的工程，据统计，如果是一个中级轿车需要线束插头 300 个以上，插针总数 1800～2200 个，线束总长超过 1.5～2.0km，而且装配复杂、故障率高。CAN 总线能够以较低的成本，高速、实时处理能力在强电磁干扰环境下可靠地工作。因此，CAN 总线在现代汽车中的应用越来

越广泛。

CAN 总线是 Controller Area Network 总线的简称，即控制器局域网总线，是德国 Bosch 公司在 20 世纪 80 年代初为解决现代汽车中众多的控制器与测试仪器之间的数据交换而开发的一种串行数据通信总线。它是一种多主总线的数据通信总线，其通信介质可以是双绞线、同轴电缆或光纤。CAN 协议采用通信数据块进行编码，使网络中的节点个数在理论上不受限制。同时 CAN 总线有很强的纠错功能，支持差分收发，适应高干扰环境，具有较远的传输距离。CAN 还具有实时性、灵活性和开放性等特点，是现场总线的新一代局域通讯网络，CAN 的这些优点使它成为汽车工业中应用最广泛的现场总线。

与其他常见的现场总线技术一样，CAN 总线的特点有：

(1)CAN 是一种支持分布式控制和实时控制的串行通信网络。CAN 协议遵循 ISO/OSI 参考模型，使用了它的物理层、数据链路层和应用层。

(2)CAN 的数据链路层采用了每帧 8 字节的短帧结构，易于纠错。同时 CAN 的每帧信息都有 CRC 校验(循环冗余校验)和其他检错措施，有效地降低了传输数据的错误率。当某一节点发生严重错误后能够自行关闭输出功能，从而不影响其他节点的正常工作。

(3)CAN 的通信方式灵活，网络上的任一节点都可主动地而不分优先级向其他节点发送信息，实现多主方式工作。CAN 通过帧滤波可实现点对点、一点对多点和全局广播等方式传输和接受数据。

(4)CAN 网络上的节点信息被分成不同的优先级，从而满足了不同的实时要求。CAN 采用了非破坏性总线仲裁技术，当多个节点同时向总线传送数据时，优先级低的节点会主动地退出传送，而高优先级的节点可不受影响地继续传输数据，这就减少了总线冲突仲裁时间。

(5)采用不归零(NRZ)编码/解码和插入填充位技术的信号调制解调方式。CAN 的数据位有显性“0”和隐性“1”两种逻辑值，采用了时钟同步技术，从而具有硬件自同步和定时时间自动跟踪功能。

(6)CAN 的节点数主要取决于总线驱动电路，目前可达到 110 个，CAN 的标识符可达 2032 种(CAN2.0A 标准)，扩展标准 CAN2.0B 的标识符理论上不受限制。直接通信距离最远可达 10km(传输速率为 5kbit/s)，最高传输速率可达 1Mbit/s(在 40m 的传输距离内)。

## 二、CAN 总线的分类与构成

### 1. 分类

目前汽车上的 CAN 总线网络主要采用两条 CAN 连接方式，一条是驱动系统的高速 CAN，速率达到 500kb/s。驱动系统 CAN 的主要连接对象是发动机控制器(ECU)、ASR 控制器、ABS 控制器、安全气囊控制器、自动变速器控制器、组合仪表等，它们都是控制与汽车行驶直接相关的系统。另一条是车身系统的低速 CAN，速率是 100kb/s。车身系统 CAN 主要连接对象是四门以上的中控锁、电动车窗、后视镜和车厢内照明灯等。在有些高档车辆上除了上述两条 CAN 总线外，还有第 3 条 CAN 总线，适用于卫星导航及智能通讯系统等方面。

动力系统 CAN 和车身系统 CAN 这两条独立的总线之间设计有网关，以实现各个 CAN 之间的资源共享，并将各条数据总线的信息反馈到仪表上。驾车者只需看仪表，就可以知道各个电控装置是否正常工作。

2. 构成

CAN 总线采用双线串行的通讯方式，具有优先权和仲裁功能，多个控制模块通过 CAN 接口连接到总线上。在 CAN 数据传输系统中，每块电脑的内部都有一个 CAN 控制器和一个 CAN 收发器，其外部都与两条 CAN 数据总线相连。CAN 数据总线是用来传输数据的双向数据线，分为 CAN 高位（CAN－H）和 CAN 低位（CAN－L）数据线，同时在系统末端还有两个数据传递终端（实质是电阻），用来防止数据在传输终了被反射回来而产生对数据的破坏。

汽车 CAN 数据总线的通信介质多采用低成本的双绞线电缆，由于两条线上的电位是相反的，两条线的电压总和等于常值，所产生的电磁场效应由于极性相反而相互抵消，这样就保证了 CAN 总线免受外界电磁场干扰和 CAN 总线向外辐射时保持中性。典型的 CAN 总线结构如图 10－30 所示。

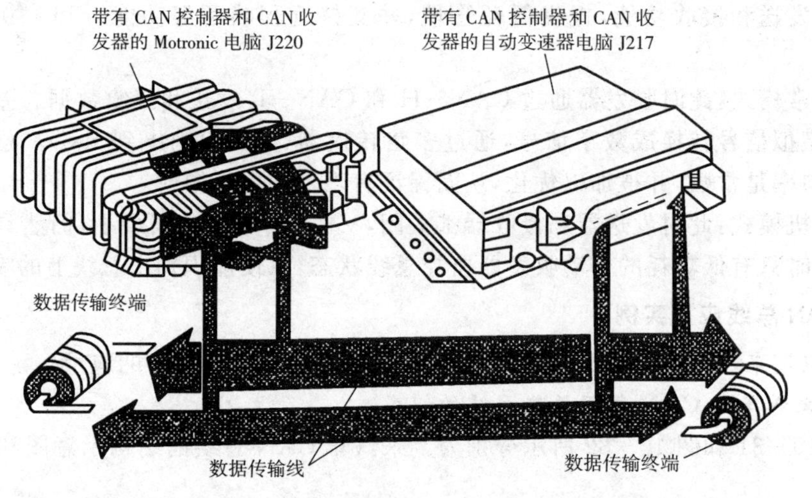


图 10－30　典型的 CAN 总线结构

## 三、CAN 控制器与收发器

1. CAN 控制器

CAN 控制器由可编程芯片上的逻辑电路组成，它实现了通信模型中物理层和数据链路层的功能，同时提供了与微处理器系统的物理接口。可通过对 CAN 控制器的编程来设置其工作方式，控制其工作状态，并以它为基础建立应用层。

CAN 控制器可分为 CAN 独立控制器和 CAN 集成微控制器两种。CAN 独立控制器使用范围较广，可与多种单片机或微型计算机的各类标准总线进行接口组合。CAN 集成微控制器在许多特定情况下应用，能够使电路设计简化紧凑、可靠性提高。CAN 控制器的作用是接收控制单元中微处理器发出的数据，处理数据并传给 CAN 收发器。同时 CAN 控制器也接收 CAN 收发器收到的数据，处理数据并传给微处理器。

SJA1000 是一款典型的 CAN 独立控制器，是 Philips 半导体公司 PCA82C200 CAN 控制器（BasicCAN）的升级版产品。它的特性主要有：

与 PCA82C200 CAN 控制器的端子兼容、电气兼容，具有 BasicCAN 的工作模式；与

CAN2.0B 协议兼容，增加了 PeliCAN 的工作模式；扩展的接收缓冲器为 64B、24MHz 的时钟频率，位速率达到 1Mbit/s。同时支持 11bit 和 29bit 识别码；有可编程的 CAN 输出驱动器配置；温度适应范围大大增加（－40℃～＋125℃）；支持热插拔等。

P8Xc591 是一个典型的 CAN 集成微控制器，是由 80C51 微控制器派生来的，拥有 80C51 的指令集和 SJA1000 CAN 控制器的 PeliCAN 功能。P8Xc591 不仅组合了 P87C554 微控制器和 SJA1000 的功能，而且具备了一定的增强功能——增强的 CAN 接收中断功能、扩展并且在运行中可改变的验收滤波器的功能。

2. CAN 收发器

CAN 收发器是一个发送器和接收器的组合。它将 CAN 控制器提供的数据转化成电信号并通过数据总线发送出去，同时也接收来自总线的数据，并将数据传到 CAN 控制器。CAN 收发器提供了 CAN 控制器与物理总线间的接口，极大地影响了整个网络的性能。

TJA1040 为典型的高速 CAN 总线收发器，它为连接 CAN 控制器和物理总线提供接口，实现了发送和接收功能，提供低耗管理，并支持远程唤醒等功能。TJA1040 的工作模式有：

（1）正常模式：此时收发器通过 CAN－H 和 CAN－L 发送和接收数据。差动收发器将总线上的模拟信号转换成数字信号，通过多路转换器（MUX）输出到 RxD。总线线路上输出信号的斜率是常数，并被加以优化，从而保证有很低的电磁辐射。

（2）待机模式：此时发送器和接收器都关闭，$V_{CC}$上的电流减到最小，仍然具有抗电磁干扰能力，此时只有低功耗的差动收发器监控总线状态，以便能识别出总线上的唤醒事件。

## 四、CAN 总线应用实例

我们以宝来汽车上的 CAN 总线为例介绍 CAN 总线在实际中的应用。

### 1. 宝来汽车的 CAN 数据总线系统的组成

如图 10－31 和图 10－32 所示分别为宝来汽车 CAN 总线的结构示意图和 CAN 模型。

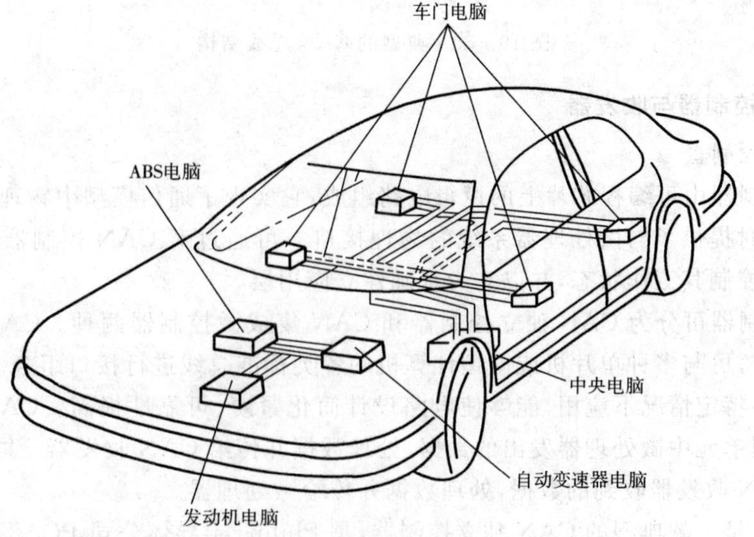


图 10－31　宝来汽车 CAN 总线的结构示意图

宝来汽车采用了驱动系统CAN总线和舒适系统CAN总线两条总线。驱动系统CAN总线是一条高速CAN总线，由于对时间响应要求比较严格，其通信速率为500kb/s，它的连接对象是汽车动力和传动机构的控制单元，包括发动机控制电脑(J220)、自动变速器控制电脑(J217)、ABS电脑(J104)等。舒适系统CAN总线是一条低速CAN总线，它对时间响应要求不是十分严格，其通信速率为100kb/s，它的连接对象是一个中央电脑和四个车门电脑等。为使驱动系统CAN总线和舒适系统CAN总线之间实现资源共享，便在舒适系统的CAN中引入了网络管理的概念即使用了网关J533，宝来汽车的网关是与组合仪表一体的。

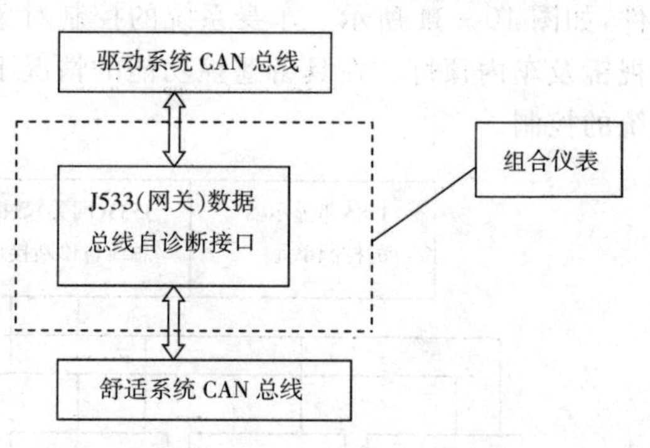


图10－32　宝来车CAN模型

2. 动力系统CAN总线

宝来汽车的动力系统CAN总线连接了3块电脑——发动机、自动变速器、ABS电脑(其实像安全气囊、组合仪表等电脑也连接到了动力CAN总线上)。总线可以传递10组数据，其中发动机电脑可发送5组，ABS可发送3组，自动变速器可发送2组。数据总线以500kb/s速率传递，每组数据传递时间大约为0.25ms，每一电控单元间隔7～20ms发送一次数据。

宝来汽车驱动系统CAN的主要连接对象如图10－33所示。将以上控制单元连接到同一总线上是非常合理的，因为它们所具备的基本特征是一致的，所控制的对象是与汽车的行驶直接有关的系统，其中ABS和安全气囊控制单元决定车辆的行驶安全因素信息，发动机电脑决定着点火控制和燃油喷射等信息，自动变速器和组合仪表电脑决定着驾驶的方便性。按照对车辆行驶中诸多因素的影响的大小，可知道三个电控单元的优先权顺序为：ABS电控单元→发动机电控单元→自动变速器单元。由于它们之间存在着大量的信息交流，并且很多都是连续的和高速的，这样就提高了发动机的动力性、经济性和排放性能。

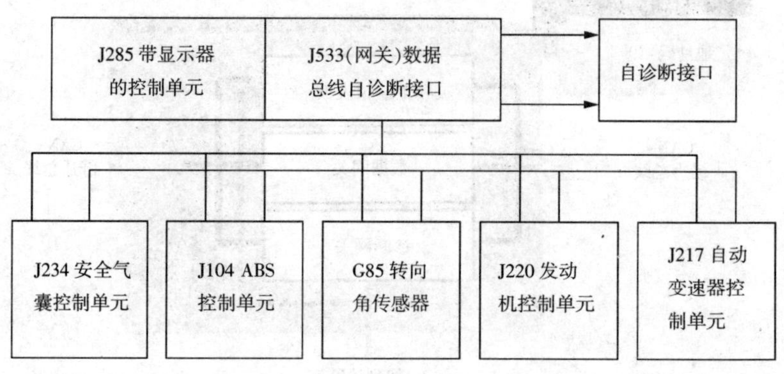


图10－33　宝来汽车驱动系统CAN总线

3. 舒适系统 CAN 总线

舒适系统 CAN 的主要连接对象为：中央控制器，4 个门控制器，还包括记忆模块和其他组件，如图 10－34 所示。车身系统的控制对象主要是 4 个门上的集控锁、车窗、行李箱锁、后视镜及车内顶灯。在具备遥控功能的情况下，还包括对遥控信号的接收处理和其他防盗系统的控制。

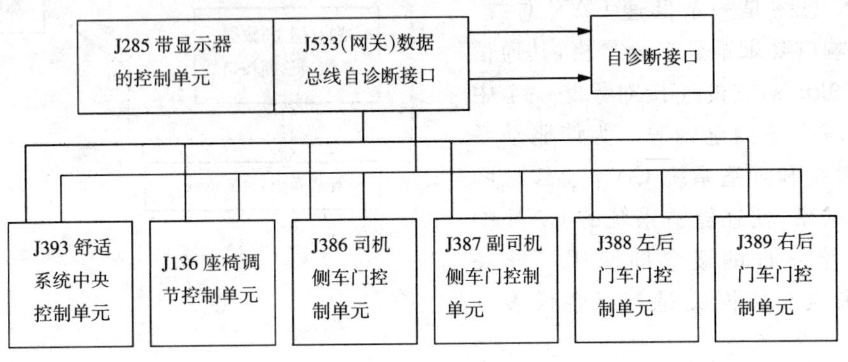


图 10－34　宝来汽车车身系舒适系统 CAN 总线

宝来汽车中央控制器除具有遥控系统的信号接受和处理功能外，更重要的是作为系统诊断接口。由于 4 个门控制器均不带诊断接口，所有诊断信息均按诊断测试仪→中央控制器→门控制器的路径传输。

4. 网关系统

网关就是同时连接多种不同的 CAN 数据总线的电脑（在大众系列车里就是同时连接动力 CAN 和舒适 CAN 的）。由于不同的 CAN 的数据传输速度不一样，网关在传递数据时起到翻译的作用。

宝来汽车的网关电脑和仪表电脑是做成一体的。它起到在动力 CAN、舒适 CAN 和系统自诊断接口三者间进行数据翻译的功用。图 10－35 和图 10－36 所示分别为宝来汽车的仪表盘和典型的大众网关系统的结构示意图。

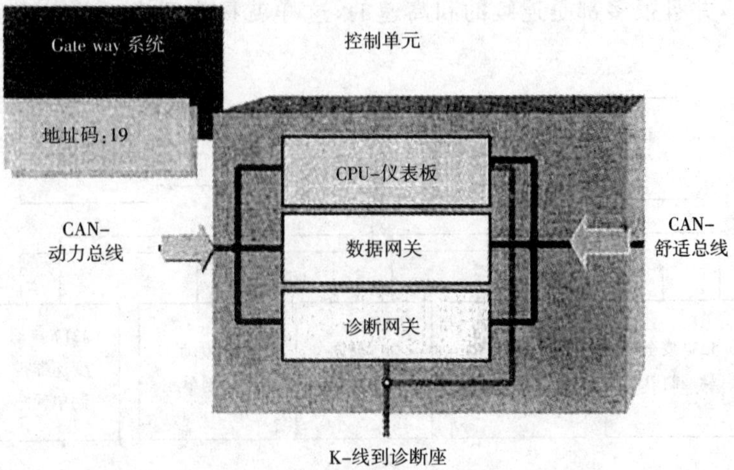

Gate way 系统
控制单元
地址码：19
CPU－仪表板
数据网关
诊断网关
CAN－动力总线
CAN－舒适总线
K－线到诊断座

图 10－35　仪表板(网关)

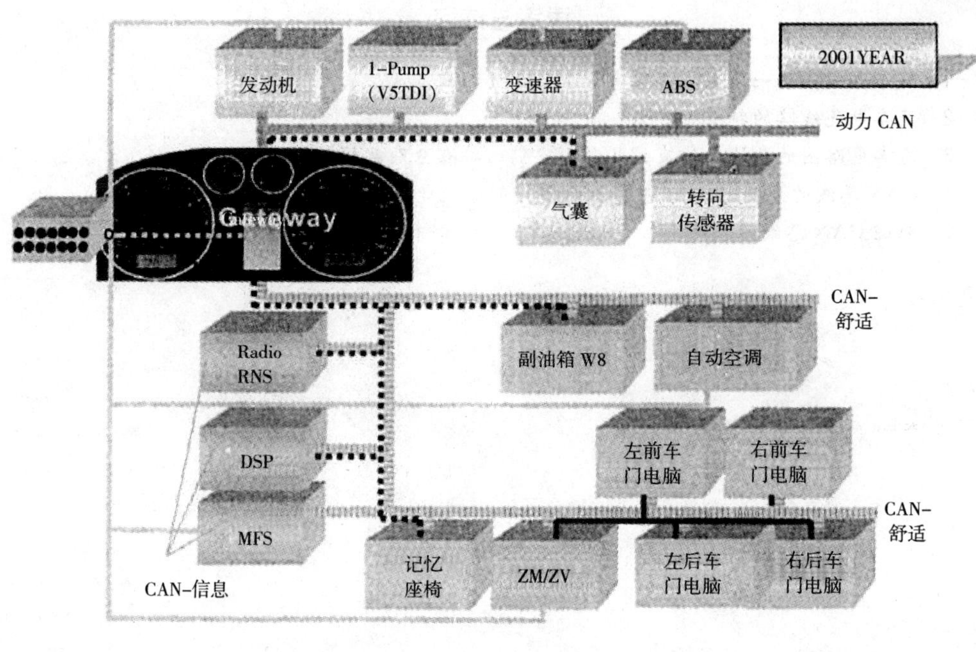


图 10－36　大众网关系统的结构示意图

5. 宝来汽车 CAN 总线可靠性分析

宝来汽车的 CAN 总线采用双绞线作为通信介质，在电路设计合理和软件满足需求的情况下，充分利用了 CAN 协议的可靠性机制，从基于优先权的无破坏仲裁、错误监测机制、暂时性故障节点和永久性故障节点等几方面入手解决了 CAN 协议中低优先权的帧可能长时间得不到发送的问题，提高了整个系统的容错能力。节点变化图如图 10－37 所示。

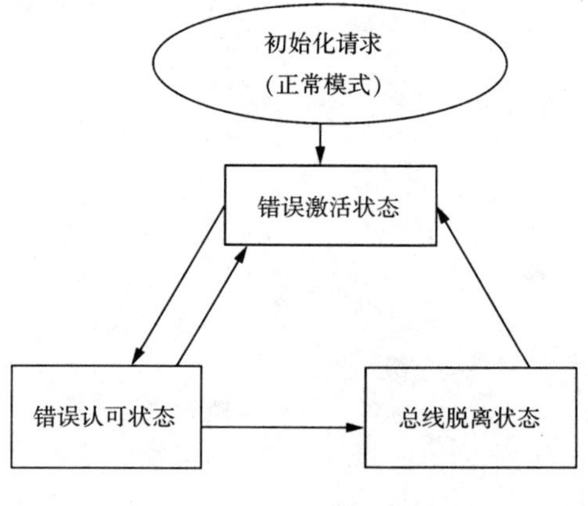


图 10－37　节点状态变化图

宝来汽车上的 CAN 收发器采用了 TJA1054 芯片，它一方面大幅度降低了电磁辐射干扰，同时又时刻跟踪监测 CAN 总线的 CAN－H 和 CAN－L 两根线的运行状态，调整 CAN－H 和 CAN－L 参数的匹配关系；另外在 CAN－H 和 CAN－L 信号线与地线之间加装了两个并联电容，即冗余结构，从而全面地提高了宝来汽车 CAN 总线的工作稳定性与可靠性。

宝来汽车的 CAN 总线有故障自诊断系统。通过组合仪表内的数据总线自诊断接口 J533（网关），数据总线与自诊断 K 线可实现数据交换。自诊断接口 J533 有一个自诊断地址，有专门的查询故障存储器、清除故障存储器和故障表，能及时解决汽车运行时出现的故障。

## 思考与练习

10-1　汽车电气线路一般包括哪几部分？各部分的组成及功用是什么？

10-2　汽车电气线路的特点是什么？

10-3　汽车电路图的表达方法有哪几种？它们的特点分别是什么？

10-4　CAN 总线的分类、组成及其各组成部分的功能是怎样的？

10-5　简述 CAN 总线的特点。

# 参考文献

[1] 西安公路学院编．汽车拖拉机电器与电子设备．北京:人民交通出版社,1985

[2] 古永棋,赵明编．汽车电器及电子设备．重庆:重庆大学出版社,1993

[3] 王启瑞主编．汽车电气与电子设备．安徽:安徽科学技术出版社,2000

[4] 孙仁云,付百学主编．汽车电器与电子技术．北京:机械工业出版社,2006

[5] 张春化,蹇小平编著．汽车电器与电路．北京:人民邮电出版社,2003

[6] 刘森主编．怎样识读汽车电路图．北京:金盾出版社,2003

[7] 朱建风,李国忠主编．常见车系 CAN－BUS 原理与检修．北京:机械工业出版社,2006

[8] 林永宪编著．汽车电子装置．北京:机械工业出版社,1997

[9] 于万海主编．汽车电气设备原理与检修(第 2 版)．北京:电子工业出版社,2009